“十三五”国家重点出版物出版规划项目

经济科学译丛

经济学基础

弗兰克·V.马斯切纳（Frank V. Mastrianna） 著

陈宇峰　姜井勇　译

Basic Economics

（16th Edition）

第十六版

中国人民大学出版社

·北京·

《经济科学译丛》总序

中国是一个文明古国，有着几千年的辉煌历史。近百年来，中国由盛而衰，一度成为世界上最贫穷、落后的国家之一。1949 年中国共产党领导的革命，把中国从饥饿、贫困、被欺侮、被奴役的境地中解放出来。1978 年以来的改革开放，使中国真正走上了通向繁荣富强的道路。

中国改革开放的目标是建立一个有效的社会主义市场经济体制，加速发展经济，提高人民生活水平。但是，要完成这一历史使命绝非易事，我们不仅需要从自己的实践中总结教训，也要从别人的实践中获取经验，还要用理论来指导我们的改革。市场经济虽然对我们这个共和国来说是全新的，但市场经济的运行在发达国家已有几百年的历史，市场经济的理论亦在不断发展完善，并形成了一个现代经济学理论体系。虽然许多经济学名著出自西方学者之手，研究的是西方国家的经济问题，但他们归纳出来的许多经济学理论反映的是人类社会的普遍行为，这些理论是全人类的共同财富。要想迅速稳定地改革和发展我国的经济，我们必须学习和借鉴世界各国包括西方国家在内的先进经济学的理论与知识。

本着这一目的，我们组织翻译了这套经济学教科书系列。这套译丛的特点是：第一，全面系统。除了经济学、宏观经济学、微观经济学等基本原理之外，这套译丛还包括了产业组织理论、国际经济学、发展经济学、货币金融学、公共财政、劳动经济学、计量经济学等重要领域。第二，简明通俗。与经济学的经典名著不同，这套丛书都是国外大学通用的经济学教科书，大部分都已发行了几版或十几版。作者尽可能地用简明通俗的语言来阐述深奥的经济学原理，并附有案例与习题，对于初学者来说，更容易理解与掌握。

经济学是一门社会科学，许多基本原理的应用受各种不同的社会、政治或经济体制的影响，许多经济学理论是建立在一定的假设条件上的，假设条件不同，结论也就不一定成立。因此，正确理解掌握经济分析的方法而不是生搬硬套某些不同条件下产生的结论，才是我们学习当代经济学的正确方法。

本套译丛于 1995 年春由中国人民大学出版社发起筹备并成立了由许多经济学专家学者组织的编辑委员会。中国留美经济学会的许多学者参与了原著的推荐工作。中国人民大学出版社向所有原著的出版社购买了翻译版权。北京大学、中国人民大学、复旦大学以及中国社会科学院的许多专家教授参与了翻译工作。前任策划编辑梁晶女士为本套译丛的出版做出了重要贡献，在此表示衷心的感谢。在中国经济体制转轨的历史时期，我们把这套译丛献给读者，希望为中国经济的深入改革与发展做出贡献。

《经济科学译丛》编辑委员会

致学生

亲爱的学生：

祝贺你选修《经济学基础（第十六版）》这门课。在你为完成学业目标所选的所有课程中，这门课的重要性将会越来越明显。作为一名经济学家，我自然认为对经济学原理有一个基本的理解至关重要。每天，我们都会听到和经济问题有关的各种崭新报道，不管它们是关于本地的、本州的还是国家的。我们从朋友、同事、报刊、电视和网络那里获得关于经济问题的信息。它们中的大多数需要我们持批判态度，因为它们可能不够完全或不够精确。但若缺乏一个扎实的经济学基础，这类信息很可能会成为作出大量同投票、储蓄和投资、就业与消费等有关的决策的第一手来源。忽视，甚至恐惧会导致作出对于个人、家庭和企业来说极具破坏性的金融决策。

像本教材这样的概论课显然不会使你成为经济学领域的专家，这也不是本教材的目的所在。但是，学习完本门课程后，你将能更好地理解企业、个人和政府在作出决策时所考虑的因素。在这一过程中，你会发现绝大多数问题都存在两个方面，因此不能进行简单处理。认识到这一点，经济学将为获得一个并非基于传闻的看法和逻辑判断提供基础，因为经济学正是对选择的研究。在打下这一基础的过程中，你将变成一个更有知识的公民，且获得对任何经济体系之复杂性的更好理解。在个人层面上，它同样会改变你分析日常生活决定的方式，帮助你作出更好的决策。

作为本教材的作者，我试图在 17 章的篇幅中提炼出最重要的问题。这虽然困难却很有必要，因为你的老师在一个相对短的学期里只能讲授这么多内容。我也试图以一种最具可读性的方式来呈现经济学知识，忽略所有的数学推算，只留下最简单的数学公式。图表将被用来简化许多分析，通过图表可以更清楚地理解相关概念，如绝大多数图形那样，不需太多文字就能使读者理解这些概念。在整本教材中，我还试图为你们提供一个理论、政策和当前事件的组合框架。同学们可以充分利用本教材提供的材料，以获得与相关问题有关的更多新洞见。

总之，我希望同学们能取得成功，不止在这门课程上，也在你们所有的努力中。

弗兰克·V. 马斯切纳

致教师

尊敬的同行：

感谢你花一些时间在《经济学基础（第十六版）》上。在本版和之前的 15 个版本中，作者的目的都是撰写一本可读的、相关的、有趣的和介绍性的经济学教材。作为你的教学辅助物，《经济学基础（第十六版）》旨在消除经济学是一门“沉闷的学科”的观念，帮助学生寻找有趣和有回报的主题。他们将对经济运行形成一个更好的理解，同时，他们也将获得一个有助于解决个人问题的独特的分析工具组合。

本教材试图为学生提供足够多的经济理论和应用，使他们对微观经济学和宏观经济学能有基本的理解。本教材 17 章中的每一章均为理性对待相关问题提供了足够的深度和广度。我希望本教材能激发和促使学生通过选修更多的经济学课程或定期阅读《华尔街日报》等刊物去学习更多的相关知识。虽然各章包括了许多对经济理论当前应用的介绍，本教材并不旨在成为一本当前经济问题著作。当前的例子分散在书中各处，而非以单独形式或附录形式呈现。我相信你要是采用本书作为教材，你将会扩展你认为值得扩展的主题并向学生讲授一些新的主题。

尽管本教材通过当前例子来帮助学生更好地理解某一主题，但在本教材付梓时，这些例子和相关数据可能会变得过时，甚至和现时情况相反。不仅数据变化很快，联邦政府也会基于现行的基年，有时基于改变的基年，对之前所发布的数据进行修正，以得到绝大多数宏观经济数据。幸运的是，在 CourseMate 上可以很容易地找到支持本教材相关讨论的最新资料。该网站上的数据资料会进行日常更新。

《经济学基础（第十六版）》是一本专门为一个学期的介绍性概况课程设计的教材，它适用于人文学科、商业以及对其来说对经济学的基础性理解颇为重要的专业课程的学生。本教材被成功地用于管理发展项目、教师培训项目和 MBA 项目，以作为深入学习经济学的先决条件。《经济学基础（第十六版）》还在许多两年期学术机构和外国高校中被广泛采用。它的一些版本还被翻译成了西班牙文。

感谢你正在考虑是否采用本教材。若你决定采用本教材，希望《经济学基础（第十六版）》对你和学生都有用。

弗兰克·V. 马斯切纳

前　言

《经济学基础（第十六版）》专为一学期的经济学概论课设计，它主要适用于人文学科、商业以及只把经济学课程作为专业项目的学生。本教材还被成功应用于管理层开发和教师培训项目。

本教材的方法

通过《经济学基础》的诸多版本，作者已经对教师、学生和本教材评论者的大量建议作出了回应。绝大多数作者有一种扩大各章信息量或在后续版本中增加全新一章的倾向。但这种方法会导致内容和章节的扩增，这种扩增在一学期的有限时间里不足以涵盖。

幸运的是，评论者通过指明一学期教材的恰当篇幅及需要被扩张、缩短甚至删掉的内容，不断为我提供修订建议。根据他们的反馈，《经济学基础》的章节数目近 20 年来几乎未变，尽管增加了一些新内容，且对相关材料进行了重组。本版也不例外，它包括了同以往一样的章节，但此前的第十四章和第十五章现在调整了一下顺序。“宏观经济政策”一章现在放在“税收、财政预算政策和国债”一章后面。其中的思路在于，稳定经济的财政和货币政策应该是相辅相成的，紧跟着的是一般性的宏观经济政策。各章都经过了仔细检查，且根据本教材付梓时的可得数据作了更新。整本教材中，作者注意到了使讨论主题对入门级的学生而言尽可能通俗易懂，重要概念和术语被清晰定义，以帮助他们巩固、理解。作者还列出了学习目标，学生必须重视它们以关注重点内容。图、表和统计数据得到了更新，简略词被用来作为经济学术语。国际案例在本教材中以例子和洞见的形式得到了更新。

像以往一样，各章均包括了总结。本版本还包括有助于学生搜寻更多相关问题信息的参考网站。

内容组成

本教材第一部分为学生列出了经济学相关问题的重点介绍。第一章和第二章包括了重要的经济学概念和定义，以使学生对经济学的性质和范围有一个更清晰的理解。稀缺性问题和为何稀缺性迫使个人和社会作出选择出现在第二章。生产可能性曲线、专业化和交易、比较优势借助于稀缺性概念得到阐述。第三章至第六章提供了对微观经济学原理的介绍。在掌握需求、供给、弹性、成本、生产和利润等基本经济概念后，学生就可以在完全竞争和不完全竞争条件下应用它们了。第四章“生产、成本和利润”介绍了生产和成本之间的关系。“完全竞争”出现在第五章中，其被作为理论上的竞争标准。此前版本的第六章处理了垄断竞争、垄断、寡头的运行问题。但由于微观经济学的发展，第六章现在被命名为“垄断”，其广泛聚焦于垄断这种不完全竞争结构。“垄断竞争和寡头”的市场结构现在得到了扩展，并被作为第七章的主题。

第八章“劳动力市场，就业和失业”给出了竞争性和非竞争性市场中的劳动力理论及对经济工具的利用。该章的第二部分更多具有制度色彩，且聚焦于就业问题和劳动力。第九章“收入分配”描述了美国的收入分配，介绍了作为收入不平等测量工具的洛仑兹曲线和基尼系数，分析了收入不平等的原因，验证了贫困和福利的范围及性质。第十章“循环流模型和国民收入账户”给出了经济活动的循环流（以往独立成章）和总体经济福利测量指标之间的链接。此外，详细介绍了使用经济分析局数据的国民收入统计方法。

第十一章“商业周期”大致上和此前版本无异，只是增加了最近商业周期的完整信息。第十二章“宏观经济学模型和分析”比较和对照了古典宏观经济分析理论和凯恩斯主义经济学，并建立了现代总需求和总供给模型。除了供给侧理论外，该章以货币主义和新古典主义的对比作为总结。第十三章“美国经济中的货币”得到了更新和扩展。美联储2008年在减轻银行业危机及伴随而来的房地产市场崩溃中的角色是新增内容，货币政策的最近变化亦然。第十四章“税收、财政预算政策和国债”包括了主要税收理论、联邦预算作为反周期工具的使用以及由国债导致的相关问题。第十五章“宏观经济政策”解释了货币和财政工具如何被用于改变经济体的均衡产出水平，历史事件给学生提供了各种公共政策方法的演化框架。战时可采取的宏观经济政策也得到了讨论。

和此前版本一样，关于国际贸易和金融的章节构成了本教材的最后部分。第十六章“国际贸易和援助”包括了关于美国贸易、WTO、《北美自由贸易协定》和欧盟持续扩张的更新资料。第十七章“国际收支平衡”解释了国际收支账户的平衡、汇率决定因素、国际货币基金组织（IMF）的运作以及不断变化的全球宏观环境。

在作者看来，这些章节从微观经济和宏观经济视角，为学生提供了经济体运行的最佳概览。本教材只是一本概略教材，并不是一个完整学年的经济学原理教材。它专为一学期设计，不是一个完整学年的缩略版本教材。《经济学基础（第十六版）》显然不是一本当代经济问题专著和个人理财宝典，而是一本专注于以大量当前例子为支持的经济学原理教材。希望使用本教材的学生会发现经济学无论如何并非一门“沉闷的学科”。

教学特色

《经济学基础（第十六版）》作了彻底修订，以提高可读性和便于学生理解。出于该目的，本教材有以下教学特色。

（1）各章开头均列出了学习目标，学习目标指出了该章所覆盖的重要内容。

（2）关键术语用黑体标注，以表示它们的重要性。

（3）图形作了简化，以便更清楚易懂。

（4）各章均包括至少一个关于特定章节主题额外信息的参考网站。

（5）各章以总结、关键术语和概念以及适合课堂讨论的问题作为本章回顾。

在线强化教学和学习包

□ CourseMate

现在，从一个地方就可以获得学习和巩固相关概念的多种资源。CourseMate 为学生提供了有助于他们学习和应用经济学概念的丰富资源。在学生学习本教材各章节时，他们可以上网获得新的视频教案、交互测试题、学习游戏和教学用的抽认卡。他们还可以获得图解教程，以更好地理解如何利用这些图示。你在利用 CourseMate 时还能获得以下资源：

（1）参与跟踪器。你如何才能知道学生已学习了教程或温习了你指定的资源？参与跟踪器将能评估学生的预习和学习情况。你可以利用跟踪工具来获知整个班级或个别学生的进度。在教学初期就评估学生的学习能力是冒险之举。要特别留意那些你班级中的学生最难理解的概念，合理检查学习时间，从而使你的学生认真投入经济学的学习。

（2）交互式电子书。学生可以记下学习笔记和重点内容，搜寻并和专门针对本教材的相关媒体进行互动。

教师资源

□ 教师资源光盘（IRCD）

你可以从电脑桌面上迅速获得所有的教学补充资源。这些很容易使用的教学光驱可使你以自己想要的格式检查、编辑和拷贝你需要的资源。IRCD 还包括了教师手册和题库、ExamView 测试软件和 PPT。

□ 教师手册和题库

教师手册和题库包括了教学目标、学习目标、新术语和定义、章节纲要、讲义、各章讨论题答案和阅读建议等。它还包括由 1 800 多道对错题、多选题和讨论题组成的题库。所有题库中的问题均根据主题、难度、布鲁姆分类、商业课程和学科标准做标记。教师手册和题库只有教师可得，设密码的获取网址为 http://login.cengage.com。从 IRCD 上也可以获得。

□ ExamView 测试软件

《经济学基础（第十六版）》的使用者可以获得电脑版的题库，即 ExamView。该系统是一款与微软 Windows 兼容的很容易使用的试题生成软件。教师可以增加或编辑问题、说明和答案，并通过在屏显上预览来选择问题的内容和数目。教师还可以生成和管理在线测试，不管是在互联网、局域网还是广域网上。ExamView 只在 IRCD 上才可以获得。

□ PPT

PPT 作了完全更新，可供教师下载后讲课用。PPT 只有教师可得，设密码的获取网址为 http://login.cengage.com。从 IRCD 上也可以获得。

致　谢

任何教材的重新修订都需要许多人的共同努力，《经济学基础（第十六版）》也不例外。我要感谢所有在本教材成形中付出时间和精力的人，不仅是这一版本，此前所有的版本也这样。

作者获得了采用《经济学基础》此前版本作为教材的许多教授和学生的反馈和评论，我不仅要感谢为此前 15 个版本提供了建议的人们，还要感谢为第十六版的完善提供了建议的人们，包括：温特沃斯学院的 Lawrence Overlan、格鲁吉亚法院大学的 Binetta M. Dolan、帕洛玛学院的 Jonathan Smith、林登沃德大学的 Judy Kamm、伊丽莎白敦社区技术学院的 Khondaker Ekramul Haque、米塞里科迪亚大学的 Timothy F. Kearney、日尔曼纳社区学院的 Frances F. Lea、米塞里科迪亚大学的 Thomas J. Sweetz、加州宾夕法尼亚大学的 Paul Hettler、南内华达学院的 Mehdi Afiat、俄亥俄州立大学的 James K. Lawrence、希宾社区学院的 Richard Milani、塔尔顿州立大学的 Syed H. Jafri、世纪学院的 Michael Heim 和科尔比-索耶学院的 Jeffrey Phillips。

我特别要感谢为本版本提供了不可估量帮助的人们。本教材的编辑 Julie Warwick、内容项目经理 Kalpana Venkatramani 和策划编辑 Steve Scoble 的工作不能再令人满意了。除了编校手稿外，Julie 和 Kalpana 检查和核实了许多时间节点，以满足写作和印制计划，不仅为了我，也为了许多对本教材和辅助材料负责的人。在整个进程中，Julie、Kalpana 和 Steve 的工作周密高效，而且和我及时、专业地进行了沟通。

弗兰克·V. 马斯切纳

目　录

第一章 经济学的本质和研究范围

在学习完第一章后，你应该能够：

（1）定义经济学这一术语，并解释它的研究范围；

（2）识别四类生产资源，并指出它们根据各自贡献所获得的报酬；

（3）解释经济学同其他学科之间的关系；

（4）区分经济理论和经济政策；

（5）识别和定义本章给出的新经济概念和术语；

（6）区分微观经济学和宏观经济学，解释每天必须就购买哪些商品和服务作出选择。

每天，经济学在我们生活中所扮演的重要角色都在变得更明显。经济学直接被用于决定我们如何挣得收入和花费金钱。我们关于选择什么职业、去哪里工作和在哪里生活的决策，很大程度上建立在经济考虑的基础上。若我们拥有一家企业，经济因素将决定我们能否盈利和继续经营，抑或失败并陷入破产。我们还间接地受到经济学的影响。经济政策决定了美国的产出和就业水平、我们的纳税额度、我们给发展中国家的援助数量以及我们用于保护自然环境的资源情况。经济措施影响着我们所支付的价格、美元的购买力、商品和服务的可得数量以及我们的总体生活水平。

定义经济学

经济学对不同人群意味着不同事物。对于某些人，它意味着节俭、家庭购买预算或为购买汽车进行的储蓄。对于其他人，它意味着分析一张数百万美元的收益表。对于美国总统，它可能意味着研究经济状况、制定联邦预算和提出各种各样的经济措施，以使国家的总产量、就业和收入实现最大化。经济学的广泛存在对确定从何处开始学习经济学提出了挑战。从逻辑上看，学习经济学应该从定义开始，因为它是解释、研究和分析经济学各方面内涵的出发点。**经济学**可以被定义为，一门研究社会中的人们和机构如何作出选择，以及这些选择反过来又如何决定社会稀缺资源使用的学科。选择很重要是因为资源有限，而需求却无穷。内含于经济学定义的是三类基本的经济活动：生产、分配和消费。

□ 经济学和生产

在经济学中，我们把**生产**定义为效用的创造和增加。**效用**是经济学家对有用性——一种商品或服务满足需求的能力——的称呼。当我们制造一个有用的产品或提供一项有用的服务时，我们即在生产。电视机、电子游戏机和电脑是我们生产出来满足自身需求的商品例子，教育、银行业务和警察保护则是有用的服务类型。一个经济体在一段给定时期内生产的所有商品和服务的总和，被称为该经济体的**总产量**。

□ 经济学和分配

乍一看，你可能会认为分配是指商品和服务从生产者到消费者的实物配送，也就是说，是指营销配送。但是，我们这里用**分配**来指生产资源内的总产量的分配。从货币意义上讲，它是指生产资源所有者之间的货币收入分配。

生产资源　在一个人或一家企业从事商品和服务生产之前，资源是必不可少的。**生产资源**是指所有用于创造商品和服务的自然的、合成的和人力的投入。生产资源按照惯例可分为四大类：劳动、土地、资本和企业家才能。

劳动。**劳动**是指人类在从事生产过程中所付出的时间和努力。劳动包括个人和群体在生产服务和商品时付出的体力劳动和脑力劳动。

土地。在经济学中，土地所指的远不止不动产。**土地**包括所有的地面、海洋和空中资源。诸如煤炭、石油、木材、矿产、水和大气等自然资源，都是这种意义上的土地。

资本。用于生产其他商品和服务的商品即**资本**。例如，高炉、CAT 扫描仪、建筑物、推土机、电脑、卡车和飞机等，都可以看成是资本。尽管“资本”一词通常被用作“货币”的同义词，经济学家仍旧用该词指用于生产其他商品和服务的实际有形资产。“投资”即指增加资本供给的行为，比如建造一个新仓库和物流中心。

企业家才能。**企业家才能**即指筹办商业项目和评估其风险的行为。**企业家**是担当这种角色的人。企业家或创业者对其他生产资源（土地、劳动和资本）加以组合，以生产出最终产品。现如今，人们重新开始强调企业家的重要性。许多学院和大学提供该主题的专业课程，并举办讲习班。许多人已经成为了企业家。在美国和国外，特别是在发展中国家，存在一个对那些能组合所有生产资源，以成功推动商业和经济发展的企业家的不断增长的需求。

分配问题　当商品或服务被生产出来时，总产量或其价值如何在其生产中用到的资源之间进行分配？在一个物物交换的经济中，个人为满足他们自己的需求而生产。若存在任何剩余，他们将拿自己生产的物品和邻居交换。在物物交换体系下，个人通常使用他们自己的劳动（或他们家庭的劳动）、土地、工具和企业家才能，生产他们所需的商品。不存在关于所生产商品的所有权或个人有权获得多少份额的问题。

然而，在一个复杂的市场经济中，问题将棘手得多。想从事生产的个人仍必须使用生产资源。但在组合资源中，企业家可能使用某个人的劳动和另一个人的土地及第三人的资本，来生产一种有一定价值的商品或服务。于是，便产生了以下棘手的问题：各种资源应凭借其对总产量的贡献获得多少份额或报酬？在市场经济中，生产资源（劳动、土地、资本和企业家才能）的使用报酬分别体现为工资、租金、利息和利润等形式（见图 1－1，该图被称为“功能性所得分配图”）。

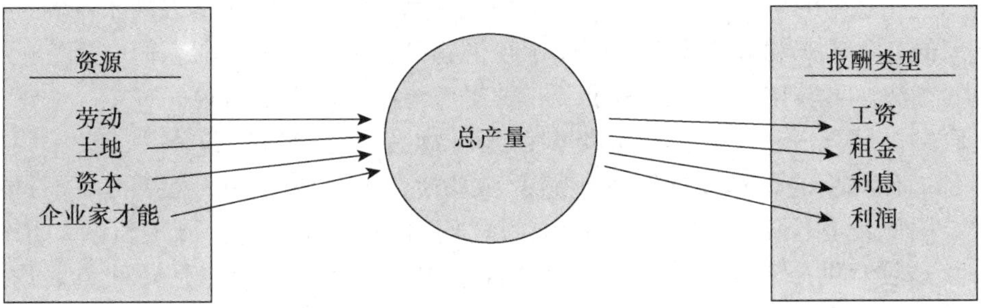

图 1－1　功能性所得分配图

分配或配置问题在今天尤其和我们息息相关。例如，当工会要求给它的工人涨工资时，它便是在谋取一个更大的总产量份额。当管理层提高价格或削减成本时，它便是在谋取一个更大的所有者利润（因而一个更大的总产量份额）。许多劳资纠纷即源于这一基本分配问题上的分歧。同样地，资本所有者也会要求一个更高的使用他们资本的利息率，土地所有者也可能会提高租金。这里的意图还是提高相应资源的总产量份额。显然，不可能使每种资源都提高其相对总产量份额。但是，通过促进总产量规模的增加，每种资源都能获得一个更大的绝对报酬。因此，各种资源生产力的提高，提供了一条改进所有资源所得报酬的途径。

□ 经济学和消费

消费是指商品或服务的使用。早晨起床后，你可能会用谷类食品或鸡蛋当早餐。若你开车上学或上班，你的汽车会消耗汽油。你不一定要全部吸收一个商品才算消耗它；相反地，你可能会一点一点地、日复一日地消耗它，就像你在消耗你的汽车轮胎、住房或者鞋底。消费或许是经济活动最重要的功能，因为它是经济活动的最终目的。没有消费，生产和分配需求将会很少。

□ 商品和服务

定义经济学的最后一部分涉及能满足需要的经济物品和服务。**经济物品**即指有用的、稀缺的和可转移的商品和服务。除了无形之外，经济服务与实物商品类似。商品和服务要成为经济物品，必须具备效用并能满足需要。换句话说，我们消费经济物品来增添我们的乐趣或满足度。但是，使商品和服务有用的并不是它的特性，而是它所处的环境。例如，垃圾对一个家庭来说并不属于经济物品，但它在其他经济部门就可能作为再生材料变成一种经济物品。

稀缺性是经济物品的另一个本质特征。稀缺性意味着不存在能满足每个人需要的可得数量，因此为了获得该商品或服务，必须支付一个价格。若一种有用商品或服务的存在数量充足到任何人随时都能不劳而获，那么它就不是稀缺的，它也不具备货币价值，因而，它不是一种经济物品。正常情况下，你不会愿意为空气支付一个价格，但是清洁空气在许多地方已成为一种经济物品，使用它必须支付一个价格。通常，一种经济物品的稀缺性越大，其价值或价格就越高。

若一种商品是有用和稀缺的，但是不可转移，那么它便失去了作为经济物品的价值。例如，海水中的黄金并不是一种经济物品，因为它的提取成本太高了。目前已探知的南极洲的某些矿产和金属当前并不属于经济物品，因为尚无提取它们并把它们转移到使用地的方法。可转移性和效用赋予了一种经济物品其所有的价值。

我们可以区分三种主要的物品类型：经济物品、免费物品和公共产品。我们已经注意到，一种有用的、稀缺的和可转移的物品被归为经济物品。**免费物品**不具备稀缺性元素，因此没有价格。在这类物品中，我们可以找到空气、阳光和某些情况下的水。**公共产品**对供应者来说是一种经济物品，但对使用者来说却是一种免费物品。我们往往把公园、图书馆和绝大多数州际高速公路系统归为公共产品。但是，因为这些物品通过税收（最终由使用者支付）提供，它们实际上是经济物品。同样的分类也可用于服务。

经济物品也可以根据它们的用途分类。**消费品**是指供个人、家庭和企业直接使用的物品，如书籍、纸、电能、食物和衣服等物品都可归入这一类。**资本品**或生产资料是用于生产其他消费品或资本品的物品。建筑物、机械和设备属于耐用资本品，制造过程中用到的原材料存货属于非耐用资本品。

□ 财富和收入

“财富”可以定义为在特定时期内具有价值的事物。因此，它包括众多的消费品和资本品。一些专家仅对经济中个人和企业的实物资产进行加总来测量财富，其他人则把这个总额再加上联邦、州和市政府的财产和资产。在计算资源时，一些权威人士只想包含那些已被提取出来和准备投入使用的资源；其他人则试图包含所有的资源，不管它们是否已被提取，抑或处于原始状态。

人力资本的价值是什么，如何定义在提高生产率中用到的劳动禀赋和技能存量？在财富中包括这些人力资本形式似乎是合理的，因为它们被用于生产其他的商品和服务。许多经济学家希望把人力资本包括在国民财富的估值中。股票、债券和抵押贷款是否应纳入财富计算呢？答案是否定的。把它们和它们所呈现出的实物资产列在一起会导致重复计算。许多人将货币视为财富，但这是不对的。货币仅仅代表了财富或对商品和服务的一种支配。个人拥有的货币越多，他所能支配的商品和服务就越多。因此，虽然货币本身不是财富，财富却可以用货币形式估量。

人们常常混淆和误解财富和收入的概念。财富是一个存量概念，它是指任一给定时间的经济物品的总价值。收入是一个流量概念，它是指一段时期内（通常为一年）所生产的商品和服务的总产量的价值。

总收入来自商品和服务的生产，因为资源所有者根据他们对产量的贡献获得美元收入。因此，所获得的收入等同于所生产的商品和服务的总价值。若我们在某年第一天对经济作一考察，我们可能会发现总的净财富存量达到了 50 万亿美元。若我们对该年所生产的商品和服务的价值进行计算，我们可能会算出一个超过 15 万亿美元的总额。这便是我们的总收入。这是否意味着我们的总财富在该年年底已增加了该年内的总产出数额？答案是否定的，因为并非所有的收入或产出都被计入财富。事实上，我们的绝大多数收入一生产出来就被消费掉了，只有未被消费掉的部分才计入我们的财富。

财富和收入之间总是存在一种关联。通常，一国的财富越多，其总收入也将越高，因为它可以支配更多的资源，所以它的生产能力变得越高。反之，一国的总产量或总收入越大，其生活水平越高。因此，一国不应消费掉其所生产的一切事物，而应将其部分产出用于资本和技术开发。这会增加今后的产出和改善将来的生活水平。

经济学的定义显然是很宽泛的。它包含了我们所有的商业活动和大量的社会活动。此外，如生产、金融、市场营销、交通运输和劳动等特殊领域，都是经济学所研究的内容。经济学同个人、家庭、企业、行业和整个国家息息相关，它遍及我们的整个社会并影响着我们的日常生活。

□ 经济学和其他学科的关系

学科是一个按照普遍规律或原理可协调的、有安排的和系统化的知识组合体。通常，当我们想起学科时，我们会想到自然科学，如物理学、化学和生物学。但是，还有行为科学，包括哲学、社会学、心理学、政治学和经济学。更明确地说，经济学被归类为“社会科学”——一门研究人类（不管是个体还是群体）行为和相互作用的学科。

作为一门学科，经济学和其他学科关系紧密。它的一些规律，如边际收益递减规律，以物理现象为基础；因此，经济学与物理学相关。由于经济学在一国内部展开，它与该国的政治结构，因而与政治学相关。收入决定生活水平，生活水平低下会引起社会问题。因此，经济学与社会学相关。

由于经济学处理人类行为问题，它与心理学共同分享这一利益范围。个体出于心理或经济原因而花费金钱或进行储蓄。众所周知的经济学分支学科——行为经济学，主要分析情绪、拖延和诱惑等因素如何影响支出和储蓄。经济学还与哲学相关。经济行为属于人类行为，而人类行为构成了作为哲学分支学科的伦理学的一个合适的研究主题。

经济学，特别是在高阶水平，与数学关系密切。现代经济理论和分析依赖于统计学、计量经济学、微积分、线性规划和其他数学工具以及计算机的应用。在同各种学科的关系上，经济学依赖于作为完善思维之学科的逻辑学。任何学科研究都必须遵循逻辑规则，不管是从特例到一般原理，还是从一般原理到特定应用来推论。

自然科学通常通过测试给定条件下的一个特定刺激，来观察会有怎样的反应。这些试验将被重复以验证理论的有效性。在经济学和其他社会科学中，我们主要处理人们之间的相互作用问题，结果很可能不会完全匹配，因为个性、环境、智力和其他因素存在差异。遗憾的是，经济学家也不能保持其他所有的经济条件不变。事实上，经济学家很少（即使不是全无，如果有的话）能控制它们。而且，一旦一种刺激的影响得到测量，其他不变因素也不能像它们在尚未进行刺激之前那样完全重构，以验证其他某个变化。

□ 经济理论和政策

经济学涉及理论和政策。**经济理论**确立了经济学规则和原理，是给定情形下的行为指导。**经济政策**即指给定情形下实际上采取的行为。若经济政策总是遵循经济理论，则情况会简单许多，但在现实世界中往往不然。政治、军事和社会方面的考虑往往优先于经济学方面的考虑。结果，经济政策通常因政治、军事或社会政策而被修正。例如，经济政策可能会指出提高税收或降低政府支出的必要性，但国会却断定这样的行动在政治上是不可接受的。相反地，依据相同的信息，国会实际上可能会降低税收和增加支出。任何经济决策都存在许多替代选项，许多情况下并没有清楚明确的答案。现实中往往无法确定谁是谁非，大多数情况要视其中涉及的个人或群体的判断而定。审慎使为预期目标选择最佳手段成为一种必要，因此审慎判断在很大程度上基于判断者的知识和经验。

这给我们提出了实证经济学和规范经济学之间的重要区分问题。**实证经济学**研究经济关系之间“是什么”的问题，它关注可变更的调查结果问题。例如，高工资率和市场劳动力供给之间的关系是可以验证的。工资越高，劳动力供给越多。实证经济学是一个经济学家会普遍认同的领域，但它不会告诉我们政策应追求什么目标。任何时候，当经济学家越过科学调查，作出关于经济事务“应该怎样”的价值判断时，这便涉及**规范经济学**。因此，我们国民收入中的更大份额应以工资和薪金的形式取得，较小份额应以企业利润的形式取得是一种规范陈述，而且必然会遭受广泛争议。

□ 经济学术语和概念

作为一门科学学科，经济学有其自身的行话和术语。遗憾的是，经济学包括了一些定义和平常不同的常见术语。诸如“资本”“劳动”“分配”“土地”“财富”与“收入”等，即为许多在经济学中定义不同于平常的术语的例子。这些术语需要被清楚理解，以免把它们和习惯意义混淆起来。正如学习其他学科一样，理解经济学术语是至关重要的。作为一门社会科学，经济学继承了和其他学科一样的分析方法。为了更好地理解现实世界，经济学家严重依赖于模型和理论，部分模型和理论可能会被认为是不现实的。虽然这些理论和模型整体上看可能是不现实的，但是它们对于帮助我们理解现实世界极为有用。

一个至关重要的经济学概念是“边际分析”。**边际分析**即指多 1 单位或少 1 单位某事物。通常，你更容易想到统计均值的形式，如平均分数、平均英里/加仑、平均气温或平均成功率。平均数在经济学中很重要，但使经济学和其他学科有别的是其对边际数值的强调。例如，要是你的会计学平均可以考到 85 分，且已经为明天的期末考试复习了 8 个小时，那么你是应该再花 1 个小时看资料，还是应该好好地睡上一觉呢？这里，你需要对增加 1 个小时学习或睡觉时间的边际价值进行赋值。资源是稀缺的，选择不可避免地伴随着成本。额外 1 个小时睡眠的成本便是额外 1 个小时的学习。增加 1 个小时的复习时间对你最终成绩的影响有多大，以及过度疲劳是否会在考试时导致你犯低级错误，可能是有助于你作出相关决定的因素。这一困境涉及“机会成本”的概念，后面的章节将详细讨论该概念。这一成本在经济决策中处于核心位置。从根本上讲，机会成本意味着每次行动或不行动都伴随着一个成本，且该成本以舍弃成本来测量。在上述例子中，额外复习的机会成本是放弃增加睡眠的时间。

在试图确定因果关系时，经济学需处理一系列不可控变量，对这些据此得出因果关系推论的变量作出一些假设颇有必要。**假设**是指某事物不需证明就被认为是正确的假定。例如，假设你所在学校橄榄球队的队员在一周中健康状况良好，且比赛当天天气也不错，所以你觉得你的球队更胜一筹，并且在本周六至少能以 14 分之差胜出——这便是一个基于和不可控变量有关的特定假设而得出的结论。但要是你学校球队的四分卫在周四的训练中受了伤，并且打不了周六的比赛，最终你的球队也以 7 分之差告负呢？若确实如此，你的一个关键假设就不成立了；因而，你关于比赛成绩的结论即是错误的。在经济理论中，由于如此多的变量可能会影响结果，经济学家往往通过假设除需测算的变量之外的其他所有变量保持不变来得出关于因果性的结论。如此一来，结论的有效性将取决于最初所作出的假设。

价格和销售数量的关系是一个相关的例子。经济学家知道许多事情会影响某一商品会有多少消费者购买。价格、收入、偏好和可得性是影响消费者需求数量的一些变量。但是，通过假设除价格之外的所有这些变量保持不变，经济学家推断出价格和市场需求数量之间存在一个反向关系。若价格上涨，则需求量下降。价格和数量之间的这种关系假设所有其他解释变量保持不变。若收入不像假设的那样保持不变，而是出现了下降，则需求量将会因收入下降而减少，结论将和预期的不一样。

理性行为是经济学中用来定义行为过程的一个术语。从法律还是心理的角度使用该术语无关紧要。通过经济学中的理性行为，我们意指由期望结果构成的行为。例如，在经济学中，我们假定企业追求利润最大化或损失最小化。只要个体企业所采取的行为与实现该目标相符，它们的行为便是理性的。理性行为假设使我们能确定一个**均衡**位置或一个静止点，此时不存在作出改变的激励，因为这样做将使企业的境况更糟。因此，通过采取理性行为，企业处于利润最大化或亏损最小化的均衡状态。但在某些情况下，倘若大多数人未能采取合理行为，个人方面的理性行为会产生一个低于预期的结果。这便是众所周知的**合成谬误**，它可以通过一个日常例子来理解。假设你正在夜总会上听你最喜欢的乐队唱歌，突然爆发了一场火灾且火势迅速蔓延开来，你的本能将告诉你最好尽快地冲向安全出口。当然，夜总会上的每个参与者都会这样想，其结果很可能是许多人被踩踏至死和窒息而亡。在该例子中，要是一群人采取同样的行为，个人的理性行为便会导致难以接受的结果。类似地，合成谬误也会发生在经济学中，例如，若一个农民在给定价格下增加产量，则他的利润将会上升，但要是所有的农民都在同样的价格增加产量，则所有人的利润都会下降。

在家庭理财领域，若你决定以牺牲消费为代价储蓄更大份额的本年收入，则你将促进资本形成和经济增长。但要是每个家庭都进行更大的储蓄和更少的消费，则国民就业和收入将因消费需求的减少而下降。一个合成谬误的例子即众所周知的**节俭悖论**。再一次地，若很多人采取统一行为，个人方面的合理行为会导致不可接受的结果。

另一个同理性行为产生的矛盾结果有关的术语是**道德风险**。这是一个当政府调节经济以帮助个人或企业走出源于风险投资的广泛的巨额资金损失困境时，出现在经济学中的保险术语。但在人们认为政府不能对损失进行保险时，他们很少有动机使风险最小化以避开未来的灾难性后果。通过转移过度冒险的损失，政府甚至有可能鼓励在未来进行更大的冒险。关于道德风险的例子包括次级抵押贷款和飓风洪涝使个人和企业所经受的巨额损失。

微观经济学和宏观经济学

经济学学习可分成两大领域：微观经济学和宏观经济学。**微观经济学**处理个人、企业和行业层面的经济问题，研究个人作出消费或储蓄的动机等问题。微观经济学利用供给和需求原理，考察一种产品的价格如何被决定，分析不同的市场结构，以及研究决定生产资料的价格和使用的要素。相反地，**宏观经济学**处理总量经济问题，包括总产量、总就业和一般物价水平等。宏观经济学分析整体的经济问题，而非个人、企业或行业层面的经济问题。宏观经济学研究获得更高就业水平的方式和手段，形成同旨在稳定经济的货币和财政政策有关的看法。最后，宏观经济学关注利率和税收对经济的影响。微观经济学和宏观经济学之间的区别并不像看上去那么明显。对个体经济行为的研究和对总体经济行为的研究是密切相关的，且主要是出于便利而进行了区分。若你不能同时掌握两者，你实际上就没有牢固掌握经济学。

经济学是一门关于选择的学科

一旦你学完经济学课程，你很可能会以一种不同于以往的方式看待世界。你将更清楚地看到，每一个选择都有替代选项，不管是相对简单的选择，如选择冰淇淋口味，还是影响千家万户的联邦政策层面的重大选择。由于资源是稀缺的，每一个选择都伴随着成本。在选择冰淇淋口味时，你的选择可能基于是否购买自己最喜欢的口味（如蓝莓味），或者尝试一种不同的口味（如朗姆葡萄干味）。但你不能尝试两种口味，至少在吃的一瞬间不能。每天，你不仅需要作出像这样的简单选择，而且需要作出更复杂和重要的选择。

在联邦层面，经济学家或政策制定者必须作出关于实现一个合理目标之最佳手段的判断。例如，充分就业是一个被人们普遍认可的经济目标。若经济未处于充分就业状态，则可以采用若干政策来实现充分就业。一些经济学家可能会提出，政府应把增加支出作为刺激经济的手段。另一些经济学家则会认为，最好采取减税措施。这些经济学家都在追求刺激经济和降低失业的相同目标，但他们在实现这一目标的最佳手段上存在分歧。

若所有的资源都是充足的，那就不需要节俭或为决策而纠结。若我们能拥有更多的资源，经济学研究将无关痛痒。但在所有的层面，资源都是稀缺的，选择涉及放弃的机会，这正是经济学所关注的主题，即对一个稀缺世界选择的研究。第二章将更深入地探讨稀缺性和选择的概念，学完之后你将领会稀缺性和机会成本在经济学中的至关重要性。

第一章回顾

□ 总 结

● 经济学是一门研究社会中的人们和机构如何作出选择，以及这些选择反过来又如何决定社会资源使用的社会科学。选择很重要是因为资源总是有限的，而需求却是无穷的。

● 经济学关注于商品和服务的生产、分配与消费。生产是一个创造或增进效用的过程。分配是指总产出或收入在劳动、土地、资本和企业家才能这四大生产资源之间的分配。根据它们对总产出的贡献，生产资源通过工资、地租、利息和利润的形式得到补偿。消费即商品或服务的使用，是所有经济活动的最终目的。

● 经济物品即指有用的、稀缺的和可转移的有形商品。一项有用的、稀缺的、可转移的和有形的活动是一种经济服务。

● 商品可以分为不稀缺且无价格的免费商品和经济物品。公共产品是一种看上去对使用者免费，但实际上通过税收支付的物品。经济物品可以分成消费品和资本品两大类。

● 财富是一个存量概念，是指在给定时期经济物品总收集量的价值。收入是一个流量概念，等同于总产量——在一段给定时期内生产的商品和服务——的价值。

● 经济学与其他学科，包括物理学、心理学、社会学、政治学和哲学等密切相关，它也借用数学和逻辑学的推理过程。经济理论处理给定经济条件下的规则和原理。经济政策处理在这些条件下实际上怎么做的问题。经济理论和经济政策之间经常发生分歧，是因为经济政策往往服从于政治、社会和军事政策。

● 经济学有其自身的术语集，许多术语有时会因为和日常使用的术语相似，但在经济学中却有着不同定义而被混淆。其他术语仅限于经济学的研究范畴。“边际分析”等概念对理解经济学家思考如何解决个人或国家层面的问题至关重要。

● 经济学学习可分成微观经济学和宏观经济学两大领域。微观经济学处理个人、企业和行业层面的问题。宏观经济学处理总产量、总就业和总收入等总量经济问题。

● 经济学是关于选择的研究。作出关于经济决策的明智选择需要决定性的和分析性的替代选项。

□ 关键术语和概念

经济学	生产	效用	总产量	分配
生产资源	劳动	土地	资本	企业家才能
企业家	消费	经济物品	免费物品	公共产品
消费品	资本品	人力资本	总收入	学科
经济理论	经济政策	实证经济学	规范经济学	边际分析

假设	理性行为	均衡	合成谬误	节俭悖论
道德风险	微观经济学	宏观经济学		

□ 讨论题

1. 经济学是否将发展成一门精确科学？请说明原因。

2. 在哪些方面，生产比商品的制造和装配涉及更多范畴？

3. 四大基本生产资源是什么？它们各自根据其对生产的贡献获得何种形式的补偿？

4. 在我们的日常生活中，是否一种商品或服务越重要，我们必须为其支付的价格就越高？请说明理由并给出例子。

5. 给出分配是我们经济中一个持续问题的最近的例子。

6. 列举出一些曾经是免费物品现在是经济物品的商品。

7. 怎样才能增加我们国家的财富？

8. 对人力资本价值的估计是否应包括对我们财富的测量？如果是，如何测量它？

9. 经济理论和经济政策之间有何关联？

10. 为何经济学家之间在经济政策问题上的观点差异发生得如此频繁？

第二章 稀缺性和选择

在学习完第二章后，你应该能够：

（1）理解为何稀缺性迫使个人和社会作出选择；

（2）使用生产可能性曲线解释稀缺性和选择之间的关系；

（3）讨论提高的生产力如何帮助弥补资源短缺；

（4）解释专业化和交换的过程；

（5）区分绝对优势和比较优势，阐明比较优势在生产决策中的重要性。

人类需求是无限的。不管我们获得多少商品和服务，总有一些其他东西我们很想得到。对个人或家庭而言，为取得商品和服务可利用的收入通常是有限的。但对一个经济体而言，限制在于生产合意商品和服务可资利用的生产资料。正如我们在第一章已学到的，经济学是配置稀缺资源以试图满足无限需求的过程，不管是个人资源、国内经济还是整个世界。

稀缺性和选择

稀缺性和选择处于经济学的核心位置。若所有商品都是免费品，那么节俭将毫无必要。对于免费品，我们不需任何成本便能获得无穷无尽的各类商品和服务。但不幸的是，我们生活在一个充斥着经济物品的世界，这意味着我们必须在成本高昂的限制性备选选项中作出选择。生产资源、时间和收入都是有限的，我们每天必须在无数可得的备选选项中作出许许多多的选择。

在个人层面上，由于收入有限而需求无穷，我们绝大多数人必须对如何花费自己的金钱进行决策，以便最大化我们的满意度。因为每一次购买都会排除对其他东西的购买，有意无意地我们便形成了一个对商品和服务的主观偏好尺度，并且相应地作出购买行为。

例如，由于金融资源有限，我们必须作出关于是购买一辆新车还是修一下旧车，买什么品牌的手机，是否以及何时参加暑期班、旅游或全职工作以弥补大学开支等的选择。这些选择涉及对我们金融资源的配置，但即使是非金融决策也属于经济决策。诸如早上吃什么早餐、某天穿什么衣服、选修哪个教授上的特定课程，或者在星期六下午是去打网球还是学习等都属于经济决策，因为每一个备选选项均会产生成本和收益，而且选择其中的一者就不能选其他的了。

稀缺性还会使企业在不同备选选项中作出选择。企业必须作出关于生产什么产品、厂址选在哪里、雇用多少人、采取什么设备、开拓什么市场以及支付多少工资和薪金等决策。企业的选择受到竞争、政府管制、生产成本、技术和大量其他约束的限制。

在国家层面，政策制定者也需作出反映成本高昂的替代选项的重要经济决策。例如，未预料到的对飓风和洪涝受害者的紧急救援开支，可能会导致医疗保健或高速公路建设支出的减少。通过增加税收来降低国家债务可能会减少投资和储蓄。削减军费开支以平衡联邦预算可能会导致更高的失业、更低的国民收入和国家安保开支的减少。颁布试图使经济长期受益的自由贸易协议，可能会在短期内给特定产业、地区和工人带来严重后果。

在不同的替代选项间作出选择所面临的权衡在日常生活中必不可少，它们也是经济学的聚焦点。任何经济体制的基本功能都是提供选择的框架。必须有一些关于生产什么、生产多少、如何生产以及怎样在经济体的人们中分配最终商品和服务的决策方式。

国家必须作出选择

我们不仅需在个人层面上作出选择，还需在国家层面上作出选择。没有国家具备能满足其人民需求的所有资源。因此，一国必须利用其可得的生产性资源来生产数量最大化的商品和服务。总产量和生活水平取决于一国劳动、土地、资本和企业家才能的规模和利用程度。

劳动。通常，给定一国的人口规模越大，该国商品和服务的总产量越大。但是，总产量也会受到人口教育水平、劳动力规模、工人所掌握的技能和流动性，以及人们心理态度等的影响。

土地。土地（包括国家资源）是一种至关重要的资源。一国所能支配的这种资源的数量越大，该国的生产潜力就越大。土地包括土地空间、原材料、能源资源和气候条件。土壤肥力会影响农作物产量。一个拥有丰富的森林、煤炭、石油、铁矿和其他资源的国家，比一个缺乏这些资源的国家更有经济优势。河流、湖泊和沿海水域作为运输和能源开发方式，以及食物和矿产的来源都颇显重要。热能、水能、蒸汽能、电能、风能甚至核能，都来自对土地、原材料和气候条件的利用。

资本。一国的资本数量和技术开发程度对总产量具有重要影响。借助于机器、更好的技术程序和人力资本，人们能生产出比仅靠人工劳动更多的产量。过去几十年来，绝大多数国家生活水平的改善，均源于掌握更多技能的劳动力和更好的机器设备。计算机和通信设备、更强大的新机器、能创造新产品的新化合物、使原材料成本更低廉的原材料处理新方式以及其他技术进步的广泛使用，均倾向于增加商品和服务的产量，并提高它们的质量。

企业家才能。虽然人们能利用他们的劳动、土地甚至资本生产商品和服务，但通过适当组合这些生产性资源却能获得更大的生产力。因此，知道如何有效利用资源至关重要。富有远见和组织能力的企业家必不可缺，一个合理的经济活动得以开展的经济体制框架亦然。就这一点而言，企业、货币体制、各行业资本结构的性质和类型，以及政府管制的程度，都会影响一国的创业活动。因此，它们也会影响总产量和生活水平。

生产可能性曲线

即使所有的生产性资源都得到充分利用，稀缺还是会存在，这是因为我们不能生产社会所需的所有物品。因此，生产者必须选择生产什么，以及每种物品生产多少。稀缺性和选择之间的这种关系往往通过所谓的“生产可能性边界”经济模型来表示。生产可能性边界模型阐释了稀缺性、选择和机会成本等概念。稀缺性迫使我们在替代选项之间作出选择，且每一个被选定的替代选项均包含机会成本。

生产可能性曲线描绘了一个社会在给定可得资源和技术的情况下，所能生产的不同商品和服务的替代性组合。若我们假设充分使用劳动和生产力，且能将用于各种目的的生产性资源充分交换，则房屋和食物的生产可能性曲线如图 2-1 所示。该图显示，在每一个极端，要么可生产 15 000 单位的房屋（用 A 点表示），要么生产 500 万磅的食物（用 F 点表示）。生产可能性曲线阐释了作出选择的必要性。当我们在任一方向沿曲线移动时，我们都对房屋和食物的替代性组合进行了选择。对于任何选定的组合，必然会牺牲其他可能性。例如，图 2-1 中的 D 点表示，给定现有的资源和技术，能够生产9 000 单位的房屋和 300 万磅食物的组合。若我们沿生产可能性曲线从 D 点移动到 E 点，则表示必须减少房屋以扩大食物供给。在 E 点，生产 400 万磅食物的成本是 3 000 单位的房屋，因为住房建设将不得不从 9 000 单位降至 6 000 单位，以便增加 100 万磅的食物生产。不管你沿着生产可能性曲线移动到哪里，房屋和食物之间的权衡都很明显。这种权衡在经济学中叫作机会成本。**机会成本**被定义为当作出一个选择时所牺牲的次优替代选项的价值。

回到图 2-1，注意生产可能性曲线并不是一条直线，而是一条向外凸出的曲线。这意味着住房建设和食物生产所用到的资源对两者的不同产量而言并非完全适合的。当我们从 A 点移动到 F 点时，图 2-1 表明，为了使食物产量增加 100 万磅，必须牺牲越来越多的房屋，这是因为我们必须使用更适合于住房建设的资源，把它们转向食物生产以获得更多的食物。从 D 点移动到 E 点时，图 2-1 表明必须牺牲 3 000 单位的房屋，而从 E 点移动到 F 点时，会产生一个更大的房屋数量损失。增加 100 万磅食物产量的机会成本现在是牺牲 6 000 单位的房屋。生产更多的一种产品，每一单位的机会成本将会增加。这种现象叫作**成本递增法则**，正是成本递增法则解释了生产可能性曲线递增的负斜率或向外凸出的形状。若边际机会成本不变，不同投入之间将会有一个不变的替代率，生产可能性曲线将成为一条具有不变的向下倾斜斜率的直线。

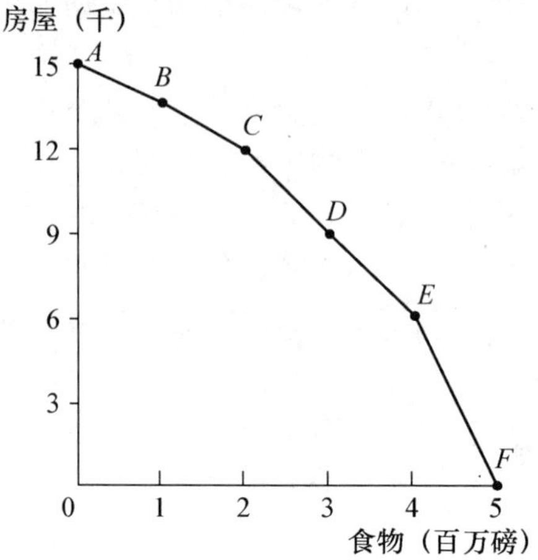

图 2－1　生产可能性曲线

但是，如图 2－2 中的 U 点所示，一国可能不在全部能力上生产，这可能源于衰退期存在闲置资源，或者在一个充分就业经济中低于最大效率的资源使用。如图 2－2 所示，通过利用闲置资源和（或）使这些资源实现最大经济效益，可以增加总产量或作出更好的选择（如 C 点、D 点或 E 点）。

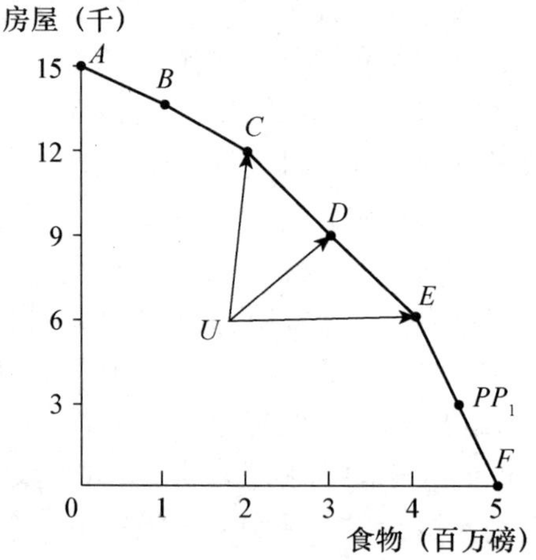

图 2－2　从生产可能性曲线内部的产量扩张

生产可能性曲线可以被用来表示经济增长对一国经济的影响。**经济增长**被定义为一个经济体商品和服务总产量的增加。经济增长的源泉有很多，包括劳动和资本的增加、新技术、发明、创新和新资源的发现，以及由接受更好教育和掌握更高技能的劳动力所带来的生产率的提高。在一国经历经济增长时，它能享有资本品和消费品的同步增加，而不需在两者之间进行权衡。例如，图 2－3 假设劳动力数量的增加和质量的提高以及技术的更大利用，提高了整个经济的生产率。这会产生使生产可能性曲线向右移动的效应。我们用 PP_2 表示新的生产可能性曲线。此前，该经济体要使食物产量或房屋存量增加，唯一的途径是以牺牲一者来增加另一者。但是，由于经济增长，经济体现在能同时生产出更多的房屋和更多的食物。在图 2－3 中，若经济体先前处于生产 300 万磅食物和9 000 单位房屋的 D 点，现在它处于能生产 12 000 单位房屋和 350 万磅食物的 H 点。一旦经济体处在新的生产可能性曲线上，权衡将再次出现。

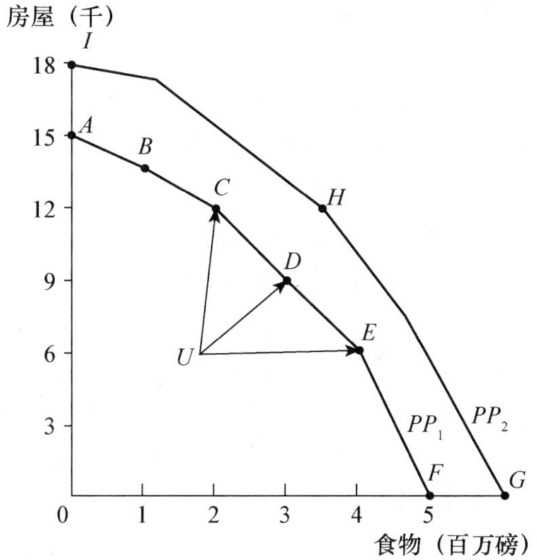

图 2－3　超出生产可能性曲线的产量扩张

在美国等发达国家，关于是否生产更多某种商品或另一种商品的选择，由经济体中较少受影响或不受影响的市场决定。但是，在发展中国家，这些选择可能会产生更严重的影响。穷国把它们的稀缺资源用于技术和资本形成的能力较弱，因为这样做意味着放弃生存所必需的基本消费品。这样一个国家要享受经济增长的益处，就不得不投资于高速公路、发电厂和通信技术等行业。但是，为了通过投资这些资本品行业创造进一步的经济增长，必须缩减食品消费。若发展中国家确实在某种程度上成功创造了新的资本，它将能提升自己在未来生产大量商品和服务的能力。因此，长期来看该国的境况将变得更好。但在短期，食品产量的这种减少会导致疾病和饥荒，可能还会导致政治动荡。鉴于这种困境，发展中国家怎样才能以牺牲基本消费品为代价，承担资本创造的投入呢？可能的解决之道包括来自国际组织的捐赠和贷款，以及跨国公司对这些国家的直接私人投资。假定存在一个有利的政治环境和许多其他积极条件，经济增长的引擎发端于国外。为了成功实现经济增长，国家将移向一条更高的生产可能性曲线。

通过假设购买商品和服务的收入是有限的，相似的生产可能性边界分析也适用于个人或家庭。作为一个学生，你面临着有限的时间资源，因此你的曲线可以显示从事学习或闲暇的选择组合。

美国的稀缺性和选择

美国对四种生产性资源的组合做得非常好。首先，在超过 3 亿的美国总人口中，有约 1.55 亿的技能型和多面型流动劳动力。其次，美国有丰富的土地和自然资源供给。因此，可以获得生产充足商品和服务的原材料。再者，美国拥有全世界最庞大的资本数量，大多数这些资本是极其复杂和成本高昂的。

如今，机器和技术流程使我们能更好地利用脑力。例如，不使用计算器的话，你需要多久来做会计题或数学题呢？大型喷气式飞机制造商使用的电脑，在一分钟或一分钟内就能完成一个数学家用台式计算机需花几年的计算量。工人操作的机器设备数量越多，生产率就越高。资本和技术发展对生产率的提升贡献颇大。

美国和其他现代工业国家拥有的第四大类资源是企业家才能，即能使商品和服务生产出来的技术和能力。我们不仅开发出了大量的管理技术，而且极为强调对从事商业职务的年轻人的培训。例如，世界上没有任何国家有像美国那样普遍的大学层面的商学院。但是，近些年来，许多欧洲、亚洲和南美洲国家已仿效杰出的美国商学院成立了自己的商学研究院。

如今，在主要的世界大国中，美国拥有最高的人均商品和服务产量（以及最高的总产量）。2011 年，美国商品和服务的总产量约为 15 万亿美元，相当于排名世界第二的中国的 2.5 倍。2011 年，美国经济体的人均商品和服务产量约为 4.5 万美元。几十年来，美国在人均产量上都位居世界第一。但是，近几年来，一些国家，包括瑞士、挪威、阿拉伯联合酋长国和澳大利亚等国，在人均 GDP 上已经超过美国。① 尽管中国的年总产量位列世界第二，但中国的人均产量仅略高于 5 000 美元。

美国人民面临的稀缺性问题——例如，选择用本国的资源建设高速公路还是建造新房屋，购买一套家庭娱乐设施还是度假，抑或上大学还是参军，等等——相比于发展中国家的许多人们而言，处理起来要容易得多。在这些发展中国家，人们的决策往往与为了减轻饥荒，种植哪些作物会得到更大的产量有关。但是，美国和其他工业国必须开始更多地重视选择问题。伴随着资源的迅速消耗、环境方面的考虑和遍及全世界的食物短缺，生产性资源必须得到更高效的使用，以便使产量最大化并满足尽可能多的需求。

稀缺性问题

不幸的是，世界上有些地区缺乏高水平产量所需的合适的土地、劳动和资本比率。事实上，我们很幸运生活在一个能满足庞大产量和高生活水平所需条件的国家。这不能消除以下事实，即五分之一的世界人口仍处于最低限度的生活水平。由于这些地方缺乏一种或多种关键资源，生产力不足以为人们提供舒适的生活。

□ 问题的性质和范围

无以计数的人们遭受着经济贫困。一些国家拥有丰富的自然资源，但却缺乏足够的资本来建立一套令人满意的运输系统和强大的工业基础。当这些国家有了庞大的人口之

① Central Intelligence Agency, *World Facts Book*: *2011* (Washington, D.C.: U.S. Government Printing Office, 2010).

后，问题便加剧了。例如，拥有 13 多亿人口的中国有着丰富的自然资源，但却缺乏与其国家规模相对称的充足资本。由于转向一个更加市场主导型的经济，中国近些年来经历了总产量的迅猛增长。但是，中国民众的平均年收入或年产量仍很低，因为所生产出的东西必须平分给一个异常庞大的人口。拥有超出 10 亿人口的印度的情况也差不多，但印度的资源相对适中且面临长期性的资本短缺。

一些地区缺乏资本和技术，另一些地区缺乏自然资源，还有一些地区则缺乏技能型劳动力。日本必须在相当于蒙大拿州的国土面积上极其明智地配置资源，以生产出足够支撑 1.28 亿人口的产量。设想一下，若我们将约 43%的美国人口迁移到蒙大拿州，告诉他们只能根据该州的资源获取自身所需的食物和衣服，情况会怎样呢?

□ 解决之道：提高生产率

通常，当一国发现其自身缺乏获得更高的产量水平所需的劳动和（或）土地时，它能通过人力资本的增加克服这种缺乏。例如，日本借助异常高的工业效率（产业效能），弥补了其自然资源的匮乏。这使日本能进口原材料，将其加工成最终产品并出售到国内外市场以获取利润。资源和劳动的短缺可以通过新资源的发现、更好的新技术的开发，以及使用更好的机器以便从现有资源中生产出更大的收益等，得到克服。利用合成纤维代替自然纤维，塑料代替金属，电脑代替人力劳动，以及激光器代替老式的手术工具，已经提高了生产率。在未来，我们将看到地热能和太阳能的更广泛利用，将对海水进行商业化处理以提取有价值的矿物，以及发明出做我们现在难以想象之事的更好的新机器。所有这些发展都将通过从现存资源中获取更大的产量来缓解稀缺性问题。

□ 对发展中国家的援助

但是，许多国家并不具备改善国民生活水平的自然资源、技能型劳动力或资本。此外，这些发展中国家有许多只能在生存线水平上生产，它们不能放弃当前消费以投资于额外的资本。世界上有许多国家的年人均产量仅为 2 000 美元或以下。相比较而言，美国的年人均产量约为 45 000 美元，绝大多数发达国家则为 20 000 美元或以上。许多发展中国家——特别是那些生产率增长速度慢于其人口增长速度的国家——需要外在帮助。为了减轻饥荒、贫困和疾病，它们需要食物、衣服和医疗救助等形式的短期援助。但是，为了解决它们的基本经济问题，它们却需要技术援助和资本等形式的长期援助。

专业化和交换

生产率决定产量，产量决定收入，收入决定一个社会的生活水平。因此，每个人或者每个国家都应该努力提高其生产率。这样做的途径之一是专业化和交换。

专业化发生在一个经济单位（一个个体、一家企业、一个地区或一个国家）限制其生产的范围，而非试图生产其所需的任何商品时。通过这种方式，该经济单位能在生产少数商品或服务上变得非常精通。**交换**是指用过剩的专业化产品同其他人交易其他商品和服务的过程。总体来说，通过这样的合作，社会能获得比每个人都生产部分所有产品更多的产量。

在美国经济中，个人、企业、地区和作为一个整体的国家，均致力于专业化生产。个人通常专注于一个特定的岗位或职业。绝大多数公司生产一个有限范围和数量的产品。美国大多数地区专注于特定产品的生产——南部生产棉花、西南部生产奶牛、中西部生产汽车，以及加利福尼亚州硅谷生产电子产品。从国际上看，巴西集中生产咖啡，阿根廷集中生产牛肉，古巴集中生产食糖，而英国集中生产工业品。相比于一个以自给自足为特征的经济体，一个利用专业化和交换的经济体能获得更高的个人收入和总收入。专业化为个人提供了成为掌握某一特定技能的专家的机会。结果，总产量比每个人努力生产他或她期望的所有商品和服务时更大。

美国经济广泛利用专业化和交换，仅受市场规模大小的限制。显然，若出售所生产的产品不足以给生产商提供一份丰厚的利润，或者若生产商不能生产出足够多的产品以变得比非专业者更高效，则致力于这一过程就会无利可图。因此，我们必须研究市场的规模大小。若市场足够大，则专业化和交换就有了经济意义。

市场规模不仅取决于人口规模，而且取决于人们的收入或购买力。除非人们有钱购买，否则他们便不能购买商品和服务。市场规模还受到经济体运输系统的影响。运输条件越好、运费越廉价，产品能送达的人群数量就越多。

绝对优势和比较优势

一个人、一家企业、一个地区或一个国家可能会自然地形成一个专业领域，但通常必须作出选择以决定生产什么用于交换或贸易。

生产商应该专注于一个它们具备绝对优势的活动。**绝对优势**是用比其他生产商更少的资源生产一种商品或服务的能力。在美国，这种情况发生在国家的某一地区比其他地区更适于生产特定产品时。佛罗里达州能以少于艾奥瓦州的资源种植橘子，在艾奥瓦州，加热的温室必不可少。艾奥瓦州有着广阔平坦的土地，且能比佛罗里达州更高效地生产玉米。因此，佛罗里达州可以专门种植橘子，而艾奥瓦州则可以专注于玉米生产，两种产品可以通过市场交换。

当双方中的一方在生产某一特定商品或服务上较另一方有着绝对优势时，双方很容易确定他们各自的专业领域。但是，当一方在两种商品和服务的生产上均比另一方有着更高效率时，情况会怎样？拥有绝对优势的一方是否应亲自生产两种产品？虽然这一方在生产每一种商品时都有优势，它还是应该专门生产其有着比较优势的商品。**比较优势**是指以一个比其他人更低的机会成本生产一种商品或服务的能力。这意味着让另一方生产其拥有较低机会成本的商品。如此一来，总产量将会更大，且交换会使双方获得两种商品。

假设某妇女作为销售顾问每小时能赚 100 美元，她的部分工作包括为她的客户准备报告。假设除了作为一流的销售顾问外，她在文字处理方面的效率比她能雇来将报告键入电脑的任何人都高。因此，她能在一小时内键入助理需花两小时键入的内容。结果，她认为不必雇用一个助理来做码字工作，她自己做就行。那么，她一边码字一边做顾问如何呢？若她亲自码字，她每天必须从顾问工作中抽出一小时来码字。码字的机会成本是她做顾问一小时能赚到的 100 美元，而做顾问的机会成本是她必须支付给将报告键入电脑的助理的 20 美元。因此，若她雇用一名助理，她便能把所有的时间用来做顾问工作。她的总收入将大于每天 100 美元。在给她的助理支付了两小时共 20 美元的报酬后，她每天仍将有额外的 80 美元的收入。因此，若该销售顾问专职从事她具有更大比较优势的服务，其境况会更好。

□ 国与国之间的比较优势

这一比较优势原理也适用于企业、地区和国家。不考虑诸如汇率和运输成本等其他因素，我们来比较两个假想中的国家：设得兰群岛（Shetland）和北摩卡（North Mocha）。假设这两个国家都拥有 5 个资源单位（1 个资源单位等同于劳动、土地、资本和企业家才能的一定组合）。起初，每个国家都投入 3 个资源单位生产棉花，剩下的 2 个资源单位生产小麦。利用这些资源单位，设得兰群岛能生产 30 大包棉花和 60 蒲式耳小麦，北摩卡则能生产 15 大包棉花和 40 蒲式耳小麦。因此，设得兰群岛在生产棉花和小麦这两者上都比北摩卡更高效，如表 2－1 所示。表 2－1 显示，从总体上讲，10 个资源单位被用于生产 45 大包棉花和 100 蒲式耳小麦。而且，设得兰群岛在生产小麦和棉花上都比北摩卡更有绝对优势。

表 2－1　　专业化前设得兰群岛和北摩卡的产量

国家	棉花		小麦	
	资源单位	大包	资源单位	蒲式耳
设得兰群岛	3	30	2	60
北摩卡	3	15	2	40
总计	6	45	4	100

现在的问题是，设得兰群岛是否应该同时生产棉花和小麦两种作物而让北摩卡自己调整生产组合，抑或是应该专门生产两种作物中的一种？为了满足比较优势原理，设得兰群岛将生产其拥有更大比较优势的商品。在我们的例子中，这种商品即棉花。设得兰群岛在棉花生产上对北摩卡的优势是 2∶1，在小麦生产上对北摩卡的优势仅仅是 3∶2。若设得兰群岛将其全部资源用于生产棉花，它将获得 50 大包棉花。若北摩卡将其全部资源用于生产小麦，它将获得 100 蒲式耳的小麦。因此，新的产量将如表 2－2 所示。

表 2－2　　专业化后设得兰群岛和北摩卡的产量

国家	棉花		小麦	
	资源单位	大包	资源单位	蒲式耳
设得兰群岛	5	50	0	—
北摩卡	0	—	5	100
总计	5	50	5	100

两国共有相同的小麦产量和额外 5 大包棉花，在这些总产量中，它们怎么分配呢？这将取决于两国之间的交换，而交换应该对两国都有利。为了重新获得其之前的小麦和棉花组合，北摩卡想用 15 大包棉花——专业化生产所放弃的数量——来交换 60 蒲式耳小麦。另外，设得兰群岛能提供 20 大包棉花——专业化生产所获得的数量——来交换其最初能生产的 60 蒲式耳小麦。

小麦对棉花的交换比例将视两国之间的讨价还价而定，最终的解决将取决于许多经济条件。若两国拥有相同的经济实力，则它们可能会折中妥协，将交换比例设在 17.5 大包棉花换 60 蒲式耳小麦上。以此为基础的贸易假设设得兰群岛出口 17.5 大包棉花，剩下的 32.5 大包棉花供国内使用。结果，每个国家将获得比各自同时生产小麦和棉花时额外 2.5 大包的棉花。

为了交换棉花，北摩卡需将 60 蒲式耳小麦运往设得兰群岛。因此，北摩卡剩下的小麦数量为 40 蒲式耳，这正是它在同时生产棉花和小麦两种作物时的产量。同样地，设得兰群岛将获得 60 蒲式耳小麦，这也正是两国在进行任何专业化生产和交易之前该国的小麦产量。在进行专业化生产和交换之后，两国的最终状态显示将获得额外 5 大包棉花：2.5 大包归设得兰群岛，2.5 大包归北摩卡。两国仍拥有和之前相同的小麦数量（见表2－3）。在这一简单例子中，两国都能通过比较优势获益。但在实际贸易中，许多额外的复杂因素，如运费和汇率等必须被考虑到。

表 2－3　　源自专业化的收益

国家	棉花（大包）	小麦（蒲式耳）
设得兰群岛	32.5	60
北摩卡	17.5	40
总计	50.0	100

□ 实践中的比较优势

通过将比较优势原理运用于实践，可以获得大量收益。个人在选择一种还是另一种职位或职业时用到它。大企业能以同样的方式增加它们的利润。例如，大型汽车生产商能生产绝大多数汽车生产中所需的零部件。但是，它们却从独立供应商处购买绝大多数零部件，并将它们的绝大多数时间、金钱和精力用于汽车组装。事实上，你可能会看到大量大型汽车生产商从全美各个供应商处购买零部件的广告。其他公司开设门店，把它们出售给另一方，然后回租它们。这使得这些公司能将它们的资金和时间用于零售业务，而非房地产业。

专业化和交换能提高生产率和改善生活水平，但一个地区或国家必须注意不可过度专业化。一个只有专业人士而没有任何执行其整体活动的人组成的经济体，可能达不到其最大潜能。军事考虑是限制利用比较优势原理的另一个因素。即使在国内生产特定商品可能成本很高，但这些产品对军事产量至关重要，从长期来看这也是明智的。当战争爆发后，一国的供给来源可能会被切断。

此外，如果对这些产品的需求发生波动或出现崩溃，一个地区或国家对一种或少数产品的过分依赖会导致严重的经济问题。例如，因为严重集中于汽车生产，密歇根州很容易受经济萧条的影响。当汽车销量降低时，密歇根州就会发生普遍裁员。同理，咖啡需求对巴西的商业活动具有重大影响。而天气，包括降雨量，始终是农业生产区的考虑因素之一。专业化在经济意义上是明智的，但它不能走向极端。生产的某种多样化不无裨益。

第二章回顾

□ 总　结

● 节约是指应用稀缺资源以试图满足无限需求的过程。个人和国家都必须节约。

● 节约涉及稀缺性和选择之间的关系。这种关系可通过生产可能性曲线表示。机会成本是在作出选择时放弃的其他选项的价值。总产量受人口年龄结构和构成，以及劳动力规模、技能和流动性的影响。生产能力同样取决于一国的自然资源（包括土地、空间、原材料、能量来源和气候），以及资本和技术发展水平。

● 总产量可以通过专业化和交换的利用得到增加。通过专业化，一个经济单位限制其生产的范畴，使其本身在生产少数商品或服务上变得更加精通娴熟。通过交换，剩余的专业化产品被用来和他人交易其他的商品或服务。

● 欠发达国家的基本经济问题是它们缺乏资源、技能型劳动力或资本，以改善国民生活水平。这些国家既需要短期援助（食物、衣服和医疗救助），也需要技术援助和资本等形式的长期援助。

● 专业化和交易连同比较优势原理一起发挥作用。若两方或多方主体彼此之间拥有一个绝对优势，它们将很容易决定各自的专业领域。但是，若其中的一方能比其他方更高效地生产两种商品或服务，则该方应专门生产其拥有更大比较优势的商品。不过，各方均应意识到比较优势的局限性。

● 比较优势问题可以通过比较假设的两方（比如在汽车行业，或者通过考虑个人，比如一名必须确定哪种服务提供更大比较优势的顾问）得到阐释。

□ 关键术语和概念

生产可能性曲线	机会成本	成本递增法则	经济增长
专业化	交换	绝对优势	比较优势

□ 讨论题

1. 你在多大程度上致力于节约你的日常活动这一过程？
2. 某一给定国家人口的增加是否必然会导致生活水平的下降？原因何在？
3. 更多地利用核能或其他新能源将如何影响稀缺性问题？
4. 一个资源丰富的国家如何才能最有效地同其他资源不足的国家分享资源？
5. “由于生产性资源是稀缺的，故商品和服务是稀缺的。”这句话是何含义？
6. 若美国的生产性资源在未来5年增长一倍，稀缺性问题是否将被消除？

7. 根据生产可能性曲线，一国如何才能增加其总产量，若该国已经充分利用了其资源？

8. 区别绝对优势和比较优势。

9. 说出一些你或你朋友遵循比较优势原理的方式。

10. 一国是否应尽可能地保持经济独立？原因何在？

第三章

价格：需求和供给的角色

在学习完第三章后，你应该能够：

(1) 定义“需求”并区别需求的变化和需求量的变化；

(2) 定义“供给”并理解供给曲线为何向右上方倾斜；

(3) 解释当价格高于或低于需求和供给决定的市场价格时发生了什么；

(4) 阐述销售价格和销售量如何对需求和供给的变化作出反应；

(5) 确定价格上限和价格下限的可能结果；

(6) 解释弹性的意义，以及弹性需求、非弹性需求和单位弹性需求的概念；

(7) 理解供给弹性的性质。

在市场经济体制下，供给和需求之间的相互作用决定了价格水平。消费者通过他们愿意为不同产品支付的价格来表达他们的需求。企业通过提供不同价格的商品和服务来迎合消费者，以谋求利润。如此一来，便形成了一个商品或服务的最终价格取决于生产者成本和购买者效用的市场。

市场机制

需求或供给中任何一个发生变化都会带来商品销售量的调整或价格的变化，或者两者同时发生。例如，若全国消费者开始购买更多的割草机，零售店必然会从批发商处订购额外的割草机，作为备用库存。反过来，批发商从制造商处采购更多的割草机，后者将开始生产更多的割草机。取决于可得的供给和资源成本，这些额外的割草机可能以同样的价格，也可能以不同的价格被提供。无论如何，消费者需求均通过市场结构被生产者获知。在其他时候，供给者试图预测消费者需求，并在需求强烈显示之前提供商品。这套机制并非运转得完美无缺，有时会出现过剩或短缺，这时价格便会出现波动。考虑到每年生产和销售的数以亿计的商品，市场体制确实承担了满足消费者需求的工作。

需　求

在分析市场需求的影响时，重要的是意识到消费者将购买的数量取决于多种因素。这些因素中最重要的是价格。

□ 需求法则

一种商品或服务的价格同需求量之间的重要关系可以用需求法则表示。**需求法则**表明，假设所有其他条件保持不变，则一种商品或服务的购买量与价格成负相关关系。因此，一种产品的价格更低将增加该产品的需求量，而其价格更高则会减少该产品的需求量。需求法则并不会告诉我们需求量因价格变化而受影响的确切程度，它只是表明两者之间成一种负相关关系。正如我们将看到的，需求法则解释了需求曲线的负斜率。

□ 需求量和需求

为了进一步阐明需求法则，经济学家对需求量和需求做了区分。**需求量**是指在一段给定时期，对应于一个特定价格人们将会购买的商品或服务的数量。**需求**是指在某一给定时刻，对应于不同的价格人们将购买的商品或服务总量。需求并不只是指需要或欲望。若要满足需求，一个人还必须具备购买力。你可能强烈渴望一辆新款保时捷，但除非你有能力用现金或信用卡支付，否则你的欲望将不会对市场产生影响。因而，**个人需求**是指一个人或一家企业在不同价格上准备购买的商品或服务数量。换言之，个人需求是指以购买力为支撑的一种欲望。**市场需求**是指市场上所有个人需求的加总。

□ 需求表和需求曲线

在确定一种产品的需求量随其价格逆向变化后，我们便能建立一个假设的需求表。**需求表**是一个表明在不同价格上，商品或服务的不同需求量的表格。因为必须精确知道人们在不同价格上实际想购买多少数量，很难建立关于某一特定商品或服务的这种确切表格。表 3-1 表明了给定某一时刻，假设的按需付费通话时间的市场需求。手机公司根据设定的价格出售这些通话时间，之后要是有需要，消费者可以继续购买它们。第 1 列显示价格，第 2～4 列显示不同价格上所需要的时间量。不难注意到，更低价格所对应的时间需求量比更高价格大。

表 3-1　　不同价格上所需要的通话时间　　单位：百万分钟

价格（美元）	D	D_1	D_2
15.0	2.0	3.0	1.0
14.5	2.3	3.4	1.3
14.0	2.8	4.3	1.6

续前表

价格（美元）	D	D_1	D_2
13.5	3.5	4.8	2.1
13.0	4.2	5.6	2.7
12.5	5.1	6.6	3.4
12.0	6.1	7.7	4.4
11.5	7.3	9.0	5.4
11.0	8.5	10.4	6.7
10.5	10.0	12.0	8.0

图 3－1 用图形描绘了价格和通话时间需求量之间的关系。纵轴表示价格，横轴表示通话时间需求量。在图 3－1 上描绘出在 12.5 美元价格下，需求量为 5.1 百万分钟的点。只需在 12.5 美元处向右水平画一条虚线，然后在 5.1 百万分钟处向上垂直画一条虚线，两者的交点为 A。

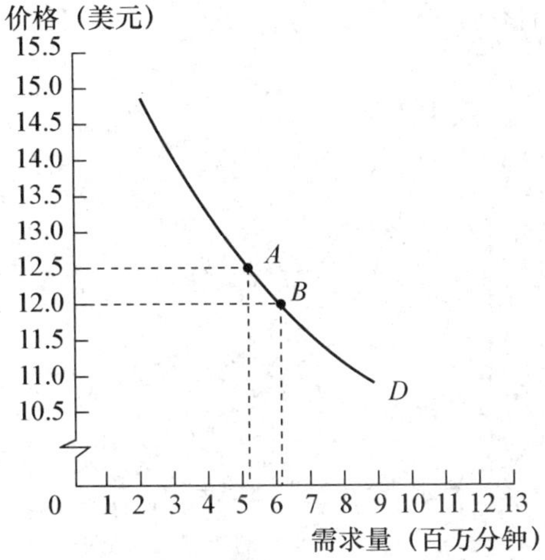

图 3－1　通话时间的需求曲线

用这种方法描绘出所有的点之后，它们就形成了一条向右下方倾斜的曲线。若价格和数量的变化一开始非常小，则对应点的集合将形成一条近乎连续的需求曲线。**需求曲线**描绘了给定时间，在不同价格上消费者想要购买的某一商品或服务的数量。事实上，需求曲线是需求表的图形表示。需求曲线可以是一条直线，也可以是一条曲线，它有着一个平缓的或者陡峭的斜率，它可以是连续的，也可以是不连续的，它可以是平滑的，也可以是跳跃的。这些特征取决于对特定产品的需求的性质，以及描绘需求表可资利用的信息量。因此，存在各种形状的需求曲线。

□ 需求的变化

我们已经看到，在一条典型的需求曲线上，对应于更低价格的需求量更大。注意到，在图 3－1 中的需求曲线上，在 12.5 美元价格处，通话时间需求量为 5.1 百万分钟，而在 12.0 美元价格处，通话时间需求量约为 6 百万分钟（如 B 点所示）。这是否意味着，价格定在 12.0 美元而非 12.5 美元时，需求将会增加呢？不然。记住，我们定义的需求是指给定时间不同价格上将被购买数量的表格。即使价格从 12.5 美元变到 12.0 美元导致了一个更大的需求量，但这并不是需求的变化，因为需求表并没有发生任何改变。我们只是移动到一个更低的价格，从而使需求量出现了增加。这种沿需求曲线的移动代表了**需求量的变化**，它只有在产品价格出现变化时才会发生。

需求量如何随需求的变化而变化呢？**需求的变化**是指整条需求曲线因价格之外的其他因素的变化而发生移动。在沿一条给定的需求曲线移动来确定需求量回应价格变化的变动时，这些因素保持不变。但若这些因素被允许发生变化，需求将会发生变化。因此，在表 3-1 中，D_1 表示需求从需求 D 发生增加时的情况。在作图时，D_1 需求曲线落在 D 需求曲线的右方，如图 3-2 所示。举例来说，它表示在 C 点，12.5 美元的价格对应 6.6 百万分钟的通话时间需求量。需求的减少意味着在每一个价格上被购买的数量变小。在表 3-1 中，D_2 表示需求从需求 D 发生减少时的情况。D_2 需求曲线落在 D 的左方，如图 3-2 所示。因此，需求的增加将使需求曲线右移，需求的减少则会使需求曲线左移。

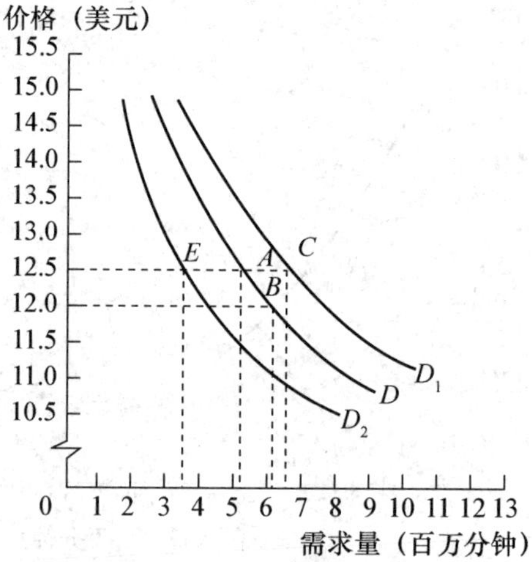

图 3-2　通话时间的需求曲线

虽然它们不是决定需求的唯一因素，但以下四个因素往往被看作除了价格之外最重要的决定因素，它们是收入、口味和偏好、未来预期以及相关商品和服务的价格。但是，价格是最重要的决定因素。

□ 需求的决定因素

“收入变化”会带来需求的变化。当人们能赚取更高的收入时，他们不仅能承担更多的同一种商品和服务，而且能承担更多他们之前不能承担的更贵的产品。例如，家庭可能不仅会延长其度假时间，而且还会去不同的目的地旅游。10 天的加勒比海滩游可能会取代一周临近国家公园的野营。更高的收入可能会使家庭成员更多在外面就餐，但他们可能会减少从快餐店购买餐点的次数。

需求的改变还可能会由“口味和偏好的变化”引起。一款流行的时尚产品，如大口袋工装裤，可能会在某个季节之后变得过时，从而使零售商囤积了出乎意料的多余库存。在汽车行业，混合动力汽车最近的流行反映了消费者对节能型汽车偏好的改变。混合动力汽车的销量显著增加，使它们的需求曲线发生了右移。

需求可能会因“消费者预期”的变化而出现增加或减少。例如，若消费者认为他们的收入在不久的将来会上升，他们今天将更倾向于购买更昂贵的商品。若消费者担心会失去他们的工作，他们很可能会推迟购买昂贵的商品。如果消费者预期特定产品将出现短缺，也会造成需求曲线移动，例如，在暴风雪或飓风爆发不久后，超市里的许多商品很快会出现短缺。

若消费者认为价格变化即将发生，则需求也会出现变化。消费者在预期到价格将上涨时会加速购买，而在预期到价格将下跌时则会延迟购买。

对一种产品的需求可能会受到其他产品价格变化的影响。一些商品是彼此之间的“替代品”，另一些商品则是“互补品”。对许多人来说，百事可乐和可口可乐是高度可替代的产品。因此，对百事可乐的需求可能会随可口可乐价格的大幅下调而显著减少。在运输行业，航空公司、酒店、汽车租赁公司之间都存在互补关系，若主要航空公司大幅提高运费，对租赁汽车和机场附近酒店的需求很可能会下降。

供　　给

把我们的关注点从市场需求或购买者一方转移开来，现在我们主要聚焦于供给或销售方。**供给**是指在一段给定时间的不同价格上销售者愿意提供的商品或服务总量。供给不是指一个特定数量，而是指一系列数量。相反地，一个消费者在特定的价格上所愿意提供的具体数量被称作**供给量**。个人供给和市场供给之间的区别类似于需求。**个人供给**是指在给定时间对应于不同价格单个销售者提供的销售数量，**市场供给**是指市场上所有个人供给表的加总。

□ 供给表

同需求表的情况一样，建立一个供给表对分析不无裨益。**供给表**是指一个表明在给定时间的不同价格上销售者将提供的不同数量的表。表 3－2 给出了一个假设的手机通话时间的供给表。**供给曲线**是供给表的图形描述。它是一条表明在给定时间的不同价格上将提供的一种商品或服务的销售数量的曲线。与手机通话时间的需求曲线相同的作图方法也适用于描绘供给曲线。该曲线如图 3－3 中的 S 所示。

表 3－2　　不同价格上所提供的通话时间　　单位：百万分钟

价格（美元）	S	S_1	S_2
15.0	10.0	11.1	9.0
14.5	9.6	10.8	8.4
14.0	9.2	10.4	7.8
13.5	8.5	9.8	7.2
13.0	7.8	9.1	6.3
12.5	6.9	8.2	5.2
12.0	5.9	7.3	4.3
11.5	4.8	6.4	3.0
11.0	3.6	5.3	1.6

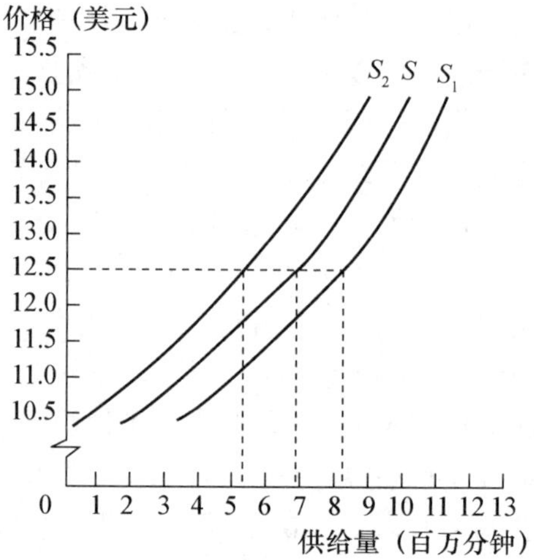

图 3－3　通话时间的供给曲线

供给法则表明，其他所有条件保持不变，销售者对一种商品或服务的供给量与价格直接成正相关关系。因此，供给曲线向右上方倾斜表示销售商在更高的价格上比在更低的价格上愿意提供更多的商品或服务。需要注意的是，供给法则并不是一条普遍不变的规律，因为存在例外的情况，但该法则几乎在所有情况下均成立。在任何时候描绘供给曲线时，都需牢记除了该产品的价格之外，其他任何可能影响销售数量的因素均保持不变。

□ 供给的变化

同需求一样，当价格变化且提供的销售数量更大或更少时，供给并未发生变化。相反地，只是存在沿一条给定供给曲线的移动，因为该产品的价格发生了变化。这构成了**供给量的变化**。若要发生**供给的变化**，则必须是整条供给曲线移动，表示在相同的价格上所提供的销售数量发生了变化。供给增加意味着在相同的价格上提供的产品数量更多，供给减少意味着提供的产品数量更少（见表 3－2）。表示供给增加的供给曲线 S_1 落在 S 的右方，表示供给减少的供给曲线 S_2 落在 S 的左方（见图 3－3）。由于价格不能导致供给曲线移动，其他因素必定发挥了作用。可能的原因包括生产成本的变化，以及技术、未来价格预期和相关产品价格的变化。

□ 供给的决定因素

由于生产商品和服务需用到生产性资源，故这些资源成本的变化会导致供给的变化。例如，若砖块的成本大幅上升了，用砖块建造的房屋的价格将显著上升，此类房屋的供给将会减少。技术也会影响供给，因为随着技术的改进，产品能以更低的成本生产出来。这会导致供给增加。一个明显的例子是农业部门。复杂的农业技术、卓有成效的肥料和旨在提高作物收成的科学应用，已经降低了农业生产成本，提高了农产品的供给。“对未来的预期”也会影响供给。例如，2016 年会计专业研究生毕业人数将受到 2012 年选择会计学科的大学生对该领域期望薪水的影响。最后，一种产品的供给还会受到相关产品价格的影响。若供给商有机会将生产性资源用于不止一个目的，相关产品的市场价格将会影响供给。若玉米的价格因为对乙醇的需求增加而上涨，且个体农户能选择种植玉米还是大豆，则大豆供给将减少。供给在替代品的价格上涨时会减少，在替代品的价格下跌时会增加。

需求和供给如何决定价格

随着全球手机使用量的增长，许多公司为消费者提供无线手机服务。在我们假设的例子中，设想在给定的某天，某特定市场手机通话时间的需求和供给分别如表 3－1 中的 D 和表 3－2 中的 S 所示。表 3－3 重新整理了这两个表。再一次地，我们假设消费者以按需付费为基础购买通话时间，且在一个给定的时间范围内支付一个固定费用。

表 3－3 **手机通话时间的需求和供给表** 单位：百万分钟

价格（美元）	需求	供给
15.0	2.0	10.0
14.5	2.3	9.6
14.0	2.8	9.2
13.5	3.5	8.5
13.0	4.2	7.8
12.5	5.1	6.9
12.0	6.1	5.9
11.5	7.3	4.8
11.0	8.5	3.6
10.5	10.0	2.0

市场会在哪个价格上实现出清？该价格将由需求和供给之间的相互作用决定。更准确地说，价格将落在需求量等于供给量那一点上。由于市场在这一价格和数量上出清（手机通话时间供给量被购买一空），该价格被称作**均衡价格**。

为弄清需求和供给之间的关系，考虑组合了需求曲线 D 和供给曲线 S 的图 3－4。两条曲线相交于 A 点，表示 610 万分钟的手机通话时间将提供以用于出售，与之对应的购买价格是 12.1 美元。这有什么重要意义？在一个自由市场中，其他价格都不盛行，因为在任何其他价格上，短期内都会存在商品的过剩或短缺，如图 3－5 所示。

若价格不为 12.1 美元，则消费者愿意购买的手机通话时间和销售方所提供的手机通话时间将失去平衡。在这种情况下，市场力量的作用将会使价格调整至 12.1 美元（均衡水平）。例如，在 12.5 美元上，销售方愿意提供的通话时间量将比消费者的需求量多 175 万分钟。结果，并不是全部手机通话时间都能被出售。但需注意，一些销售方将愿意以 12.4 美元、12.3 美元或其他更低的价格出售它们的通话时间。与将通话时间推迟到将来的市场相反，它们将愿意以更低的价格出售通话时间。随着价格下降，一些消费者将不必为手机通话时间支付 12.5 美元的价格，而只需支付 12.4 美元、12.3 美元甚至更低。因此，随着市场条件使手机通话价格下降，销售者的数量下降且消费者的数量增加，直至供出售的手机通话时间数量和购买量在 12.1 美元的价格上达到均衡。

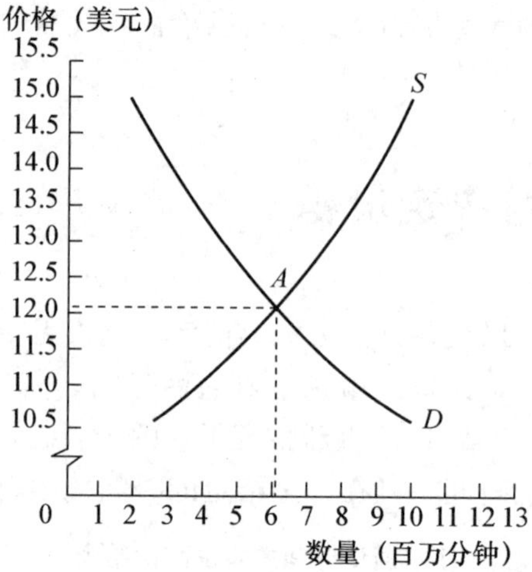

图 3-4　手机通话时间的需求、供给和市场价格

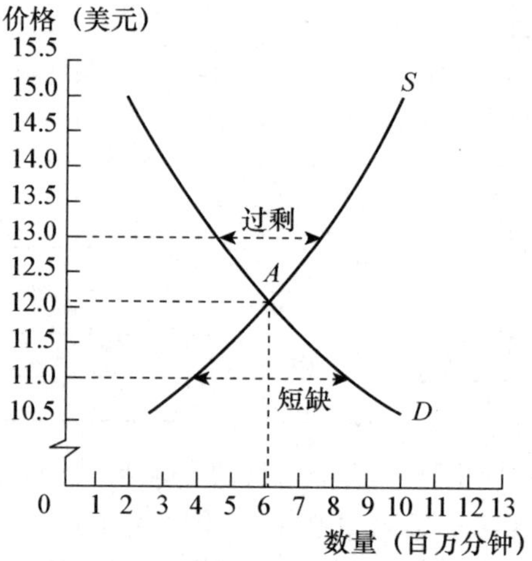

图 3-5　手机通话时间过剩、短缺和均衡

另外，若存在一个 11.5 美元的价格，则市场将再次偏离均衡。在该价格上，需求量将比供给量多 200 万分钟，一些潜在的消费者将不得不扫兴而归。但是，一些消费者可能会愿意支付高于 11.5 美元的价格，和控制消费相反，他们将支付 11.7 美元、11.9 美元，甚至更高。随着他们出更高的价格，市场上将发生一种双向运动。更高的价格既排除了一些消费者购买，又导致更多的销售者开始提供通话服务。由此导致的销售量的增加和购买量的减少将使供给和需求回到 12.1 美元的均衡价格。

要是价格处在不是由供给和需求的自由力量所决定的市场价格上，市场必须被操纵，或者供给和需求力量发生了变化。这正是当政府为一些农产品设置一个高于市场的价格时，或者当政府确定一个低于市场价格的（例如，住房）价格上限时，所发生的情况。被指控价格垄断的商业企业往往对与其他试图干预自由市场力量的企业发生冲突感到内疚。在自由市场条件下，需求和供给之间可能关系的数量事实上是无限的。例如，需求可能会在供给保持不变时增加，反之亦然。或者，需求可能会在供给减少时增加，反之亦然。或者，需求和供给可能同时增加，但是一者增加得比另一者迅速。

但是在任何情况下，我们都能依靠这一简单法则：一方面，在任何需求和供给的新关系上，需求相对于供给增加都将导致价格上涨，而需求相对于供给的任何减少都将导致价格下跌。另一方面，供给增加将使价格下跌，供给减少将使价格上涨，假设其他条件保持不变（见图 3－6）。基于这些法则，很容易就能想到为什么世界石油价格会在 *OPEC*（石油输出国组织）成功实施了石油出口禁令时迅猛上涨。减少的石油供给，连同不断增加的需求一起导致了世界石油价格的大幅上涨。

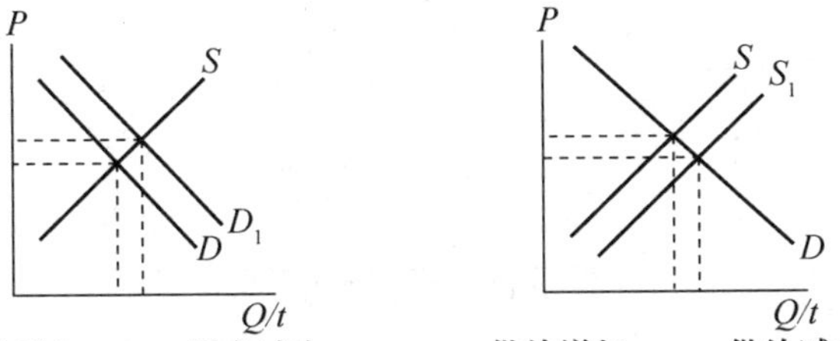

需求增加（D 变成 D_1）
1. 价格上涨
2. 销售量增加

需求减少（D_1 变成 D）
1. 价格下跌
2. 销售量减少

供给增加（S 变成 S_1）
1. 价格下跌
2. 销售量增加

供给减少（S_1 变成 S）
1. 价格上涨
2. 销售量减少

图 3－6　可能的供给和需求位置

价格上限和价格下限

从上述讨论中我们已经看到，只要供给和需求的客观力量被允许自由发挥，将会达到一个使市场出清的均衡位置。换言之，将不存在因市场力量产生的过剩或短缺。但是，若存在限制市场调整的价格管制，情况会怎样呢？价格管制可以采取价格上限或价格下限的形式。

价格上限是指政府对一种商品或服务强制规定的最高价格。时不时地，联邦政府会对汽油、利率和天然气的州际运输实行价格上限。地方政府，包括纽约市政府，颁布了以对公寓住宅房租管制为形式的价格上限。

对公寓住宅房租实行价格上限的影响如图 3－7 所示。在月租金为 700 美元时，供给和需求处于 30 000 住房单位的均衡。但是，若当地政府实施禁止租金上涨至每月 500 美元之上的房租管制，则将存在住房单位短缺。在该租金上，根据需求法则，租房的需求量将增加到 40 000 住房单位。与此同时，根据供给法则，出租人所提供的住房数量则减少到 18 000 住房单位。图 3－7 表明，作为以价格上限为形式的价格管制的结果，住房市场在每月 500 美元的租金上，将存在 22 000 住房单位的供给不足。若价格上限处在每月 700 美元以上，价格上限将不会对市场产生影响。房租管制的目的是使更多的低收入家庭能够承担房租。但是，由这里的分析可见，房租管制减少了那些想租房的家庭的租房机会。

在国家层面上，若加油站的汽油成本上升至每加仑 4 美元以上，且接近于 5 美元，则联邦政府可能会对政治势力妥协，制定和实施汽油价格管制。若每加仑汽油上升到 5 美元且价格上限为 4 美元，汽油价格管制将造成短缺、加油站排着长长的队伍，以及和纽约市房租管制的例子相似的供求状况。

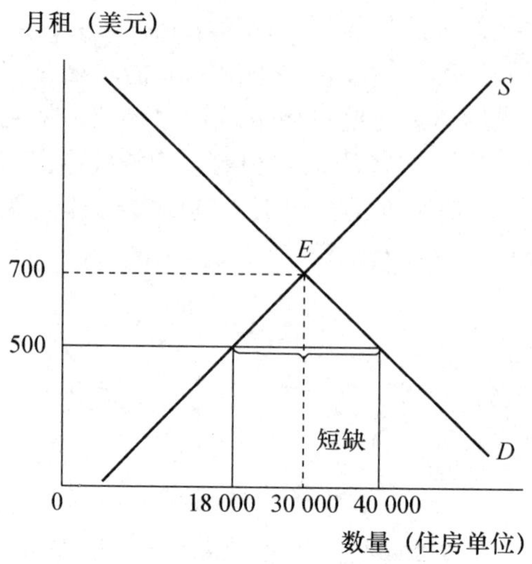

图 3－7　价格上限对租房的影响

当政府部门制定一个针对某商品或服务的最低价格时，该价格被称为**价格下限**。关于价格下限，两个众所周知的例子是联邦最低工资和农业价格补贴。在农业价格补贴的例子中，价格下限旨在通过对一些农产品强制实行最低价格，为农业收入提供支持。假设的供给和需求曲线如图 3－8 所示。假定市场出清的均衡价格为 2.00 美元/蒲式耳，在该价格上，市场上所提供的出售数量和购买量均为 10 万蒲式耳。

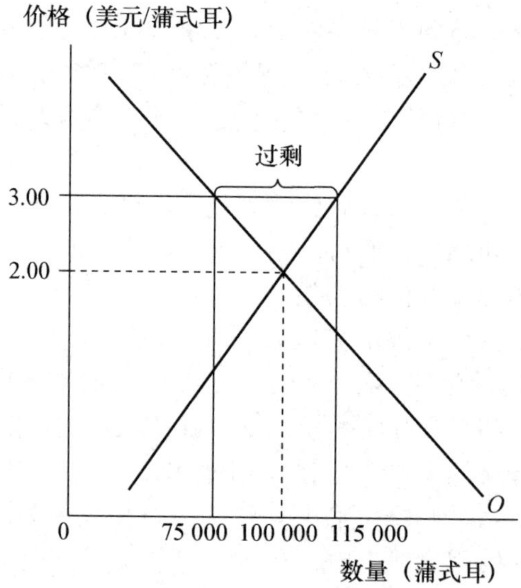

图 3－8　价格下限对小麦的影响

当联邦政府制定一个最低价格时，1 蒲式耳小麦的价格并不会低于此，这会导致小麦的供给过剩。在图 3－8 中，3.00 美元/蒲式耳的政府管制价格高于 2.00 美元/蒲式耳的市场出清价格。在该价格上，农民将愿意出售 11.5 万蒲式耳小麦，但在这个更高的价格上，购买者只愿意购买 7.5 万蒲式耳小麦。对小麦实行价格下限的结果是产生 4 万蒲式耳的供给过剩。美国的农产品价格下限已经导致许多农作物出现大量过剩。由于联邦政府使农民生产了比消费者愿意在该价格上购买的更多产量，政府必须以牺牲公共财政为代价，购买和储备过剩的农作物，或者为低价出口提供补贴。但需注意，若最低价格低于 2 美元/蒲式耳的均衡价格，则价格下限不会对市场产生影响。

需求的价格弹性

销售者经常面临为其所销售的商品确定一个价格的问题。确实，在更低的价格上能售出更多的产品。但是，销量增加带来的收益是否足以弥补因削价而减少的收益呢？幸运的是，有一种方法可以计算价格和销售量之间关系的变化程度。**需求的价格弹性**是关于需求量对价格变化的敏感性或反应性的一种测量。消费者对价格上涨或下跌的反应取决于需求的价格弹性程度。

□ 计算需求的价格弹性

我们将通过考虑 3 条需求曲线并计算它们的弹性来探讨需求的价格弹性。在图 3－9 中，对于需求曲线 D，在 10 美元的价格上将售出 1 600 单位；但若销售价格只有 8 美元，则销售量将达到 2 000 单位。弹性可以通过公式法或总收益法两种方式计算。

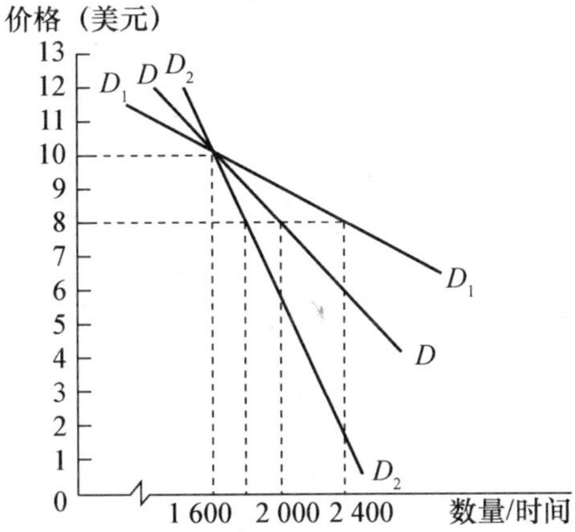

图 3－9　显示不同弹性的需求曲线

公式法　下列公式可以计算需求量的相对变化同价格的相对变化之比：

$$价格弹性=\frac{需求量变化的百分比}{价格变化的百分比}$$

使用公式法会碰到一些小问题。变化的百分比可以通过将初始价格和数量作为基数来计算。但这样一来，所计算出的弹性将会不同，这取决于价格是下跌还是上涨。显然，这会导致一些混淆。

一个常常被用来克服该问题的方法是将初始值和最终值的平均值作为基数，来计算变化的百分比。这将使不管我们沿价格轴向上移动还是向下移动，所计算出的变化的百分比都相同。因此，价格弹性公式现在可以表示成：

$$价格弹性=\frac{\frac{Q_2-Q_1}{(Q_1+Q_2)/2}}{\frac{P_2-P_1}{(P_1+P_2)/2}}$$

上式叫作平均弹性公式，将其应用到我们的例子中（见图 3－9）有：价格变化 2 美元除以 9 美元（10 美元和 8 美元的平均值），得到 22%。通过将平均值作为基数，我们发现需求量的相对变化约为 22%。因此，价格弹性为 1.0，即：

$$价格弹性=\frac{\frac{2\,000-1\,600}{(2\,000+1\,600)/2}}{\frac{10-8}{(10+8)/2}}=\frac{\frac{400}{1\,800}}{\frac{2}{9}}=\frac{0.22}{0.22}=1.0$$

这意味着，价格发生一个给定的变化将导致销售量出现一个成比例的变化。例如，价格下跌 1%，将导致需求量增加 1%；价格上涨 3%，将导致需求量减少 3%。

经济学家往往忽视负号，只看由公式决定的弹性系数的绝对值。当价格变化的百分比导致一个相同的需求量变化的百分比时，就属于**单位弹性需求**。单位弹性需求的弹性系数等于 1.0，它是弹性需求和非弹性需求的临界值。弹性系数大于 1.0 表示弹性需求，小于 1.0 则表示非弹性需求。当价格变化的百分比导致一个更大的需求量变化的百分比时，存在**弹性需求**；当价格变化的百分比比需求量变化的百分比更大时，存在**非弹性需求**。

现在，让我们来计算图 3－9 中需求曲线 D_1 的需求弹性。当价格从 10 美元变到 8 美元时，根据公式，变化的百分比为 22%，需求量从 1 600 单位增加到 2 400 单位，表示增加了 40%（800/2 000＝0.40）。在这种情况下，弹性系数为 1.8（0.40/0.22＝1.8）。因此，举例来说，价格变化 2%，将导致需求量变化 3.6%。短期内，消费者需求是富有弹性的，需求量变化的百分比将大于价格变化的百分比。需求曲线 D_2 表示一个对价格变化较小的消费者反应。此时，价格从 10 美元到 8 美元这 22%的下跌，只会导致需求量出现 11%的增加。据此算出的弹性系数为 0.5，表明需求是非弹性的，价格的变化将导致需求量发生一个比例更小的变化。也就是说，每 1%的价格上涨将会导致 0.5%的需求量减少。

总收益法　为什么关于弹性系数 1.8（富有弹性）、0.5（非弹性）和 1.0（单位弹性）的信息很重要呢？对销售者而言，弹性系数是很重要的，因为它表明销售产品获得的总收益将如何受到价格上涨或下跌的影响。同理，弹性系数对消费者也很重要。毕竟，销售者从销售产品中获得的总收益正是购买者购买这些产品的总支出。从一个给定的消费者的角度看，在一种商品或服务上所花费的收入更多，则在其他商品和服务上花费的收入就更少。

测算弹性的总收益法较不精确，但它更直接地说明了总收益发生了什么变化。此外，它更清楚地表明了弹性系数的重要性。该方法可以总结为三个部分：

（1）若价格发生变化而总收益保持不变，则存在需求的单位价格弹性。在这种情况下，由降低价格导致的收益减少通过销量增加带来的收益增加弥补。若弹性为 1.0，销量增加的比例将等同于价格下降的比例。

（2）若价格发生变化而总收益沿相反的方向变化，则需求富有弹性。在这种情况下，由降低价格导致的收益减少不能通过销量增加带来的收益增加弥补。当弹性大于1.0时，销量变化的百分比大于价格变化的百分比。

（3）若价格和总收益的变化方向相同，则需求缺乏弹性。由于弹性小于1.0，所以得自更高销量的收益增加将不足以弥补更低价格造成的收益损失。

上述弹性测算方法也可用于分析供给。若一个给定的某商品价格变化的百分比，导致一个更大的供给量变化的百分比，则供给富有弹性。若这一价格变化的百分比小于供给量变化的百分比，则供给缺乏弹性。若这一价格变化的百分比导致销售量出现一个相同的变化百分比，则存在单位供给弹性。

□ 价格弹性的特征和范围

计算一种产品的需求价格弹性并不容易。首先，很难收集足够的关于消费者在一系列不同的价格上决定购买多少商品的统计数据，但越来越多的企业已经能这样做，且已经在这样做了。其次，若价格变化被用于观察需求量的变化，则分析者必须确保不发生其他也会影响需求量的变化（如收入增加）。

价格的弹性程度取决于产品或服务的性质。例如，它是一种必需品还是奢侈品？它是消费者的小笔开支还是大笔开支？它是耐用品还是易损品？它是互补品还是替代品？它有多少使用者？这些特征的影响可总结如表3-4所示。

表3-4　　影响需求价格弹性的特征

倾向于富有弹性的需求	倾向于缺乏弹性的需求
奢侈品	必需品
大笔开支	小笔开支
耐用品	易损品
替代品	互补品
多种用途	有限用途

弹性程度从完全富有弹性需求到完全缺乏弹性需求不等。完全富有弹性需求（如图3-10（a)中的水平直线所示）表示不需要价格发生任何变化，人们就会购买无限量的产品。完全缺乏弹性需求（如图3-10（b）中的垂直直线所示）表示不管价格如何变化，人们所购买的数量都相同。当然，绝大多数商品和服务都有一个处在这两个极端情况之间的价格弹性。完全单位弹性需求如图3-10（c）所示。

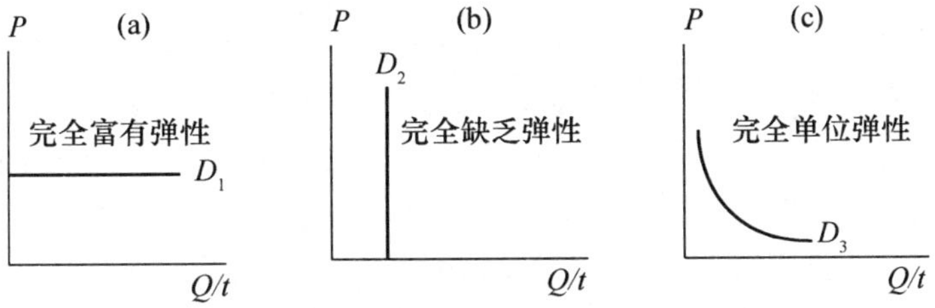

图3-10　表示不同弹性的需求曲线

不幸的是，除了需求曲线完全水平或完全垂直的情况外，不可能仅通过看一下需求曲线来确定价格弹性。在任何直线倾斜的需求曲线中，有些部分富有弹性，其他部分缺乏弹性，一些点上可能具有单位弹性。这可以通过图 3-11 得到清楚描述。注意，在需求曲线上，价格从 9 美元变到 8 美元，即低于 12%的价格变化，导致了需求量从 10 单位增加到 20 单位，即增加了 67%。在接近纵坐标轴的一端，价格从 2 美元变到 1 美元，即价格变化 50%，导致了需求量从 80 单位增加到 90 单位，即需求量的变化小于 12%。

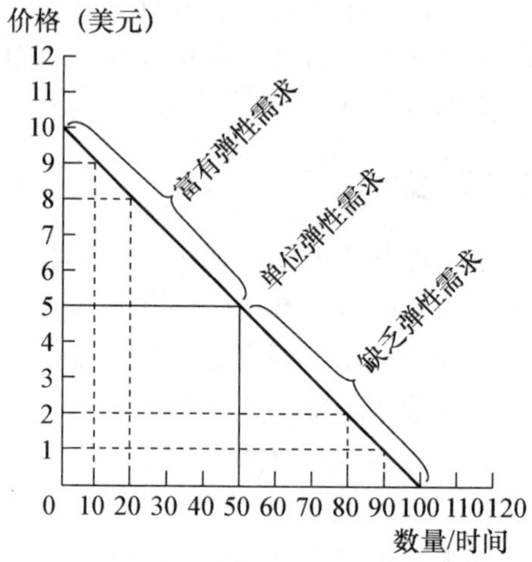

图 3-11　表示不同弹性程度的需求曲线

在数值范围的一端，我们有大于 5.0 的需求价格弹性；在另一端，我们有小于 0.2 的极其缺乏弹性的数值。因此，对于在 5 美元到 10 美元范围内价格的任何变化，需求是富有弹性的，但在 1 美元到 5 美元范围内价格的任何变化，需求都是缺乏弹性的。进一步地，可以发现在 5 美元处存在单位价格弹性。事实上，在我们的需求表中，销售者的最大收益点落在 5 美元处，因为除此之外更高或更低的价格都会减少收益。一个自始至终都具有单位弹性的需求曲线，可以通过一个等轴双曲线表示，如图 3-10（c）所示。在这种情况下，价格变化的百分比和需求量变化的百分比在整条曲线上完全成比例。

供给的价格弹性

和需求的价格弹性一样，供给的价格弹性也是分析市场的一个重要工具。**供给弹性**测算了供给量对价格变化的敏感度或反应性。用于计算供给价格弹性的公式基本上与计算需求价格弹性的公式一样，但在供给情况下，数量的变化是指供给量的变化。由于供给法则，你可能预期能在价格变化和供给量变化之间找到一个正向关系。若生产者对价格变化敏感，则供给富有弹性，且弹性系数将大于 1。若生产则对价格变化相对不敏感，则供给被认为缺乏弹性，且弹性系数将小于 1。供给弹性的公式为：

$$供给的价格弹性=\frac{供给量变化的百分比}{价格变化的百分比}$$

决定供给弹性的一个重要因素是生产者调整供给量以应对价格变化所需要的时间。通常，在生产者有更多时间改变生产性资源和适应技术变化时，供给弹性将相应上升。

□ 时间和供给弹性

时间和供给弹性之间的关系如图 3－12 所示。假设产品需求突然从 D 永久性地增加到了 D_1，若生产者不能在这短时间内调整供给量，则供给曲线将是垂直且完全缺乏弹性的，如图 3－12（a）所示。在此期间，生产者将销售同样的数量，但是价格会更高。在农业领域，农民可能会等到下一个种植季节来调整特定农作物的供给量。图 3－12（b）描绘了生产者现在有足够时间来改变某些生产性资源的情况。供给曲线变得更加富有弹性，供给量将会增加，从而使价格下跌。例如，农民可能会将更多的土地用来种植该农作物。图 3－12（c）表明了在长期内，供给曲线将变得更加富有弹性，因为生产者能改变所有的生产性资源并利用新技术。在农民的例子中，农民能获得更多的土地和更大型的农业机器。需要记住的是，时间越长，供给弹性越大。

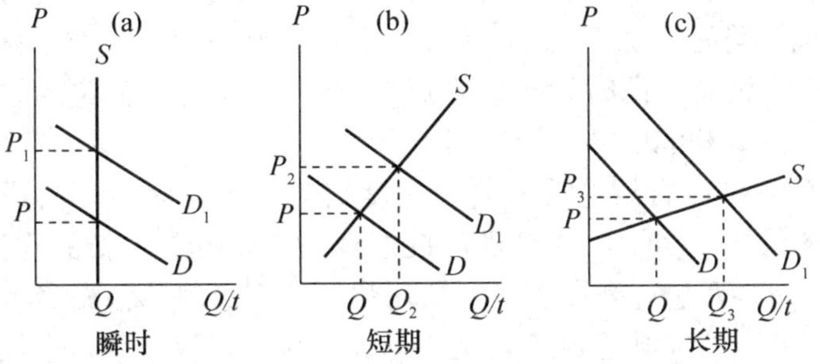

图 3－12　三段时期内的供给弹性

关于供给弹性，最后需要说明的是：该概念本身同总收益法并无直接关系。供给法则表明价格和供给量之间存在一个直接关系。因此，不管富有弹性或缺乏弹性的程度如何，价格和总收益始终沿相同的方向变化。

□ 供给和需求的一个应用：香烟税

供给和需求弹性对市场价格和数量的影响的一个例子可通过香烟税的实施来理解。由于对吸烟给健康带来的危害效应越来越重视，联邦政府和绝大多数州政府对香烟征收越来越高的销售税和营业税。因此，不同于完全禁止香烟生产，公共政策依赖于更高的市场价格来抑制消费。为了实现该目标，需要同时对生产者和消费者征税。但是，联邦和州层面的立法机关也看到了更高的香烟税可以作为一种比提高收入税更合适的增税方法。

一种可能的情况如图 3－13（a）所示。假设联邦政府对每生产一包香烟征税 1 美元，这个税收将影响香烟生产成本，并导致生产者的供给曲线向左移动。税收对消费者的影响程度是一个关于香烟需求弹性的函数。现在，初始供给曲线 S 将移动到 $S+1$ 美元，销售者必须每包香烟多卖 1 美元才能获得和此前相同的收入。但是，他们这样做的能力取决于消费者对更高价格的反应，即需求弹性。问题是，由谁来承担这笔税收？

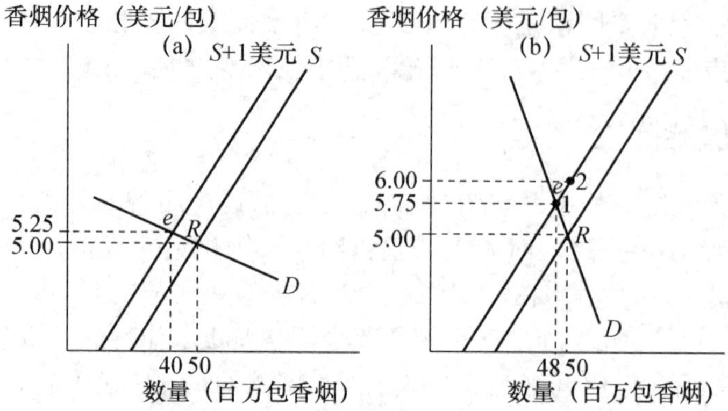

图 3-13　对香烟征税的影响

在图 3-13（a）中，两条供给曲线都得到了描绘。注意到两条供给曲线之间的垂直距离是 1 美元，即每包香烟的税收额。在图 3-13（a）中，香烟的需求曲线（*D*）相对富有弹性。该图表明只有一小部分的税收被转嫁到消费者身上。新的均衡（*e*）表明香烟价格已经从每包 5 美元上涨至 5.25 美元，需求量则下降了 1 000 万包。在这种情况下，消费减少了香烟消费，同时为每包香烟多支付 25 美分。而绝大多数税收负担以更低销量和每包香烟更低利润的方式转嫁到了生产者身上。

在图 3-13（b）中，香烟的需求曲线高度缺乏弹性。此时，消费者愿意为继续吸烟而支付相当高的价格。结果，需求量仅仅下降了 200 万包。新的均衡价格是 5.75 美元，均衡销量是 4 800 万包。当存在一个缺乏弹性的需求时，消费者承担了绝大多数税收。若需求完全缺乏弹性，则会在 6 美元上售出 5 000 万包香烟，生产者的收益状况和未增税之前一样好。

考虑到政府抑制吸烟的意图，香烟税在需求弹性更大时将更有效。但是，像往常出现的那样，若征收香烟税的目的在于增加税收，则当需求缺乏弹性时，政府的措施更有效。

在结束本章之前，你可能会想通过构建一条需求曲线和三条不同弹性的供给曲线的模型，来进一步检查自己对弹性在决定市场价格和销量中的重要作用的理解。结果将会表明，供给曲线越富有弹性，税收中更多的部分将被转嫁给生产者。

我们在前面的章节中已经学习到，价格充当着配置最终商品和服务之决定机制的角色，它们促进了不同资源按照其各自用途进行配置，且在很大程度上决定了收入情况。价格在行使这些功能时的可靠性很大程度上取决于市场力量如何在经济体内自由地发挥作用。垄断、强大的工会组织、政府管制和其他制度性因素，会严重地影响价格体系的运行。

第三章回顾

□ 总　结

- 在自由市场体系下，需求和供给的力量决定了价格。需求是一个关于在给定时间对应于不同的价格购买者将购买的总量的表格。个人和市场是需求的两个层面，市场需求是每一价格上个人需求的加总。需求的变化是指每一价格上消费者购买的产品数量的变化。需求量的变化由产品价格的变化所致。除了价格之外，需求的决定因素包括收入变化、口味和偏好变化、预期变化，以及其他产品的价格变化。

● 在给定时间内一种商品或服务的供给是指该时间内对应于不同的价格销售者愿意提供的数量。供给曲线显示了在不同价格上销售者提供的一种商品或服务的数量。供给曲线向右上方倾斜，这是因为随着价格上涨，更多的商品和服务将被提供。供给的变化将导致供给曲线发生移动。供给的决定因素包括资源成本、技术变革、对未来价格的预期，以及相关产品的价格。

● 均衡在供给等于需求时出现。当价格高于由需求和供给决定的市场价格时，一种产品的销售量倾向于出现减少。当价格低于由需求和供给决定的市场价格时，通常能售出更多的产品。

● 需求增加通常会导致更高的价格，需求减少通常会导致更低的价格。供给增加，价格通常会下跌；供给减少，价格通常会上涨。

● 价格上限和价格下限是以人为力量干预供给和需求的价格管制形式。若价格上限定在市场价格下方，则会导致短缺；若价格下限定在市场价格上方，则会导致过剩。

● 需求的价格弹性测量了消费者对价格变化的反应程度。当价格变化的百分比导致需求量变化出现一个更大的百分比时，存在弹性需求。当价格变化的百分比导致需求量变化出现一个更小的百分比时，缺乏弹性需求。当价格变化的百分比导致需求量变化出现一个相同的百分比时，存在单位弹性需求。

● 虽然计算弹性的总收益法并不像公式法那样精确，其确实更直接地反映了总收益所发生的变化。若价格发生变化而总收益不变，则存在单位弹性需求。若价格发生变化而总收益沿相反的方向变化，则需求富有弹性。若价格发生变化而总收益沿相同的方向变化，则需求缺乏弹性。

● 缺乏弹性需求的商品包括易损品、必需品、互补品、小笔开支商品和有限用途的商品。富有弹性需求的商品包括奢侈品、耐用品、替代品、大笔开支商品和多用途商品。

● 供给弹性测算供给量对价格变化的敏感程度。供给弹性随着时间推移而增加。

□ 关键术语和概念

需求法则	需求量	需求	个人需求	市场需求
需求表	需求曲线	需求量的变化	需求的变化	供给
供给量	个人供给	市场供给	供给表	供给曲线
供给法则	供给量的变化	供给的变化	均衡价格	价格上限
价格下限	需求的价格弹性	单位弹性需求	弹性需求	非弹性需求
供给弹性				

□ 讨论题

1. 阐释市场上需求和供给的客观力量如何决定绝大多数竞争条件下的价格。
2. 定义需求，定义中的三个基本要素是什么？

3. 为何一条正常的需求曲线会向右下方倾斜?

4. 区别需求量的变化和需求的变化。

5. 为何供给曲线会向右上方倾斜?

6. 在竞争条件下，为何市场价格既不会高于也不会低于由需求和供给的自由市场力量决定的价格?

7. 若需求和供给同时增加，但需求增加比供给更多，则价格会如何变化?

8. 定义需求的价格弹性。若在 22 美元的价格上能售出 46 000 单位的商品，且在 18 美元的价格上能售出 54 000 单位的商品，则该商品的需求富有弹性还是缺乏弹性?弹性系数是多少?

9. 供给弹性为何倾向于随着时间推移而增加?

10. 最新数据显示约有 20%的成年人抽烟。你所在地区的香烟价格是多少?考虑到高价格的转嫁效应，香烟的需求富有弹性还是缺乏弹性?请解释原因。

第四章 生产、成本和利润

在学习完第四章后，你应该能够：

(1) 定义生产函数并解释边际收益递减规律；

(2) 解释总固定成本、平均固定成本、可变成本和总成本之间的关系；

(3) 描绘边际成本及其如何随着产出增加而变化，作图表示边际成本、平均固定成本、平均可变成本和平均总成本之间的关系；

(4) 在盈亏平衡图上找出盈亏相抵和利润最大化的产量水平；

(5) 定义边际收益并解释为何 $MR=MC$ 时的产出是企业的利润最大点；

(6) 解释正常利润和经济利润之间的区别。

在竞争激烈的环境下，一家企业不能控制其特定投入的成本，因为该成本由资源市场的供给和需求决定。但是，企业可以通过采用更好的生产技术、更高效地使用劳动力、转向不同的投入，以及在庞大的产量上分摊固定成本，来改变其每单位产出的成本。企业的生产成本很大程度上决定了其在市场上所提供的产量（进而企业的利润）水平，因此深入考察成本概念是适当的。

生产函数

用于销售的商品和服务的数量受生产成本的影响。反过来，这些成本受资源投入和产品产量的影响。**生产函数**是对期望从各种投入组合中获得的产出数量的一种描述。生产函数仅仅描述技术上有效的组合，通常由工程师或其他专家决定。“技术效率”是一个工程学概念，是指在生产中使用数量最小化的物质投入。生产函数拥有一些决定成本如何随产出变化而变化的具体特征。

□ 边际收益递减规律

在提供商品供给时，企业家的工作是组织土地、资本和劳动，以实现这些资源最有效的组合利用。不应该对某一资源过多使用，而对其他资源过少使用。例如，农民认识到一块给定的土地必须通过一定量的劳动和特定的机器数量来开发使用。同理，办公室主任知道有效操作一定台数的电脑需要一定数量的雇员。在任一情况下，若投入生产的资源比例不合理，产出的单位成本将比本应有的高。结果，企业将不能通过对资源的使用取得最大化收益。

如这些例子所阐述的，在绝大多数情况下，对于考虑的一段给定时期，生产过程中用到的某种资源在数量上是固定的。其他的资源，如劳动，则被认为是可变的，因为它们会发生变化。为了使利润最大化，企业将选择经济上有效的资源组合。这种组合部分取决于边际收益递减规律。

作为对边际收益递减规律及其对生产成本影响的一种阐释，考虑一名拥有四台机器（固定投入）、足够的场地和充足的库存资料以提供复制和印刷服务的企业主。若只雇用一名工人，则最终结果将是一个有限的产量。一名工人很难操作四台机器，保持生产流程顺利开展，搬运和装载制成品，维护好经营场地，并且做好与复制印刷业务直接或间接相关的其他工作。事实上，在大部分时间里，一些机器很可能被闲置不用。

若雇用了第二名具备同样能力的工人，则总产量将会增加。事实上，总产量将会翻一番，因为生产将获益于第二名工人的体力劳动和机器在更多时间里得到开动。因此，总产量可能会从 10 单位增加到 22 单位。当企业主雇用第三名工人时，很可能会发生类似的情形，产量可能会上升到 36 单位。当雇用第四名工人从而每台机器可由单独一人操作时，产量可能会继续上升到 52 单位。在这种情况下，额外增加一名工人会带来产量的增加。这种总产量的额外增加被称为劳动的边际产量，如图 4－1 所示。

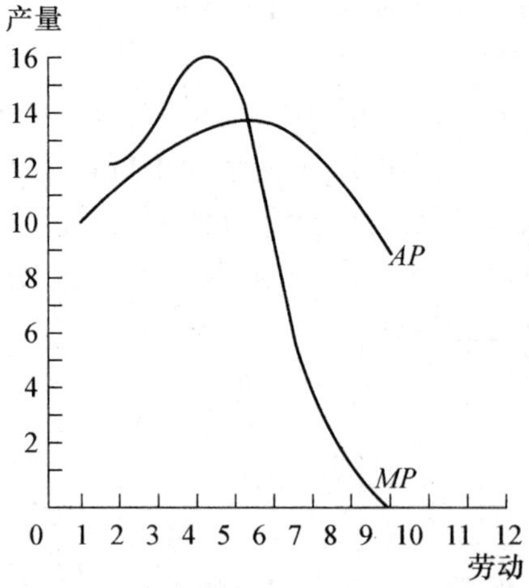

图 4－1 边际产量（*MP*）和平均产量（*AP*）的关系

边际产量 任何投入的**边际产量**（*MP*）是指额外一单位投入所带来的总产量的变化量。在我们的例子中，投入即劳动。但是，这个边际产量能在多久内继续增加呢？给定所有的其他资源——场地、机器和原材料——不变，很快会达到固定资源超负荷或达到它们最大化使用水平的一点。例如，若雇用了第五名工人，产量可能还会上升，因为该工人能够整理库存、打包原材料和做其他工作使机器操作者把更多时间用来操作机器。但是，产量增加可能会低于第四名工人带来的额外产量。假设雇用第五名工人会使产量增加 15 单位，如表 4-1 所示。

表 4-1　　　　投入、产出、边际产量和平均产量

劳动单位	总产量	边际产量	平均产量
1	10	—	10
2	22	12	11
3	36	14	12
4	52	16	13
5	67	15	13.4
6	78	11	13
7	84	6	12
8	88	4	11
9	90	2	10
10	90	0	9

若雇用额外的工人，边际产量将进一步下降。最终，随着雇佣人数增加，将达到一种使固定资源得到充分使用的状态，此后产量不会再增加。事实上，工人可能会开始妨碍彼此，从而导致总产量减少。

尽管在一定的产量范围内，增加边际收益（特别是在生产的早期阶段）或保持边际收益是有可能的，但是边际收益递减更为普遍。**边际收益递减规律**是指以下事实，即随着越来越多的可得资源被加入一组固定资源，所带来的产量增加最终将变得更小。

平均产量　平均产量也会影响单位生产成本。**平均产量**（*AP*）可以简单定义为总产量除以所使用的总投入量。因此，在表 4-1 中，当使用 3 个单位的劳动生产 36 单位的产量时，平均产量为 12 单位（36/3＝12）。

像边际产量一样，平均产量的增加也会达到一个最大值，之后开始减少。这源于总产量的增加会影响平均产量的事实。任何时候，只要 *MP* 大于 *AP*，*AP* 便会增加。但是当 *MP* 小于 *AP* 时，*AP* 便会减少。这种关系如图 4-1 所示。

记住，为了压低平均产量，边际产量必须小于平均产量，而不仅仅是递减。因此，在表 4-1 中，第 5 个单位劳动贡献的额外产量从 16 单位减少至 15 单位，但是 *AP* 却从 13 单位上升至 13.4 单位，因为虽然出现递减，15 单位的 *MP* 仍大于 13 单位的 *AP*。不过，最终将达到 *AP*（像 *MP* 一样）开始下降的一点。

生产成本

对于所有的实践目的，衡量生产成本的手段是金钱，该成本以劳动、资本、原材料及其他与生产直接或间接相关的支出为形式进行描述。此外，在一个市场经济体中，需给企业家的服务支付一个估算的成本损失。如我们已指出的，正是盈利的机会使企业家承担风险并从事生产活动。一旦一家企业开始运营，若企业家能持续生产一种商品或服务，一定数额的最低利润是至关重要的。因此，该利润额被视为生产成本。

□ 替代性使用和机会成本

在市场体系下，只有当被用来生产特定商品比生产其他商品更有价值时，一种资源通常才被用来生产该商品。例如，若存在对劳动的竞争，电脑芯片制造商通过提供至少与技术工人为其他雇主工作相同的报酬来抢夺工人。类似的竞争在对各类劳动力有需求的雇主间均存在。

相同的法则也适用于生产者确定其使用的原材料成本。电脑芯片生产商和其他类似原件的生产者必须为他们使用的资源支付一个价格，该价格至少要和该原材料用于其他目的时的价值相同。同理，资本品和以银行贷款为形式的借贷资金的成本，在很大程度上取决于这些商品或资金在用于其他目的时所具有的价值。

在生产方面，使某给定资源未用于次优替代性用途所必需的支付，即**生产性资源的机会成本**。（回忆我们在第二章讨论的伴随选择的机会成本。）不管支付是否采取现金支出的形式，这个成本都是存在的。例如，假设你是一个农民且你在自己的农场上种植玉米最有利可图，而小麦则是第二有利可图的作物。若你决定种植玉米，种植玉米作物的机会成本便是你的土地和劳动用于种植小麦作物时的价值。

□ 显性成本和隐性成本

根据协议或合约产生的生产支出被称作**显性成本**。这些成本总是可辨认的，因为它们以货币的形式被清楚表述出，且通过会计分录体现出来。一家企业使用其自身资源或那些由其所有者提供的资源而没有产生一个相应的现金支付的机会成本，被称作**隐性成本**。在正常的会计程序中，隐性成本往往被忽略。但在确定一家企业的真实利润时，隐性成本必须被作为实际生产成本的一部分。使用某人自己的生产性资源的隐性成本即该资源的机会成本。

□ 成本的分类

我们已经知道生产性资源将如何影响商品供给和一般性生产成本。现在，我们能解释和分析经济学家用于研究商业企业的各种成本。

一个私人工厂里的生产成本大体上可以分类为固定成本和可变成本。**固定成本**是指当产量发生变化时保持不变的成本。除非工厂的生产能力发生变化，否则一家企业的总固定成本（*TFC*）不会随着产量规模发生变化。*TFC* 包括经常性费用，如利息、折旧、财产税和保险。此外，为部分行政管理服务部门支付的薪金也被视为固定费用，因为即使企业在有限的生产能力上运作，也必须维持一组最小的管理人员。

尽管 *TFC* 保持不变，单位产量的固定成本却会随着产量增加而下降。**平均固定成本**（*AFC*）通过将 *TFC* 除以生产总量得到。例如，若一个工厂的总成本为 100 万美元，其生产了 10 万单位的产品，则 *AFC* 为 10 美元。但如果产量增加到 100 万单位，*AFC* 将降低到 1 美元。*AFC* 将随着 *TFC* 由越来越大的产量分担而继续下降，但它不会完全消失。表 4-2 中的第（8）列显示了 50 美元的 *TFC* 如何分解成 *AFC*。

表 4-2　　生产成本和销售收入

(1) 投入	(2) 总产量	(3) *MP*	(4) *AP*	(5) *TFC*	(6) *TVC*	(7) *TC*	(8) *AFC*	(9) *AVC*	(10) *ATC*	(11) *MC*	(12) *AR*	(13) *TR*	(14) *MR*	(15) 利润
1	10	—	10	50	10	60	5.00	1.00	6.00	—	2	20	2	−40
2	22	12	11	50	20	70	2.27	0.91	3.18	0.83	2	44	2	−26
3	36	14	12	50	30	80	1.39	0.83	2.22	0.71	2	72	2	−8
4	52	16	13	50	40	90	0.96	0.77	1.73	0.63	2	104	2	14
5	67	15	13.4	50	50	100	0.75	0.75	1.49	0.67	2	134	2	34
6	78	11	13	50	60	110	0.64	0.77	1.41	0.91	2	156	2	46
7	84	6	12	50	70	120	0.60	0.83	1.43	1.67	2	168	2	48
8	88	4	11	50	80	130	0.57	0.91	1.48	2.50	2	176	2	46
9	90	2	10	50	90	140	0.56	1.00	1.56	5.00	2	180	2	40
10	90	0	9	50	100	150	0.56	1.11	1.67	—	2	180	2	30

可变成本是指随着产量变化而变化的生产成本，如劳动力成本和原材料成本。总可变成本（*TVC*）随着产量变化而变化。**平均可变成本**（*AVC*）通过将 *TVC* 除以生产数量得到。只要可变资源的价格保持不变，*AVC* 将随着产量增加而下降，直至达到边际收益递减的那一点。

举例　表 4-2 中的第（6）列显示了若单位投入的可变成本为 10 美元，则增加额外 1 单位产量时，*TVC* 将增加 10 美元。因此，随着投入从 1 增加到 10，*TVC* 将从 10 美元增加到 100 美元。对应的 *AVC* 可以由第（6）列的 *TVC* 除以第（2）列的总产量得到。注意，*AVC* 从每单位产量 1 美元开始，降低到 5 投入单位的 0.75 美元，然后上升到 10 投入单位的 1.11 美元。还需注意，*AVC* 的最低点对应于平均产量的最高点。

总成本（*TC*）是指特定产量水平上总固定成本和总可变成本之和。将 *TC* 除以生产数量，或者将 *AFC* 加上 *AVC*，即可得到**平均总成本**（*ATC*）。*TC* 随着产量增加而增加，但并不成比例。通常，*ATC* 会随着产量增加而下降，直至达到一个特定的产量，在达到边际收益递减那一点后，*ATC* 将随着产量增加而增加。如表 4-2 中的第（10）列所示，其表明最低 *ATC* 在 6 投入单位时达到，为 1.41 美元。

对经济学家而言，一个极其重要的概念是边际成本。**边际成本**（*MC*）是指由生产额外一单位产量导致的总成本的变化。*MC* 受边际收益递减规律的影响极大，任何 *MC* 曲线的斜率均取决于相应的边际产量曲线的斜率。表 4-2 中的第（3）列显示了 *MP*，第（11）列显示了我们假设企业的 *MC*。

注意到 *MC* 的值下降至一个最小值后便开始上升。进一步注意到，随着 *MP* 上升，*MC* 下降。然后，当 *MP* 开始下降时，*MC* 即开始上升。*MC* 的最低点——4 投入单位的 0.63 美元——对应于 *MP* 的最高点，在 4 投入单位处。这反映了 *MP* 和 *MC* 之间密切却相反的关系。

在计算边际成本时，需记住边际成本是指额外一单位"产量"而非投入所带来的总成本的变化。由于第二个投入单位造成 10 美元的成本，产生 12 单位总产出的增加，边际成本（或每单位产量增加的成本）等于 0.83 美元，如第（11）列 2 投入单位所示。类似地，若总成本的后续变化被除以相应的边际产量，所得到的结果便是每一列的边际成本。

图示例子 这些成本取值之间的关系在图 4-2 中更加一目了然。在这种情况下，随着总固定成本由一个越来越大的产量分摊，*AFC* 由一条取值不断下降的曲线表示。*AVC* 是一条开始时取值下降，达到一个最小值后又上升的曲线，这是因为它也受边际收益递减规律的影响。由 *AFC* 和 *AVC* 相加得到的 *ATC*，同样也是先下降后上升。任何时候，只要 *AFC* 和 *AVC* 都下降，*ATC* 也会下降。最终，将达到一点，在这一点上，*AVC* 开始上升而 *AFC* 仍在下降。*ATC* 在这一点上发生了什么取决于两条曲线的相对强弱。

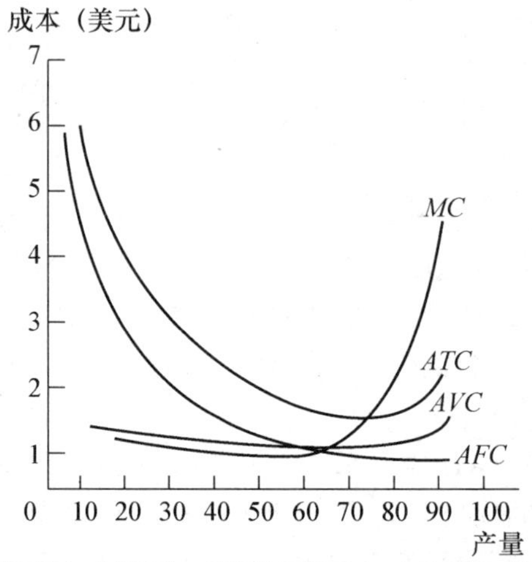

图 4-2 平均固定成本（*AFC*）、平均可变成本（*AVC*）、平均总成本（*ATC*）和边际成本（*MC*）之间的关系

在图 4-2 中，往下压的 *AFC* 最初强于往上拉的 *AVC*，因此 *ATC* 在一段时间内继续下降。但是，最终 *AVC* 向上的拉力会超过 *AFC* 向下的压力，从而使 *ATC* 上升。从图形上看，由于其同边际产量曲线的密切关系，*MC* 先下降至一个最小值后开始上升。任何时候，当 *MC* 小于 *AVC* 或 *ATC* 时，它便会降低其中的一者或者两者，正如边际产量影响平均产量一样。任何时候，当 *MC* 大于 *AVC* 或 *ATC* 时，它便会使后两者增加。而且，根据其自身的性质，*MC* 将与 *AVC* 曲线和 *ATC* 曲线相交于它们的最低点。

□ 产量曲线和成本曲线之间的关系

到此为止，你应该能总结出产量曲线和成本曲线以某种方式相互关联。事实上，成本曲线的斜率取决于产量曲线的走势。因此，成本曲线的 U 形性质是导致产量曲线驼峰形的同一因素，即生产率递减的结果。

图 4-3 描绘了一家企业在短期内的产量曲线和成本曲线。在图 4-3（a）中，纵轴表示产量，横轴表示可变资源的投入数量。在图 4-3（b）中，横轴表示产量，纵轴表示每单位产量的成本。图 4-3（a）中纵轴表示的产量和图 4-3（b）中横轴表示的产量相同。生产模型由一个给定的投入量测算产量，而在成本模型中，测算的是生产一个给定产量所需的资源投入量。这两个对应的模型告诉我们，平均产量曲线和边际产量曲线分别是平均成本曲线和边际成本曲线的镜像。

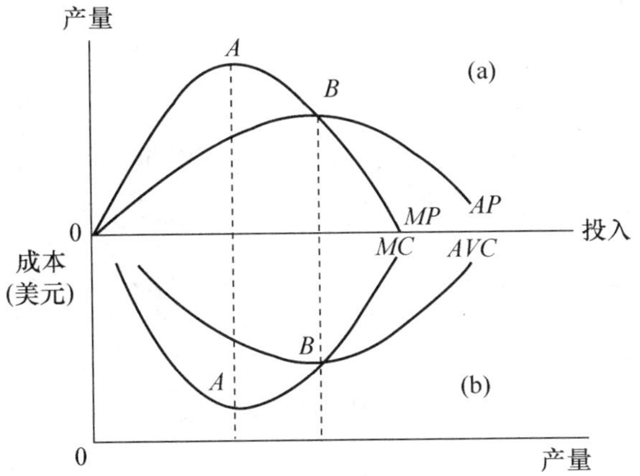

图 4－3　产量曲线和成本曲线之间的关系

分析中的关键概念是更高的生产率意味着更低的成本，反之亦然。产量曲线表示每单位产量需要多少投入。随着平均产量上升，每单位产量需要更少的资源投入，平均成本将下降。相反地，若平均产量下降，每单位产量需要更多的资源投入，平均成本将上升。因此，随着 *AP* 上升，*AVC* 将下降。但 *AP* 下降时，*AVC* 将上升。当 *AP* 达到最大值时，*AVC* 处在最小值。平均产量和平均可变成本之间的关系可通过表 4－2 中的第（4）列和第（9）列看出。

边际生产率递减规律表明，边际产量上升到一个最大值后，将开始下降。递减的边际生产率导致一条当边际产量达到最大值时降至最小值，并随着边际产量下降而上升的边际成本曲线。边际产量和边际成本的关系通过表 4－2 中的第（3）列和第（11）列表示。再一次地，当生产率下降时，即成本在上升。

□ 长期平均成本

前面部分处理成本和产量曲线在短期内的关系。解释短期平均可变总成本和平均总成本曲线形状的潜在力量是边际生产率递减规律。但是，当长期所有生产性资源和成本都是可变的时候，平均成本曲线的形状又怎样呢？从图 4－4 中可见，长期平均成本曲线（*LAC*）随着产量增加而下降、持平，最终开始上升。因为在长期所有的成本都是可变的，边际生产率递减规律不能解释长期平均成本曲线的形状。答案在于规模经济和规模不经济。

在长期，所有的资源，包括工厂大小、土地和资本设备等都是可以变化的。图 4－4 表明一家企业开始以小规模生产，然后继续扩张，平均生产成本继续下降。ATC_1 是小规模企业的短期平均总成本曲线。因为其规模较小，该企业具有一个相对高的生产成本。随着时间的推移，当所有资源变得可变时，企业选择扩张到一个更大的工厂规模，如 ATC_2。随着企业继续扩大其工厂规模，平均成本进一步下降，如 ATC_3 所示。这些成本节约归功于伴随大规模生产而来的经济性，或规模经济。大企业能更好地利用高度专业化和效率更高的资本与劳动。这些投入虽然更贵，但它们能带来生产成本的显著降低。

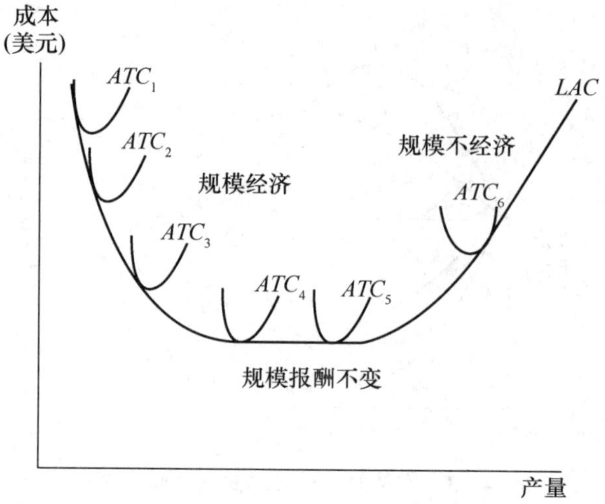

图 4-4　长期平均成本曲线

最终，达到规模报酬不变，所有大的优势都会消失。这便是平均成本曲线的底部区域。在此区域内，生产成本不会随着规模的变化而变化。平均生产成本对每一个工厂规模而言几乎相同。规模报酬不变可以通过 ATC_4 和 ATC_5 得到反映。

若企业继续扩张，规模不经济便会出现。在 ATC_6 的规模上，企业已经增长到如此庞大的规模，以至于长期平均生产成本不断上升。解释规模不经济的基本因素是管理无效率。随着企业增长得过于庞大，它们变得高度官僚化，因为它们增加了一层又一层的集权化或分权化管理。这导致了成本高昂的沟通和协调问题，并且缺乏管理问责制。此外，这些企业不再能很快地对变化中的市场条件作出反应。效率受到损害，成本不断上升。

因此，对应于每一个工厂规模，都存在一条不同的短期平均成本曲线。若存在无数工厂规模可供选择，则将有无数条相关的 *ATC* 曲线。长期平均成本曲线（*LAC*）包络了这些短期成本曲线，并形成了一条只在一点与每一条短期成本曲线相切的 U 形长期成本曲线。

规模经济在资本密集型的产业中最为普遍。这些产业在短期内具有一个很高的固定成本与可变成本之比。资本密集型产业的例子包括公共电力事业、交通运输、炼油和通信产业等。但是，其他一些产业也存在规模经济，例如，销售专业化消费品的数量不断增长的大型零售商店。许多这样的企业通过兼并和收购，以及内部增长实现了发展壮大。超级大卖场便是规模收益递增的例子。科技也刺激了如亚马逊等互联网零售企业的迅猛增长。

收益和利润

在第三章中，我们知道需求表示在不同价格上某种商品或服务的需求数量。我们还知道，在竞争性条件下，价格由供给和需求决定。虽然条件不总是竞争性的，现在我们假设市场价格是单家企业能售出其产品的价格。这将使我们能研究一些收益概念，并将它们和成本概念联系起来，以分析一家企业的营利可能性。

□ 收　益

经济学家使用的**平均收益**（*AR*），是指每单位销售量所获得的收益。从销售者的角度看，它是市场价格，可以通过将总收益除以销售量得到。**总收益**（*TR*）是指从销售某一给定的商品或服务数量中所获得的收益。它可以通过将 *AR*（或价格）乘以销售量来计算。

一个极其重要和更复杂的概念是边际收益，其与边际成本相对应。**边际收益**（*MR*）是指由销售额外一单位产量产生的总收益的变化。其取值可以通过将总收益的变化除以总产量的变化得到。

在表 4－2 中，*MR* 和 *AR* 是相等的，但情况并不总是如此。任何时候你面对不完全竞争条件，*MR* 和 *AR* 都是不同的。但如果价格不变，任何时候企业以 2 美元的市场价格售出一单位的额外商品，其 *TR* 将增加 2 美元。因此，*MR* 将等于 *AR*（或价格）。

□ 利　润

利润是指总收益和总成本之间的差额。一家企业是否盈利和它盈利多少取决于其收益和其成本之间的关系。当一家企业不盈利时，是继续营业还是停工亦取决于其成本和收益之间的关系。

一家企业可以通过许多方式分析其利润可能性。例如，它可以用盈亏平衡图来比较其总收益和总成本。或者，它可以依靠边际收益和边际成本概念做边际分析。

□ 总收益和总成本

通过比较一个给定产量范围内的总收益和总成本，企业可以确定其能盈利或者将遭受损失的产量水平。而且，它能确定其止住损失和开始盈利的生产点，这便是所谓的**盈亏平衡点**。一些企业通过总产量计算盈亏平衡点，另一些企业通过总投入计算盈亏平衡点，还有一些企业则通过生产能力（表明它们必须营业以避免损失的产量水平）来计算盈亏平衡点。很自然地，一家企业将试图不仅达到产量或生产能力的盈亏平衡点，而且尽可能地超过该点，只要有利可图。但它必须避免开工过度的陷阱，因为它会碰到在充分产能水平或接近充分产能水平迅猛上涨的边际成本问题。在这种情况下，即使产量更高，总利润实际上也会下降。利润最大化点在总收益和总成本之间的垂直距离最大时达到，如图 4－5 所示。

盈亏平衡图的另一个优点是成本可以被分成 *TFC* 和 *TVC*。实际上，如果有需要，可变成本还可以分成直接和间接生产成本、原材料成本、劳动力成本和销售成本等子类别。

令我们假设的企业的取值如图 4－5 所示，我们可以看到 50 美元的 *TFC* 可由一条水平直线所示。这表明固定成本在给定的产量范围内保持不变。持续增加的总成本由一条向右上方倾斜的直线表示。*TC* 和 *TFC* 之间的差额即 *TVC*。由于每单位产品的售价不变，总收益可通过一条以不变斜率向右上方倾斜的直线表示。盈亏平衡点在 42 单位的产量上。尽管在超过该点的所有产量水平上都能获得利润，当产量约在 84 单位时利润达到最大化。从前面我们讨论的表 4－2 中能得出相同的推论。

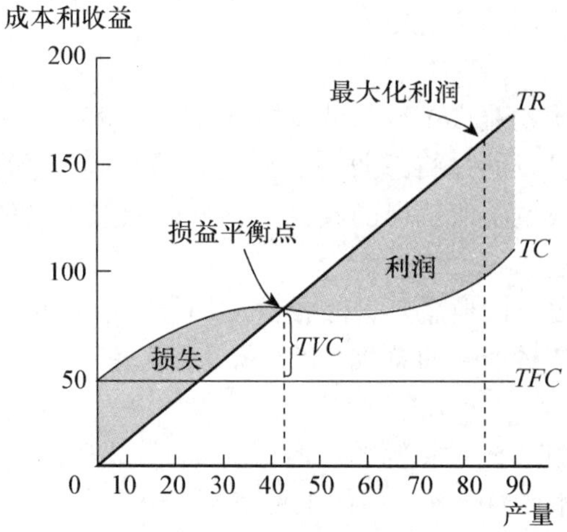

图 4-5 盈亏平衡图

□ 边际收益与边际成本

在任何时候，只要企业能通过改变其生产量来增加总利润，它便会这么做。因此，企业的利润图往往通过增加额外一单位产量会使成本和收益发生什么变化的形式分析。当生产和销售额外一单位产品增加的利润大于产生的成本时，要么利润必定会增加，要么损失必定会减少。若生产额外一单位产品带来的成本大于其收益，则会发生相反的情况。两个概念能告诉我们每一额外单位产量带来的收益增加和成本增加，即 *MR* 和 *MC*。为了确定企业的利润最大化点，我们必须观察它们之间的关系。

边际收益（*MR*）测量每单位额外产量带来的总收益的变化。边际成本（*MC*）测量每单位额外产量带来的总成本的变化。因此，任何时候，只要 *MR* 大于 *MC*，利润将会上升或损失将会减少。另一方面，若 *MR* 小于 *MC*，则利润将下降或损失将增加。只要 $MR>MC$，企业便能通过增加其产量获得利润。当 $MR<MC$ 时，它将能通过降低产量获利。

在绝大多数情况下，边际收益具有一个不变的或下降的取值，边际成本则具有一个连续递增的取值。因此，随着企业增加其产量，它最终会达到 $MR=MC$ 这一点。这便是企业的利润最大化位置，此时任何更低的产量水平将显示 $MR>MC$，且任何更高的产量水平将显示 $MR<MC$。例如，在我们的企业例子中，*MR* 具有一个 2 美元的不变取值。同时，*MC* 在触及 0.63 美元的低点后，随着产量达到 90 单位，连续增加到了 5 美元以上。对比表 4-2 中第（14）列的 *MR* 和第（11）列的 *MC*，我们可以看到一直到（包括）第 7 个投入单位，在所有的产量水平上均有 $MR>MC$。因此，企业将继续生产，直至达到该点。但是，它不会增加第 8 个投入单位，因为将导致 $MR<MC$。由此，根据边际分析，企业将在 84 单位附近的产量水平上达到利润最大化。这与图 4-5 盈亏平衡图所示的最大化利润相一致。

□ 短期利润最小化

到目前为止，我们已经讨论了企业获得利润的合意情况，但若企业遭受损失将发生什么情况呢？例如，假设在我们的问题中，企业获得的平均收益仅为 1 美元，由市场力量所决定。假设成本保持不变，我们可以从表 4-2 中看出，企业将在任何产量水平赚到一个利润。但是，若企业在 6 个单位的投入或 78 单位的产量上生产，它将使损失最小化。那么，企业是应该继续经营还是停业呢？答案取决于成本和收益的关系，以及我们正在讨论的行为是在短期还是在长期。

在经济学中，**短期**是指部分生产性资源保持固定的一段时期。**长期**则指所有的生产性资源，包括机器、房屋和其他资本物品，都可以变动的一段时期。例如，在短期，企业可以通过雇用更多的工人、进行另一项转变、购买更多的原材料和调整其他的可变资源，而非扩大其固定厂房和设备规模来增加其产量。但在长期，企业很大程度上只能通过建造或购买新厂房和设备来增加其产能，进而增加其产量。因而，在长期，即使固定资产也可以变动。在长期，不存在总固定成本或平均固定成本。这段定义宽松的长期的实际长度在不同行业是不一样的。

若一家企业在短期遭受损失（最小化其损失）点上营业，其应该继续营业还是停业的问题仍然存在。答案将取决于其固定成本和可变成本之间的关系，以及可变成本和其总收益之间的关系。

假设企业的 *TFC* 为 60 000 美元，*TVC* 为 40 000 美元，*TC* 为 100 000 美元。同时，假设其 *TR* 为 50 000 美元。很显然，该企业遭受着 50 000 美元的损失。但是，在短期内，企业继续营业而非停业更好，因为通过继续营业，企业将其损失限制在 50 000 美元上。若企业选择停业，由于可变成本不存在，它的总成本将降至 40 000 美元，但它的收益也会降到 0。此时，由于企业仍必须支付 60 000 美元的固定成本，它的损失将是 60 000 美元而非 50 000 美元。

经济利润

建立新的商业企业的目的是赚取利润，其他企业则会因为缺乏利润而遭遇失败。创建一家企业涉及风险，但是盈利的机会促使每年数以万计的个人试图成为成功的企业家。

利润是对企业家组织、生产和在企业经营中承担风险的报酬。利润是在所有的生产性资源都获得补偿之后剩下的那部分。利润可多可少。若利润太少或企业遭受亏损，企业可能会停业或歇业。使企业家保持经营所需的利润被称作**正常利润**。它等同于企业家的机会成本，即他或她在次优替代利用中所能赚取的收益。通常，正常利润被认为是经营企业的经济成本。若企业只是获得一个正常利润，就企业经营而言，企业处于没有经济利润的状态。任何多于或超出正常利润的利润额都属于**经济利润**。经济利润是经营一家企业带来的多于或超出经济成本（包括隐性成本和显性成本）的收入。

利润是变动的，也就是说，利润额是持续变化的。如我们将在第五章中看到的，在完全竞争条件下，经济利润是一种暂时的现象。简单地说，完全竞争条件是指任何时候，只要存在经济利润，新的企业就将进入该行业，直到经济利润消失。

相反地，若一家垄断企业存在经济利润，则垄断者或许能阻止新企业进入该行业。结果，经济利润将成为一种长期现象。此外，由于垄断者的产量构成了市场的总供给，垄断者可以通过改变产量来影响市场价格。这样一来，生产者可以将价格设定在它能获得最大利润的水平。在频繁出现的垄断竞争或寡头竞争的条件下，也会存在经济利润。

第四章回顾

□ 总 结

- 任何投入的边际产量是指由额外一单位该投入（如劳动）所带来的总产量的增加。
- 商品和服务的生产成本受诸如边际生产率递减规律等的影响。边际生产率递减规律表明，随着越来越多的可变资源，如劳动等被增加到一组固定的资源上，所带来的产量增加在某一点后将变得越来越少。在分析企业的成本时，经济学家不仅考虑显性成本，而且考虑所有者使用自己的生产性资源，如生产过程中的劳动、土地、资本等的隐性成本。隐性成本通常以机会成本，或者生产性资源所适用的替代性用途的形式测算。
- 成本还可以被大致归类为固定成本和可变成本。在短期，总成本是固定成本和可变成本的组合。成本也可以被分解成单位成本的变体，如平均固定成本、平均可变成本、平均总成本和边际成本。
- 边际成本是指由额外一单位产量所导致的总成本的变动，它一开始下降，直至达到一个最小值后，由于边际生产率递减规律而上升。边际成本曲线与边际产量曲线逆相关。
- 由市场供给力量所决定的每单位产品获得的价格，即企业的平均收益。边际收益是指由额外销售一单位产品所带来的总收益的变化。当边际收益大于边际成本时，随着产量增加，利润将增加或损失将减少。若边际收益小于边际成本，则利润将减少或损失将增加。当边际成本等于边际收益时，企业达到最大化利润的位置。
- 企业的盈利位置可借助描绘总收益、总成本、总固定成本和总可变成本的盈亏平衡点来分析。企业的盈亏平衡位置及其最大化利润位置可以由该图确定。盈亏平衡位置和最大化利润位置也可以通过边际分析来确定。企业将试图在边际成本等于边际收益的产量上生产，以最大化其利润或最小化其损失。
- 利润或损失是指生产所带来的总收益和总成本之间的差额。即使企业正在遭受一个损失，只要能弥补可变成本或部分弥补固定成本，短期内就该继续生产。在长期，所有的成本都是可变的，企业的收益必须弥补所有的成本。
- 正常利润是任一企业的企业家维持经营所需的利润额。任何高于或超出正常利润的数额即被视为经济利润。

□ 关键术语和概念

生产函数	边际产量（*MP*）	边际收益递减规律	平均产量（*AP*）
生产性资源的机会成本	显性成本	隐性成本	固定成本
平均固定成本（*AFC*）	可变成本	平均可变成本（*AVC*）	总成本（*TC*）

平均总成本（*ATC*）	边际成本（*MC*）	平均收益（*AR*）	总收益（*TR*）
边际收益（*MR*）	盈亏平衡点	短期	长期
正常利润	经济利润		

□ 讨论题

1. 边际产量的规模大小是否会对平均产量产生影响？解释原因。
2. 边际收益递减规律是指什么？
3. 定义机会成本，并举出一个涉及生产性资源使用机会成本的例子。
4. 显性成本和隐性成本有何区别？
5. 为什么平均可变成本一开始下降，在达到一个最小值后再次上升，而平均固定成本却随着产量增加而持续下降？
6. 当边际成本上升时，平均可变成本和平均固定成本必然也上升，这句话是否正确？解释其原因。
7. 如何在一张盈亏平衡图中确定最大化利润位置？画一个盈亏平衡图需要哪些要素？
8. 为何边际收益等于边际成本时的产量水平是利润最大化水平？
9. 经济利润是指什么？如何测量？
10. 为何一家企业在短期内选择继续营业，尽管其正在遭受经济损失？

第五章

完全竞争

在学习完第五章后，你应该能够：

(1) 列出完全竞争的特点；

(2) 理解为何完全竞争市场中企业利润最大化的产量在 $MR=MC$ 处；

(3) 作图表示 ATC、AVC、MC、AR 和 MR，以及完全竞争企业利润最大化产量；

(4) 理解和作图表示为何一家企业在短期继续营业将遭受经济损失；

(5) 作图表示一家完全竞争企业的长期规模经济和规模不经济，并指出最低有效经营规模；

(6) 理解消费者剩余和生产者剩余的概念，并解释为何完全竞争能实现最大的消费者剩余和生产者剩余组合。

数百万家企业在美国的成千上万个行业中经营运作。在这个庞大的领域，可以看到单个行业中各种不同程度的竞争，以及不同市场间大量的竞争阴影。市场类型从接近完全竞争到垄断。虽然各种竞争类型的市场存在本质性不同，但环境使一家企业或一个行业包含了不止一种要素。此外，企业可能会发现自己出售其产品时是竞争性市场类型，但在购买其原材料或雇用劳动力时是一个不同的市场类型。

完全竞争、垄断、垄断竞争和寡头是市场结构的四个基本类型。不同市场类型的突出特点包括：一个行业中的企业数量、产品差异的存在与否，以及一个行业中任何企业或所有企业影响市场价格的能力。由于完全竞争提供了一个计算其他市场结构经济价值和社会价值的理论标准，我们在本章将重点分析完全竞争模型。

完全竞争的特点

完全竞争是假设满足下列四个特点的理论上的市场结构：

（1）**市场中存在无数销售者，所有的销售者均出售相同的产品。**不存在质量差异、品牌名称、广告宣传，以及其他区分不同销售者产品的因素。

（2）**所有的购买者和销售者都对市场和价格了如指掌。**若某销售者以低于其他销售者的价格提供产品，所有的购买者都能意识到这一行为。而且，若某家企业由于某种成本优势能以低于竞争者的价格在市场上提供商品，则其他企业将很快知悉如何获得这些优势。

（3）**可以自由进入和退出市场。**任何人想在特定的市场中生产和销售商品，都可以这么做。生产性资源的完全流动性是这一理论市场体系的另一个特征。它还假设可获得必要的生产性资源、不受政府管制，以及不存在阻碍特定商品或服务生产的其他条件。

（4）**单个销售者和购买者不能影响市场价格；相反地，价格由市场供给和需求决定。**必定存在足够多的销售者，以使每个销售者对市场供给的贡献微不足道。因此，不管企业增加还是减少产量，其对市场供给都没有明显的影响。此外，每个销售者都是价格接受者，其必须接受由总体需求和供给所决定的市场价格。特定的销售者将不能获得一个更高的价格，因为所有的产品都是同质的。但是，这些特点并不排除市场价格可以被许多或所有企业的行为所改变的可能性。例如，若单个企业将产量增加50%或100%，市场供给的变化将是无足轻重的，其并不会影响市场价格。但是若大量生产者都将产量增加10%，这一行为将影响供给，并足以导致市场价格发生变化。

短期价格和利润

在完全竞争条件下，每家企业都面临着一条完全弹性需求曲线。在图形上，企业的需求曲线是一条水平直线，即企业的所有供给都能在市场决定的价格上被售出。利润是指平均总生产成本和销售价格之间的差额，再乘以销售量。由于企业从事经营是为了获得利润，每家企业都将生产在售出时能获得最大利润的产量。

单独行动的话，生产商对改变市场价格只有微小的影响，或全无影响。因此，不管一家给定的企业售出多少产品，市场价格都不会受到影响。但是，这对整个行业并不成立。若大量企业或所有企业增加或减少产量，总的市场供给将会受到影响。结果，假设需求不变，市场价格也会发生变化。

美国的小麦生产是一个恰当的例子，美国有40多万个小麦生产商。美国市场每年以3美元/蒲式耳的市场价格提供20多亿蒲式耳的小麦，因此，不管农场主迪克·沃辛顿将产量从100蒲式耳增至1 000蒲式耳还是10 000蒲式耳，都几乎不会产生影响。但是若美国的每一个小麦生产商都只是将产量增加2%，美国总的小麦供给将增加4 000多万蒲式耳，则市场价格无疑会下跌。

在一个生产标准化产品的完全竞争行业中，每一家企业将生产多少产量呢？这一问题不能得到确切回答，但是我们可以分析影响各家企业将生产多少产量的因素。在假设的短期条件下，每家企业将生产一个边际成本等于边际收益的产量。记住，在短期内，我们假设该行业不出现新的工厂，且现有的工厂不会扩大规模。短期内，现有的企业还来不及退出该行业。但是，各家企业可自由变动其产量规模，从零到其最大的现有生产能力。

□ 在短期内，产量对价格的调整

那么，一家具体的企业想要生产多少产量呢？在绝大多数现实情况下，这几乎是不可能回答的。该企业不能准确预测不同产量水平上的成本，而且，企业可能会满足于一个合理的利润额，并且忍住不试图攫取每一分经营利润。

但是，我们假设企业被赚取尽可能多的利润的欲望驱使。因此，企业家将生产使企业利润最大化或损失最小化的产量。这个产量是多少取决于企业的成本和收益之间的关系。

我们不妨假设某一特定企业的总成本、平均总成本、平均收益、边际收益和总收益如表 5-1 和图 5-1 所示。*AR*（或市场价格）和 *ATC* 之间的差额即单位利润。单位利润乘以产量等于总利润。像往常一样，企业将在边际成本等于边际收益（*MC*=*MR*）的那一点最大化其利润（或最小化其损失）。注意，表 5-1 和图 5-1 显示，与边际成本曲线和边际收益曲线交点相对应的是 1.80 美元的单位市场价格和 13 单位的产量。

表 5-1　　完全竞争企业的成本和收益　　单位：美元

产量	*TC*	*ATC*	*MC*	*TR*	*MR*/*AR*	总利润/总亏损
1	10.08	10.08	—	1.80	1.80	−8.28
2	11.22	5.61	1.14	3.60	1.80	−7.62
3	12.12	4.04	0.90	5.40	1.80	−6.72
4	12.84	3.21	0.72	7.20	1.80	−5.64
5	13.44	2.69	0.60	9.00	1.80	−4.44
6	13.98	2.33	0.54	10.80	1.80	−3.18
7	14.52	2.07	0.54	12.60	1.80	−1.92
8	15.12	1.89	0.60	14.40	1.80	−0.72
9	15.84	1.76	0.72	16.20	1.80	0.36
10	16.74	1.67	0.90	18.00	1.80	1.26
11	17.88	1.63	1.14	19.80	1.80	1.92
12	19.34	1.61	1.46	21.60	1.80	2.26
13	21.12	1.62	1.80	23.40	1.80	2.28
14	23.34	1.67	2.22	25.20	1.80	1.86
15	26.04	1.74	2.70	27.00	1.80	0.96
16	29.28	1.83	3.24	28.80	1.80	−0.48
17	33.12	1.95	3.84	30.60	1.80	−2.52

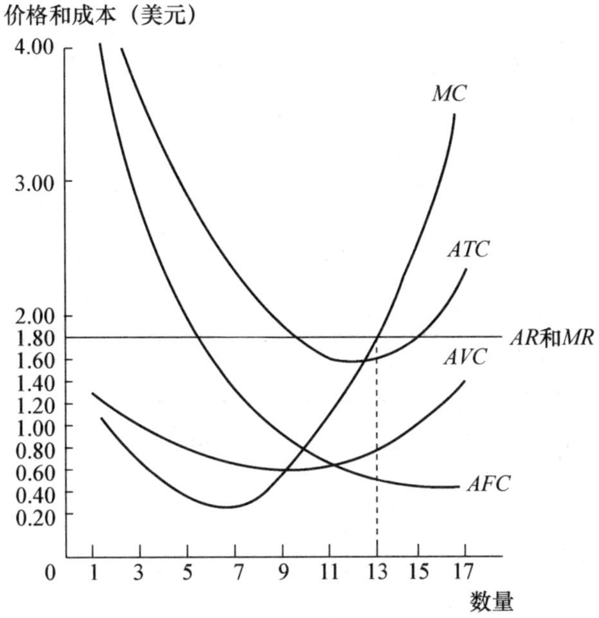

图 5－1　短期成本和收益曲线

$MC=MR$ 时的产量水平被称为均衡产量，因为一旦企业达到该均衡产量，它便没有动机移向任何其他产量水平。另外，若企业不在该产量水平经营，它就有动机改变其产量，直至达到均衡位置以获得更大的利润。若 $MC<MR$，则产量扩张将会增加利润；若 $MC>MR$，则产量削减将会增加利润。当 $MC=MR$ 时，短期总利润达到最大值。

在我们的例子中，若市场价格为 1.80 美元，且产量低于 9 单位或高于 15 单位，则企业将遭受损失。只有当产量为 9～15 单位时，*AR*（价格）才高于 *ATC*。注意，当产量大于 13 单位后，*MC* 上升至 *MR* 之上。虽然在生产和售出 15 单位时能获得一些利润，但是利润并不比 *MC* 恰好等于 *MR* 时的产量 13 单位更多。（若 *MC* 和 *MR* 在某一总产量上不完全相等，则使总产量最接近于它们相等时将是最有利可图的。）

现在，假设市场价格不处在 1.80 美元，而是跌到 1.61 美元上，如图 5－2 中的 *B* 点所示。在该价格上，*ATC*、*MC*、*AR* 和 MR_1 几乎与 *MC* 曲线和 MR_1 曲线的交点相同。这意味着什么？这意味着企业最多只能希望盈亏平衡或获得正常利润。生产 12 单位的产量时，企业的 *AR* 正好等于 *ATC*。若要生产更多的产量，则 *ATC* 和 *MC* 将上升到 MR_1 和 AR_1 之上，因此将出现损失。若企业的产量不足 12 单位，则 *ATC* 将大于 AR_1，因此将再次出现损失。

考虑另一个例子，不妨假设市场价格（AR_2 和 MR_2）已经跌至 1.20 美元，如图 5－2所示。现在，企业应该生产多少产量？我们将发现，不管企业生产多少单位产量，企业都不能指望获得利润。如图所示，对于任何产量水平，*ATC* 都位于 AR_2 之上。但是，在 *C* 点，损失却能最小化，此时产量为 11 单位，最接近于 *MC* 和 MR_2 的交点。不过，企业不该生产超过 11 单位的产量，因为超过该点 *MC* 将上升至 MR_2 之上，且损失会增加。

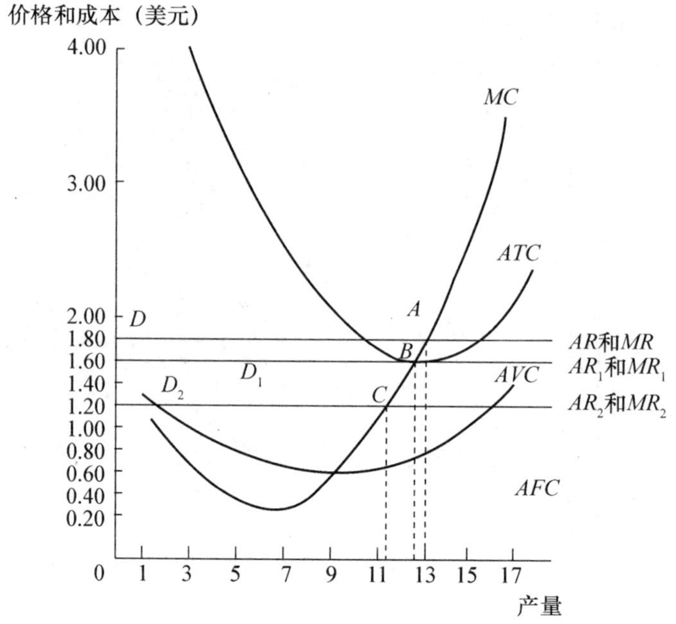

图 5-2　短期成本与不同的收益曲线

在这种情况下，企业短期内应继续营业而非停业，因为它还能弥补其可变成本。通过弥补其可变成本和日常开支，企业比停业和支付所有的固定成本的情况要好。这可以通过对比均衡水平的 AVC 和 AR 确定。若 $AR=AVC$，企业将能弥补其可变成本。若 $AR>AVC$，企业将能弥补其可变成本和部分固定成本与日常开支。对固定成本的贡献大小可以从图 5-2 中看出。图 5-2 中并未作出固定成本，但是由于 $ATC=AFC+AVC$，AFC 可以由 ATC 曲线和 AVC 曲线在均衡点的距离表示。

最后，设想一下运营中的企业的市场价格仅为 0.60 美元的情况。该企业不仅在任何产量水平上都会遭受损失，甚至在均衡产量或最小化损失点上，AR 都将小于 AVC。在这种情况下，企业不能补偿任何可变成本，在短期内它应该选择停业而不是继续营业。但需注意到，即使在短期内企业选择停业且不生产任何产量，企业仍然需要支付其固定成本。

在分析完全竞争企业的利润最大化或损失最小化例子时，显而易见的是，单个企业将只会在高于边际成本曲线和平均可变成本曲线交点的价格上为市场提供产品。在低于该交点的价格上，企业将停止为市场提供产品。因此，完全竞争企业的短期供给曲线是边际成本曲线位于平均可变成本曲线上方的那部分。对作为一个整体的行业而言，市场供给曲线或行业供给曲线是该行业所有企业单个供给曲线的水平加总。

□ 短期均衡

在完全竞争条件下，所有企业为生产性资源支付一个同样的价格，且以一个相同的市场价格销售它们的产量。但是，不同企业之间的利润仍可能不一样。即使所有的企业有着相同的单位资源成本，一些企业的资源利用也可能会更高效。在短期内，一些企业可能会使用更好的生产技术，并且在一个更大的产量规模上分摊它们的固定成本，或者可能会利用其他措施来降低单位产量成本。因此，在任何给定的市场价格上，一些企业或许能赚取经济利润，另一些企业会盈亏平衡，其他企业则可能遭受损失。图 5－3阐释了这一点。

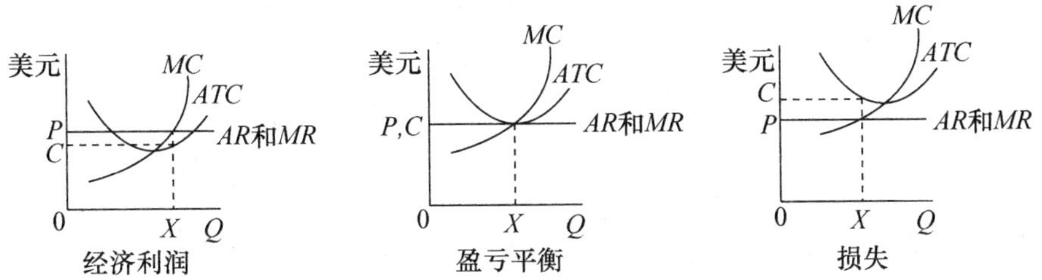

图 5－3　短期经济利润、盈亏平衡和存在损失的情况

随着市场价格上移或下移，每一家企业的盈利状况也会受到影响。类似地，资源价格的变化也会通过改变每一家企业的平均成本曲线影响其利润。在长期内，遭受损失的企业必须意识到它们的生产性资源至少能盈亏平衡，否则它们必须选择歇业。完全竞争假设所有的销售者对市场、价格和成本拥有相同的信息。因此，若某企业能以某种方式在更低的成本上生产，其他企业很快便会知道它是怎么做到这一点的。在长期内，类似的生产技术的采用将使其他企业调整资源以降低成本。

长期价格和利润

在完全竞争条件下，由于企业能自由进入和退出一个行业，竞争力量倾向于消除经济利润。在长期内，短期经济利润将吸引新的企业进入该行业，且可能会使现存企业进行扩张。事实上，它们有动机和自由这么做。

在完全竞争条件下，任何单个供给者都不能影响市场价格。但是，若许多新企业进入市场，它们对现有市场增加的供给，将很容易造成市场价格的下跌。若仍然存在经济利润，即使在更低的市场价格上，企业也将继续进入该行业（从而进一步压低市场价格），直至达到价格等于平均成本和经济利润消失的那一点。

另外，若市场价格低于平均成本，且企业正在遭受损失，则企业会降低它们的经营规模或退出该行业。在长期内，市场供给会减少，从而导致该行业的价格上涨和损失消失。在长期内，企业必须能赚取足够多的收益弥补所有的成本，这是因为所有的成本都是可变成本。若不能做到这一点，企业将退出该行业。因此，完全竞争企业的供给曲线是边际成本曲线位于其同平均成本曲线交点之上的那部分。最近的电脑、通信和手机行业就发生着这种过程。虽然无论如何算不上完全竞争，这些行业在 20 世纪 90 年代随着价格和利润上升而迅猛扩张，但在 2000—2001 年间由于价格和利润下降而很快收缩。市场调整一直持续到今天。这些行业中的许多企业要么已经歇业，要么与其他公司合并。整个过程可由图 5－4 表示。

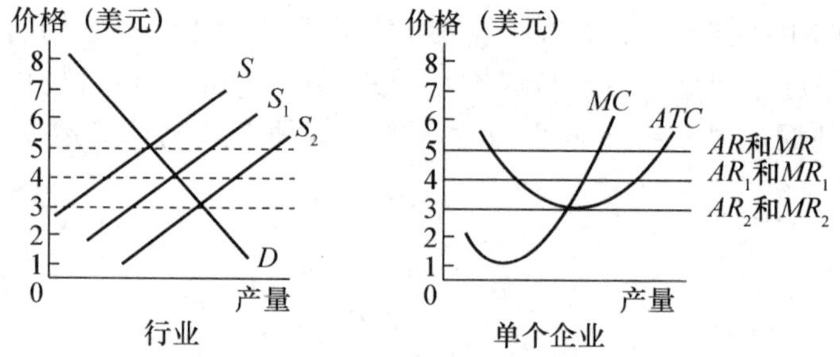

图 5－4　长期均衡价格和经济利润

□ 图形分析

假设图 5－4 中需求曲线（*D*）和供给曲线（*S*）的交点决定了单位市场价格为 5 美元。因而，这一 5 美元的数值代表了该行业每一家企业的 *AR*。假设图 5－4 所示的成本和收益之间的关系在该行业非常典型，此时单个企业能够赚取经济利润。但是，这些经济利润会使新企业进入该行业。这样一来，市场供给将会增加（市场供给曲线外移），市场价格下跌至 4 美元，如图中 S_1 和 *D* 的交点所示。更低的市场价格反过来压低了行业中每一家企业的 *AR* 曲线和 *MR* 曲线，从而降低了利润。但是，由于在这一价格上仍旧存在经济利润，企业将继续进入该行业，使市场供给增加到 S_2，并使市场单位价格下降到 3 美元。

在 *AR* 和 *MR* 为 3 美元时，该行业中的企业不能获得经济利润，因此，不存在其他企业进入该行业的激励。不仅所有的企业处于均衡（因为它们在 $MC=MR$ 的点上经营），而且该行业作为一个整体也存在均衡，因为不存在企业进入或退出该行业的激励。不存在能够吸引新企业的经济利润。而且，由于现存企业能补偿它们的所有成本，包括作为企业家报酬的正常利润，它们没有动机退出该行业。

你还可以设想一下，当初始市场价格给该行业造成损失时，会发生什么情况。随着企业退出该行业，商品的市场供给会减少，从而使市场价格以及仍存在的单个企业的 *MR* 和 *AR* 上升。这一过程将持续到价格上涨足以消除损失为止。在这一点上，不再有使企业离开该行业的激励，均衡重新确立。

□ 资源成本的作用

在长期均衡处，该行业中的企业赚取一个正常利润，所有的经济利润都将消失。价格、边际成本和平均成本相等。价格反映了生产成本。我们已经探讨了通过市场价格或平均收益的调整，从短期经济利润位置向长期盈亏平衡点的移动。但是，由于资源成本上升，长期利润会出现得更早。随着新企业进入一个行业，它们对投入的组合需求会显著增加对原材料、劳动、资本和其他资源的市场需求。这反过来可能会推动资源的市场价格及单个企业的 *ATC* 曲线上升，造成利润下降。因此，经济体的竞争力量会从两个方面起到消除长期经济利润的作用，即对价格的向下压力和对成本的向上推力。

□ 长期成本曲线

在第四章中，我们学到企业在长期内可能会改变它们的整个运营规模和经营范畴。因为在长期，所有的资源和成本都是可变的，不存在固定的资源或成本。长期平均成本曲线，以及根据不同生产规模推出的各种短期平均成本曲线，如图 5－5 所示。

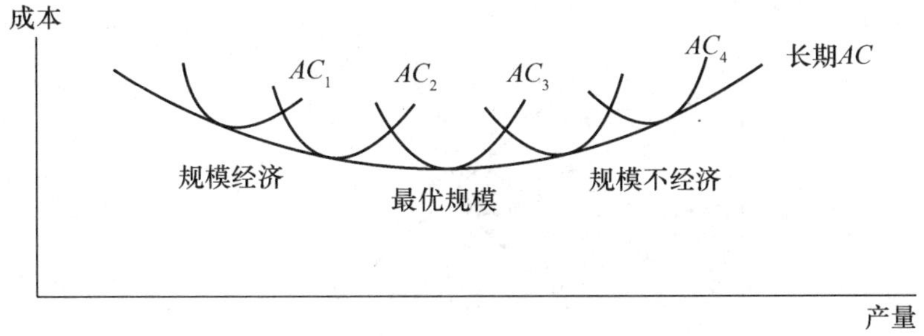

图 5－5　长期平均成本

在长期内，竞争会使利润降至零。为了生存，完全竞争条件下的企业必须调整它们的经营规模，直到平均生产成本最小化。随着企业规模不断扩张，它们可以利用**规模经济**。不能扩大规模将迫使这些企业停止经营，这是因为它们的生产成本大于竞争对手。最终，随着工厂规模不断扩大，必然会达到一个长期平均成本曲线不再下行的产量水平。这一点便是**最优经营规模**，在该产量水平上，长期平均成本最小化。在某些行业，平均成本在一个产量范围内可能会保持不变，因此可能会存在不止一个最优产量水平。企业没有激励扩张至超过最优规模，因为它们的生产成本将由于**规模不经济**而再次高于竞争对手。最终结果是完全竞争行业中的每一家企业将不得不为了继续营业而在最优规模上经营。

□ 消费者剩余和生产者剩余

理解完全竞争的收益的另一种方式是借助消费者剩余和生产者剩余术语。**消费者剩余**是指消费者愿意为一种产品支付的数额和他们实际支付的数额之间的差额。**生产者剩余**是指企业愿意对一种产品接受的价格和它们实际接受的价格之间的差额。消费者剩余和生产者剩余可以被看作消费者和企业得自市场交易的收益。在完全竞争条件下，总的消费者剩余和总的生产者剩余被最大化，社会所获得的收益亦然。

在图 5－6 中，行业需求曲线和供给曲线分别由 D_m 和 S_m 表示，对应的市场交易价格为 P_e。因为这是市场需求曲线和供给曲线，我们知道需求曲线 D_m 代表了那些愿意按高于 P_e 的价格支付但却只需按 P_e 的市场交易价格支付的单个消费者的数量。消费者剩余即高于均衡价格和低于需求曲线的区域。因此，$\triangle ABC$ 表示由完全竞争带来的消费者的收益。生产者剩余即$\triangle RBC$ 表示的区域，也就是高于供给曲线和低于价格线 P_e 的区域。我们知道，该行业中的每一家企业都愿意在等于边际成本的价格上销售产品，且在完全竞争条件下，边际成本曲线的加总即市场供给曲线（S_m）。但是，在 P_e

的市场交易价格上，所有的生产者获得了一个高于供给曲线（S_m）的价格，由此产生了生产者剩余。在任何市场结构下，完全竞争都能带来最大的消费者剩余和生产者剩余组合区域（$ABRC$）。

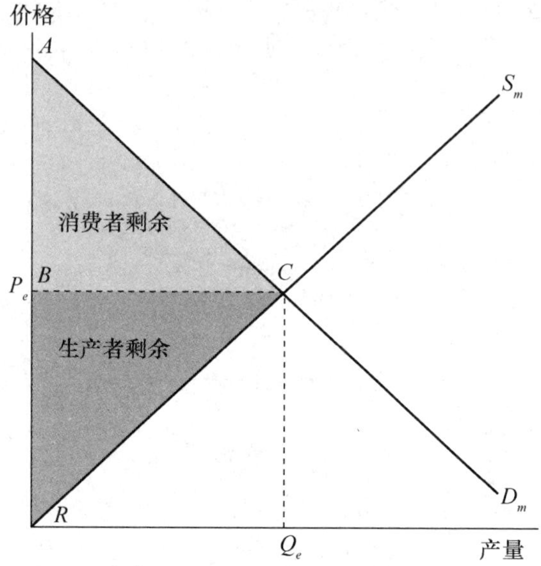

图 5－6　生产者剩余和消费者剩余

完全竞争的社会影响

从理论上讲，行业范围的和整个经济范围的完全竞争有两大优点。首先，由于企业在它们长期平均成本曲线的最低点处生产，竞争能够带来**经济效率**。规模或范围不在最低有效水平上的企业，必须改变它们的规模或离开该行业，以避免进一步的损失。这意味着所有的企业拥有最有效的规模，并使用最低成本的投入组合。因此，完全竞争下的长期行业产量在可能的最低单位成本上。

其次，在长期竞争均衡上，价格也等于边际成本。这意味着实现了**配置效率**，且生产性资源完全按照其购买者的意愿进行配置。若价格高于边际成本，意味着没有足够的资源进入商品的生产。消费者将愿意支付一个高于生产者生产额外一单位商品的成本的价格。若价格低于成本，则会出现相反的情况。当价格等于边际成本时，合理的资源数量被用于生产该商品。

完全竞争能很好地满足消费者的利益。它将带来更高的产量、更低的价格，以及小于在较少竞争条件下存在的经济利润。但是，竞争并非有百利而无一害，它会频繁地导致工厂和设备不必要的复制。此外，尽管竞争会使整个经济体受益，它也会通过带来更高效的生产者，给单个企业造成资金困难，且在企业被迫退出该行业时使工人下岗或换岗。在某些行业（如某些公共事业），许多企业在一个较小的规模上经营，它们不能像在更大规模上生产的少数企业那样提供廉价的商品和服务。

第五章回顾

□ 总　结

● 在一个市场经济体中，存在一些可能的经济竞争模式，从处于一个极端的完全竞争到处于另一个极端的垄断。在两者之间是垄断竞争和寡头。

● 完全竞争是一种针对同一产品，存在如此多的购买者和销售者，以至任何购买者或销售者均不能影响市场价格的市场结构。购买者和销售者都充分了解市场条件和价格，且可以不受限制地进入和退出市场。供给和需求决定了市场价格。

● 在完全竞争条件下，每一家企业在边际收益等于边际成本的最大化利润处经营。一家正在遭受损失的企业短期内可能会在边际收益等于边际成本处继续营业，只要它能补偿可变成本和部分弥补日常开支。在长期内，由于所有的成本都是可变的，企业必须能弥补所有的成本。

● 在完全竞争条件下，经济力量在长期内会导致价格下跌，并使经济利润消失。消费者最终能以一个等于生产成本的价格获得产品。

● 长期成本曲线可以从一系列对应于不同经营规模的短期成本曲线中推导出。规模经济产生的竞争力量在长期内会导致更低的单位成本。

● 消费者剩余是指消费者愿意为产品支付的成本和他们实际支付的成本之间的差额。生产者剩余是指企业愿意接受的产品价格和它们实际接受的产品价格之间的差额。在任何市场结构下，完全竞争都能带来最大的消费者剩余和生产者剩余组合。

● 完全竞争有两大理论上的优点。首先，由于企业在其长期成本曲线的最低点处生产，竞争会产生经济效率。其次，在长期竞争均衡处，价格也等于边际成本。这意味着实现了配置效率，且生产性资源完全根据购买者的意愿得到了配置。

□ 关键术语和概念

完全竞争	规模经济	最优经营规模	规模不经济
消费者剩余	生产者剩余	经济效率	配置效率

□ 讨论题

1. 市场结构存在哪四大类型？

2. 完全竞争存在需要具备哪些特征或条件？

3. 在完全竞争条件下，单个销售者为何不能影响市场价格？

4. 借助边际收益和边际成本图示，解释你如何确定：(a) 企业是赚取经济利润还是遭受损失？(b) 若企业正在遭受损失，它是应该停业还是在短期内继续营业？

5. 若完全竞争条件下的企业都为资源支付一个相同的价格，且都获得相同的产品价格，则它们如何赚取不同的总利润或不同的单位产品利润？

6. 在完全竞争条件下，经济利润在长期内是如何消失的？

7. 最优经营规模意味着什么？

8. 总的消费者剩余和生产者剩余在完全竞争条件下最大化。若政府限制市场能购买到的数量，这种限制将如何影响价格、数量、消费者剩余和生产者剩余？

9. 完全竞争的社会收益是什么？

10. 在哪些方面纽约证券交易所类似于一个完全竞争市场？

第六章 垄 断

学习完第六章后，你应该能够：

（1）定义垄断，并解释为何垄断者有相对大的自由来确定其产品价格；

（2）指出垄断或近似垄断的某些最普通的原因；

（3）作图表示 *ATC*、*MC*、*AR* 和 *MC*，并表示垄断者的利润最大化点；

（4）区分三种类型的价格歧视；

（5）描述“自然垄断”意味着什么，并作图表示为何没有其他企业进入；

（6）定义包含一个垄断者的市场结构，以及存在“双边垄断”的市场结构。

同学们刚学过当行业是完全竞争时经济体将会是怎样的。很明显，完全竞争有很多理论上的优点，但由完全竞争条件产生的不确定性是这种市场结构最不希望看到的一个方面。设想一下，若所有的价格都像纽约证券交易所的股票价格一样充满波动，则所有的市场对企业、工人和消费者而言将会如何。这将导致许多不确定性。现在，我们来讨论取得不同程度成功的试图消除市场不确定性的市场结构。我们将从纯粹垄断的情形开始。

垄 断

处在完全竞争市场结构另一端的是垄断。**垄断**是指针对一种没有近似替代品的产品，只存在一个生产者或销售者的市场结构。不存在近似替代品的条件使我们很难发现一个真正的垄断者。例如，福特汽车公司可能在福特车的生产上拥有一种垄断权。但是，当汽车购买者可以转向克莱斯勒、雪佛兰、丰田和许多其他汽车时，福特公司就不是真正意义上的垄断者了。

另一个例子是卫星广播。在 2008 年年初，只有两家提供卫星广播服务的企业，即 XM 卫星广播公司和天狼星卫星广播公司。当只有两家公司控制市场时，经济学家称该市场结构为**双寡头**。2008 年年底，XM 卫星广播公司收购了天狼星卫星广播公司，现在两者成了一家公司，即天狼星 XM 卫星广播公司，其在卫星广播服务市场上具备了一个垄断地位。但是，存在许多对卫星广播服务的竞争性选择，包括大量 FM 和 AM 广播站、CD 以及电脑或 iPod 上的下载歌曲。一个近似垄断的例子是大型航空公司在它们的枢纽机场上控制的商业航空运输。例如，由于达美航空公司在辛辛那提拥有近似垄断的地位，从辛辛那提起航的旅客一直需要支付全美国价格最高的机票。慢慢地，成千上万居住在辛辛那提的旅客选择驾车到邻近的代顿机场、路易斯维尔机场和印第安纳波利斯机场起航，这些地方的竞争更激烈，飞往许多地方的机票更便宜。

企业可能会生产一大批商品，它们中的许多在有相同或类似产品竞争的市场中销售。但是，在企业的产品中，可能会有一种产品不存在任何竞争。因此，企业在该产品的销售上具有某种垄断势力。即使存在一个垄断者，它仍需和其他企业竞争，不仅在特定商品或服务上，而且在消费者的货币开支上。虽然如今各类企业在美国经济中都拥有某种垄断势力，但真正的垄断者只存在于那些政府管制的行业。

□ 垄断的特征

垄断的主要特征是销售者对价格的控制程度。在完全竞争条件下，许多销售者的单个供给构成了市场供给。但是在垄断条件下，垄断者的单个供给等同于市场供给。在需求方面，由于垄断者是唯一供给者，市场需求等同于垄断者对商品或服务的需求。因此，任何时候垄断者增加或减少供给，都会影响市场价格。与必须接受给定的市场价格和把产量调整到最有利可图的位置相反（如在完全竞争条件下），垄断者可以不受限制地调整产量，以获得最有利可图的市场价格。垄断者可以被视为“价格制定者”。

□ 垄断势力的来源

垄断势力可能从许多来源发展而来。但是，获得和保持垄断势力的关键在于设置其他企业进入该行业的障碍。若垄断者能有效阻止新企业进入其经营行业，它就可以继续享受经济利润。

规模经济　在一些行业，企业相互竞争并不经济。诸如钢铁和重型机器等重工业——其需要对大量资本进行集中化控制，以获得大规模生产的经济效益——倾向于变成垄断行业。在这些行业，完全竞争并不可行；若许多企业能为市场提供产品，它们将不能利用伴随规模经济的低单位成本优势生产足够的产品。即使这些行业中绝大多数大型企业并非完全的垄断者，它们也倾向于具备垄断特征。

自然垄断　一些行业由于自身的性质，很容易形成垄断和排斥竞争。例如，若几家天然气公用事业公司相互竞争某一城市的同一批消费者，则会导致混乱、浪费和不便利。除了资产重置造成的浪费外，只要设想一下若三四家天然气公司间歇性地敲坏街道，以便修缮各自的天然气管道，就不难知道街道情况有多糟糕了。若四家不同运输公司的公共汽车处处都在竞争载运乘客去往某些目的地，乘客和行人的安全状况又会怎样？在这些情况下，政府将向满足自然垄断标准的公司授予垄断特许权。自然垄断的经济效益将在本章后面部分讨论。

对原材料的控制 另一个有效的进入障碍是所有权或对关键原材料的控制。虽然很难获得对原材料的完全控制（而且在许多情形下，可能存在对特定原材料的近似替代），这一阻碍竞争的方法许多年来在铝业生产中颇为有效。多年来，通过对几乎所有的铝土矿——铝业生产的主要原料——来源的控制，美国铝业公司一直作为垄断者存在。今天，许多国家都能生产铝土矿，世界各地铝生产商的数量已大大增加。在非洲和其他地方，绝大多数钻石矿为南非戴比尔斯集团所有。但是，在美国，有许多方晶钻石以真正钻石的极小一部分成本出售，它们虽然不是真正的钻石，但却是钻石的高度仿造品。

专利 专利给予其持有人在 20 年内使用、保存或出售一项发明的排他性权利。尽管法律反对拥有由这种暂时性排他权利的授予所带来的不合意程度的垄断，但是对专利的控制是一些大型公司获得垄断势力的重要来源。制药行业是公司有效利用专利来实施垄断势力的一个例子。

利用专利和专利法来遏制竞争的措施各种各样。无用装备或工艺程序的专利获得，增加了有价值的创新的发明者将遭遇侵权诉讼的可能性。通过对专利设备或程序进行略微修改，所有者可能会申请一项专利的修正版权，并由此延长其寿命。借助侵权诉讼威胁来击退新竞争对手，可能是专利提供给制造商的保持控制权的最有效手段。

对专利的控制在许多如今众所周知的巨型公司的发展中扮演了一个重要的角色。今天，将近三分之二的新专利由公司而非个人发明者所持有。

竞争策略 企业可以利用总产量和推销技术，来击败其竞争对手或阻止新企业进入。有时，不公平的策略被用来排斥竞争。例如，我们早就见过利用掠夺性定价（暂时以低于成本价销售）来淘汰小竞争者或使它们陷入破产。其他不公平的策略包括诽谤竞争对手的产品，挖走竞争对手的管理人员，对供应商或资金来源方施加不适当的压力，以及有时诉诸直接勒索。虽然这些策略中很多都是不合法的，公司仍有足够的具有侵略性的合法竞争手段，来抑制新企业进入某些行业。另一个策略是使用捆绑销售。通过捆绑销售，公司能在某产品的销售上获得广泛的垄断势力，它还将另一种产品与主要产品的销售捆绑在了一起。微软公司是一个例子。若人们想购买微软操作系统，就必须同时购买 IE 搜索引擎。这种捆绑销售策略完全排除了竞争对手网景等的搜索引擎。捆绑策略的目的是为两种产品创造强大的垄断势力。

垄断价格

垄断意味着这样一种情形，即由单个销售者提供无任何可得近似替代品的商品。垄断势力是否被用来获取可能的最高售价，很大程度上取决于垄断者是否被对可能的政府管制或私人竞争的担心所吓倒。另一个重要的考虑是获得或保持公众好印象的必要性，因为这会影响企业产品的销售情况。

□ 确定垄断价格

在一定的范围内，垄断者可以将供给维持在几乎任何水平，假设价格对所有的消费者都一样，而且垄断者将价格设定在能获得最大总利润的点上。这一点的位置取决于产品需求和生产成本。

垄断者的需求曲线 在完全竞争条件下，单个企业的产量需求由一条水平直线表示，生产者能以当前的市场价格销售任何供给量。与此同时，单个生产者不能通过增加或减少供给来影响市场价格。

垄断者的情形就不一样了。垄断者是商品的唯一供应者，垄断者的产品需求曲线向右下方倾斜，因为它也是所有消费者的市场需求曲线。产品越不重要，需求弹性越大（参见第三章）。因此，垄断者面临的第一个问题是，“我预期在不同的价格上能售出多少商品?”生产数量将视答案而定。

垄断者的位置可在图 6-1 中得到反映。只存在一个生产者，因此单个企业的需求曲线也是整个行业的需求曲线。*D* 是企业的需求曲线，也是企业的平均收益（*AR*）曲线。在 1 100 单位产量时，总收益为 8 800 美元；在 1 000 单位产量时，总收益为 10 000 美元；在 900 单位产量时，总收益为 10 800 美元。因此，垄断者可以通过限制供给获得一个更高的价格和更大的收益。若销量从 1 000 增加至 1 100，则总收益会下降。当然，若需求是弹性的，垄断者将通过增加产量获得更大的利润。

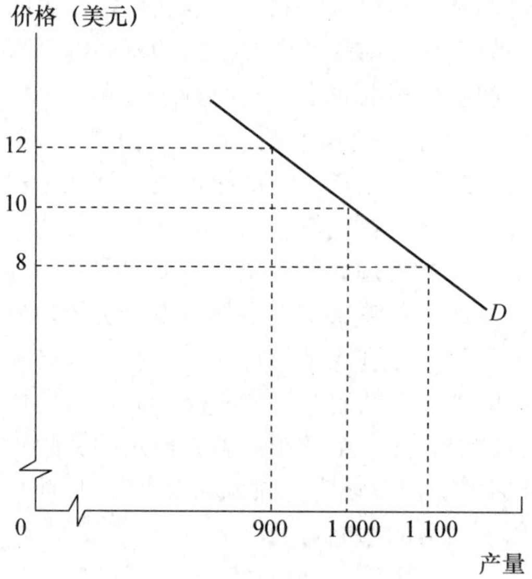

图 6-1 垄断者的需求曲线

垄断者的成本曲线 像绝大多数其他生产者的成本一样，垄断者的单位成本往往随着生产量的增加而暂时下降。但是，若产量被推升到边际成本（*MC*）开始增加的点上，平均总成本（*ATC*）也将很快开始增加。当平均可变成本大到足以弥补平均固定成本的下降时，*ATC* 便会增加。在 *MC* 开始上升之后，垄断者应该在多长时间内继续增加产量，取决于在下一个单位的 *MC* 大于相应的边际收益（*MR*）之前所生产的产量。

垄断者的成本曲线和收益曲线之间的关系 假设垄断者的成本和收益情况如表 6-1

所示，当产量为 8 单位时，达到利润最大化的生产水平。由于产量为 9 单位时，*MC* 也等于 *MR*，所以当产量为 9 单位时，可以实现相同的利润额，即 24.48 美元。但是，在产量大于 9 单位后，利润将会减少，因为 *MC* 上升至 *MR* 之上。若产量为 12 单位，则将出现 2.64 美元的损失。

表 6-1 **垄断者的成本和收益** 单位：美元

产量	*TC*	*ATC*	*MC*	*TR*	*AR*	*MR*	总利润/总损失
1	20.00	20.00	—	16.48	16.48	—	−3.52
2	34.72	17.36	14.72	31.48	15.74	15.00	−3.24
3	45.12	15.04	10.40	45.00	15.00	13.52	−0.12
4	52.16	13.04	7.04	57.04	14.26	12.04	4.88
5	56.80	11.36	4.64	67.60	13.52	10.56	10.80
6	60.00	10.00	3.20	76.68	12.78	9.08	16.68
7	62.72	8.96	2.72	84.28	12.04	7.60	21.56
8	65.92	8.24	3.20	90.40	11.30	6.12	24.48
9	70.56	7.84	4.64	95.04	10.56	4.64	24.48
10	77.60	7.76	7.04	98.20	9.82	3.16	20.60
11	88.00	8.00	10.40	99.88	9.08	1.68	11.88
12	102.72	8.56	14.72	100.08	8.34	0.20	−2.64

由于 10 单位的 *ATC* 小于 9 单位的 *ATC*，且 10 单位的 *AR* 仍然大于 *ATC*，你起初可能会认为产量更大、盈利也更大。但是，这一推断并不能成立。在 9 单位之上，生产额外一单位的成本将大于从销售该单位中获得的收益额（*MC*＝7.04 美元，*MR*＝3.16 美元）。因此，*MC* 和 *MR* 之间的关系是确定生产者应将其产量限制在哪一点的关键。

成本曲线和收益曲线之间的关系可以见图 6-2。垄断者的需求曲线 *AR* 向右下方倾斜，表明随着价格下降，更多的产品被售出。*MR* 表示，随着销售量增加，每单位的边际收益会下降。*ATC* 反映了当产量增加时平均总成本的轨迹。*MC* 表示垄断者额外生产一单位产量所产生的成本减少或增加。这些成本曲线的形状与竞争性企业的成本曲线一样，且可以追溯到边际生产率递减规律。

由于垄断者面临着一条向下倾斜的 *AR* 曲线（需求曲线），*MR* 曲线总是低于 *AR* 曲线，且 *MR* 曲线以一个更快的速度下行。在完全竞争条件下，销售者拥有一条水平的 *AR* 曲线（需求曲线），每当以市场价格售出额外一单位产品时，总收益的增加是一样的。因此，*AR* 曲线和 *MR* 曲线是相同的。但是，垄断者面临着一种必须降价以增加销售量的情形。

例如，垄断者或许能以单价 10 美元售出 1 单位产品，或以单价 9 美元售出 2 单位产品。这并不意味着能以单价 10 美元售出 1 单位产品，并且以单价 9 美元售出 2 单位产品，因为上述愿意支付单价 9 美元或单价 10 美元的购买者是同一个人。因此，垄断者的选择是以单价 10 美元售出 1 单位产品，或者以单价 9 美元售出 2 单位产品。若选择了后者，*AR* 为 9 美元，*MR* 为 8 美元，如表 6-2 所示。

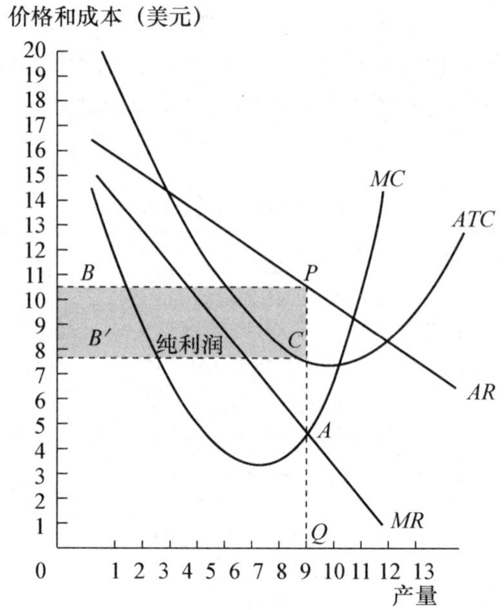

图 6-2　垄断者的成本和收益曲线

表 6-2　　**边际收益：竞争与垄断**

完全竞争				垄断			
销售量	价格（美元）	*TR*（美元）	*MR*（美元）	销售量	价格（美元）	*TR*（美元）	*MR*（美元）
1	5	5	—	1	10	10	—
2	5	10	5	2	9	18	8
3	5	15	5	3	8	24	6
4	5	20	5	4	7	28	4

在短期，垄断者的 *AR* 下降是因为所销售的额外商品只获得一个较低的价格。*MR* 以一个更快的速度下降是因为，在销售更大数量的商品时，垄断者对那些能以更高价格出售的商品也只获得一个更低的价格。因此，若以单价 8 美元售出 3 单位产品，而非以单价 9 美元售出 2 单位产品，总收益将增加 6 美元，即从售出第 3 单位产品中获得的 8 美元，减去以单价 9 美元售出之前 2 单位额外获得的 2 美元。

在如图 6-2 所示的情形中，在 9 单位的产量水平下，*MC* 和 *MR* 完全相同。超过 *A* 点，生产额外一单位产品盈利反而会减少。因为额外一单位产量的 *MC* 超过了 *MR*。对应于需求，在 9 单位的销量上价格为 10.56 美元。这可以通过分别表示价格和产量的 *PB* 曲线和 *PQ* 曲线表示。因此，从售出 9 单位产品中所获得的总收益为 95.04 美元。在图 6-2 中，总收益可由 0*QPB* 区域几何地表示。

9 单位产量的成本是 70.56 美元，0*QCB*′ 区域表示总成本，它比 0*QPB* 区域小 *BPCB*′，后者代表 24.48（=95.04−70.56）美元的经济利润。

若其他企业进入该行业，将会发生什么情况？其所导致的供给增加和市场价格下跌将很快使经济利润减少或消失。但是，若垄断者能有效阻碍新企业进入，垄断者的价格和经济利润便能得到维持。因此，人们往往说垄断导致了比在完全竞争下更高的价格、更少的资源利用和更大的经济利润。

在最优产量水平上（此时 $MC=MR$），垄断者可能处于盈亏平衡或实际上遭受损失的状况。图 6-2 中 ATC 曲线高于 AR 曲线的部分表示的就是这种情形。显然，垄断者在短期内将停业以防止损失，除非它能补偿可变成本。若企业提供了一项重要的服务，则政府可能会为垄断者提供补贴，以使企业继续营业。例如，许多地方性交通运输系统通过地方性财政收入或房产税得到补贴。

□ 对垄断价格的限制

人们往往设想垄断意味着一个过高的价格。由一家拥有垄断势力或事实上拥有垄断势力的企业所生产的商品，可能确实会以一个剥削公众的价格出售。但是，认为垄断总是意味着一个过高的价格可能是一个错误。垄断者不能对一种产品索要一个高于消费者愿意支付的价格。图 6-1 描绘了在一个给定的价格上，垄断者愿意却不能销售的产量。例如，在单价为 10 美元时可以售出 1 000 单位，却不能售出 1 200 单位。而且，垄断者不能指望价格涨到 12 美元时，仍能售出和 10 美元时一样多的产品。即使企业是一个垄断者，它也不能任意制定价格，并售出所有它希望在该价格上售出的数量。垄断者可以改变其供给，以获得一个可能的最优价格，但即便如此，它也必须在消费者需求的限制范围内。在最终的分析中，垄断者最有利可图的价格可能在少数消费者能负担得起的范围内，从而使许多其他消费者不能获得该产品。

其他一些经济考虑可能会阻碍垄断者在可能的最高价格上销售其商品。它们包括：垄断者缺乏关于需求、弹性和单位生产成本的专业知识；垄断者抑制竞争的愿望；垄断者维持良好的消费者关系的愿望；以及垄断者对政府管制的担忧。

价格歧视

垄断者经常用来最大化利润的一个技巧是“价格歧视”。虽然在日常使用中歧视往往被认为是一个负面或贬义的词汇，这类歧视在经济学中却是一个中性的词汇。通过**价格歧视**，经济学家是指销售者对不存在成本差异的同一种商品或服务，对不同的消费者索取不同价格的一种情形。一旦垄断者变成一个歧视性垄断者，企业就会基于需求而非成本来设定价格。这便是所谓的**需求导向型定价**。垄断者采取价格歧视的目的是获取更多的消费者剩余和赚取更大的利润。

要使价格歧视行之有效，销售者必须根据消费者需求来分割市场。此外，垄断者不仅要分割市场，而且必须能使市场分隔开。否则，低价格市场的购买者将通过在高价格市场上转售垄断者的产品，来创造一个二级市场。在这种情况下，垄断者就为它自己创造了竞争。由于服务不能被储存和转售，价格歧视对服务而言比对商品更有效。但即使对于服务，也必须维持不同市场之间的壁垒。

□ 歧视的类型

一级价格歧视　在**一级价格歧视**中，对每一个消费者索要不同的价格。这种形式的价格歧视通常被称为“完全歧视”，因为若成功实施的话，所有的消费者剩余将被销售者所获取。购买者搜寻可能的商品或服务的最低价格，销售者则搜寻可能的最高价格。因此，销售者并不关注不同消费者的需求弹性，而只关注获取每一个消费者所乐意支付的最大数额。若垄断者知道该数额，它便能将这一消费者剩余的最大数额转变成利润。最纯粹的一级价格歧视是理论上的，因为垄断者必须具备关于消费者支付意愿的完全信息。具备了完全信息，销售者便能知道消费者的保留价格或所愿意支付的最大数额。**保留价格**是指消费者愿意支付的最高价格，或者若销售者的销售行为切实发生，所愿意接受的最低价格。

但是，尽管并非完全意义上的，一级价格歧视确实发生在真实讨价还价的地方，如新车销售市场。我们许多人都很熟悉购买一辆新车的过程。对于一些人，在成交之前实际上需要一段时间讨价还价。由于销售员售出的小汽车比单个消费者购买的小汽车多得多，销售员在讨价还价上具有一种优势，并且通常能获得一个比购买者更大的剩余。完成一单交易后，同下一个客户的讨价还价过程便会开始。出于该原因，绝大多数车主不喜欢购买小汽车的过程。为了公平竞争，许多互联网网站现在帮助潜在买主决定他们应在一个给定款式的小汽车上花费多少钱，以及销售者在该价格上可能赚了多少钱。一些公司事实上会代表消费者同小汽车代理商讨价还价。

二级价格歧视 在**二级价格歧视**下，销售者对不同销量的商品索要不同的单价。若消费者希望并能够购买大量商品，销售者将索要一个较低的单价。这种定价技巧很容易在行业和商业采购中看到，也可以在零售店看到。一个只购买少量牙签的采购商，将比购买大批量牙签的采购商支付更高的价格。这对于各类旅行尺寸的化妆品而言尤其如此。为了促进大批量销售（如果不是混淆消费者的话），销售者现在提供大型、超大型、巨大型和超巨大型的价值规模来刺激消费者购买，它们每一单位都有不同的价格。在二级价格歧视的另一个版本中，零售商往往提供一个“以全价买一件，免费赠送第二件”的选择，或者第二件商品可能只需要五折或1美元就能买到。在每一种情况下，销售者都不能区分不同的消费者类型。为了克服该问题，销售者依赖于消费者的自我选择。消费者根据数量折扣区分自己的类型，然后销售者为不同组别的消费者确定不同的价格，并获取更大的剩余。其结果便是，销售者往往通过更偏好能支付大规模商品或有需要和空间支付大规模商品的消费者实施了歧视。

三级价格歧视 在**三级价格歧视**中，销售者将购买者分成不同的组别，并基于他们不同的需求弹性来索要不同的价格。这种类型的需求导向型定价，对拥有较可变成本而言更高的固定成本的行业中的企业最有效。虽然因竞争非常激烈而通常不被看作是垄断者，航空公司确实拥有在特定线路、特定事件和特定机场方面的强大的垄断势力。通过为那些能提前很久购买机票，以及诸如在一周中间或在非高峰期乘坐的旅客提供相对低的票价，航空公司实施了价格歧视。这些旅客被航空公司看成是休闲旅客，因为他们的绝大部分出行既不紧急也非必要。因此，由于他们的需求对定价很敏感，这一群体的航空旅行需求是高度弹性的。

但是，不同于休闲旅客，商务旅客既无提前规划好线路的闲暇，也很少想在周末同家人分离。他们的航空旅行需求是高度缺乏弹性的。他们倾向于在一天中的最繁忙时段、一周中最繁忙的几天出发以及匆匆忙忙地乘机。因此，他们（或他们的公司）需支付更高的票价。这种消费者需求的差异使航空公司能根据需求弹性来分割市场。价格表是歧视性的，因为商务旅客会支付三倍或四倍于休闲旅客为同一趟航班经济舱所支付的票价。提供同一级别舱位的成本是一样的。若数据显示某趟给定的航班还有空位，航空公司通常会通过网络折扣旅游景点的形式以更低的票价提供空位。在这种情况下，任何票价都是有利可图的，因为售出额外空位的边际成本是极低的。小有获利总比没有获利好。

价格歧视的图形分析 虽然有许多我们可以用价格歧视分析的行业例子，我们仍以航空业的例子来分析。在 20 世纪 70 年代航空定价管制放开后，航空公司很快实施了价格歧视。为了至少获得某些旅客的消费者剩余，航空公司根据提前讨论的需求因素设定了不同的价格表。通过价格歧视，利润得到了增加，飞往绝大多数线路的旅客数量也增加了。但这些定价是一旦设定就很少变动的"粗笨的"价格。对更大的定价弹性的限制源于以下事实，即绝大多数机票都在远离航空公司的旅行社出售。

随着计算机技术的普及，歧视性定价发生了巨大变化。在如今的计算机技术下，航空公司现在能通过对舱位出售不同的票价，并且每周、每天、每小时或在起飞前的任何时候改变票价，来实行价格歧视。票价在将出票的时候还会略有变动。

图 6-3 显示了简单的垄断定价，向匹兹堡—圣地亚哥航班的每一个旅客索要一个 P_m 的垄断价格。为了计算歧视性定价的收益，出于方便的考虑，假设航空公司拥有一个等同于其平均成本的不变的边际成本。现在，$MC=AC$ 曲线可以简单地由一条水平线表示。虽然垄断者对所有的舱位索要一个较高的垄断价格 P_m，且获得由 $ABDE$ 区域表示的垄断利润，它仍留有很多空余的舱位。在 P_m 的垄断价格上，消费者剩余等于 EDF。这个消费者剩余数额代表了一些旅客在支付同一个垄断价格时的节省，因为他们原本也会由于出行迫在眉睫，而不得不支付更高的价格来购买机票。

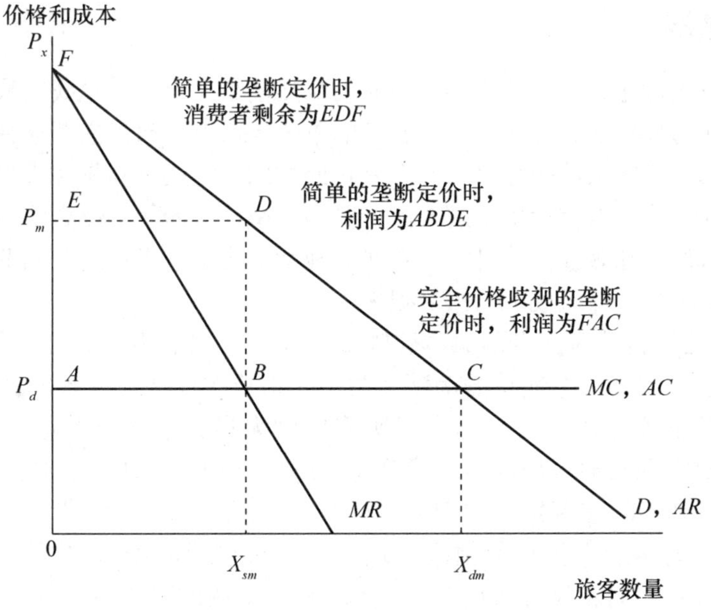

图 6-3 简单的垄断定价和完全歧视的垄断定价

图 6－3 表明我们假设的完全歧视情形下的航空公司如何设定其票价，并通过价格歧视增加利润。若完全价格歧视是可能的，航空公司将通过对每一个客户索要其愿意为一趟航班所支付的最高价格来实施价格歧视。在完全价格歧视下，这些价格可以通过一条从 P_x 点出发的需求曲线（D）上的点来表示。通过对那些飞往圣地亚哥有紧急事项的旅客索要 P_x 的最高票价，且对每一个消费者根据其事件紧急程度逐渐降低票价，直到最后索要的票价等于 AR 和 MC 的交点 C 点，航空公司便能最大化其利润。必须注意，航空公司只是对额外一个舱位索要一个更低的票价，而非像垄断者那样简单地对所有的舱位都索要一个较低的票价。因此，边际收益、平均收益和价格将随着每售出一个舱位而下降。在完全价格歧视下，边际收益曲线等于价格曲线，且 MR 曲线和 AR 曲线重叠。通过使价格降至 P_d，航空公司在一趟航班上获得了最大化利润，因为它获取了所有的消费者剩余。实施歧视性定价的航空公司的收益将如三角形 FAC 所示，而那些简单的垄断定价的收益则如矩形 $ABDE$ 所示。

完全价格歧视是理论上的，如这里所述的对机票价格的成功微调在现实中并不存在。但是，航空业似乎颇为混乱的定价，正是试图通过价格歧视来获取尽可能多的消费者剩余的结果，尽管这样做漏洞重重。即使完全价格歧视只是一个理论上的概念，对匹兹堡—圣地亚哥航班制定一些不同的票价，仍然会增加经济利润，降低消费者剩余，并增加乘客数量。

最后需要注意的是，价格歧视存在于许多行业。任何观看超级碗比赛、肯塔基赛马、印第安纳波利斯 500 英里大奖赛或一场周六下午重要的大学足球赛的人，都清楚旅馆价格会由于高峰期需求上升而上涨，并在非高峰期下降。电影院也会倾向于向那些对票价更敏感的人群索要一个更低的价格，且日场票价显然比夜场票价更便宜，尽管每个座位的成本几乎和票价更高的夜场播映一样。价格歧视的例子还可以在长途通话、出租车、旅游和餐饮等行业看到。

□ 自然垄断

我们之前讨论过作为某些垄断势力来源的自然垄断，但是这里我们聚焦于通过图形来分析这些企业为何仍旧是市场商品或服务的单个提供者。**自然垄断**被视为“自然的”，因为它们是合理的经济条件的结果。许多公司处在以固定成本高昂和大型规模经济为特征的行业。规模经济是潜在竞争者进入该行业的壁垒，从而使一家企业可以有利可图地为整个市场提供商品和服务。若另一家企业非理性地决定进入市场，则两家企业都将因不能受益于大规模生产的低成本而遭受损失。

图 6－4 描绘了自然垄断者的成本和收益曲线。我们借用电力公司的例子来分析。电力公司的需求曲线和一个简单的垄断者类似，但成本曲线比一般的情形更陡峭。这些成本曲线反映了该行业和大规模生产所需要的大量日常开支或固定成本。可以看出，长期边际成本和长期平均成本曲线都是下降的。通过应用利润最大化原则和使边际成本等于边际收益，得到定价为 P，产量为 X 千瓦。图 6－5 显示了当第二家企业决定进入该行业时将会发生什么情况。现在，原有企业的需求曲线（D_1）将由于市场被两家企业分割而向左移动（D_2）。不仅每一家企业的需求减少了，现在对于所有可能的价格，包括 P，每一家企业的需求曲线都处于各自的平均成本曲线下方。考虑

到这种情况，第二家企业将不会进入市场，因为不管索要什么价格，一旦选择进入，两家企业都将遭受损失。

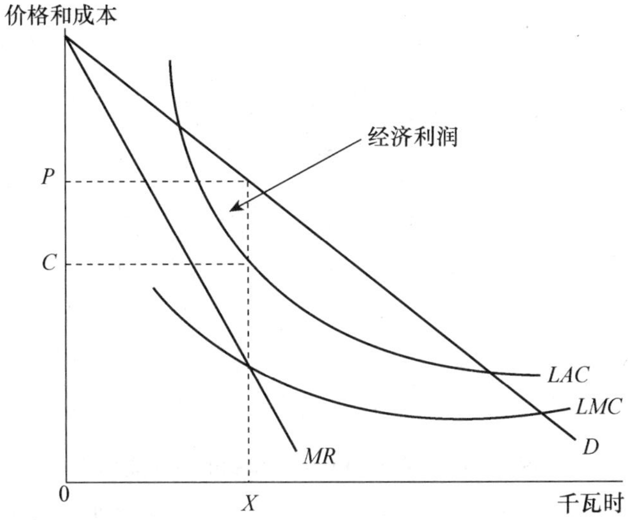

图 6－4 利润最大化的自然垄断

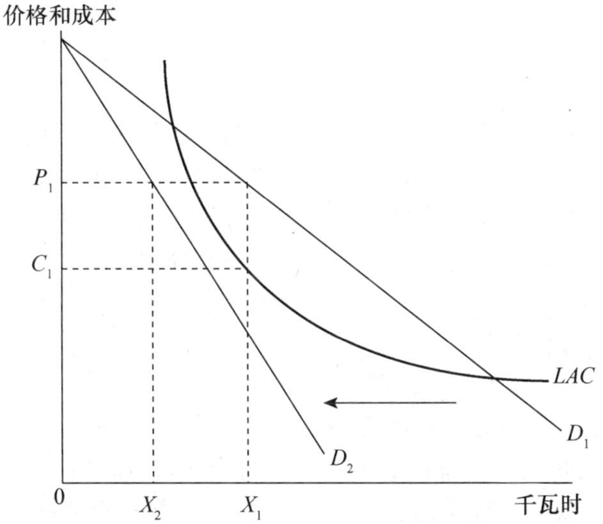

图 6－5 竞争对自然垄断的影响

但是，存在对维持垄断地位的权衡取舍。作为对保护垄断的交换，政府会对垄断者能索要的价格进行管制。垄断者被禁止通过使其边际成本等于边际收益，将价格定在利润最大化的价格 P 上。相反地，各级监管机构会试图确保电力、燃气或供水公司的定价等于垄断者的长期平均成本，即 F 点，如图 6－6 所示，但是，监管并非毫无成本，相反，监管对任何企业而言都代价高昂。因此，企业将额外的文书工作、资本投资和人员成本转嫁给每一个客户，以确保自己服从监管。由于这一点，整条成本曲线向右上方移动。现在，新的均衡价格在 K 点上，价格在一个更高的水平上等于平均成本。

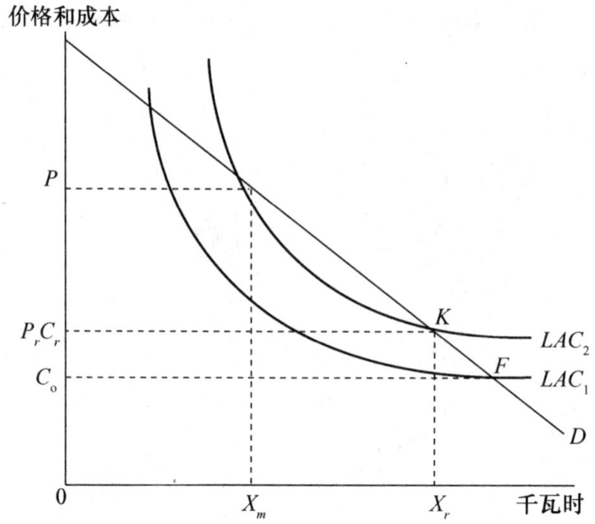

图 6－6　对自然垄断进行管制的平均成本

现在，在受管制的垄断下，消费者接受一个低于不受管制的垄断者利润最大化价格，而企业的垄断地位得以维持。但是，由于受管制的企业缺乏控制成本的激励，以及在某种程度上企业单方面计算成本的滞后性质，变动价格的公众听证可能会升温。

□ 买方垄断

买方垄断是指对一种商品或服务只存在一个购买者的市场结构。买方垄断者通过控制购买数量获得了价格控制权力。例如，买方垄断者可以通过增加购买量来压低采购价。虽然纯粹的买方垄断是极少见的，它们确实可以在只有一个粮仓服务于当地农户的农产区找到。有时，一个买方垄断者存在于只有一家公司的小镇，在那里一家大型企业为整个农业社区提供岗位。这种市场结构的例子通常包括阿巴拉契亚地区的煤矿采掘小镇。这些小镇的公司拥有强大的买方垄断势力，但是伴随着由技术和交通改进带来的更大的劳动力流动，真正的买方垄断已经极其少见。

职业体育是曾经存在买方垄断的领域之一。例如，在职业棒球大联盟内，一名球员同 Reds、Pirates 或其他任何球队签约后，除了从那时起就遵守球队的合同条件外，他别无选择。球员要么接受球队的合同，要么整个赛季置身事外。但是，若他想继续从事职业棒球大联盟球员的职业生涯，他将受制于球队老板的买方垄断控制。今天的情况已大不相同。20 世纪 70 年代的反托拉斯案例带来了自由选择权，球员能在一段给定的年限后解除合同，为其他球队提供服务。几年之后，若球员认为自己获得的报酬过低，他们还能寻求仲裁。由于这些和其他变化，棒球运动员获得的收入已经飙升。

□ 双边垄断

如今的职业体育近似于双边垄断的情形。**双边垄断**是指一种在市场的一边只有单个买主，在市场的另一边只有单个卖主的情形。不同于以往时刻，那时每一名球员受制于由单支球队决定的雇佣条件，现在每一名球员可由联盟作为代表，与代表球队老板的谈判委员会讨价还价。个体球员的薪金取决于球员或他们的经纪人和球队代表之间的谈判情况。虽然职业运动员的工资水平远高于工会组织的工厂工人，其潜在的制定过程是一样的。

双边垄断的结果是很难预测的。我们知道买方垄断者想压低工资，而卖方垄断者工会却想提升工资。最终的结果将视各方的相对谈判能力而定。

□ 两种极端情况

我们已经讨论了两种极端的市场结构。一个极端是个体销售者没有任何垄断势力的完全竞争情形，另一个极端是销售者在市场上没有任何竞争对手的完全垄断情形。一些行业可能近似于这两种市场结构中的一个或另一个，但它们并非完美的例子，因为纯粹完全竞争和纯粹完全垄断是极少见的。但是，这些极端模式可用来对现实世界的许多市场结构进行“分类”，因为现在我们知道现实世界中的行业更多地处于完全竞争和完全垄断之间。在第七章，我们将讨论寡头和垄断竞争这两种市场结构，以及限制垄断势力的一些重要法律。

第六章回顾

□ 总　结

• 垄断是指一种对于没有近似替代品的产品，只存在唯一的销售者的市场结构。垄断者拥有通过变动总供给设定价格的能力。垄断可能源于各种因素，包括规模经济、行业性质、拥有专利、对原材料的控制或特定类型的竞争策略。

• 在边际成本等于边际收益时，垄断者的利润最大化。垄断者保持经济利润的能力取决于其设置和维持壁垒，以阻止新企业进入的能力。但是，垄断者并非总是能索要垄断价格，因为它们可能不清楚自己的真实成本，它们可能希望抑制竞争，或者它们担心政府管制。

• 若垄断者能成功地实施价格歧视，它们便能增加自己的收益。价格歧视是指销售者对成本毫无差异的同一种商品或服务索要不同价格的情形。歧视性垄断者致力于需求导向型定价。

• 为了成为成功的垄断者，销售者必须对市场进行分割，并且保持这种市场分割。若壁垒消失，低价格市场中的购买者将在高价格市场转售产品，由此给垄断者造成竞争。价格歧视在服务行业更为有效，因为服务不可能被转售。

• 本章介绍了三种类型的价格歧视。一级价格歧视要求垄断者对每一个消费者索要一个不同的价格，以获取每一个消费者所愿意支付的最大货币数额。

• 在二级价格歧视中，销售者对不同的购买量索要不同的单价。在这种形式的价格歧视下，销售者先观察消费者，根据购买数量将其归类，然后对他们设置不同的单价。

• 在三级价格歧视中，销售者根据不同组别消费者的需求弹性索要不同的价格。富于弹性的市场对价格很敏感，因此需支付的价格较低；缺乏弹性的市场则需支付较高的价格。存在大量三级价格歧视的例子，而且垄断者可以同时实施一种或多种形式的价格歧视。

● 在自然垄断条件下，一家企业服务于整个市场。源于大规模经济的自然垄断，可以通过一条下降的平均成本曲线描述。由于规模经济，第二家企业进入该行业是不经济的。

● 买方垄断是指对于一种商品或服务，只存在一个购买者的市场结构。双边垄断是指在市场的一边只有一个购买者，在市场的另一边只有一个销售者的市场结构。职业体育近似于双边垄断的情形。

□ 关键术语和概念

垄断	双寡头	价格歧视	需求导向型定价
一级价格歧视	保留价格	二级价格歧视	三级价格歧视
自然垄断	买方垄断	双边垄断	

□ 讨论题

1. 垄断者如何实施价格控制？这种控制是不是绝对的？解释其原因。

2. 垄断者的平均收益曲线和其所销售产品的需求曲线之间是一种怎样的关系？

3. 为何垄断者的平均收益曲线和边际收益曲线相互分离，而它们对于完全竞争企业却正好重叠？

4. 垄断者要成功实施歧视性定价必须满足什么条件？

5. 你认为 eBay 上的产品定价是一级价格歧视的例子吗？解释其原因。

6. 若其他条件相同，你怎么看待航空公司可能对奥兰多飞往罗切斯特的往返航班制定一个高于罗切斯特飞往奥兰多的票价？

7. 你是否认为若机场管理局采取歧视性定价策略，对在一天高峰时段起飞和降落的航班索取更高的票价，将能提高主要机场的效率？解释其原因。

8. 给公共事业公司授予垄断特许权的经济理由是什么？

9. 在你所生活的社区，你能指出多少自然垄断企业或特许垄断企业？它们是如何制定价格的？

10. 若职业棒球大联盟是一种双边垄断，为何对于同样的表现，一些球队为球员支付了远高于其他球员的薪金？

第七章

垄断竞争和寡头

学习完第七章后，你应该能够：

(1) 定义垄断竞争，并解释产品差异在何种程度上使销售者能影响价格；

(2) 定义双寡头，并解释在寡头市场上为何存在一个朝向价格稳定的趋势；

(3) 解释如何使用行业集中度和赫芬达尔指数测量市场势力；

(4) 作图表示为何（假设同样的成本）相比于完全竞争，不完全竞争下的市场价格更高，产量则更低；

(5) 如何用博弈论来描述寡头的行为；

(6) 解释卡特尔的结构和行为，并说明为何它们通常都是短暂存在的；

(7) 理解《谢尔曼反托拉斯法》《克莱顿法》《联邦贸易委员会法》的主要规定。

在完全竞争和纯粹垄断两个极端之间的是垄断竞争和寡头两种市场结构。它们被称为不完全竞争。**垄断竞争**是指由相对较多的企业提供一种类似却有差异的产品，其中每一家企业都对价格有一个有限的控制程度。垄断表示对市场供给或价格的高度控制，竞争则表明任何单个供应者都不能左右价格。将两者合并在一起，我们便能推断，在垄断竞争下，企业获得对价格的某种控制，但只是在有限的程度上。**寡头**可以定义为由相对较少的企业销售一种同质的或差异化的产品的市场结构。

垄断竞争

垄断竞争的主要特征是产品差异化。**产品差异化**意味着产品具备使其相互之间有所区别的实际的或想象的特征。差异化使企业能在一定程度上控制价格。在垄断竞争条件下有足够多的销售者，以至他们中的任何一个对其他人只有较小的影响。

我们对垄断竞争的讨论将以咖啡销售作为例子。假设许多企业销售同等质量的咖啡，没有品牌或广告诉求，而且咖啡都以同样类型的容器包装。进一步假设，市场供给和需求决定每磅咖啡售价 4 美元。在完全竞争条件下，没有销售者的咖啡售价能高于市场价格。毕竟，在能以 4 美元/磅的价格从其他许多销售者处买到同样的咖啡时，消费者没有理由以高于市场价的价格购买咖啡。另外，若只有一个销售者，垄断者便能通过限制或扩大市场供给改变市场价格。

在现实生活中，有相对较多的咖啡生产商提供类似却有差异的产品。咖啡之所以不同，是因为它们可能是“滴滴香浓”“产自高山”“天堂享受”或者“ElExigente 咖啡”。而且，更不用说它们的名称和口号了，一些咖啡是脱咖啡因的，一些咖啡是冷冻干燥的，一些咖啡味道更浓、口感醇厚，还有一些咖啡是特浓或热牛奶风味的。不同品牌的咖啡用各种各样的容器包装。虽然这些咖啡可能在由市场咖啡总需求和总供给决定的同一个散装价格上出售，但是产品差异（不管是实际上的还是心理上的）使单个企业能获得对其所销售咖啡的某种价格控制。不过，咖啡之间的相似性往往会限制这种价格控制程度。

消费者购买某一特定品牌的咖啡是因为他们喜欢它的口味、欣赏它的包装，或者被它的广告宣传所鼓动。因此，若某一特定品牌的咖啡制造商，比如老法官咖啡，决定将售价提高到市场水平以上，则它并不会丧失所有的消费者，就像完全竞争下的情形一样。事实上，我们可以假设，绝大多数老法官咖啡消费者将愿意为老法官咖啡的不同口味等支付一个高于市场一般售价的价格。但是，销售者不能将价格提得离市场售价过高。当价格差异变得过大时，消费者可能仍会觉得老法官咖啡味道独特，但却不值得付出这么高的价格。当价格涨至一定的水平后，他们将转向其他品牌的咖啡。

另外，若老法官咖啡将其价格降至 4 美元的市场平均售价以下，它很可能只会因**替代效应**——增加其他企业的销量，而获得非常少的新销量。消费者购买特定品牌的咖啡是因为他们觉得该品牌有些与众不同。若他们的感觉很强烈，则他们将不会舍弃自己喜欢的咖啡品牌，转而购买老法官咖啡。但是，若老法官咖啡大幅降价，则许多消费者可能会觉得他们所偏好品牌的咖啡和老法官咖啡之间的质量差异还没有大到足以使自己不去购买老法官咖啡。在这种情形下，如果其他咖啡生产商不适当降低其售价，老法官咖啡的销量必然会大幅增加。

产品差异化为单个供应商提供了一个特定的价格变动范围，在这个范围内价格可以提高或下降，而不会显著影响供应商或竞争企业的销量。这便是垄断竞争的垄断方面。但是，若老法官咖啡将其售价提到比其他品牌高很多的水平，它无疑会失去大量消费者；反之，若老法官咖啡大幅降低其售价，它就能获得大量其他品牌消费者。这便是垄断竞争的竞争方面。

这样一来，在垄断竞争条件下，我们往往看到在一般的市场售价范围内存在着各种标价的产品。当存在许多销售者时，市场较少关注竞争者对企业降价行为的反应。但是，不同于采取激烈的价格竞争，企业可能会更强调产品差异，利用密集的广告宣传，并突出包装品位，以吸引消费者购买，不过，当很多企业参与市场竞争时，它们很少会采取合谋措施来稳定价格或限制产量。

星巴克便是这样一家有别于其他咖啡竞争者的企业。星巴克销售现在可以在许多商场的货架上看到的袋装咖啡，但是它最人为所知的还是零售连锁咖啡店。通过在非常适合社交的氛围和情调下为消费者提供各种混合调配的、浓烈而有品位的咖啡，星巴克获得了巨大的商业成功。由于这种成功，星巴克在一定的范围内拥有了远高于其竞争对手的非弹性需求，并能索要一个更高的咖啡售价。

□ 短期价格和利润

垄断竞争企业所面临的需求曲线并非像完全竞争下的那样，是一条水平的、完全富有弹性的需求曲线。它也不像垄断情形下的那样，是一条和市场需求曲线相同的曲线。即使存在许多企业，它们的数量也远远少于完全竞争行业，它们所提供的产品也是差异化的。因此，企业将能通过降低其产品价格提高销售量，但是这种控制程度受制于若干因素。企业的供给只是市场总供给的一小部分，企业有许多竞争者，企业的产品虽有差异但仍然和竞争者颇为相似。因此，企业的需求曲线将向右下方倾斜。而且，企业需求曲线倾向于比整个行业的需求曲线更富有弹性。当然，垄断竞争越接近于完全竞争，单个企业的需求曲线将越接近水平直线。另外，市场条件越不同于寡头或垄断，单个企业的需求曲线将越缺乏弹性，且越接近于行业需求曲线。

当需求曲线（或平均收益曲线）向右下方倾斜时，边际收益曲线也向右下方倾斜，但其倾斜更为陡峭。一家从事垄断竞争的典型企业的短期成本和收益曲线如图 7-1 所示。图 7-1（a）描绘了由行业总供给和总需求曲线交点决定的一般价格范围。图 7-1（b）显示了正在赚取经济利润的垄断竞争企业的情况，价格虽然略高于由市场供给和需求决定的平均价格，但其仍在绝大多数生产商销售它们产品的一般价格范围之内。在该价格以及对应的成本上，企业能生产 30 000 单位产品，并获得如图中矩形阴影所示的经济利润。

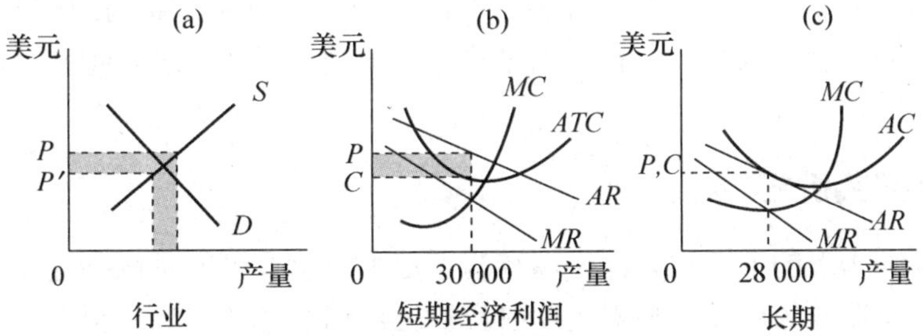

图 7-1　垄断竞争下可能的均衡位置

□ 长期均衡

但是，若行业中普遍可以获得短期经济利润，将诱使新企业进入该市场。随着这些新企业试图销售类似却有差异的产品，市场总供给将会增加。这反过来又会压低市场价格和行业中每一家企业的平均收益。只要不存在任何严厉的进入限制，这一过程将会持续下去，直到供给和价格使企业的经济利润消失，如图 7-1（c）所示。因此，在均衡点（28 000 单位的产量）处，企业在长期内并不能赚取任何经济利润。此外，尽管市场总销量会增加，企业的总销量却会因竞争而出现某种程度的下降。

当然，若行业中的企业在短期内正遭受损失，则会发生和图 7－1（a）所示相反的情形。企业停止经营，且市场总供给下降，从而推动市场价格上升。因此，该行业中企业的平均收益会上升至损失消除为止，长期内的均衡在盈亏平衡位置处确立。

无论哪种方式，在长期垄断竞争条件下，消费者以等同于企业平均总生产成本的价格获得差异化产品。但是，这个价格并不像在完全竞争下那么低。由于它的斜率，垄断竞争条件下的 AR 曲线不能与 ATC 曲线相切于后者的最低点处，而完全竞争条件下水平的 AR 曲线却可以。因此，即使成本相同，垄断竞争条件下的均衡价格也高于完全竞争条件下的价格。从本质上讲，垄断竞争条件下的长期均衡为每一家企业创造了超额生产能力。

寡　头

寡头是指一种相对少的企业生产同样的或类似的产品的市场结构。它可能涉及两三家或十余家企业，取决于行业的性质。但是，企业必须少到任何一家企业在价格和产量上的行为，足以对其他企业产生显著影响。寡头的两个基本特征是单家企业影响价格的能力和不同企业之间在制定定价政策中的相互依赖性。若只有三家企业提供一种特定商品，它们中任何一家都能通过改变自己的销售量来影响市场价格。任何一家企业增加供给都会使总供给增加，并倾向于压低市场价格。若某家企业降低其售价，它将以牺牲其他两家企业的利益为代价，获得一个更大的市场份额。但是，其他两家企业也会通过降低其价格作出回应。这种报复会再次影响所有企业的市场份额，而且可能会吞噬最早削价企业的最初始所得。企业能否从这种价格竞争中获益将取决于该产品的需求弹性。

寡头企业可能会因为竞争者的反应而不愿意采取价格竞争。因此，在寡头企业中可以发现许多形式的非价格竞争——特别是产品差异化。寡头结构有时会导致合谋行为，如价格领导、分摊制，以及其他旨在固定价格或限制产量的技术，特别是当市场需求缺乏弹性时。

□ 确定寡头价格

寡头市场结构下的定价比其他市场结构下更难。企业可能难以确定在不同的价格上自己能售出多少数量的产品。寡头企业改变价格对销售量的影响在很大程度上取决于其竞争者的反应。事实上，在寡头情形下，销售者的数量如此之少，以至每一家企业都必须考虑其竞争对手的反应。这是一种不同于垄断竞争的情形，在垄断竞争条件下，竞争者的数量如此之多，以至单个销售者可以忽视其竞争者的反应。对竞争企业采取经济报复的担忧，可能是限制寡头情形下价格竞争的一种强大力量。

当垄断企业改变供给和（或）价格时，其竞争对手可能会采取三种反应。第一，竞争对手可能会选择忽视价格变化。如此一来，单个企业的需求和平均收益曲线可以较确定地判断出来，且可能如图 7－2 中的 D 点所示。第二，价格的变化可能会使竞争对手采取相似的价格变化。若竞争对手跟着改变价格，则任一垄断者的需求或平均收益曲线

将如 D_1 所示。需求曲线 D_1 倾向于更缺乏弹性，因为若竞争对手也降低其价格，则更低价格产生的销售所得将会减少。另外，最初实施涨价的企业将不会损失在其竞争对手也提价时本可能会损失的销量。简而言之，由价格改变带来的替代效应在其他企业也实行价格变化时将减轻。

第三，竞争企业可能会跟着采取降价措施，但它们可能会忽视价格的上涨。若某企业降低其产品的售价，它的销量增加可能会因为竞争对手也降价而低于预期。这倾向于消除任何替代效应。但是，最初降价的企业将获得销量的某种增加，由于所有企业降价带来行业总销量扩张。但是，若一家企业提高价格而其竞争对手没有这么做，由于替代效应导致的其销量的减少可能会大于预期。

在第三种情形下，垄断者的需求曲线在任何高于 P 的价格上均等同于 D，而在任何低于 P 的价格上则等同于 D_1。需求曲线将如图 7－2 中的 DP_1D_1 所示，其被称作弯折的需求曲线。由于单个企业的需求曲线在价格下降时趋于缺乏弹性，且在价格上升时趋于富有弹性，这种情形将会带来价格稳定。在这些情形下，企业收益最大化时价格为 P，此时均衡产量为 Q。企业没有多少激励去改变其价格或产量。

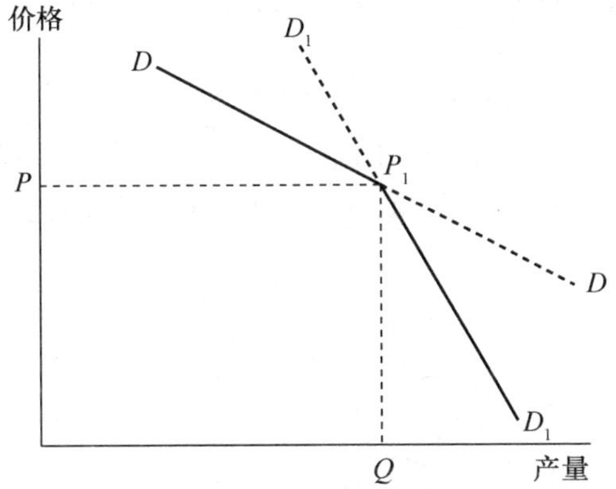

图 7－2　寡头企业可能的需求曲线

□ 价格稳定性

寡头企业价格稳定的趋势有助于促进非价格竞争。因此，大量的广告宣传都强调了产品差异化。销售者不断提供各种不同风格的产品、促销手段（回扣）、承诺等，但它们很少实施价格竞争。例如，随处可见的报刊、处方药和烟草的生产与销售的竞争。这些产品通常不会在价格上竞争。有时，垄断企业会采用管制价格。**管制价格**是由销售者事先设定的价格，而非仅仅由市场需求和供给决定的价格。

□ 博弈论

研究寡头企业相互依赖性的另一种方法是运用**博弈论**。经济学家把博弈论当作分析企业之前存在相互依赖性的策略行为的工具。通过借助所谓的囚徒困境博弈，可以理解博弈论在寡头行业的运用。

囚徒困境　**囚徒困境**是一个表明在不同参与者之间缺乏合作时存在多种选择的博弈。有时，我们会在电视上看到犯罪剧情，警察逮捕了重刑罪的嫌疑人，却没有足够的证据证明他们有罪。在我们的博弈中，比方说案件是持械抢劫，并且有两个嫌疑人。但是，在刑警的侦查过程中，两个嫌疑人被告知犯下一个不算太严重的案件，例如，偷车罪，却没有确凿的证据。相对于那些判决很明显的犯罪而言，该案件就好比是“可不起诉的”案件，但是公诉人想让嫌疑人得到更严厉的惩罚。然而，公诉人在缺乏一纸签名供认词的情况下，不能证明持械抢劫的案情极为严重。为了获得供认词，嫌疑人被隔离扣押，两人之间不能进行任何交流。这样一来，他们之间就没有机会采取合谋行为，并一致否认犯罪事实了，而若两人被关在一个房间里，他们很可能会这么做。通过隔离审问，每个嫌疑人就不知道对方会怎么回答警察的提问，这便是囚徒困境。

两个嫌疑人面临着四种可能的结果，从每人被判刑 1 年到 10 年不等。这些结果如图 7－3 所示。乔治的策略在纵坐标上表示，弗兰克的策略在横坐标上表示。弗兰克的判刑结果表示在每个表格的上角，乔治的判刑结果表示在每个表格的下角。矩阵图形显示，若每个嫌疑人独立承认持械抢劫的犯罪事实，则每人都将被判坐 5 年牢。若乔治承认而弗兰克否认，则乔治将被判坐 1 年牢，而弗兰克将被判坐 10 年牢。相反地，若弗兰克承认犯罪事实而乔治没有承认，则弗兰克将被判坐 1 年牢，而乔治将被判坐 10 年牢。但是，若两人都否认持械抢劫，他们每人将因较轻的偷车罪而被判坐 2 年牢。每个嫌疑人都知道自己否认对对方是最有利的，但都不能确定对方是否会供认，且都不想面临 10 年的刑罚。不过，由于囚徒困境，供认是每个嫌疑人的占优策略，因为对每个嫌疑人而言，选择供认比接受 10 年的判刑更好。结果将是两人都供认并因持械抢劫而被判坐 5 年牢，这便是均衡位置。若他们共处一室，则可能的结果将是两人坚持他们的串供，因而被判刑过轻。

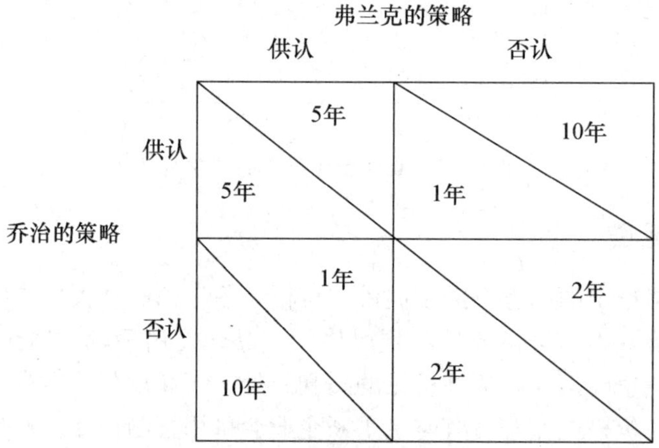

图 7－3　囚徒困境

寡头困境　寡头困境和囚徒困境颇为类似，这时每一家公司都必须决定是否同竞争对手合作，或独立采取行动。假设我们的市场仅由两家主导企业组成。出于分析的目的，我们构建了一个描绘在假设的市场上，吉列和希克的清洁剃须刀片理论定价行为及其利润的矩阵。它们的个人策略如图 7－4 所示。吉列的定价策略在横坐标上表示，希克的定价策略在纵坐标上表示。该图表明，若两家企业都对一包 8 片装清洁剃须刀片定价 8 美元，每一家企业的总利润将等于 3 亿美元。这对两家公司来说是最好的情况，因为每一家公司都能赚取最高利润。但是，若吉列或希克将价格降至 6 美元/包，而对方却没有降价，那么降价企业的利润将增加到 500 百万美元，而对方的利润则会减少到 100 百万美元。吉列的利润表示在每个表格的上角，希克的利润表示在每个表格的下角。若吉列和希克都认为对方会将利润最大化价格 8 美元降低到 6 美元以获得优势，则两家企业都将会把售价定在 6 美元上，6 美元便是两家企业的均衡价格。这一策略将为每一家企业创造 200 百万美元的总利润，显然低于售价为 8 美元时的总利润。若每一家企业都正确预期到其竞争对手的策略，则更低的价格将使价格竞争的不确定性和可能的更低利润消失。但是随着时间的推移，两家企业都会意识到它们相互合作把每包剃须刀片定价为 8 美元或直接采取其他形式的价格合谋，将更为有利。

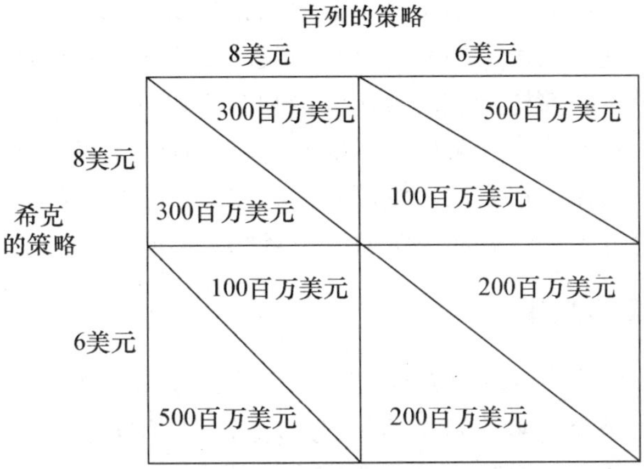

图 7-4　定价策略

□ 卡特尔

除了暗中合谋外，寡头产业的企业也可能采取一种创造卡特尔的更正式的合谋类型。**卡特尔**是一种由独立企业构成的组织，这些企业同意通过限制产量和制定垄断价格来作为一个共享垄断者行动。由于违反了《谢尔曼反托拉斯法》，卡特尔在美国是非法的。但是，国际卡特尔一般并不违法，它们甚至得到了一些外国政府的鼓励。

通常，即使是在短期内，卡特尔要取得成功，行业也必须普遍存在一些关键要素。若行业仅由少数企业构成、存在大量进入壁垒、产品在某种程度上是同质的，且很容易查明违反协议，则卡特尔便有很大的机会获得成功。

卡特尔协议具有内在的不稳定性，因为每一家企业都有破坏协议的动机，若它认为自己的行为将会被其他企业忽视。但是，当其他企业发现它的作弊行为后，它们将会通过降价进行报复，发起价格战并导致卡特尔的终结。

由于存在这些行为，卡特尔往往昙花一现。那些成功的卡特尔通常有一个惩罚作弊者的支配性企业（或国家）。由支配性企业领导的成功的卡特尔的例子包括石油和钻石卡特尔。

在石油的例子中，沙特阿拉伯是著名的石油输出国组织（OPEC）的支配性企业。1973 年，由沙特阿拉伯领导的 OPEC 通过限制世界出口石油供应，震惊了世界工业国，其结果是世界石油价格迅速上涨、因供给大幅下降而在加油站排着长长的队伍，以及对使用其他替代能源的提议。最后，由于个体成员通过生产和销售超过 OPEC 配给的产量来增加国家收益，卡特尔宣告失败。但是，近些年来，卡特尔再次得到恢复，且在影响供给和价格的决策上似乎获得了一个更严格的协议。不过，今天的石油市场情况已经发生了变化，因为来自发展中国家，特别是中国和印度的需求大幅增加。OPEC 现在设法使供给既满足增加的石油需求，又维持足够高的石油价格以使卡特尔成员受益。在任何时间点上，石油价格都反映了许多因素，这些因素包括世界石油需求和供给、战争、中东石油国之间的紧张关系，以及卡特尔在限制石油产量上的成败。

另一个长期存在卡特尔协议的例子是钻石行业。该卡特尔中有一家支配性企业戴比尔斯集团。戴比尔斯已经不再是世界钻石生产中的支配性企业，但它仍然是钻石卡特尔的支配性贸易成员。在最近几年，一些发展中国家开始采掘钻石，并维持全部产能以使本国经济获益。随着这些国家增加钻石供给，戴比尔斯在钻石生产中不再占据支配性地位。因此，它不再像以往那样能控制市场供给和销售数量。现在，由于其支配性交易商而非支配性生产商的新的能力，戴比尔斯被认为有责任使世界市场钻石供给和需求保持平衡。钻石售价被人为保持在高位，仅仅是因为戴比尔斯在分配方面对钻石卡特尔的控制，且从不断扩张的世界供给方面决定流入市场的钻石数量。

□ 行业集中度的测量

考察寡头产业市场势力的一个普通方法是运用行业集中度。**行业集中度**是指某行业中最大企业的产量占整个行业产量的百分比。表 7－1 描绘了相关行业最近可得的四家最大企业的行业集中度。在烟草行业，四家最大企业构成了 98%的市场份额，而四家最大面包零售店仅构成了 4%的市场份额。

表 7－1　　相关行业的行业集中度

行业	四家最大企业的行业集中度（%）
烟草	98
零售	90
早餐卡特尔	80
瓶装水	72
休闲食品	53
酿酒	42
服装	8
零售面包店	4

资料来源：U. S. Department of Commerce，Bureau of the Census，2002 Census of Manufacturers，*Concentration Ratios in Manufacturing*，2006.

虽然行业集中度给出了行业集中情况的一个大概图景，但必须提防仅根据这一分析工具得出关于市场势力的结论。例如，行业集中度并未告诉我们市场如何在四家最大企业之间划分，或者有多少企业构成了整个行业。为了克服行业集中度的部分缺点，经济学家利用了所谓的赫芬达尔指数。**赫芬达尔指数**通过对每一家企业在行业中的市场份额的平方数进行加总来计算。不同于行业集中度，赫芬达尔指数考虑到行业中的所有企业，并对拥有最大市场份额的企业赋予额外的权重。下面的例子阐述了该公式的利用。

假设行业中有5家企业，企业A控制着75%的市场份额，企业B占据10%，剩下3家企业各自占据5%的市场份额。将这些值代入公式便可得到该市场的赫芬达尔指数：

$$(75)^2+(10)^2+(5)^2+(5)^2+(5)^2=5\,625+100+25+25+25=5\,800$$

然后，假设另外一个市场由5家各自占据20%市场份额的企业构成。在这种情况下，赫芬达尔指数为：

$$(20)^2+(20)^2+(20)^2+(20)^2+(20)^2=2\,000$$

通过将每一个市场份额的平方数进行加总，上述例子显示，赫芬达尔指数赋予拥有更高市场份额的企业更大的权重。因此，少数企业的产量集中度越高，其他条件保持不变，该市场的竞争力越弱的可能性越大。相反地，若集中度较低，则表明大量企业均只有较小的市场份额，竞争将倾向于变得很剧烈。

赫芬达尔指数已经被美国司法部使用。司法部基于该指数发布了横向兼并（那些生产相同产品并在同一地区市场的企业间进行的兼并）的正式数值指南。根据美国司法部的统计，若赫芬达尔指数低于1 000，则该行业是高度竞争的。若指数在1 000～1 800之间，则该行业是适度竞争的。若指数高于1 800，则该行业是高度集中的。司法部继续报道，它将挑战任何行业集中度指数超过1 800的企业兼并，若兼并的影响使指数上升了50点或更多。在考察每个行业时，国外竞争的程度、替代产品的种类和兼并企业的财务健康也要考虑到。

完全竞争与垄断定价

经济证据的权衡表明，更高的竞争程度会使消费者受益。在竞争条件下，企业倾向于拥有更低的价格、使用更多的资源，且获得较少的长期经济利润。在一个行业中，每一家企业的经济利润额倾向于降至 AR 等于 ATC 的那一点。这意味着对于一个给定的经营规模，消费者能以等于可能的最低平均总生产成本的价格购买商品。

在垄断竞争条件下，企业的经济利润在长期倾向于下降，且其成本和收益之间的关系会作出调整，如图7－5所示。由于垄断竞争条件下对单个企业产量的需求曲线（AR曲线）向右下方倾斜，边际收益曲线也向右下方倾斜，但后者在平均收益曲线下方，因此，不同于在完全竞争下的情形，两条成本曲线和两条收益曲线不能在平均收益和平均总成本曲线相交的那一点相切。由于低于完全富有弹性的需求，对相同的成本条件而言，任何不完全竞争形式下的长期均衡价格 P，都高于完全竞争形式下的长期均衡价格 P'。

图7－5表明，在不完全竞争条件下，AC 和 AR 在 K 点相切，MC 和 MR 在 B 点相交。因此，当价格为 P 时，产量为 $0Q$。若产量高于或低于 $0Q$，则由于对任何其他产量而言，AR 在 AC 之下，故会产生损失。

产量倾向于调整到 MC 和 MR 相等时的那一点。因此，你可能会认为长期内垄断竞争的结果将和完全竞争一样。但这是不对的，因为垄断竞争条件下 $MC=MR$ 时的价格不同于 $AR=AC$ 时的价格。

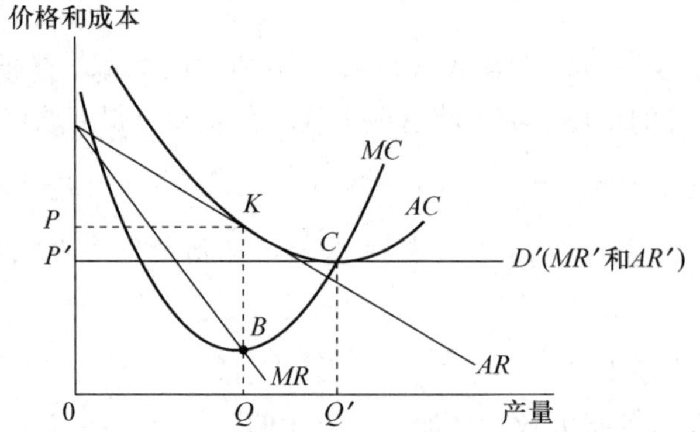

图 7-5　垄断竞争下可能的长期价格

在图 7-5 中，D'表示完全竞争条件下边际收益 MR'和平均收益 AR'相互重叠的直线。MC 和 MR 的交点 B 也是 AC 和 AR 的切点。因此，完全竞争下的价格为 P'，产量为 $0Q'$。所以，完全竞争条件下的价格和供给分别比垄断竞争下更低和更大。

但是，这种分析假设完全竞争下一家小企业的业务规模和某种不完全竞争下一家大企业的相同。垄断竞争下的企业经营规模可能和完全竞争下的企业经营规模相似，因此它们的成本曲线可能接近相同。由于更低的平均总成本曲线，寡头企业或垄断企业可能会有一个比在完全竞争条件下更低的均衡价格。但是，垄断企业或寡头企业的价格并不等于其平均总成本曲线的最低点处的价格（见图 7-6）。

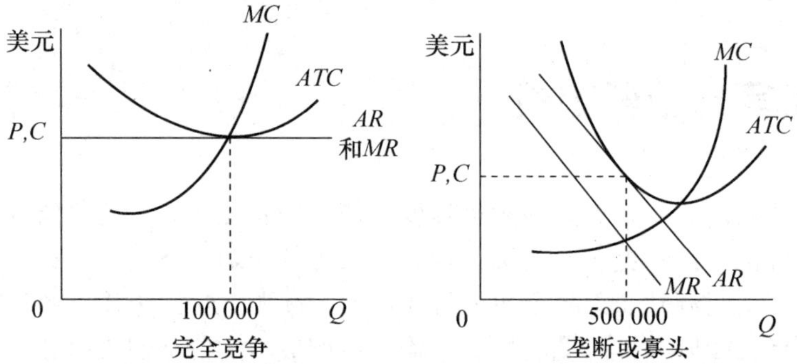

图 7-6　完全竞争、垄断或寡头下可能的均衡位置

消费者之间的竞争

正如销售者之间存在不同类型的竞争一样，消费者之间也存在不同程度的竞争。在存在大量消费者，他们很熟悉价格和市场条件，在相同的条件下购买一种商品，单个消费者不足以改变总需求或影响市场价格时，消费者之间便会出现纯粹价格竞争的情形。对于地方杂货店商品，某一给定地区的大量店主无疑形成了一个完全竞争的消费者市场。

我们在第六章中已经讨论了买方垄断的市场结构，但是还存在寡头买方垄断的情形。**寡头买方垄断**存在于少数购买者支配了整个市场时。例如，在烟草市场中，存在大量生产商和相对较少的购买商。任何主要的烟草购买商都可能影响市场需求，因此，烟草原料的市场价格会由于购买更多还是更少烟草的决定而改变。商用喷气式飞机市场也存在类似的情形，该市场中只有少量购买商。大学教科书作者在出版专著时也面临着一个寡头买方垄断市场。其他寡头买方垄断的例子包括书店、唱片公司和连锁电影院。

买方垄断竞争，是指一种许多购买商为销售者提供不同条件的情形，在美国非常普遍。例如，在任何大的社区，许多企业雇用工人，提供各种各样的工作条件和附加福利。比如，玩具制造商在它们的产品配送上面临着一个买方垄断竞争市场。

美国的市场结构

市场的多样性和复杂性显然产生了混合经济的概念。从这个意义上讲，不仅整个经济体系可以是混合性的，单个企业也可以是混合性的。一家在高度竞争的市场中经营的企业，在购买其生产性资源时处于高度竞争市场中的企业，可能会在出售其制成品的市场中具有一种垄断或近似垄断的势力。

销售者对供给和价格的影响取决于其所处市场的性质。市场结构决定了销售者在价格和产量方面的行为，以及销售者对其他销售者改变价格和产量的反应。竞争的类型和程度会影响价格、产出政策，以及单个企业和作为一个整体的每一个行业的利润情况。

市场势力多大是可容忍的?

任何时候只要可能，市场经济都要求价格由竞争决定。但许多经济学家和历史学家已经注意到了一种趋势，竞争会随着时间的推移而变小，且让位于垄断势力。

垄断势力是否正在增加？不幸的是，我们并没有测算与以往相比现在不完全竞争的相对程度的足够手段。例如，毫无疑问存在许多巨型企业。但与此同时，不断变革的技术、通信和交通运输已经扩大了市场领域，并使许多主导企业的市场势力变小。今天，还有许多竞争来自国外市场。但是，一些企业的绝对规模和近年来发生的兼并数量表明，在部分行业仍存在许多规模相对较小的销售者。若确实如此且该趋势延续下去，则它会对我们的经济秩序及美国居民的经济和政治福利产生什么影响?

在完全竞争条件下，价格倾向于等于生产成本。但是，要有足够的企业来满足完全竞争的条件，既不可能，也不合理。而且，当竞争很激烈并存在许多小企业时，价格可能会很高，因为企业并未大到足以实现大规模生产的经济性。因此，一家大企业可能有能力以比许多相互竞争的小企业更低的价格提供大量种类繁多的产品。故而，公共政策不该仅仅为了确保一个行业中有许多小企业存在而消除大规模生产。另外，几个世纪以来的垄断者和寡头者的行为表明，当生产由过少的生产商控制时，政府必须时刻准备好采取措施保护消费者免遭掠夺。

反托拉斯法

过去一个世纪以来，联邦政府实施了一系列反托拉斯法。这些法律的主要目的在于维持竞争和预防对贸易的限制。它们也用来限制大企业和小企业不公平的竞争性做法。一些颇值得注意的法律如下所述。

□《谢尔曼反托拉斯法》

1890 年，国会通过了第一部反托拉斯法，即**《谢尔曼反托拉斯法》**（简称《谢尔曼法》）。《谢尔曼法》有两部分主要规定。第一部分规定，任何旨在限制贸易的合约、组合或共谋都是非法的。第二部分规定，垄断或企图垄断是非法的。此外，《谢尔曼法》还包括了这样一个条款，使第一部分和第二部分规定下的垄断势力受害者（私人参与方），可以控告要求三倍索赔。换言之，若一家企业根据《谢尔曼法》受到了损害，个人可以诉诸法律要求获得三倍于损失额的赔偿。

法律陈述虽然强有力，却有点含糊其词，联邦法院用了好几年才确定了其适用范围。特别是，贸易限制的表述缺乏一个法律定义。根据严格的经济定义，任何具备垄断势力（限制产量或提高价格的能力）的企业将被指责为贸易限制。但是，法院往往认为，限制在被认为非法之前，首先必须是不合理的。合理性原则声称，中规中矩的垄断并不属于非法范畴。当然，何为合理本身就是一个判断问题。

合理性原则在 1911 年著名的标准石油公司案例中已经得到了美国最高法院的明确表述，在该案例中，最高法院打破了当时美国最强大的、通常是最暴力的石油行业的控制。在 1920 年的诉美国钢铁公司案中，最高法院认为，庞大本身并非侵权的证据。这一原则在 1927 年的国际收割机公司案例中也得到了使用。但在后来的案例中，法院采用了其他原则。例如，在 1945 年的美铝公司案例中，最高法院判定规模本身就足以确立该公司获得垄断势力。

□《克莱顿法》

尽管有了《谢尔曼反托拉斯法》，企业合并的趋势在随后几十年里仍不断延续。为了强化《谢尔曼法》，联邦政府在 1914 年通过了**《克莱顿法》**。《克莱顿法》通过了一系列《谢尔曼法》未具体包括在内的禁止性行为。主要有：

（1）价格歧视，或者同样的商品对不同的消费者索要不同的价格，这很容易产生垄断；

（2）要求某种商品的购买者同时购买另一种商品的搭配销售合同；

（3）独家销售，即商品的购买者被要求同意不购买其他竞争性卖家的商品；

（4）通过收购竞争性企业的股份来实现兼并，若这种兼并会明显减少竞争；

（5）连锁董事，即同样的人在竞争性企业的董事会中任职。

此外，《克莱顿法》将正常的劳动工会活动从反托拉斯法律的范畴中除去了。这样一来，工会不仅有存在的权利，而且可以垄断市场的劳动力供给。《克莱顿法》被认为赋予了工会抗衡力量。1936年的《罗宾逊-帕特曼法》对《克莱顿法》作了修正，其规定掠夺性定价为非法的。**掠夺性定价**是指以不合理的低价格向破坏性的竞争者销售商品。不幸的是，该法律在具体的案例中较难应用。《克莱顿法》的第七款在1950年经《塞勒-基福弗反兼并法》得到了修正，该法案规定一家公司收购另一家公司的资产和股份为不合法的，若这样的收购倾向于减少竞争。

□《联邦贸易委员会法》

1914年的**《联邦贸易委员会法》**设立了联邦贸易委员会（FTC），以监督不公平的商业惯例。起初，FTC拥有许多权力，但1919年最高法院决议规定，只有法院才能解释对不公平商业惯例的判定。FTC作为决策主体的角色受到了严格限制。1938年的《惠勒-里亚法》规定了FTC禁止“欺诈性商业行为或惯例”的责任。由此，FTC承担起了监督误导性和欺诈性广告的责任，并且致力于判定可能会损害消费者的潜在兼并。

□ 反垄断行为

在整个20世纪，反垄断执法并未得到连续实行。在一些政府任期内，对大企业只采取了较少的管制行为；在其他政府任期内，司法部门在判决反垄断诉讼中却极其活跃。在一些情形下，“庞大”本身就是反垄断行为的原因；在其他情形下，创造或维持垄断势力的掠夺性行为由司法部门提出诉讼。

在早期，反垄断法被用来打破诸如钢铁托拉斯和烟草托拉斯等垄断组织。这些组织和我们今天所谓的垄断并不一样，它们只是拥有过度的垄断势力的大公司。最早的案例之一是，标准石油公司在1991年被拆分成7家小的石油公司。同一年，美国烟草公司被拆分成4家企业：R. J. Reynolds，Lorillard，Liggett & Myers和美国烟草公司。20世纪后半叶，最引人瞩目的公司拆分案例发生在1982年，当时一项重大的判决终结了一场漫长的、复杂的反对AT&T涉及垄断限制、价格限制、掠夺性定价和其他掠夺性行为的诉讼案。该诉讼以AT&T接受其将22个地方分公司拆分成独立公司的和解协议而告终。

□ 全球效应

援引AT&T协议，政府打破大企业的热情导致了对微软公司的垄断指控。微软掌控了90%以上的电脑操作系统市场和90%以上的浏览器市场。虽然发现微软对许多垄断做法表示认罪，上诉法院驳回了低级法院要求微软公司拆分成许多独立公司的判决，微软同意了这一处置。

微软并未拆分的事实暗示了司法部立法哲理层面的一个改变。由于意识到技术创新很大程度上依靠大企业的创新或实施阶段，对是否拆分成功的企业存在疑虑，对于美国公司在全球经济中的竞争能力，也存在各种担忧，外国大规模企业不仅被政府鼓励，而且能获得资金支持。最后，监管层还意识到，拆分公司会给工人和社区造成困难，而且只会导致致力于垄断和各种合谋的强大的垄断者。

由于态度上的这种改变，庞大现在似乎得到了美国政府心照不宣的支持。如今，若一家大企业试图通过兼并其他企业变得更大或获得更大的市场份额，该公司可以向美国司法部申请允许实行兼并。像在许多情况下那样，若得到批准，企业通常会被要求售出特定的子公司，或者出售其在美国特定地区的子公司。这在一些情形下导致了对过去一个世纪所作出裁决的逆转。

再现巨型公司兼并 1999 年，埃克森石油公司和美孚石油公司之间的兼并获得了 FTC 的批准。这次兼并使 1911 年拆分的前标准石油托拉斯的两个最大的子公司再次连为一体。埃克森和美孚分别是最大的和第二大的石油生产商，新组成的埃克森美孚石油公司现在是世界上市值最大的三家公司之一。

2005 年，西南贝尔通信公司收购了 AT&T，且整合了其原先所有的 3 家企业。2006 年，AT&T 在获得司法部的批准后与西南贝尔合并。由于西南贝尔拥有辛格勒无限公司，AT&T 现在又成了通信行业的主要参与者。

这些例子有助于阐述不断变化的反垄断解释的性质。1890 年制定的《谢尔曼反托拉斯法》旨在抑制垄断势力的肆意滥用及其对竞争的破坏。但现在普遍认为，灵活性是美国公司在一个完全不同于以往的全球经济中参与竞争所必需的。公司仍会因不合法行为，如限制价格或企图垄断等而被起诉，但它们不再会因为规模而被禁止兼并。在 2007 年的另一起转折性案例中，最高法院允许制造商设定零售层面的价格。这一判决颠覆了 1911 年认定所有形式的纵向价格限制均不合法的反垄断先例。

最新举措 司法部和 FTC 采取的最新举措集中在防止限制贸易的兼并上，而非因规模而拆分企业。技术领域和通信领域公司之间的潜在兼并，看上去似乎像那些能使公司更好地参与全球竞争的兼并一样有利。但在消费者感受到兼并会使情况变糟糕时，它们很可能会被禁止。2001 年，全美航空和联合航空的兼并申请未获得批准，因为管理层担心兼并将会破坏竞争，并导致更高的价格。FTC 称，兼并将使新合并的航空公司拥有 75%的国内市场份额，且会导致服务水平下滑和消费价格上涨。颇具讽刺意味的是，联合航空和全美航空最终均宣告了破产，全美航空更是在第二次陷入破产之前被并入了美国西南航空公司。2010 年，联合航空公司和大陆航空公司合并。

2011 年，与人们所声称的谷歌公司的垄断搜索权有关的全球投诉不断升温。谷歌公司控制着超过 70%的搜索引擎广告市场份额，根据《谢尔曼法》，这个比例足以招致监管部门调查。投诉指责谷歌公司利用其垄断势力来排斥竞争对手。

2011 年，FTC 要求凯洛格公司中断和停止其广告中的棉花糖米酥和磨砂麦丝卷对健康有益处的误导性措辞。该案件由此得到处理。

此外，更多的公司因感受到的或实际的连锁董事方面的利益冲突而陷入《克莱顿法》的侵权诉讼。潜在的冲突产生于 2009 年谷歌和苹果的董事局，因为个别董事同时在这两家相互竞争的公司董事局中任职。相关董事后来从谷歌董事局离职。2010 年，西尔斯控股公司解决了一起个别董事同时在西尔斯、Auto Zone 和全美汽车租赁董事局任职的法律纠纷。董事会成员在改选前就主动请辞了。

□ 反托拉斯和寡头垄断势力

滥用市场势力的例子在市场的购买方和销售方中都能找到。致力于非法行为的寡头垄断者像寡头一样，很容易遭到反垄断措施。不同于针对犯有非法行为过失的寡头所采取的相对严厉的措施，联邦和州政府法院在惩罚寡头垄断者时相对较温和。这种勉强行事的基本原因在于以下事实，即在发现购买方存在非法行为时，消费者通常会从更低的价格中获益。但是，若供给商不接受公平价格，则将存在由这种非法行为带来的社会成本。为寡头买家提供商品和服务的公司可能会赚取更少的利润，支付更低的工资，雇佣更少的员工，缺乏投资的资金，甚至可能会退出行业。

例如，沃尔玛经常被指责利用其经济势力使供应商作出不公平的让步。尽管对沃尔玛在这方面的投诉已经一大堆，但并未能采取任何有效的法律措施。单家企业层面的不公平购买策略很难被证实，特别是沃尔玛以一家为消费者提供较廉价商品的零售巨头著称。

但是，当寡头买方中存在合谋行为时，法院必须采取相应的措施。在这种情形下，拥有垄断买方势力的公司被指控采取了成本限制而非价格限制。遭指控公司的共同辩解是，行业中存在较少的购买者和大量的销售者。产品异质性也促成了公司的成本限制。考虑到这些特点，对肉类加工业、烟草行业、造纸行业和医疗保险行业的生产商采取反垄断措施也就不足为奇了。正如只有少数销售者的市场为合谋提供激励一样，同样的合谋激励当只有少数购买者时也存在。

第七章回顾

□总　结

● 垄断竞争是一种大量企业生产相似而有差异产品的市场结构。产品差异化使销售者能影响价格，因为销售者的产品具有购买者想要的真实的或想象的特征。垄断竞争条件下的定价很可能高于完全竞争条件下的定价，但却低于垄断下的定价。

● 寡头是一种相对较少的企业生产相同或相似产品的市场结构。由于企业数量有限，每一家企业必须考虑其竞争对手对其改变产量和价格的反应。寡头的一个特征是弯折的需求曲线，其存在于当竞争对手追随一家企业降价而不追随其涨价时。

● 博弈论是经济学的一个分支，其可用于分析产业结构行为。博弈论在分析寡头中的相互依赖性时特别有用。囚徒困境是用于解释相互依赖性的一种博弈论。

● 寡头企业之间为了实现最大化利润常常会形成卡特尔。卡特尔往往通过限制产量和制定垄断价格来达成其目的。卡特尔在美国是非法的。

● 行业集中度通过计算最大企业构成的市场份额来测量一个寡头行业的市场势力。赫芬达尔指数通过对行业中每一家企业市场份额的平方进行加总来计算市场势力。

● 购买方和销售方一样，都能够拥有市场势力。垄断竞争和寡头是完全竞争以外的购买者市场类型。

● 过去几年来，美国采取了一系列反垄断法，以促进竞争和限制不公平的竞争做法。《谢尔曼反托拉斯法》《克莱顿法》和《联邦贸易委员会法》等都是著名的反垄断法律。

□ 关键术语和概念

垄断竞争	寡头	产品差异化	替代效应
管制价格	博弈论	囚徒困境	卡特尔
行业集中度	赫芬达尔指数	寡头买方垄断	买方垄断竞争
《谢尔曼反托拉斯法》	《克莱顿法》	掠夺性定价	《联邦贸易委员会法》

□ 讨论题

1. 产品差异化如何赋予一家致力于垄断竞争的商业企业一定程度的价格控制权?

2. 一家处于长期均衡的垄断竞争企业与一家完全竞争企业有何不同，既然两家企业都在价格等于生产成本时生产?

3. 垄断竞争的“替代效应”是指什么?

4. 企业怎样通过生产一些在超市里可以获得的略微不同的产品来实施“垄断”?

5. 寡头企业为何必须关注其竞争对手的行动或反应?

6. 描述寡头企业所特有的弯折的需求曲线。说明它如何倾向于导致价格稳定。

7. 博弈论怎样解释寡头行业中的企业看上去像卡特尔那样采取行动?

8. 赫芬达尔指数和行业集中度之间有何区别?

9. 谷歌现在控制着70%的互联网搜索引擎广告市场，谷歌是否违反了反垄断法律?

10. 反垄断法律在美国是否应被放松?解释其原因。

第八章

劳动力市场、就业和失业

学习完第八章后，你应该能够：

(1) 理解边际收益产品如何决定工资率和雇佣工人数；

(2) 简要阐述许可证和工会对工资率和就业的影响；

(3) 描述向后弯曲的供给曲线的意义；

(4) 解释联邦最低工资法案的利弊；

(5) 识别劳动力的变化趋势；

(6) 理解如何计算失业率；

(7) 区别不同类型的失业；

(8) 讨论关于离岸外包的事项；

(9) 讨论合法和非法移民所涉及的争议。

在前面几章，我们考察了产品市场的各种竞争结构。现在，我们将注意力转向生产性资源市场。在资源市场中，所有企业使用彼此之间相互竞争的相同资源，即使它们可能处于彼此间不存在竞争的产品市场中。例如，对电脑程序员、土地和办公地点的竞争不受行业边界的限制。

生产性资源适用于与产品市场类型相同的供给和需求分析，但是在本章，我们将集中讨论一种资源，即劳动力资源。在阐述完劳动力的供给和需求分析之后，本章接着讨论劳动力、就业趋势和劳动力市场当前面临的问题。

劳动力的供给和需求

像对所有生产性资源的需求一样，劳动力需求是一种**引致需求**。经济体需要劳动力，并非需要劳动力本身，而是需要劳动力生产出的商品和服务。因此，对劳动力的需求源于消费者对商品和服务的需求。例如，在汽车行业，通用汽车公司对汽车工人的需求是市场对通用汽车需求的一个函数。若通用汽车的销量下降，该公司雇用额外劳动力或保留现有劳动力的需求也会下降。对每一个行业而言都是如此。

出于我们的目的，为了理解雇主在其雇佣行为背后的理由，我们不妨用假想的糖果厂作为一个例子。假设糖果公司处在一个不能控制价格的完全竞争市场，进一步假设糖果厂的工人是同质的，并且属于一个供给和需求决定工资率的庞大的、非技能型、竞争性劳动力市场的一部分。为了开始生产，糖果厂厂长需要雇用一些工人加工糖果。图 8－1给出了社区的非技能型工人的供给和需求情况。在图中，劳动力供给（S）是向上倾斜的，表明在更高的工资率上，更多的人愿意从事糖果加工和包装工作。

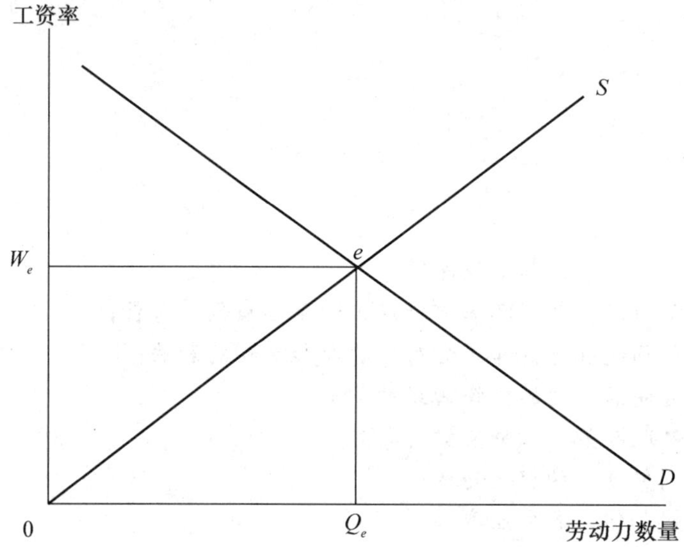

图 8－1　非技能型劳动力的供给和需求

劳动力需求曲线（D）从左上方向右下方倾斜，表明雇主在较低的工资率上将试图雇用更多的工人。均衡位置由市场上工人的供给和需求决定。在图 8－1 中，W_e 是均衡小时工资率，Q_e 是对应于该工资率的雇佣工人数。因此，市场不仅决定了工资率，而且决定了该工资率上可得的工人数。由于该市场的竞争性条件，假设雇主是 8 美元/小时工资率的价格接受者。因此，糖果生产商能在 8 美元/小时的工资率上雇用到其想雇用的工人。但是，为了开始生产，糖果生产商只需要相对较少的雇员，直到公司能在长期实现扩张。

□ 边际产量

在典型的生产过程中，单个雇主不仅要考虑其能索要的每盒糖果的价格，而且要考虑其有能力雇用的雇员人数和为获得最大化利润而必须支付的工资总额。边际生产率递减规律在这里显然很重要。如我们在第四章中已经学到的，同土地和资本等固定资源数量相适应的所雇用的第一个雇员是最有价值的，因为现在能开始生产糖果了。每一个额外的雇佣工人也是有生产力的，但是对总产量增加的贡献要低于前一个雇佣工人。若雇主继续雇用越来越多的工人，边际产量将继续下降，直至最后一个雇用工人的边际产量为零。因此，雇主想雇用能使总产量最大化的工人数量，因为这样能使资源得到最有效的利用。这便是生产的实物方面，和我们在第四章中学到的并无不同。

□ 边际收益产品

除了每一个劳动力的实物产量外，每一个劳动力所带来的收益数额也至关重要。这里的指导性原则是雇主能根据工人产量的货币价值负担每一名工人的工资。这一概念被称为边际收益产品（*MRP*）。劳动的**边际收益产品**是指额外一单位劳动力价格所创造的额外收益，由产出价格乘以劳动的边际产量得到。*MRP* 确定了雇主将雇用的最大工人数量。随着每雇用一个工人的边际生产率（*MP*）的下降，*MRP* 也将下降，原因何在？因为不管生产了多少盒糖果，每盒糖果的售价都不变，只要雇用的额外一单位劳动力价格低于前一个劳动力，*MRP* 就必然会下降。表 8-1 显示了 *MP* 和 *MRP* 之间的关系。假设每盒糖果售价 15 美元，不难看出，*MP* 和 *MRP* 随着每雇用额外一个工人而下降。注意，该表显示，第一个雇佣工人的边际产量为 20 盒糖果，*MRP* 为 300 美元。第二个雇佣工人的产量也很高，但是低于第一个工人，他的 *MRP* 为 270 美元，低于第一个雇佣工人。随着额外的工人被雇用，*MRP* 继续下降，若第七个工人被雇用，他的 *MRP* 只有 15 美元。

表 8-1　　递减的边际收益产品——完全产品竞争

工人数量	每小时生产糖果盒数	劳动的边际产量	每盒售价（美元）	劳动的边际收益产品（美元）	每小时工资的边际成本（美元）
1	20	20	15	300	8
2	38	18	15	270	8
3	53	15	15	225	8
4	64	11	15	165	8
5	72	8	15	120	8
6	75	3	15	45	8
7	76	1	15	15	8

□ 完全竞争产品和劳动力市场

在短期内，*MRP* 是劳动力需求曲线，因为糖果生产商拥有不能扩张的固定资源。图 8-2 显示，在完全竞争条件下，糖果工人的工资取决于供给和需求，且对每一家企业而言都是给定的。由于边际生产率递减规律，*MRP* 是负向倾斜的，而劳动力供给曲线也是生产商面临的边际成本曲线。糖果生产商接受给定的不变工资率，工资率变成了一条具有完全弹性的供给曲线。由于每一个额外的劳动力拥有相同的小时工资率，工资率便成了生产商的边际成本曲线。生产商可以以每小时 8 美元雇用到它想雇用的任何数量的工人。如果理性的话，糖果生产商将使企业的 *MRP* 曲线（劳动力需求曲线）与边际成本曲线（劳动力供给曲线）相等，以确定雇佣工人的数量。图 8-2 和表 8-1 表明，在 8 美元/小时的工资率上，雇主能雇用的最大工人数量为 7 人。在长期内，随着糖果生产商扩大经营规模，企业规模的变化将需要雇用更多的雇员并生产更大的产量。这便是竞争性劳动力资源市场上单个企业劳动力雇用背后的基本经济逻辑。

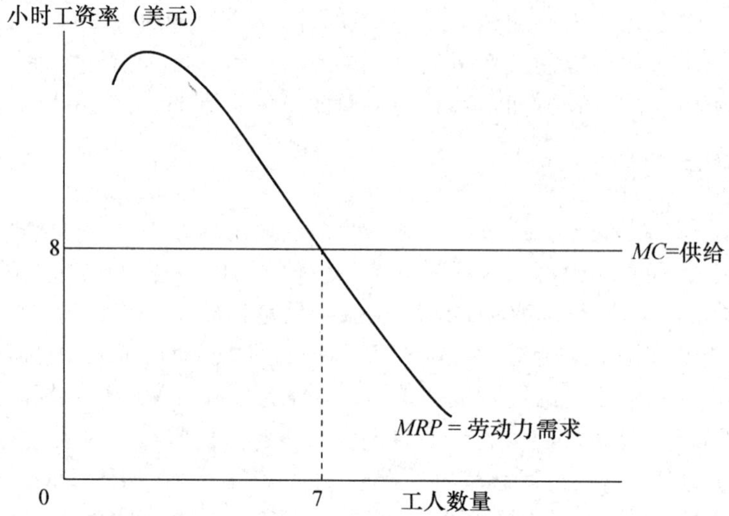

图 8－2　完全竞争产品和劳动力市场下的就业

□ 不完全产品竞争

前面的模型假设企业处在一个完全竞争的市场上，因此只要有利可图，它可以生产尽可能多的糖果而不影响其售价。但是，让我们改变完全竞争的假设，假设企业是一家垄断企业，或寡头企业，或垄断竞争企业。在这种情况下，糖果生产商将给糖果市场和价格带来影响，企业销售量将随着产量而发生变化。因此，糖果企业的需求曲线将从左上方向右下方倾斜，它比在完全竞争下的需求曲线更缺乏弹性。现在，劳动的边际产品和产品价格都能解释为何 *MRP* 会下降。

基于表 8－2 所给出的数据，图 8－3 显示不完全竞争企业的 *MRP* 曲线在完全竞争企业的 *MRP* 曲线的左侧。注意到给定 8 美元/小时的工资率，企业只能雇用 5 个工人而非 7 个工人——完全竞争企业的产品市场上能雇用的工人数量。

表 8－2　　递减的边际收益产品——不完全产品竞争

工人数量	每小时生产糖果盒数	劳动的边际产量	每盒售价（美元）	劳动的边际收益产品（美元）	每小时工资的边际成本（美元）
1	20	20	15	300	8
2	38	18	10	180	8
3	53	15	5	75	8
4	64	11	4	44	8
5	72	8	2	16	8
6	75	3	1	3	8

生产率和工资率的变化　现在，生产率提高对糖果工人有何影响呢？生产率提高将使需求曲线或 *MRP* 向右移动。由于糖果生产商能通过更高的效率获取更多的利润，它将能在 8 美元/小时的工资率上雇用更多的工人，因为每一个糖果工人现在拥有高于之前的 *MRP*。另外，若劳动者的生产率下降，则 *MRP* 曲线将向左下方移动，使 8 美元/

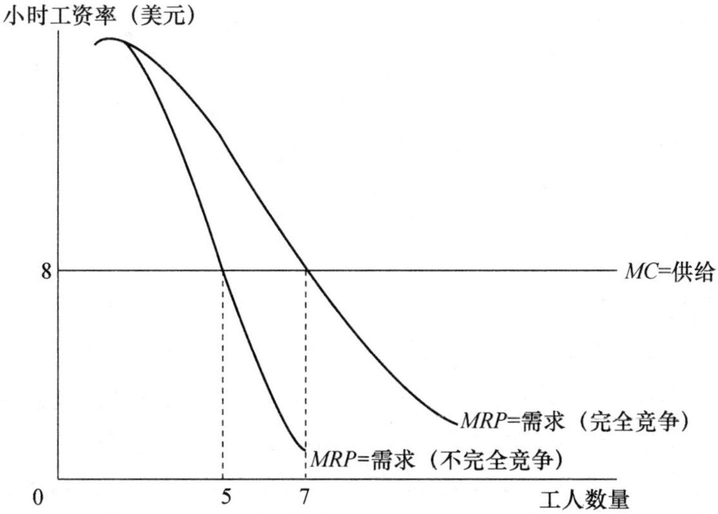

图 8-3　不完全竞争产品市场和完全竞争产品市场中的就业比较

小时工资率上的雇佣工人数量减少。就业者生产率改变的影响如图 8-4 所示。随着生产率的提高，就业人数从 A 点的 X_1 增加到 MRP_2 和 MC_1 的交点 B 的 X_2。图中还显示了小时工资率变化的影响。当竞争性市场中的工人供给或需求发生变化时，小时工资率也会发生变化。假设所有的条件保持不变，小时工资率的增加将减少就业，而小时工资率的下降则将促进就业。图 8-4 显示，小时工资率从 8 美元上涨至 9 美元，在 MRP_1 曲线和 MRP_2 曲线上，就业将分别从 X_1 降低到 X_4 和从 X_2 降低到 X_3。

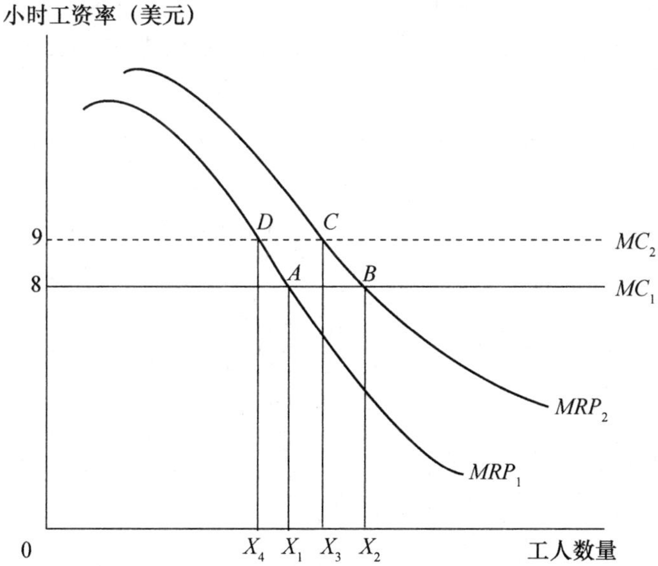

图 8-4　生产率和工资率变化对就业的影响

□ 长期

我们知道边际生产率递减规律是一个短期概念，因为固定成本和资源不能改变，但在长期内，所有的成本和资源都是可变的，因此边际生产率递减规律并不适用。虽然并未画出，但企业长期边际生产率曲线的形状和短期边际生产率曲线相类似。它们相似的形状可以追溯至替代效应和产出效应。在我们的模型中，替代效应影响就业是因为在长期内，糖果生产商能改变所有的资源，替换成生产率更高的资源，如用资本替换劳动力等。这种替换倾向于降低劳动力需求。但是，也存在一个产出效应，因为现在糖果生产商可以生产更多的糖果并且盈利，所以它能雇用更多的劳动力。上述两种效应之间的相对平衡将决定其对劳动力的影响。

□ 向后弯曲的供给曲线

劳动力供给必须从特定劳动力市场的某个职业角度考察。我们知道，相对于较低的小时工资率，人们在更高的小时工资率上将愿意提供更长时间的劳动。但是，在太低的工资率上，人们可能会不愿意提供劳动，因为他们认为工资太低了。这便是**保留工资**。随着工资率的提高，劳动力供给曲线的绝大部分倾斜情况服从于供给法则。这便是工作的替代效应，因为闲暇时间因更高的工资率带来的更高收入而被牺牲了。闲暇时间不过是一种正常商品，因为收入更高，闲暇时间的需求量也更多。由于需以牺牲闲暇时间为代价作出是否工作的决策，在工资收入较高的一点附近，对闲暇时间的需求将超过对工作带来的额外收入的需求。获得更多闲暇时间的唯一做法是减少工作时间。这样，就产生了向后弯曲的供给曲线。随着工资率上升到向后弯曲的点，工人开始用闲暇来替代额外的工作时间。为什么？因为除了替代效应起作用外，也产生了一个收入效应。收入效应是指以下事实，即在更高的工资率上，工人可以工作更少的时间，却挣到相同或更多的收入，且得到更多的闲暇时间。替代效应和收入效应都能在图 8－5 中向后弯曲的供给曲线上看出。向后弯曲的供给曲线的一个例子发生在高尔夫球职业。一般选手尽可能多地参加各类比赛，顶级选手却只要参加更少的比赛就能赚取更多的收入。

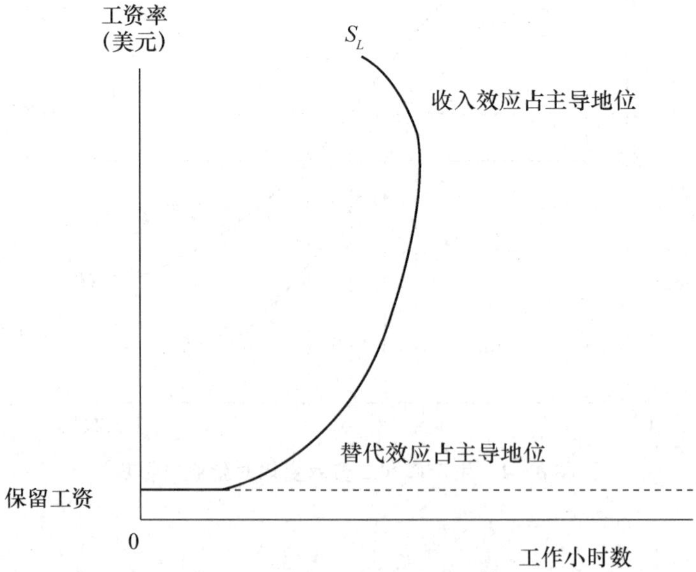

图 8－5　向后弯曲的供给曲线

□ 工会对工资的影响

工会组织对工人的供给和需求进而对工资率和就业有显著的影响。图 8－6(a) 显示了工会组织在市场上的影响。供给和需求曲线表明，均衡工资为 W_e，劳动力的均衡供给量为 x。但是，通过谈判，工会组织和企业管理层同意将工资率提高到均衡工资以上。我们不妨假设实际工资率为 W_u，在该工资率上，劳动力需求量降低到 Y，而劳动力供给量却增加到 Z。结果便是更少的工人被雇用，而那些被雇用的工人却获得了比在没有工会时更高的工资。

这些剩余工人将流向哪里？他们将在同一地区搜寻相似的就业机会，流入无工会组织的劳动力市场，其影响如图 8－6(b) 所示。现在非工会组织的工人的供给增加，供给曲线向右移动。这将使非工会组织的工人的工资率从 W_e 下降到 W_n，就业人数则从 X 增加到 Y。

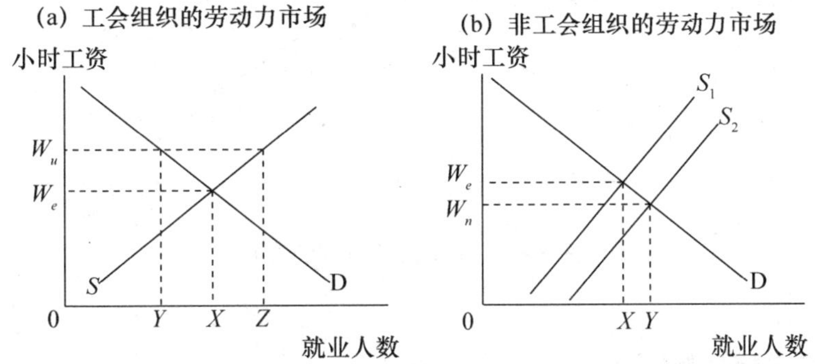

图 8－6　工会对工资的影响

□ 许可证对劳动力供给的影响

在美国，存在几百家许可证局，它们均声称是不同职业的质量控制机构。这些许可证绝大多数在国家层面颁发，且只有在满足特定条件后才能获得。根据不同的职业，许可条件可能包括一定的受教育程度、受过专门的培训、通过许可证考试以及为了维持许可证资格向州许可证局缴纳年费。不难想到的相关职业有医生、律师、注册会计师和护士等。但是，其他许多职业也需要满足相关的许可证条件，如理发师、美甲师、典当商、柜台出纳和房地产评估师等。所有许可证都声称其目的是使消费者能有一定的质量保证。在许多领域，许可证是对某时间段内相关质量的声明，但若不定期性地继续组织培训或教育，许可证局将失去其对质量控制的影响力。许可证造成的一个影响是使职位的供给曲线左移，结果便是由于进入壁垒提高，该职位的收入增加且更少的人被雇用。

图 8－7 给出了某给定市场上初级注册会计师的供给和需求。假设进入该行业的均衡工资和会计师人数分别为 W_a 和 Q_a。但是，从 20 世纪 80 年代中期开始，各州开始引进所谓的“150 小时要求”。在有这一条例的州，为了成为一名执业注册会计师，现在从认证学校毕业之后，还必须从事本职工作满 150 学时，有时还需再延长 20％或更长的学时。除了增加的教育要求外，个人还必须通过州层面的注册会计师考试，并在之前

有足够的会计从业工作经历。额外学时的影响是：使供给曲线向左移动，使基本工资上涨至 W_b，并使注册会计师的人数降低到 Q_b。这一条件的最大影响是：在基本工资水平上，但假设其他条件保持不变，会计师的人数至少在短期内将会减少，且成为一名注册会计师的成本将会增加。

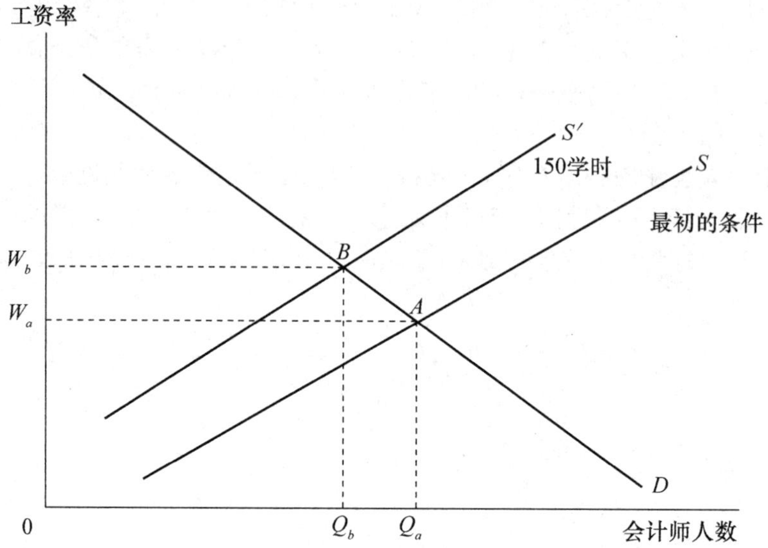

图 8－7　增加注册要求的影响

最低工资和就业

一个政治上有争议且影响着大量年轻劳动力的公共政策问题是联邦管制最低工资。虽然其往往被看作是一个工资问题，更有争议的一个方面是最低工资法对一般就业，特别是青少年就业的影响。

自 1938 年《公平劳动标准法》通过以来，美国便有了联邦最低工资法。1938 年，法律将最低工资定在每小时 25 美分。从那时起，国会多次对该法案做了修正以提高最低工资率。这些间断性的最低工资调整的隐含目标是维持工资的购买力。但是，虽然作出了这些工资调整，最低工资的购买力仍已下降。

2007 年，国会计划到 2009 年将联邦小时最低工资率从 5.15 美元提高到 7.25 美元。这个 2.10 美元的提高从 2007 年下半年开始，持续了三年多的时间才实现。最低工资的目的是为劳动力服务提供一个最低支付下限，并确保工人有一个体面的生活标准。尽管 2006 年国会的争论异常激烈，但一年后提高最低工资的法令悄无声息地得到了通过。

由于绝大多数有工作的美国人能赚到高于最低小时工资的收入，且许多其他工薪阶层受更高的州最低工资法律的保护，只有相对较少的人直接受到法律变动的影响。只有 19 个州受到三次联邦最低工资提高的影响。那些受联邦最低工资影响的人倾向于从事低工资行业，如服务和零售部门。赚取最低工资的主要是妇女、兼职工人和比例失调的少数族裔。按照年龄分类，青少年构成所有最低工资工人的 31%，正是这一组工人处于最低工资争议的核心。

最低工资是价格支持的一种形式，它创造和维持了一个高于供给和需求的非人为力量所决定的工资。若最低工资不高于市场工资，那么最低工资便毫无意义。图 8－8 在图形上说明了最低工资对就业的影响。假设初级和非技能型工人的供给和需求产生了 W_e 的市场工资和 Q_e 的就业水平。最低工资（W_m）在市场工资上方，最低工资对应的劳动力需求量和劳动力供给量之间存在一个差额。由于工人的供给超过了对工人的需求，最低工资造成了 Q_s-Q_d 的劳动力剩余。图 8－8 显示，最低工资将导致 Q_e-Q_d 的失业，并吸引额外的新进入者搜寻工资更高的工作，却使他成为失业劳动者中的一员。最低工资的提高将使在岗工人受益，但净效应则是工作岗位的损失。经验研究也支持这一结论，尽管需准确区别问题源于最低工资效应本身，还是源于其他经济发展方面。

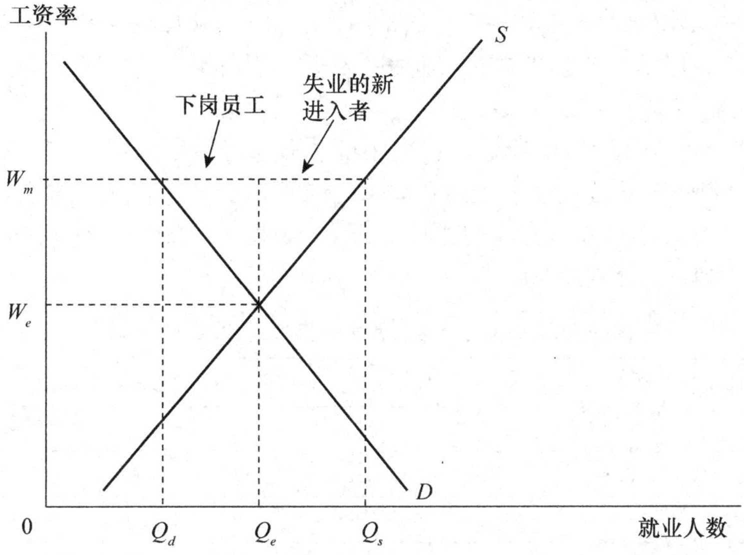

图 8－8　最低工资的就业效应

但是，并非所有人都同意就业下降是最低工资提高的一个必然结果。更高最低工资水平的支持者指出以下事实，即美国有 12 个州的最低工资率高于联邦最低工资，而在这些州并无证据表明当最低工资提高时会发生就业下降。即使发生了就业下降，也是相对较少的。他们坚持认为，只要任何单个最低工资上涨不过高，就不会导致就业下降。对就业的影响还取决于上涨之前的最低工资水平。为了消除提高最低工资带来的更多难题和保护最低工资工人的购买力，他们支持对最低工资的进一步提高进行指数化，以应对消费者价格指数（CPI）或平均年度工资率的变化。越来越多的州已将它们的最低工资根据 CPI 进行指数化，国会出于许多原因不愿将最低工资进行指数化，最重要的是这种指数化对就业的不确定影响。

劳动力

□ 劳动力的规模和构成

通常而言，劳动力构成了我们总人口中的45%～55%，这个比例似乎是全世界工业国的正常比例。在2011年年初，美国有将近3.2亿总人口。当中，几乎有2.39亿人属于非集体户人口，也就是说，所有16岁及以上，包括军人都属于该群体，但在监狱服役的囚犯和精神病人除外。

总劳动力由在工作中和在寻找工作中的所有非集体户人口构成。因此，它既包括就业者，也包括失业者。但是，它排除了16岁以下的人群、派驻国外的军人、在家族企业中从事无报酬工作（每周工作小于15小时）的人群，以及只在自己家里从事家庭事务或就学的人群。但是，若学生在暑假期间工作或寻找工作，他们也构成了该时间段内的劳动力。

根据定义，**平民劳动力**由劳动力总数中除去居民武装力量的人组成。2011年10月，平民劳动力为1 530万人。**劳动力参与率**是指平民劳动力占平民非集体户人口的比例，它反映了合格人口在劳动力中的比例。表8-3显示，2011年10月，超过64%的平民非集体户人口可计入劳动力。

表8-3　美国的人口、平民劳动力和失业情况（2011年10月）

年份	非集体户人口（百万）*	平民劳动力（百万）	劳动力参与率（%）	失业率（%）
1933	—	51.6	—	24.9
1940	99.8	55.6	55.7	14.6
1945	94.0	53.9	57.2	1.9
2000	209.7	140.9	67.2	4.0
2005	226.1	150.0	66.0	5.9
2009	235.5	153.1	64.7	9.9
2010	240.2	153.6	64.3	9.4
2011	238.9	153.0	64.2	9.0

注：*表示包括居民武装力量。

资料来源：*Economic Report of the President*（2008）and Bureau of Labor Statistics.

失业劳动力包括当前没有工作却在积极搜寻工作的所有劳动力。2011年10月，有1 350万名平民劳动力处于失业状态。大约有8 300万非集体户人口不在劳动力的构成中，他们中的最大组成部分是无报酬全职家庭主妇。虽然家庭主妇勤劳辛苦且提供了极有价值的服务，但她们不被包含在劳动力中。另一个不计入劳动力的群体是高中学生、大学生或其他学生。还有很大一部分群体由通常因健康原因而没有能力工作者组成。剩下的部分包括不想工作的歇业者和没有工作的人群。不想寻找工作的人不被计入劳动力中。最近的失业情况表现得特别棘手，后面将会讨论减轻失业的政策。

□ 劳动力和就业的趋势

美国的劳动力有明显的特征，但是部分特征已随着时间的推移而发生改变。最近几十年出现的一些最明显的趋势如下所述。

老龄工人 由65岁及以上的老年人构成的平民劳动力比例在过去40年中已经下降。这种下降是社会保障及慷慨的私人养老金增长和扩张的结果。今天，相比于1970年的近27%，65岁及以上男性的劳动力参与率约为23%，65岁及以上女性的劳动力参与率约为14%。但是近几年来，65岁及以上人群的劳动力参与率已经趋于平稳，且似乎又略有回升。限制强制性退休的立法、社会保障福利金的变动、男性和女性更健康长寿的寿命预期，影响了劳动力参与率的发展趋势。这些因素使65岁及以上的男性和女性能在退休年龄到了以后继续工作或寻找兼职工作。在一些情形下，雇主在员工退休后又因他们具有经验而返聘了他们。以下事实也是一个促成因素，即不同于获取企业养老金和慷慨的退休金，越来越多的老年人如今必须依靠401(k)计划、个人退休账户和社会保障，来为更长的退休时光做准备。在费用方面，他们被要求承担更重的医疗开销。房地产市场的崩盘也迫使老年人重新回到劳动力市场，并回到更低的收入和储蓄水平。为了补充自己的收入，许多老年人选择重新回到兼职或全职劳动力中。

女性工人 妇女在美国劳动力中的参与率已经上升。第二次世界大战以来，妇女的劳动力参与率出现了显著提高。服务业和轻制造业（传统上更多雇用妇女的职业）中增加的妇女就业，已经导致美国对女性劳动力的需求大幅增加。此外，平等就业机会法律已经使在管理、专业和行政层面就业的妇女人数持续增加。约44%的雇佣平民劳动力由妇女构成，所有非农业户人口中有将近60%的妇女属于劳动力群体。过去几十年来，妇女在劳动力中的角色变化可以通过以下事实看出，即妇女在劳动力中所占的比例越来越高。劳工统计局（BLS）预计妇女在劳动力中的比例将继续上升，直到2016年。

技能型工人和非技能型工人 由于非技能型工作减少，非技能型劳动力在美国劳动力中的比例已经下降。工人必须学会如何操作复杂的机器和设备，这样一来，半熟练型工人的比例就会上升，而技能型工人的比例相对保持不变。美国劳动力也经历了专业型和技术型工人（主要由技能型和半熟练型工人构成）所占比例显著上升，以及文书工作者所占比例上升的阶段。

服务导向型工作 另一个明显的趋势是服务导向型工作人数不断增加和所占比例不断提高。商品生产行业，如制造业、建筑业和采掘业，对工人的需求正在下降，而服务生产行业对工人的需求在绝对值和相对值上却不断增长。相对于1970年的31%，如今只有15%的非农业工人从事商品生产。另外，服务生产行业的工人所占比例在同一时期已经从69%上升到了85%。

农业就业 很明显，存在着劳动力从农业职业中的撤出。由于生产率上升，仅需越来越少的农业工人就能生产出越来越多的农产品。例如，在1930年，1 030万名农业工人为1.22亿名美国人提供食物。今天，约200万名农业工人就能生产出满足3.2亿名美国人需要的食物。

因此，我们只需用不到1930年所需农业工人四分之一的劳动力，就能喂饱几乎是当年2.5倍的人口，而且美国还是世界最大的农业出口国。

虽然农业直接就业人口相对较少，但数百万人间接受雇于农业设备和供应品制造部门，或者从事食物和其他农产品的加工和销售过程。

工会工人 一个显著的增加是1935—1955年间工会工人的人数及其占劳动力的比例。几十年间，工会成员相对稳定地约占总劳动力的四分之一。但是，自1970年以来，工会成员占平民劳动力的比例已经下降。这种稳定和随后的下降很大程度上源于以下事实，即从所占比例来说，在那些传统上有工会组织的职业中，如非技能型的、半熟练型的和手工艺型的职业，劳动力已经减少了。劳动力增加主要发生在专业性的、技术性的、销售性的、文书性的和其他白领性质的，传统上无工会组织的职业。

工会成员的迅速下降发生在1980—1984年间，在此期间，有组织的工会运动失去了270万名成员。这导致工会组织高度盛行的耐用品生产和交通运输行业的就业人数急剧减少。来自进口商品的竞争又造成汽车、钢铁、器械和其他重工业行业的岗位缩减。此外，一些企业从高度工会化的地区转向较低工会化的地区，也促成了工会成员的减少。交通运输行业的政府放松管制导致了数量越来越多的非工会企业的竞争。20世纪90年代初，由于许多行业压缩规模和进行重组，这些行业还出现了普遍裁员和终止合同。在14年的下降之后，根据劳工部的统计，美国工会成员数量在1993年和1994年增加。自1994年以来，由于经济的结构性变迁造成工厂关闭和离岸外包增加，工会成员又回到了稳步下降的态势。工会成员现在总共构成了1 500万带薪工人和所有这些工人中的将近12%。今天，所有政府雇员中有36%属于工会组织，相对而言，私人部门雇员只占7%。地方政府具有最高的工会化率，41%的地方政府雇员属于工会组织。地方政府层面的工会化反映了传统上工会组织在某些职业（如教师、警察和消防员等）的高度集中。有一半工会成员居住在6个州，即加利福尼亚州、纽约州、伊利诺伊州、密歇根州、俄亥俄州和宾夕法尼亚州。最近，部分归咎于慷慨的工会养老金和其他工会福利的预算缺口，公共工会面临着越来越多的州层面的敌意。一些州已经通过立法来限制公共工会的集体谈判了，并迫使工会成员为养老金和健康医疗计划作出更大的贡献。迄今为止，工会成员并未因此而遭受重大损失。

多元化 随着美国的人口越来越多元化，劳动力也越来越多元化。除了妇女构成一个相对较高的劳动力比例外，拉丁裔美国人、黑人和亚裔美国人的数量也不断增加。图8-9显示了2008年按照人种划分的人口分布以及2018年的预测值。该图表明，非拉丁裔白人成员将继续构成劳动力的最大部分，尽管他们的比例已经下降，且预计将从1996的81.4%下降到2018年的79.4%。尽管所占劳动力的比例已经下降，白人将经历所有人种中最大的绝对数增加。黑人所占的比例预计在这一期间将增加不到1%。劳工统计局给出的最小组成部分是亚裔和其他少数族裔，预计到2018年他们将构成约8.5%的劳动力。在不同族群中，拉丁裔血统的人占劳动力的比例预计将从现在的14.3%上升至2018年时的17.6%，即增长3.3个百分点。

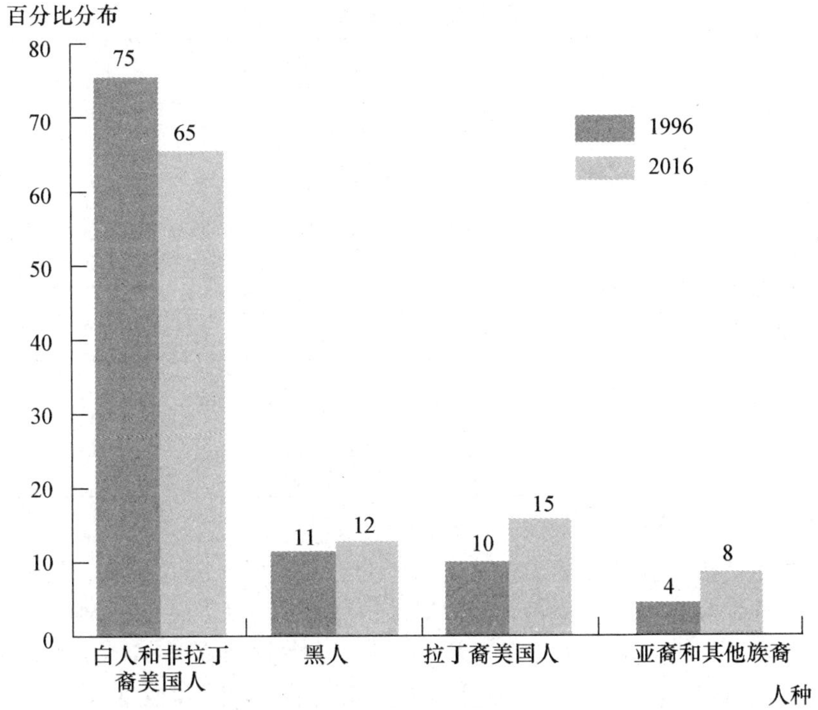

图 8-9　美国劳动力的人种构成（1996 年，2016 年为预测值）

资料来源：Bureau of Labor Statistics，*Occupational Handbook*，2007—2008.

失业的类型

2001—2011 年间的总失业率情况如图 8-10 所示。对应于任何给定的失业率，一些人群将比其他人群经历明显要高的失业率。表 8-4 给出了 2011 年当总失业率为 8.8% 时各类群体的就业率。这些失业者均可归入以下某个类型。

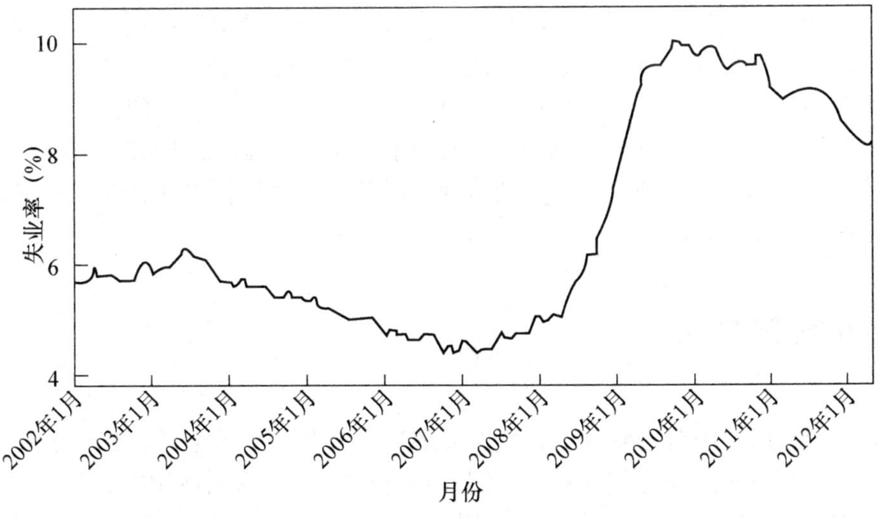

图 8-10　2002 年 1 月 1 日—2012 年 1 月 1 日的失业率

资料来源：美国劳工统计局。

表 8-4　　不同类型工人的失业率

工人类型	2011 年的失业率（%，2011 年 10 月份的值）
已婚妇女，当前配偶	5.8
成年男性	8.6
成年女性	7.7
家庭主妇	5.7
白人工作者（非拉丁裔美国人）	7.9
黑人工作者	15.5
拉丁裔美国人	11.3
所有未成年人	24.5
兼职工作者	6.3

资料来源：美国劳工统计局。

摩擦性失业是指由暂时跳槽或新人进入劳动力大军所造成的失业。其涉及的部分原因包括：工人持续被雇用或遭解雇，他们退出、离开劳动力大军，回到学校或接受特殊培训，在进入或重新进入劳动力市场寻找合适的工作之前休假；从一份工作转向另一份工作（通常在州与州之间）；等等。摩擦性失业往往是一种短期现象。

周期性失业是通常由衰退带来的总产出水平下降而造成的结果。它被归咎于经济体总需求的不足。若总需求可以通过增加消费、投资或政府支出得到增加，产出水平也将增加，且周期性失业可能会下降。伴随过去 30 多年经济衰退而来的失业增长在性质上大多属于周期性失业。周期性失业可能是短期的或长期的，这取决于经济衰退时期的长短。

结构性失业是指由工人掌握的技能和劳动力市场需要的技能之间出现失衡而造成的失业。结构性失业倾向于长期存在。一些专家认为，我们当前失业中有很大一部分是结构性的，因为工人对工作的调整并不充分。在短期内，失业工人通常不能胜任可得的工作机会。例如，由于技术发展和自动化，工人可能会很快被机器取代。对新技能的需求上升，老技能则不再像之前那么重要（或者对老技能的需求量不再像之前那么大）。因此，被机器取代的工人——每年将近 200 万人——很难找到新的工作。一些工人因缺乏正确的培训而失业，另一些工人则因缺乏区域流动性而不能把握工作机会，从而失业。许多人认为，在当前不断增长的、波动增加的经济中，我们很可能将会经历最近几年来更高的结构性失业率。

如何测算失业

官方失业率以美国劳工统计局负责开展的调查为基础。每个月，劳工统计局都会开展一项针对 6 万户被视为可代表整个美国人口的样本家庭的电话调查。每个月，有 1/4 的家庭会被替换，因此没有一户家庭会连续 4 个多月被采访到。就像所有的样本调查一样，劳工统计局的失业调查不可能得出和全体人口被调查时相同的结论。但是，失业调查的样本误差被认为并未大到足以扭曲失业图景。

调查的设计使每一名 16 岁及以上的不在军队服役或在校就读的人都能归入三类人群中。就业者是指那些有工作的人。失业者是指那些没有工作却有能力工作且在搜寻工作的人。既不属于就业者又不属于失业者的人被归入不属于劳动力人群。通过将失业人数除以劳动力人数，即可算出失业率。

但是，调查中存在一些内在缺陷，它们可能会低估或高估实际的失业程度。第一个缺陷是调查未包括属于失业劳动力的消极失业者。**消极失业者**是指那些想工作且能工作但却因为不能找到工作而不再去寻找工作的人。批评人士认为，若将消极失业者包括进来，失业率将会更高。此外，调查也未区别兼职就业和全职就业。虽然许多人偏好兼职就业，但其他兼职工作者则可能是因为他们找不到一份全职工作。调查将所有的兼职工作者视为就业者。因此，失业率显示的经济体状况可能要比实际情况更健康。最后，不一定所有的回答者都会报告有偿就业情况。一些问卷回答者可能会接受政府转移支付，如失业补偿金、残疾抚恤金或社会福利金。事实上，他们可能有工作，却担心会失去转移支付收入，以及可能因欺骗而遭到检举。对犯罪起诉的恐惧在那些从事非法活动，如赌博、贩毒或卖淫者的身上表现得尤为明显。在接受调查时这些人也很可能回答他们是失业者。由于这些缺陷，官方失业率的准确性往往被认为是值得怀疑的。此外，通常认为，失业率在经济增长和繁荣时期会被高估，而在经济衰退或萧条时期会被低估。

在家庭调查的同时，劳工统计局还会展开薪金总额统计调查，以获得相关就业数据（以及关于失业的间接数据）。每个月，劳工统计局都会通过调查 40 多万家企业来确定就业人数。薪金就业调查被认为比居民家庭调查更为客观，因为它使用了一个更大和更易于检验的样本。但是，拥有一份以上工作的人在调查时可能会被重复计算，而自我雇佣者则会因他们不在企业工资单上而被忽略。家庭调查和就业调查都必须进行较大的修改，它们往往会报告关于劳动力市场差异很大且难以调和的图景。正因为如此，经济学家认为失业数据在超过 3 个月来分析时，比任何单个月的分析要更可靠。

就业问题

在离开劳动力的话题之前，很重要的是指出当前美国国家层面争议激烈的两个问题，它们都不是新问题，但已经到了必须引起注意的程度。

□ 离岸外包和失业

从美国向低工资的国外转移工作的**离岸外包**使关于失业的激烈争论再次升温。在制造业部门，离岸外包已经存在了几十年。总部设在美国的公司常常将工作转移到离岸地区，劳动力成本优势如此之大，以至于保持国内生产会威胁到全球竞争力。今天，美国消费者对零售店到处可见的、贴着显示该产品部分或全部由外国工人组装标签的商品已经习以为常了，尽管它们可能是美国品牌。制造业工作的国外离岸外包具有革命性意义。1994年，美国、加拿大和墨西哥签署《北美自由贸易协议》之后发生的情形是一个显著的例外。

最近的离岸外包从数量方面说是不同的，因为它包括了服务和制成品。这场运动始于电话销售、数据录入和其他后勤工作大规模出口到印度。它很快扩展至技能更高的白领工作，以至任何标准化的工作都有潜力被外包。如今，商业服务和电脑技术的工作被外包，给那些认为自己可免于外包的人带来了失业。在某些情形下，失业者正是那些多年前目睹其制造业工作消失，因而在电脑领域从事服务工作的人。

这对经济而言意味着什么？劳工统计局并未保留一个关于因离岸外包而导致工作损失数量的记录。各种各样的私人研究估计，工作可能会被转向国外，且持续的离岸外包是不可避免的。但是，相比于劳动力中超出1.4亿人的就业者，该数值仍是相对较小的。而且，工作损失数据还必须解释由技术变迁和增加的工人生产率带来的事实，一些流向低工资国家的工作在它们未被外包时也会损失掉。

经济学家把离岸外包看作比较优势原理的另一个例子。在第二章中，我们已经学习过国家专门生产其最有优势的产品并将它们出口，且进口其他国家有优势的产品会变得更好。通过这种方式，所有国家都会变得更好。由美国公司出口到低工资国家的工作是那些在其他国家生产成本更低和效率更高的工作。出口这些工作使美国公司得以将资源配置到那些技术和人力技能组合能创造经济增长和大量工作岗位的商品和服务生产领域。

同样很明显的是，技术和通信的迅速进步推动高水平的研究工作被外包到国外。虽然许多科技工作由在国外的美国移民和美国公民从事，但大量工程、科学、医疗、数学和计算机等领域在美国不能被满足的工作被出口到中国和印度。这是一种很可能因美国在相关学科大学毕业生稀缺而被强化的趋势。

除了人才稀缺外，经济全球化构成了资源配置的另一个原因。例如，美国跨国企业2010年在其他国家雇用了1 000万名员工，接近它们在美国雇员的一半。跨国公司频繁地将工作迁移到那些顾客所在的国家和地区。但是，转移到国外的工作倾向于支付一个高于平均水平的工资，且是历史上美国中产阶级选择的工作。这种生产转移对美国就业和工资产生了消极影响。

美国国内创造的工作和丧失的工作并不相同。虽然它们的报酬更高，但新创造的工作倾向于需要更高的技能和教育。因此，离岸外包给那些成为失业者的人带来了经济和社会困境，因为他们的技能不再有市场需求。这些困境对个人和家庭而言可能异常严峻。一些政治领导人支持为那些受离岸外包影响的人提供特别的经济援助。其他政治领导人则要求对美国贸易政策进行彻底修改，包括鼓励美国企业雇用更多的国内员工。但是，政府通过任意限制资源流动来减少或消除离岸生产，无异于忽视全球经济的增长。

□ 移民和就业

影响美国劳动力和整个人口的第二个爆炸性问题是非法移民。该问题关系到不断增加的非法移民数量及其对工作和工资的影响。一种观点认为，非法移民正在压低美国工人的工资，增加纳税人的负担和葬送美国文化。相反的观点则认为，移民提高了美国经济的竞争力，且需要推动移民法改革。提议往往包括某种形式的赦免，因为目前非法移民在联邦法律下属于重刑犯。

移民统计资料 涌入美国的非法移民一直存在，但近些年来，非法穿越国界者与延长了在美国的逗留时间且未能返回母国的合法进入者达到了极高的比例。统计数据表明，目前美国的非法移民数量达到了 1 100 万人。2000 年，皮尤研究中心估计超过 85 万人的非法移民涌入美国，但是由于高失业率、次贷危机和经济衰退，涌入美国的非法移民在 2011 年大致降低到了 30 万人。这一趋势为以下观点提供了支持，即涌入美国的移民对美国所处的商业周期阶段非常敏感。因此，非法移民构成了总人口的 3.6%。在这一数字中，620 万人来自墨西哥，870 万人来自拉美国家。虽然非法移民在绝大多数州已经稳定下来，绝对数量最大的仍在加利福尼亚州，紧随其后的是得克萨斯州、佛罗里达州和纽约州。但在所占比例上，亚利桑那州拥有最高的比例，其非法移民人口占比高达 8%。至于就业，非法移民倾向于集中在要求较低正式教育和不需要许可证的职业。这样一来，他们中有 25%以上在农业部门就业，其次在清洁、建筑和烹饪等领域工作。

对工资的影响 从经济方面看，严惩非法移民者的支持者试图减少非法移民，因为非法移民降低了他们所从事职业的工资率。这一论述在移民拥有更高教育水平和技能时更有说服力，但情况往往并非如此。按照美国的标准，移民通常只有非常低的教育水平、最低的英语语言技能且从事低工资职业。许多移民只能赚取最低工资，甚至比最低工资还要低的工资。但是，移民确实影响了工资率梯度的最低水平。受非法移民影响最大的群体是高中辍学者和部分拥有高中文凭者。但是，移民会不断获得人力资本，随着时间的推移，他们确实变得比本土工人更加适合工作需要。若所有移民都返回母国，这些群体的工资很可能会上涨。但是，移民大批从美国流出的经济成本将是极高的。这样一来，工资可能会因需要吸引工人而显著上升。绝大多数经济研究表明，目前移民对平均工资只有一个非常小的影响。

对就业的影响 第二个观点简单地说就是，非法移民抢了美国公民的饭碗。但是，非法移民似乎对失业率只有较小的影响。通常，新移民彼此之间在就业上会有竞争。非法移民往往从事国内人们最不情愿做的工作，如肉类加工业或农业。在很大程度上，这些都是美国人不愿意从事的工作，因为它们要么工资低，要么很危险或被认为很不体面。但如果非法移民不得不被大批驱逐出境，某些产业，特别是农业，应该鼓励对抵消用资本替换劳动的影响的技术的投资。即使如此，除非这些是能带来更低生产成本的劳动节约型投资，否则许多农产品的价格将显著上涨。缺乏农业劳动力的其他结果可能是农业生产的离岸外包，特别是在亚利桑那州和加利福尼亚州南部种植作物的部门。离岸生产的受益者最可能是墨西哥、中美洲国家以及南美洲。

驱逐出境 越来越多的非法移民被强制遣送回他们的母国。美国目前的重点是对雇主进行惩罚，而非像以往的情形那样，在建筑工地或肉类加工厂实施突击检查。2010 财年记录的非法移民被驱逐出境人数为 39.2 万人，该数值几乎与 2009 年不相上下，但明显高于 2007 年 29.2 万人的数目。在 2010 年被遣送回国的非法移民中，约 50%有犯罪记录。

美国正在力图解决移民问题，以满足美国和（特别是）墨西哥的双方利益。一些州，如亚利桑那州，考虑到联邦政府的不作为，已经通过立法驱逐非法移民出境。这是一个美国和墨西哥有严重分歧的敏感话题。

美国和其他地区的失业率

到此为止，对美国的失业率和其他一些发达国家的失业率作比较是有意义的。图 8－11描绘了 7 个国家在 2010 年的失业率，数据显示了相应国家失业率的增长幅度。日本的失业率由于下面将要解释的原因而非常低，但直到 2011 年，大地震及随后的泥石流灾害的影响才在日本的失业率中得到反映。

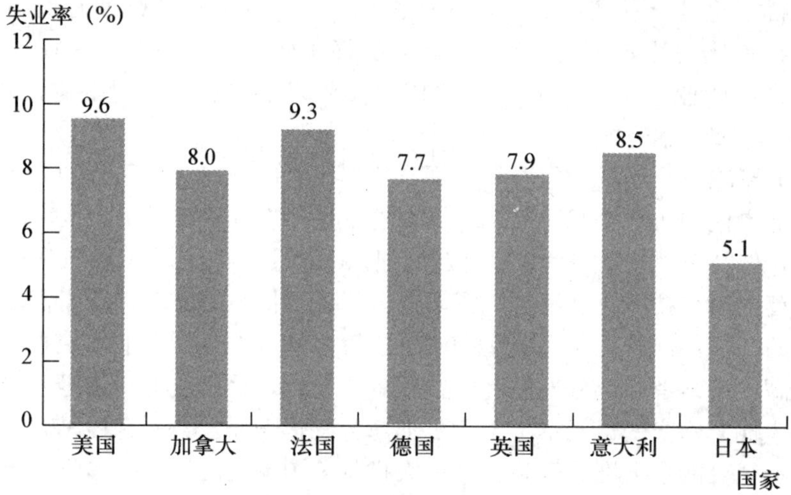

图 8－11　2010 年未经调整的失业率的国家间比较

资料来源：美国劳工统计局。

即使在 2010 年，在经历 10 多年的经济衰退、通货紧缩和增长缓慢之后，日本的失业率仍低于美国。造成日本低失业率的原因很多，终身雇佣制是其中之一。虽然终身雇佣制不再普遍有保障，这一传统在许多日本行业中仍保留着。在欧洲，许多欧盟成员不得不对货币和财政政策进行困难却必要的调整，以便符合欧洲货币联盟的规定。鉴于强大的工会，以及长期存在的关于工资谈判、工作时间、兼职就业和工人解雇的规定，这些调整被证明是非常困难的。欧洲国家和加拿大拥有非常慷慨的失业保障体系。

不同的劳动力流动性是解释各国失业率差异的另一个要素。伴随着教育水平的上升，因工作相关原因而流动的人口比重不断提高，许多人是远距离流动的。职业流动性也是相同的道理。在美国，人们在整个职业生涯内为许多雇主工作很常见。许多工作都需要不同的技能和经验。这种职业流动性在许多欧洲国家是不存在的，在这些国家，一个人的工作经历可能仅限于某一地区的某一工种。失去一份工作可能会导致终身失业，需依靠慷慨的失业保险金生活。

第八章回顾

□ 总　结

● 对劳动力的需求是一种引致需求。雇佣工人数量和工资率由 *MRP* 曲线和边际成本曲线的交点决定。*MRP* 即企业的劳动力需求曲线，边际成本曲线相当于劳动力供给曲线。

● 向后弯曲的供给曲线表明了以下事实，即在更高的工资率上，工人将以更高的收入和更少的工作来替代闲暇。工会对工资的影响可能是，一方面，提高了工会劳动者的工资，并降低了工会就业人数；另一方面，降低了非工会劳动者的工资，并增加了他们的就业人数。许可证的影响是提高收入和降低就业。

● 一个影响就业的重大公共政策问题是联邦最低小时工资，其在 2007 年后的 3 年内被提高到了 7.35 美元/小时。虽然已就业的工人受益于更高的工资率，但人们普遍认为，最低工资的提高会带来更多的失业。

● 劳动力被定义为所有正在工作或正在搜寻工作的人，包括平民武装力量。与劳动力相关的概念包括平民劳动力、劳动力参与率、就业劳动力和失业劳动力。

● 不断变化的劳动力趋势特征包括老龄工人占比已经下降、女性工人数量和占比已经上升、技能型和非技能型工人结构变化（非技能型工人占比已经下降）、服务导向型工作人数和占比显著增加、农业就业者从农业领域流出、工会成员减少，以及劳动力规模持续增加。

● 劳工统计局根据每月对近 6 000 户家庭的调查衡量失业人数。人们被归类为有工作的就业者、积极寻找工作却未能找到工作的失业者和不属于这两类的非劳动力。劳工统计局每月还对 40 多万家企业雇员的薪金情况进行调查。

● 存在三种类型的失业。摩擦性失业是劳动力市场的新进入者和有经验的工人转换工作带来的结果。周期性失业源于经济衰退阶段总需求的不足。结构性失业由工人掌握的技能和市场需要的技能之间出现的失衡所致。

● 工作的离岸外包已从制造业部门扩展到服务业部门。离岸外包给那些相关失业者带来了经济和社会困境，但根据比较优势原理，工作出口是将资源配置到那些生产率最高的地区，以创造更多的国民财富和繁荣的例子。

● 非法移民问题与史无前例的非法移民涌入美国及其对工作和工资的影响有关。数据资料显示，由于非法移民从事美国公民不愿意去做的低工资工作，其影响对非技能型工人及受教育程度低者最为显著。驱逐出境主要针对那些有犯罪记录的非法移民，且近些年来数量有所上升。

□ 关键术语和概念

引致需求	边际收益产品	保留工资	总劳动力
平民劳动力	劳动力参与率	失业劳动力	摩擦性失业

周期性失业　　结构性失业　　消极失业者　　离岸外包

□ 讨论题

1. 你能指出一些实现限制进入和提高工资率这一基本目标的职业许可证吗？

2. 在纽约市，下雨天打车十分困难是一个人尽皆知的事实。这对向后弯曲的供给曲线有何影响？

3. 若工会提高工资并使其成员受益，则为何工会成员不断下降？

4. 联邦最低小时工资是否应该和 CPI 指数关联，以便维持其实际价值？

5. 美国劳动力不断变化的性质对生产率有何影响？

6. 为什么家庭主妇不被计入劳动力大军，她们是否应该被计入劳动力？

7. 你觉得为何相比于单个月的失业率，经济学家更关注 3 个月或以上的失业率数据？

8. 由于中国和印度两国加起来有 20 多亿人口、工资率低和经济增长率高，你认为未来美国哪些类型的行业将把部分或全部生产转向这两个国家？

9. 你会采取哪些措施减少涌入美国的非法移民？

10. 你如何看待欧洲和美国居高不下的失业率？

第九章

收入分配

学习完第九章后，你应该能够：

（1）描述美国的收入分配；

（2）讨论收入流动性对收入分配数据的影响；

（3）理解如何用洛伦兹曲线和基尼系数测量收入不平等；

（4）分析收入不平等的原因；

（5）比较收入平均分配和收入合理分配；

（6）定义贫困并指出美国贫困发生的原因。

虽然证据表明，美国贫困群体和中产阶级的收入已经增加，但是随着时间的推移，他们所占总货币收入的份额持续下降。因此，尽管贫困群体和中产阶级并未变得更穷，富人却变得更富有了。现在的收入不平等有许多原因，但只有其中的一些能归咎于这些人在以技术为基础的美国经济中所获得的经济报酬。在 20 世纪 90 年代繁荣时期，收入不平等的各种衡量指标变得更糟糕。虽然许多人来自当时剩余的所得由于企业破产、失业、股市崩盘和收入的微小增加而下降，但美国经济创造出一种积累财富和更高收入的强大力量。高管的高薪资、股票期权和奖金造就了数量空前的百万富翁，甚至亿万富翁。

伴随 2008 年全球金融危机而来的衰退在许多方面加剧了之前就存在的收入和财富差距。历史上棘手的高失业率开始加速扩散。因此，富人和其他群体之间的收入和财富差距似乎正在拉大。由于经济从衰退中温和复苏，收入分配成了一个政治色彩颇浓的问题。华尔街上的企业重新开始给特定的高收入雇员支付巨额薪金的事实使该问题不断升温，因为这些金融企业中有许多曾接受过政府的巨额援助。在 2012 年，公众义愤、对援助的政治反应和对个人的暂时性援助支付，已导致了关于收入不平等的广泛争议。

虽然本章的讨论支持不平等正在上升的观点，但使用政府统计资料时会存在内在的时滞。和财富积累有关的统计资料尤其如此。需要注意的是，收入不平等本身并非一件坏事，只要经济增长强劲且贫困下降。但是，富人和穷人之间的差距必须被认为符合平等和社会公正的规范。在公司高管采取十足的欺诈行为以牺牲工人和投资者的利益为代价攫取财富的情形下，这些规范显然遭到了背弃。

个人、家庭和居民收入

人口普查局依据三种类型，即个人、家庭和居民，来收集和记录收入分配数据。**家庭**是指两个及以上的人因出生、婚姻或收养而住在一起的组合。**居民**包括所有相关或不相关的共同居住在一起的人。一个单独居住者被计作居民。美国的中位居民收入（位于所有收入数据的中间位置）在 2010 年为 49 445 美元。

□ 收入分配

收入分配是指收入在不同居民或家庭之间的分配。人口调查局通过将所有居民分成收入从低到高五种类别来记录收入分配，并显示每个五分位居民所得总收入的比例。图 9－1显示，在 1970—2010 年间，收入较低的 4 个五分位群体所获得的相对收入分配比例下降了，而最高的 1/5 群体的相对比例却从 43.3%上升到了超过 47%。数据还显示，收入最高的 5%居民的收入已上升到了将近 21%。

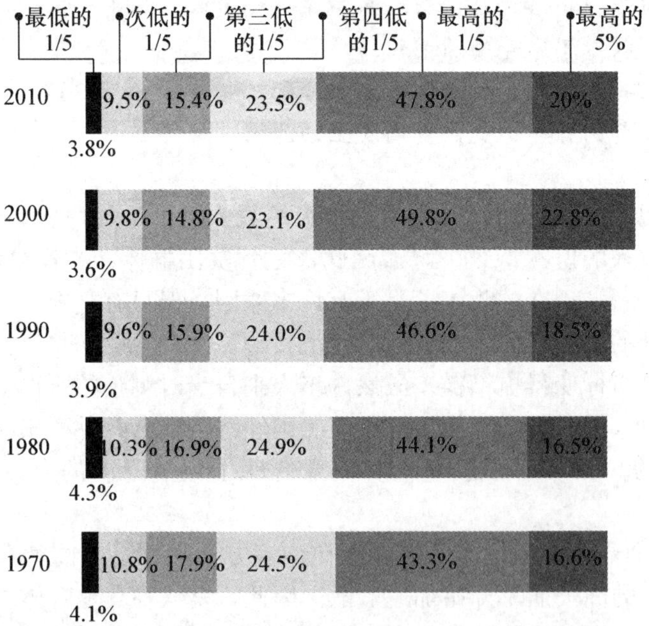

图 9－1　按人口五分位分类的居民收入比例：1970—2010 年

资料来源：U. S. Census Bureau, *Current Population Survey*, *1961 to 2008 Annual Social and Economic Supplements*.

□ 收入流动性

从收入分配统计数据中得出结论时应保持适当谨慎。图 9－1 描绘了收入分配五分位突破点关于特定时点居民收入的快照。其传递的信息是，美国存在实质性的收入不平等。这并不一定意味着，陷入低收入群体的居民年复一年都是一样的。由财政部经济学家最近开展的一项研究支持以下观点，即快速的收入流动性仍在继续，随着时间的推移，许多低收入居民跻身到了中等收入甚至高收入阶层。收入分配表并未反映这一点，因为这些流动的居民被新人和那些遭受下降的收入流动性的人取代了。

根据财政部的研究，收入流动性在近几十年来已发生了显著变化。研究表明，超过一半的 1996 年拨给最低收入群体的收入税在 2005 年转到了更高收入的群体，且有 25％的低收入群体已经跻身中等收入群体，约 5％的人甚至已跻身最高的 1/5 收入群体。从次低的 1/5 群体来看，近 50％已经向上跻身，近 17％则掉到了下层。即使跻身到最高的 1/5 收入群体，也可能只是暂时性的，因为其可能是一次性的股票、住房和企业出售的资本利得。这些发现并未质疑收入不平等，但它们指出了美国经济中确实存在向上流动的机会。

□ 洛伦兹曲线

经济学家通常用所谓的洛伦兹曲线来阐述收入分配。**洛伦兹曲线**描绘了经济体中所有居民或家庭获得的收入比例和人口比例之间的关系。图 9－2 显示了一个收入分配完全平等的经济体和美国 2010 年的实际收入分配情况。完全平等的收入分配由斜对角线表示，因为任何给定比例的居民人口获得相同比例的收入。在这条斜对角线上，20％的居民人口获得 20％的收入，40％的人口获得 40％的收入，60％的人口获得 60％的收入，如此等等。当收入分配不均等时，洛伦兹曲线就会偏离完全平等的 45°线。45°线和洛伦兹曲线之间的距离越大，收入分配不平等越大。

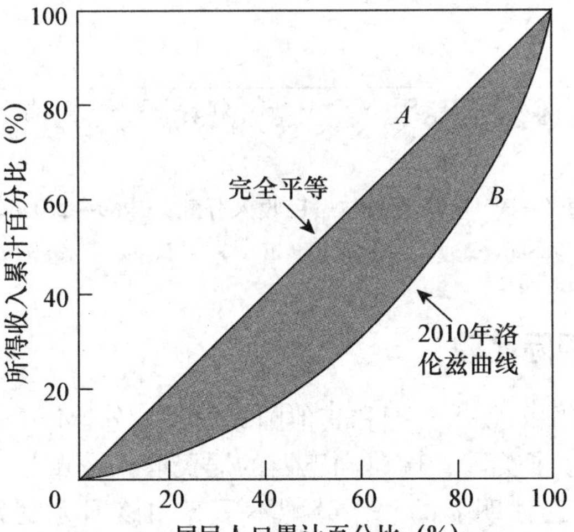

图 9－2　2007 年美国收入分配的洛伦兹曲线

□ 基尼系数

另一种表示收入不平等程度的方法是使用基尼系数。**基尼系数**以一个数值来总结洛伦兹曲线反映的不平等。该系数通过将斜线 A 和曲线 B 围成的区域（图 9-2 中的阴影部分）除以斜线 A 均分的三角形面积算出。若收入平等分配，则洛伦兹曲线（线段 B）将和斜线 A 重叠。由于只有一条斜线，基尼系数值将等于 0。另外，若某个居民获得了所有的收入，则收入不平等将达到最大。在这种假设的情形下，洛伦兹曲线将与横轴和纵轴重叠，且看上去像一个躺着的“L”。这是因为没有居民能获得任何收入，直到最后一个居民获得整个社会的所有收入。在这种情形下，基尼系数等于 1，因为洛伦兹曲线（B）和完全平等斜线（A）围成的面积与完全平等的区域面积相同。因此，基尼系数的取值范围在 0～1 之间，取值越大，表明不平等性越高。

图 9-3 描绘了 1969—2010 年的基尼系数走势。图中的基尼系数显示，在此期间收入不平等的长期趋势并不是平稳发生的。该趋势在 1970—1979 年间变化相对缓慢，但在 1979—1993 年间，除 1990—1991 年间衰退外增加得很快。1993 年以后，除了 1995 年和 1998 年外，基尼系数从 1993 年的 0.454 上升到了 2001 年的 0.466。2001 年后，基尼系数又表现出了较小的波动，2010 年的基尼系数为 0.469，略高于 2009 年。

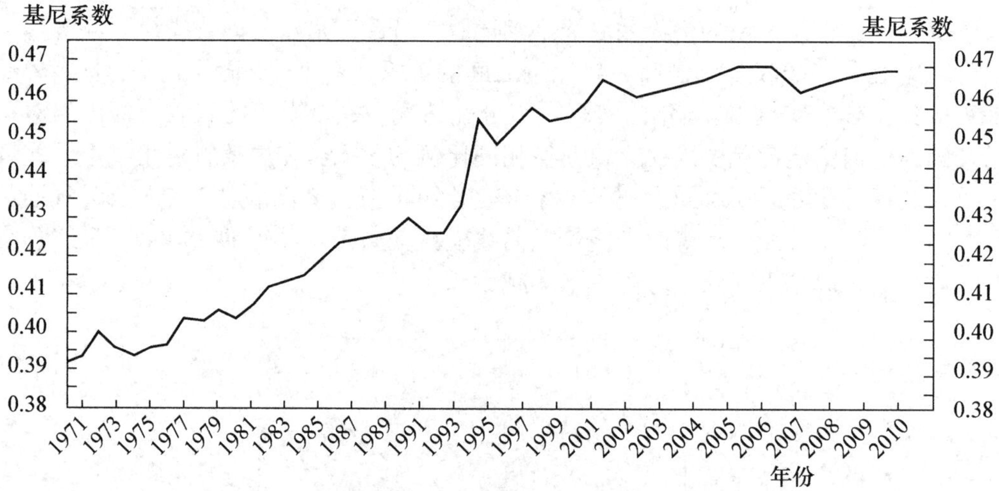

图 9-3　基尼系数与居民收入分配：1969—2010 年

资料来源：U. S. Census Bureau, *Current Population Reports*: *Income*, *Poverty*, *and Health Insurance in the United States*: *2007* (August 2008).

□ 收入分配的国际比较

现在，我们来对美国的收入分配和其他国家的收入分配作一比较。根据世界银行的研究成果，图 9-4 比较了美国、瑞典和巴西的居民收入分配情况。巴西的洛伦兹曲线远离完全平等分配线。巴西明显的收入分配不平等和该国为发展中国家的状况密切相关。绝大多数发展中国家有着高于工业化国家的收入不平等程度。

对瑞典而言，其拥有同质化的人口、更高的累进所得税，以及一套长期实施的政府收入再分配政策，这些都带来了一个更合理的收入分配。在美国、瑞典和巴西这三个国家中，瑞典的洛伦兹曲线最接近完全平等分配线，美国的洛伦兹曲线则处于瑞典和巴西之间。

若针对世界收入作一条洛伦兹曲线，则其将显示出高于任何一个给定国家的收入不平等。富国和穷国之间的收入差距不仅很大，而且在不断拉大。富国一般位于北半球，穷国则一般位于南半球。

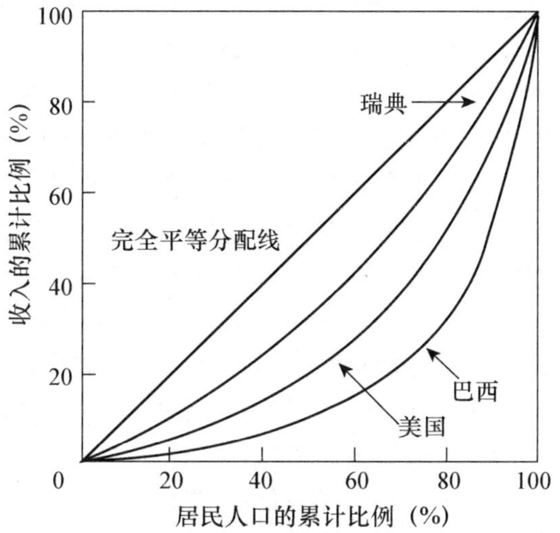

图 9-4　美国、巴西和瑞典的洛伦兹曲线

资料来源：世界银行。

□ 收入不平等问题的原因

几乎在所有的经济体，特别是在美国等市场经济体中，不同个人和居民之间均存在收入差异。有一些收入差距是合理的，因为它为个人投资教育、培训及承担就业和投资风险以获取更大回报创造了激励。但是，鉴于洛伦兹曲线和基尼系数所描绘的收入不平等程度，对美国收入不平等的原因和程度的关注不断升温。在导致收入分配不平等的诸多因素中，以下因素被认为影响最大。

教育　收入差异通常源于受教育程度的差异。2010 年，对全职工人而言，高中辍学者的中位收入是 31 377 美元，相比之下，高中毕业生为 41 980 美元，而拥有学士及以上学历者的收入则为 74 779 美元。在一生中，拥有学士学位者有望赚取比高中辍学者至少多 100 万美元（以 2010 年美元计）。除花费在教育上的时间和金钱外，一个人很难找到更好的投资了。递增的教育报酬反映了需求转向偏好于受教育程度更高的工人。就业机会已经从那些为蓝领工人提供不成比例的高工资岗位的商品生产部门，转向医疗、商业和其他不成比例地雇用大学毕业生的部门。迅速增加的酒店和零售部门岗位也有助于解释高中毕业生的低工资。

技术　除了跨行业的需求转变外，在相同行业内部也不断会有对受过高等教育和高技能型工人的需求转移。这些改变源于经济系统内和工作组织方式有关的技术变革。一项重大变革是电脑技术在工业中的运用，近几年来电脑在工作中的应用显著增加。据估计，有超过 60%的劳动力现在需要用电脑工作。在工作中使用电脑的工人所赚到的工资要高于那些不用电脑的工人。受教育程度更高的雇员比受教育程度较低的雇员更能适应电脑工作的复杂性。因此，在经济体变得更有技术效率的同时，收入不平等也在上升。

甚至许多传统上由技能型、受教育程度高的群体占据的职业在工资收入上也落后于后者。如今，在经济体的哪个部门就业至关重要。例如，零售、建筑和教育行业的工作能获得更高的工资，但是这些行业的实际工资要么正在下降，要么很少上升。这些行业被视为由有形商品或个人服务构成的旧经济的组成部分。但是，若一名工人提供的主要产品或服务是信息，则过去几年其收入已显著上升。信息经济正在吸引史无前例的数量多的大学毕业生，这一现象也为那些不具备大学学位的工人提供了与电脑相关的工作的培训机会。随着最聪明的人涌向信息经济，收入差距可能会不断拉大。

工会 属于工会的工人数量的下降也导致了收入不平等的上升。如第八章所示，通过集体谈判，工会为获得比高度竞争市场支付的竞争性工资更高的工资进行磋商。集体谈判的效应是使一家给定企业内部的工资率实现均等，并使没有工会工人的企业之间的工资率保持稳定。由于对市场势力的成功利用，从历史上看，工会缩小了白领工人和蓝领工人之间的收入差距。

作为劳动力的组成部分，工会成员数量经历了一个显著下降。导致这种明显下降的原因有很多，部分最重要的原因在第八章已经讨论过。工会工人的这种下降很大程度上与制造业的衰落有关。制造业为数百万工人提供了高报酬的工作机会，但是美国制造业部门工作的稳步减少已经导致了更少的非技能型和半熟练工人的工作岗位。他们中的许多人不得不转向低收入的服务性工作，由此增加了收入差距。

能力 许多人有才能和天赋赚取和支配庞大的市场收入。一些人拥有了进入医学和法律等高收入领域的心理素质，其他人则通过晋升成了大型跨国公司的首席执行官。异于常人的身体素质一次又一次地使亚历克斯·罗德里格斯和勒布朗·詹姆斯等体育明星成为亿万富豪。在娱乐界，某些艺人，如安吉丽娜·朱莉和乔治·克鲁尼，拥有精湛的演艺才能和天赋，赚取了巨额收入。尽管这些才能使一些人能对总产量作出巨大贡献，在收入不平等正在拉大的时期，异乎寻常高的收入是极富争议的。特别是企业高管每年赚取数百万美元的工资、奖金和股票期权（即使在公司破产时），同时解雇了成千上万名工人。

财产 来自财产的收入比来自劳动的收入更加分配不均。**财产**，或净财产，是指居民或家庭总资产减去其负债的值。财产既可以来自其当前所有人，也可以通过继承得到。虽然并非得自2007年的居民，根据美联储统计，2007年的中位家庭净财产约为12万美元。这一数据包括了组成家庭财产的主要资产。资产类型包括房屋净值；流动资产，如现金、银行存款、货币市场基金，保险储蓄及个人退休账户（IRA）和基奥账户等年金计划；房地产和非法人企业；以及企业股票和债券。它不包括雇主赞助的年金计划中的股权净值和寿险政策中的现金价值。房屋净值大概占了总净财产的32%，很容易构成居民财产的最大部分。美联储估计87%的国家财产掌握在25%的居民手中。

由于如此多的家庭财产和房屋净值相关，自2003年开始的住房市场波动期已对居民净财产产生了重大影响。类似于20世纪90年代股市的投机性繁荣，许多人口密集地区房地产市场的繁荣也表现出了创纪录的高价，低利率、猖獗投机、次级贷款再融资和抵押贷款市场的良莠不齐均刺激了房价高企。自2007年开始的房地产市场的最终崩盘使许多家庭要么陷入负的居民净值，要么陷入破产。复苏后的更新数据表明，这一现象导致了财富分配不均的加剧。

歧视 劳动力市场中的歧视是一个复杂的问题，其影响并不容易测量。当雇佣、提拔、解雇或工资支付以工人的种族、性别、年龄或国籍等与生产率无关的因素为基础时，就发生了**劳动力市场歧视**。基于大量经济研究的强有力的证据表明，歧视部分造成了不同种族和性别工人之间的收入不平等。

不同种族、年龄和性别间的居民平均收入存在显著差异。表 9－1 中的统计数据显示，2010 年所有非西班牙裔白人的中位收入为 54 620 美元，黑人居民的中位收入为 32 106 美元，西班牙裔居民的中位收入则为 37 759 美元。亚洲和太平洋岛居民有着 63 726 美元的最高居民中位收入。表 9－1 还显示，全职女性工人的全年中位收入为 36 931美元，相比之下，男性工人为 47 715 美元。女性赚得的收入少于男性，近年来女性与男性之间的收入已在不断拉平。从历史上看，女性和男性之间的收入差距自 1960 年来已经缩小。女性收入从占男性收入的 61%上升到 77%，但是 2006—2010 年只上升了 1%。图 9－5 描绘了 1960—2010 年间女性收入占男性收入的比例情况。

表 9－1　　2010 年美国居民中位收入

居民	中位收入（美元）
所有居民	49 445
非西班牙裔白人	54 620
黑人	32 068
西班牙裔	37 579
亚洲和太平洋岛居民	64 308
居民类型	
家庭居民	61 544
非家庭居民	29 730
全职工人全年收入	
男性	47 715
女性	36 931

资料来源：U. S. Census Bureau，*Current Population Reports*：*Income*，*Poverty*，*and Health Insurance*：*2010* (September 2011).

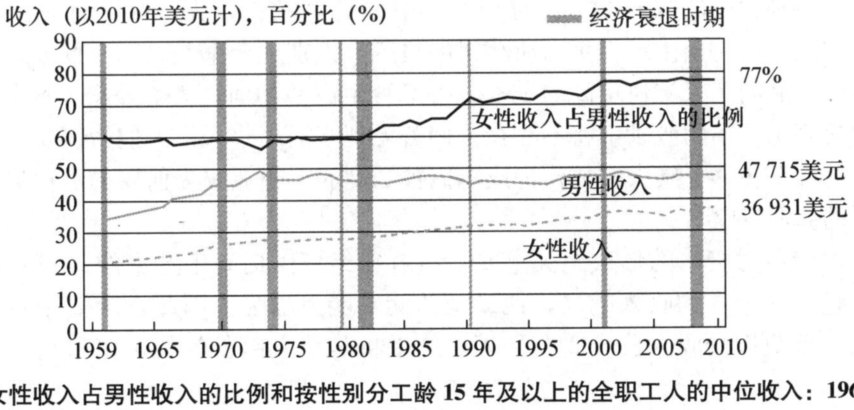

图 9－5　女性收入占男性收入的比例和按性别分工龄 15 年及以上的全职工人的中位收入：1960—2010 年

资料来源：U. S. Census Bureau，*Current Population Survey*，1961 *to 2008 Annual Social and Economic Supplements*.

但是，多数劳动力市场中的歧视并非乍看上去那样，因为它一般不会以基于从事相同工作的工人之间性别或种族歧视的形式出现。更经常的是，劳动力市场歧视具有更多的制度性质，以使不同群体的人们转向他们认为合适的工作岗位为基础。根据性别或种族使人们转向不同的职业被称为**职业隔离**。例如，直到最近女性都被禁止成为军方飞行员，因为人们普遍认为该职业更适合男性。妇女被认为更适合文书工作和其他危险性更小的任务。在商务航空业，男性多为飞行员，而女性则为乘务员。

性别区分在医疗行业也很明显，在医疗行业，男性被认为更适合当医生，而女性则更适合当护士。大学教授多为男性，初中教师则多为女性。黑人女性被禁止从事警察和消防部门工作，且被要求去从事卫生和公共运输部门的职业。黑人女性也不被认为适合从事护士职业，相反地，她们在医院当护理员。

性别区分可能是雇员自己偏好的结果。许多妇女只想成为学校教师、护士或秘书，如果这样，就不构成劳动力市场歧视。但是，区别对待很明显的一个结果就是，女性和少数族裔涌向了那些专为他们保留的职业。这种涌入增加了这些领域的劳动力供给，压低了工资水平。与此同时，一些受限制领域的工资却更高，因为那里的劳动力供给下降了。不妨再想一下航空业飞行员和乘务员之间的工资差距。虽然这在一些领域正在迅速改变，低收入职业仍主要由女性和少数族裔从事。

性别之间的收入不平等也是妇女抚养孩子角色的一个结果。许多妇女离开工作以便更好地抚养孩子，同时男性却在接受有助于获得职业提升的经历和培训。妇女还要承担更多照顾孩子的责任，因此，可能会寻找提供相对灵活的工作时间、离家相对较近且只需较短交通路线的就业机会。通常，为获得这样的工作条件，必须接受更低的收入。为了扮演好这一角色，女性往往被转向从事提供这些灵活性的岗位和职业。在很大程度上，该模式在不同国家的大学校园里持续至今。

□ 收入分配问题

收入不平等是否必然对经济有害？这是一个规范经济学的研究问题，需要作出价值判断。答案是肯定还是否定，将视不平等的程度而定。若绝大多数家庭缺乏足够的收入来提供基本的生活必需品，其将损害社会福利和破坏经济体系运行。

另外，某种程度的收入不平等对经济体系是有利的。首先，收入有一个功能性目的，因为它是人们付出生产性努力所获得的报酬。识别生产率差异的一种方式便是给那些生产更多产品的工人支付更高的工资。若不管生产率如何，人们获得相同的收入，则绝大多数提高生产率的激励都将不存在。倘若无利于提高收入，人们为何要上大学学习贸易？倘若社会转移了绝大多数作为成功回报的利润，企业家为何要去承担最终丰富了我们生活的商业风险？

其次，储蓄对资本的形成至关重要，后者在经济体提高生产率的过程中扮演了最重要的角色。一个人的收入越高，他或她的储蓄能力越强。因此，产生储蓄的高收入是有利的。若我们的收入分配完全平等，结果将是个人储蓄的最小化和经济增长受到抑制。

□ 平等的收入分配与合理的收入分配

平等的收入分配是指一种所有的居民获得完全相同收入的收入分配形式。平等的收入分配不同于合理的收入分配。**合理的收入分配**是指根据一些主观标准进行的收入分配。但是，平等的意义对不同的人是不同的。例如，一些人认为唯一合理的收入分配是平等的收入分配。其他人可能认为平等的收入分配是不合理的，这样的体系将使对经济体贡献最小的人获得和贡献最大的人一样的报酬。

在我们的市场体系中，合理的收入分配往往被视作根据个体认为的贡献所作出的收入分配。因此，我们肯定会有一些收入分配差异。但是，在这一体系中，我们的主要任务不是消除收入不平等，相反地，而是防止收入不平等变得过大。贫困的条件便是收入不平等的一个极端，它是本章剩下部分讨论的主题。

贫　困

联邦政府对经济中收入分配的主要关注点聚焦在贫困上。在肯尼迪政府主政期间，贫困首次成了一个国家层面的问题。由于对经济中生活在标准收入之下许多家庭的关注，肯尼迪总统要求他的经济顾问委员会开展一项关于美国贫困的研究。这项研究成了约翰逊总统依照 1964 年通过的《经济机会法案》设计的向贫困开战项目的基础。从那时起，数十亿美元被用于各种旨在减少（若非消除）贫困的联邦项目。

□ 定义贫困

贫困并不容易定义。对贫困定义的选择很重要，因为它将决定贫困人口的数量和政府减少贫困的项目能否成功。一些分析人士以相对标准形式定义贫困，其他一些偏向于以绝对标准形式定义贫困。**贫困的相对测量**以其他居民赚得的平均年收入为形式定义贫困。若采用相对贫困定义，则贫困将永远存在于我们当中，因为在市场经济中总是会有部分人口被归入贫困群体。消除贫困的唯一方法是拥有一个平等的收入分配。**贫困的绝对测量**按照年收入低于特定水平来定义给定居民的贫困。根据绝对定义方法，居民在其收入未高到足以使自己获得一定量的被视为对最低生活水平至关重要的商品和服务时，即属于贫困。

20 世纪 60 年代初，联邦政府舍弃贫困的相对测量，并根据绝对标准来定义贫困。美国政府确定了官方贫困标准为 3 倍于农业部的营养计划的食物预算。贫困标准建立在典型家庭将三分之一收入花在食物上的事实上。1963 年，总统经济顾问委员会采纳了四口之家 3 000 美元的贫困线标准。任何收入低于 3 000 美元的家庭均被归入贫困人口群体。**贫困线**是区分贫困者和非贫困者的确定的年收入标准。官方贫困定义包含了许多基于家庭规模和年龄的分类，贫困线标准每年会相应上调，以便考虑到一般物价水平的变化。2010 年，四口之家（丈夫、妻子和两个未满 18 周岁的孩子）的贫困线标准为 22 113 美元。

□ 贫困发生率

1960 年，超过 4 000 万人（占总人口的 22%）被官方归入贫困群体。20 世纪 60 年代末，贫困人口数量降至大约 2 500 万人，该数值一直持续到 1978 年。但是，1978—1983 年期间，贫困人口迅速增加到 3 500 万人。2010 年，低于官方贫困线的人口数量为 4 600 万人，约相当于美国总人口的 15%。近些年来贫困人口迅速上升，房地产市场危机和高失业率则加剧了这一趋势。图 9－6 描绘了 1959—2010 年间贫困人口总数及其占总人口比例的情况。

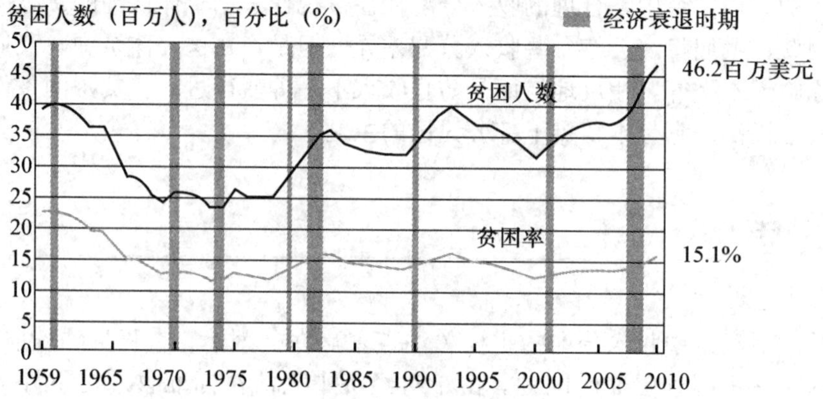

图 9－6　1959—2010 年间的贫困人数和贫困率走势

资料来源：U. S. Census Bureau，*Current Population Reports*：*Income*，*Poverty*，*and Health Insurance in the United States*：*2008*（August 2007）.

贫困对社会中某些群体的影响甚于其他群体。测量贫困不平等分布的一种方式是考察贫困发生率。贫困发生率是指在特定群体中被官方归为收入低于贫困线的人数所占的比率。表 9－2 给出了 2010 年不同人口群体的贫困发生率。从表中可以看出，贫困者不成比例地由非白人、年轻人和女性当家的家庭构成。黑人和西班牙裔拥有较白人而言更高的贫困发生率。2010 年，大约有 27%的黑人和 26%的西班牙裔处于贫困线下方，而只有约 10%的非西班牙裔白人被官方归为贫困者。从年龄上看，不满 18 周岁的未成年人中有 22%归为贫困者，65 岁及以上老人则为 9%。

表 9－2　　2010 年美国贫困人口的统计学特征

特征	人数（百万）	占比（%）
人群		
白人，非西班牙裔	19.6	9.9
黑人	10.6	27.4
西班牙裔	13.2	26.6
亚洲和太平洋岛居民	14.3	12.1
不满 18 周岁未成年人	16.4	22.0
65 岁及以上群体	3.5	9.0
女性户主，目前单身者	4.7	31.6

资料来源：U. S. Census Bureau，*Current Population Reports*：*Income*，*Poverty*，*and Health Insurance*：*2007*（August 2008）.

官方贫困线测量一个内在的重要缺点是只包括了税前收入，并未考虑到来自政府的现金转移支付和实物福利。来自联邦政府的实物福利包括食物票、住房补贴和医疗补贴等。诸如所得税税收抵免额及资本利得和损失也被排除在外。此外，贫困者不需要支付所得税或只需支付很少的所得税。若所有这些非现金援助都被包含在内，贫困率将大大下降。这也意味着洛伦兹曲线和基尼系数显示的收入差距比政府数据显示的要低。

由福利转向工作

从历史上看，对穷人的收入再分配主要通过公共援助或福利计划实施。这些计划由联邦政府和州政府共同提供资金。

□ 立法

20 世纪 90 年代，对福利计划不断增长的不满发生在整个美国。政治风暴的中心是关于福利是工作事项的动机，以及接受福利者缺乏脱离福利角色的意愿。福利体系的批评者认为，对于许多接受者而言，福利已经成为一种生活方式。该体系本身给人们寻找工作带来了负向激励，接受福利在许多情形下是一个经济上理性的选择。

最大的就业抑制因素是当福利接受者加入劳动力大军时面临的隐形税收陷阱。这是因为转移支付系统类似于收入累进税，随着收入增加，收益会下降。当人们开始从就业中赚取收入时，福利的隐性税率将会很高，最终甚至会达到 100%，此时收入会使福利救济金完全消失。

第二个抑制因素基于以下事实，即对于许多福利接受者，从事一份工作将使收入减少。因为许多福利接受者只具备有限的教育和技能，他们将作为最低工资工人加入劳动力大军。但是，这些收入是要纳税的，而福利救济金却不必纳税。此外，一个失去福利和开始工作的人不仅必须放弃闲暇，现在还必须承担伴随工作而来的费用，如服装、交通和子女照料。

考虑到这些工作的抑制因素，不断增加的改革州和国家层面福利体系的呼声便不足为奇了。对福利的强硬态度在 1994 年当福利接受者所占比例创下 5.5%的历史记录时达到了顶点，尽管这发生在就业机会正在增加的不断发展的经济中。

为了回应民众对福利改革的迫切需要，克林顿总统于 1996 年签署了《个人责任与工作机会协调法案》（PRWORA）。该法案被视作鼓励福利接受者脱离福利而从事工作的严肃尝试。该法案的通过导致了此前福利体系的削减，后者由“对有子女家庭补助计划”（AFDC）及“就业机会和基本技能计划”（JOBS）组成。取而代之的是一套新体系，即“贫困家庭临时援助”（TANF）。该法案给每一户家庭 5 年福利的终生限制，它要求所有身体健全的成年人在享受 2 年的福利后开始工作。

福利改革立法对现行法律作了一些重要完善。在许多改变中，它给予身体健全的穷人的现金救助从一项权利转变成有时间限制的一笔整体现金补救款。它还给予各州要求福利接受者参加工作活动的普遍权利。它使各州能够对违规行为实施惩罚、改变救济金水平，以及改变由于家庭努力参加工作、脱离救济金而面临的福利减少模式。

□ 结论

由于福利和救助计划转向各州，所以联邦政府不再公布仍存在的福利接受者数量。总体上讲，由福利转向工作的计划被认为是非常成功的，尽管其现在是一个大杂烩式计划的代名词。各州均有一个其自身的授予规模和所提供的类型不同的计划。但是，暂且不论州计划的改变，无疑存在使人们脱离福利并成为劳动力中的生产性成员的激励。绝大多数这类工作都在经济中的零售或服务行业。但是，由于较低的小时工资率，许多放弃福利金救助的人继续接受其他形式的公共救济，如医疗补助计划和食品券。

第九章回顾

□ 总　结

● 虽然美国位居世界最高人均收入国家之列，但其收入分配正变得越来越不平等。最近的数据表明，收入最低的1/5居民仅获得全部收入中的3.3%，而最高的1/5居民则获得超过50%的总收入。在观察收入分配统计数据时，得出任何结论都必须小心谨慎。这些统计数据都只针对一个特定时点，并未反映出居民的收入流动性。

● 洛伦兹曲线是用于分析收入不平等的一种工具。45°线和洛伦兹曲线之间的差距越大，收入越不平等。基尼系数是将收入不平等总结为一个数值的指数。

● 解释收入不平等分配的诸多因素包括：教育，技术变革，工会的衰落，知识、体能和艺术才能的差异，财产，以及歧视等。

● 美国的贫困人口取决于对贫困的定义。联邦政府采用绝对标准测量贫困。贫困群体由非白人、未成年人和女户主等不成比例地构成。

● 从历史上看，对穷人的收入再分配主要通过公共救助或福利计划实施。这些计划某种程度上对许多福利接受者寻找工作造成了负面影响。

● 为了回应不断增加的对福利问题的担心，克林顿总统于1996年签署了《个人责任与工作机会协调法案》。

□ 关键术语和概念

家庭	居民	洛伦兹曲线	基尼系数
财产	劳动力市场歧视	职业隔离	平等的收入分配
合理的收入分配	贫困的相对测量	贫困的绝对测量	贫困线
贫困发生率			

□ 讨论题

1. 收入平等为什么是不合理的？

2. 我们当前的累进收入税（高收入者缴纳更高的税收）倾向于加剧还是减轻经济体的不合理收入分配？解释其原因。

3. 如何可能在不显著改变总收入分配的情况下，提高经济体中所有家庭和个人的收入水平？

4. 评估如下论述：“贫困在美国事实上并不是一个问题，因为贫困者在美国比在世界其他地方生活得更好。”

5. 考虑到来自教育的投资收益，认为每个人都通过完成大学学业变得更好是否合理?

6. 莫桑比克的人均 GDP 低于 100 美元，一个莫桑比克的四口之家每年赚取 10 000 美元收入将跻身该国收入最高的 1/5 群体。该家庭是否可以说是贫困户?

7. 什么导致了世界各国的巨大收入差距?

8. “统计表明，女性挣得的收入大概是男性的 77%，这本身便证明存在性别歧视现象。”请评论这句话。

9. 佛罗里达州和加利福尼亚州之间的福利救济金应该有所区别，还是联邦政府应强制它们一样?

10. 描述一些在你们国家行之有效的由福利转向工作的计划。

第十章

循环流模型和国民收入账户

学习完第十章后，你应该能够：

（1）描述循环流模型如何代表一个现代经济体，并指出漏出和注入分别包括的行为；

（2）解释用增加值法确定国内生产总值（GDP）和国民收入方法之间的差异；

（3）解释除了数量不相等之外，GDP 事实上和国民收入相同；

（4）举出转移支付的例子，并解释为何它们不被包括在国民收入中；

（5）理解为何个人可支配收入（DPI）被认为是生活水平的最佳测量；

（6）指出用 GDP 作为福利测量指标会带来的问题；

（7）区别现值美元 GDP 和定值美元 GDP，解释为何这是重要的；

（8）解释地下经济如何影响整个经济体。

现在，通过考察整体经济的运作和建立一个关于这一活动的国家记分卡，我们转向宏观经济学领域的探索。国民收入账户在 20 世纪 30 年代由美国经济学家西蒙·库兹涅茨领导建立。库兹涅茨的研究使经济学家能开发货币和财政工具，并能测量它们在稳定经济中的重要作用。每一项重要的活动都有一个记分卡，对于经济学家而言，国民收入账户便是美国经济的记分卡。

收入的循环流

在生产商品和服务以满足消费者需求和赚取利润的过程中，美国经济体中的企业必须使用生产性资源，即土地、劳动、资本和企业家精神。由于前三种资源往往由除企业家之外的其他人拥有，企业必须为使用这些资源支付报酬。企业为使用这些资源的支付变成了这些资源所有者的收入（转而成了购买力），后者又将这些收入用来购买商品和服务。同理，企业的利润变成了被用来购买商品和服务或额外资源的购买力。我们把在资源上的支付称为**资源收入**。

资源收入获得者对商品和服务的需求导致更多的产出，这反过来又带来了额外的资源收入支付。需求、产出、收入和新需求的这种循环运转即经济体中的**收入的循环流**。通过这种机制，我们确定如何使用生产性资源及为其支付报酬。循环流的规模测量了国民经济的收入和产出水平。

正如我们将看到的，有时资源收入和支出并不相等。当获得的资源收入并未直接用于购买国内企业的商品和服务时，循环流中的**漏出**就会发生。漏出包括储蓄、税收和进口采购。**注入**是指循环流中增加的支出，这些支出并非来自资源收入，而是来自投资、政府支出和国外买家的采购等。

□ 循环流图示

这里，我们把经济分成两个部门：企业和家庭。为简单起见，非营利机构被计作企业，因为它们往往提供商品和（或）服务并为使用资源支付费用。政府、储蓄和投资、对外贸易的作用将在后面加入。在美国经济中，绝大多数家庭供职于企业或者自己经营企业。家庭为企业提供生产性服务，换取工资、租金和利息等形式的报酬。企业主则凭借他们的贡献获得利润。

然后，收入获得者把他们的钱用于购买企业生产的商品和服务。若生产的所有商品和服务都被售出（如果家庭花掉它们获得的所有收入），企业将着手生产第二轮商品和服务，这一过程将再次开始。这一过程的继续使经济生产、收入支付、燃料支出等得到保持，并根据家庭的需求分配商品和服务。图 10－1 描绘了该过程。

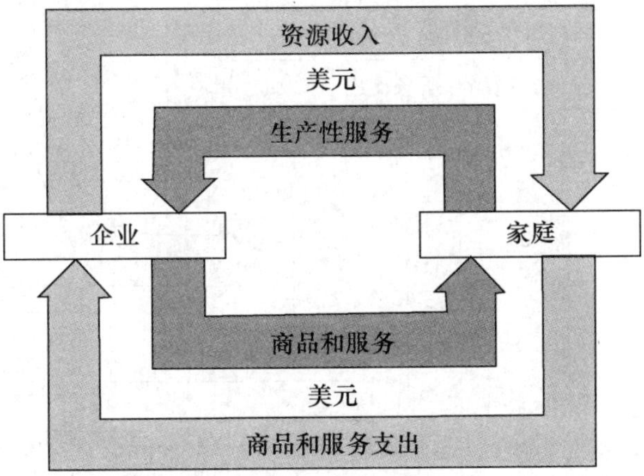

图 10－1　循环流——简单模型

如图 10－1 所示，在这个模型中，所有的资源收入都能通过某种方式流向家庭。注意，这里的家庭排除了企业主和其他资源的所有者。所生产的商品的价值取决于生产成本——劳动、土地和资本分别以工资、租金、利息为形式，再加上企业家的利润。因此，经济体中资源收入的总支出等同于产品的总成本（包括利润）。因此，家庭应该有足够的收入购买经济体生产的商品和服务。

□ 循环流和 GDP

现在，我们可以将循环流和国民产出 GDP 的主要构成联系起来。除了简化模型所示的家庭消费外，私营企业部门、政府和对外贸易等活动也包含在 GDP 中。图 10－2 通过将这些流量纳入循环，给出了一个更详细的循环流模型。简化的循环流如数值外面的一圈所示，注入和漏出的部分如数值里面的一圈所示。该循环描绘了贯穿整个经济的 50 万美元的假设总量。注意，漏出包括税收、储蓄和进口。存在漏出是因为它们代表了漏出循环的未花在消费上的收入，这反过来会导致支出低于产出。但是，同样存在对循环流的日常增加。向循环流的注入采取借贷、政府支出、私人资本投资和出口等形式。这些活动将货币和支出注入经济，有助于扩张经济活动。若注入等于漏出，则对经济的净效应将是中性的。图 10－2 显示了一个包括所有 GDP 构成要素的稳定经济体的假设例子。在该模型中，所有的收入都被花光。若注入大于漏出，则经济将会扩张；若漏出大于注入，则经济将会收缩。在理解了循环流之后，我们现在便能着手讨论 GDP 和国民收入账户了。

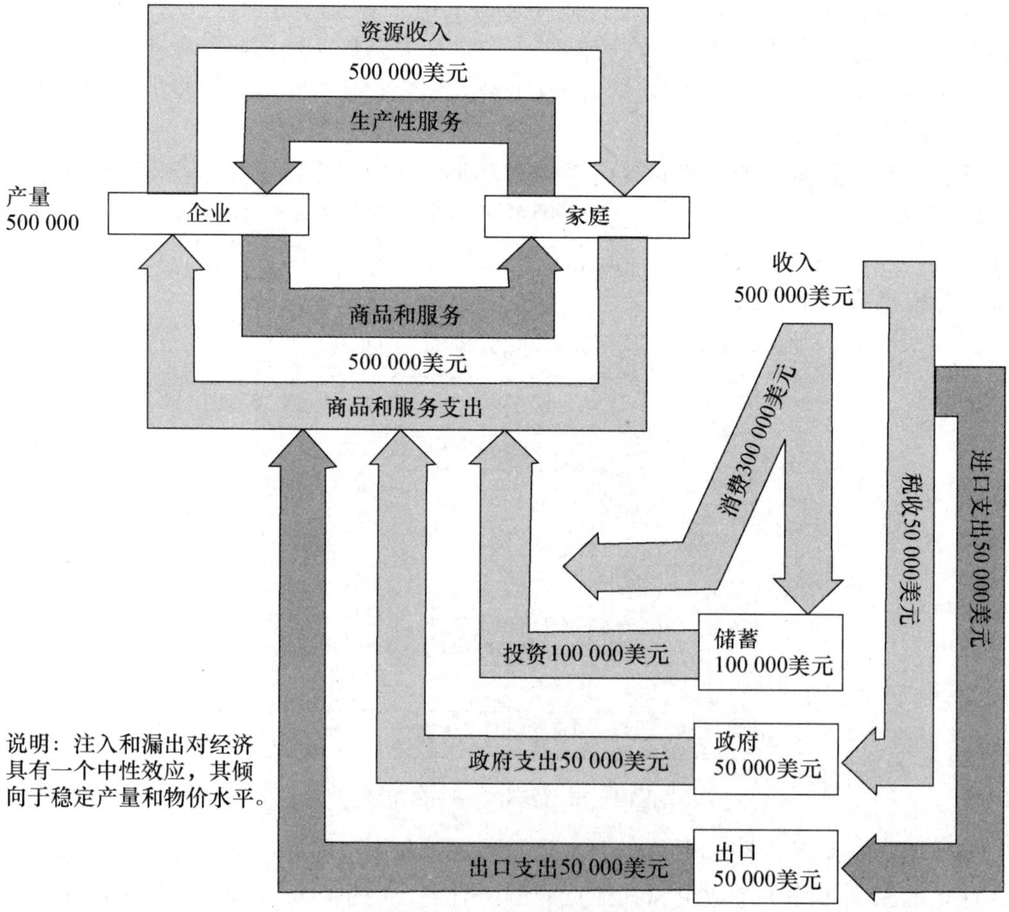

图 10－2 扩大的循环流模型

□ 国内生产总值（GDP）

国内生产总值（GDP）被定义为用美国国内资源和外国资源生产的所有最终商品和服务的当期市场价值。美国 2010 年的 GDP 为 14.526 万亿美元。另外，**国民生产总值（GNP）**也衡量所生产的全部商品和服务的当期市场价值；GNP 包括了在国外的美国所有资源生产的商品和服务的价值，且排除了在美国的外国资源所生产的商品和服务的价值。美国 2010 年的 GNP 为 14.715 万亿美元。

许多年来，GNP 被用作美国总产量的测量标准。但是在 1992 年，美国停止将 GNP 作为基本测量指标，代之以 GDP。GDP 和 GNP 均旨在测量所生产的最终商品和服务的当期市场价值，但它们所定义的经济范畴并不同。美国和绝大多数其他国家现在用 GDP 作为测量标准。

增加值法　获得总产量的方法之一是对商品和服务生产中的增加值进行加总。**增加值**是指原材料成本和最终产品之间的差额；其代表了必须支付的工资、租金、利息以及生产者所得利润的数额。因此，不同生产者生产的所有产品的总增加值加上其他人保留的服务的价值，将等同于经济体的总产量。

我们不妨举小汽车生产作为增加值法的例子。假设塑料、铝和其他基本原材料的成本起初为 600 美元。它们经过加工后价值可能是 1 200 美元，在经过提炼后可能达到2 400 美元，如此等等，直到它们最终实现价值 1.69 万美元的小汽车形式。这些支出不仅包括原材料成本，还包括生产性资源支付。若我们将每一个生产阶段的产品价值加总，总价值将达到 4.61 万美元，如表 10－1 所示。显然，这一过程中存在重复计算。

表 10－1　　增加值法举例：假设的小汽车生产成本

生产阶段	每一个生产阶段的价值（美元）	每一个生产阶段的增加值（美元）	
铁矿石和其他原材料	600	600	基本商品的价值
生铁块和其他原材料	1 200	600	生产性资源支付
钢锭等	2 400	1 200	生产性资源支付
钢板等	5 500	3 100	生产性资源支付
汽车零部件	8 000	2 500	生产性资源支付
组件	11 500	3 500	生产性资源支付
成品小汽车	16 900	5 400	生产性资源支付
生产的增加值成本	46 100	16 900	真正的产出价值

但是，若我们从基本商品的价值开始，逐渐加上每一个生产过程的额外附加值，那么总增加值将等同于最终商品的价格，如表 10－1 的第三列所示。当然，总增加值代表了已经发生的总产量。同理，它也等同于对生产性资源所有者的总支付。

增加值法并未被用于测量美国的总产量。但是，它被欧洲国家作为征收增值税的基础。

国民收入账户　我们现在把关注点转向美国测量总产量的国民账户体系。经济活动的循环流告诉我们，GDP 可以由加总花在美国商品和服务上的支出，或者加总生产这些商品和服务赚取的收入所决定。所生产的商品和服务的总价值必定等同于生产者的总收入。以 GDP 为基础，进行一些调整获得国民收入，我们便能显示总产量价值和国民收入之间概念上的等价性。本章的国民收入账户数据基于 2010 年的数值，具体情况如表 10-2 所示。

表 10-2 **2010 年美国的国民收入账户** 单位：10 亿美元

国内生产总值（GDP）		**14 526**
加上：世界其他国家的生产性资源收入	189	
国民生产总值（GNP）		**14 715**
减去：资本消耗补偿	1 875	
等于：**国民净产值（NNP）**		**12 840**
减去：统计误差		0.08
等于：**国民收入**		**12 840**
减去：生产和进口减去补贴后的税收 社会保险支出 企业利润及存货和资本消耗调整 净利息 国有企业当期盈余 企业当期转移支付 本期应付工资（减去垫付款）	997 987 1 800 564 −15 137 0	
加上：个人资产收入 个人转移支付收入	1 721 2 281	
等于：**个人收入**		**12 374**
减去：个人税收和非税收支付	1 193	
等于：个人可支配收入（DPI）		11 181
减去：个人消费支出 个人对国外居民和政府的转移支付 个人利息支付	10 587 168 173	
等于：**个人储蓄**		**592**

注：减去值被加入而非减去，以得到总产值。

和增加值法不同，给定一段时期内的美国总产量的美元价值，可通过对该时期生产的所有最终商品和服务的价值进行加总得到。但是，有时很难从最终商品（直接用于消费的商品）中区分出中间商品（用于生产其他产品的商品），例如，我们应该将轮胎算作最终商品，还是算作小汽车的部件？电脑的硬盘驱动器应该算作最终产品，还是算作电脑的一部分？这正是为了准确计算总产量，国民收入账户试图通过利用最终商品的价值消除重复计算的原因所在。

GDP 还计算支出　2010 年 14.526 万亿美元的 GDP 不仅是总产量的价值，还显示了消费者、企业、政府以及国际交易者在这些商品和服务上的总支出。在一年中生产出的每件东西都必须由上述四类购买部门购买。我们将在本章后面讨论这四个部门的支出。

使 GDP 和国民收入相等所需要的调整首先是加上（或减去）外国使用美国的生产性资源所获得的净收入。为了得到该值，对世界其他国家的资源总支出将从来自这些国家的资源收入中减去。这种调整将给出一个国民生产总值数据，后者是国民收入账户进一步细化的基础。

□ 国民净产值 （NNP）

在商品和服务的生产过程中，一些资本品会被耗尽。机器、设备、厂房和工具也会随着使用而贬值，一些变得废弃并丧失其价值。因此，要得到实际产量增加情况，必须从 GNP 中减去这些贬值，或**资本消耗补偿**。由于资本消耗补偿包含在我们支付给商品和服务的价格中，因此必须被减去，但它不能被处理成生产性资源所有者赚取的收入。从 GNP 中减去 1.875 万亿美元的资本消耗补偿，便可得到 12.840 万亿美元的**国民净产值（NNP）**。这是一个比 GDP 或 GNP 更有意义的产出测量指标，因为它排除了该年生产过程中消耗的资本。但是，贬值很难精确测量和估算，因此 GDP 更精确且得到了更广泛的使用。

现在，NNP 和国民收入应该是相等的，但多年来情况并非如此。在我们的表中，它们实际上几乎是相等的，国民收入超出 NNP8 亿美元。由于这一点，我们引入了一个所谓的**统计误差**。这只是在测量价值数十万亿美元时数据不统一的一种补偿。因此，在 NNP 中加入了 8 亿美元的统计误差以使两个账户相等。

□ 国民收入

国民收入具有双重定义。首先，它是指美国经济所生产的商品和服务的资源总成本。从该意义上讲，它等同于生产这些 GDP 用到的资源所有者的所得或收入。总的资源成本和组合的收入不过是同一枚硬币的正反两面。

其次，国民收入值可以通过对给定时期所有生产性资源所得进行加总得到。国民收入的组成要素如表 10－4 所示。类似地，国民收入可以通过对 GDP 进行一系列调整得到，像我们已经做的那样。2010 年，纳入统计误差后的国民收入值为 12.840 万亿美元。

□ 个人收入

我们已经确定了所有生产性个人赚取的收入的价值，现在我们必须测量人们所挣得的收入是多少。这引起了从国民收入向个人收入的运动。**个人收入**是指个人得自所有资源的收入，包括工资、薪金、经营收入、租金收入、利息收入、分红收入、来自政府和企业的转移支付，等等。

转移支付是一种货币支付，没有当期生产的商品或服务与之对应。例如，退休者或许每月能从企业年金计划中获得 1 000 美元。这实际上是该退休者的个人收入，虽然退休者并不需要为了获得这笔钱而生产商品或服务。（这确实是退休者获得的收入，但却是之前时期的服务转移支付。）政府转移支付包括社会保障福利金、失业补偿、福利金给付和退伍军人福利。

从国民收入中减去企业所得税、进口税（低于任何对进口产品的补贴）和未分配利润，便可以得到个人收入，因为这三者都不会转向个人。出于相同的原因，社会保险支出、企业转移支付、得自国有企业的任何剩余，以及净利息也必须减去。它们均不能被转入个人收入。但是，个人确实获得来自资产和个人转移支付的收入，因此这些必须被计作个人收入。经过这些调整后，2010 年美国的个人收入为 12.374 万亿美元。

□ 个人可支配收入（DPI）

我们都意识到自己没有花费所挣得的每一美元的机会。在我们的收入和我们扣税后的实得工资之间存在一个差额。造成这个差异的主要原因是，我们需要支付联邦和（在绝大多数情况下）州及地方所得税。在减去这些部分后，剩下的个人收入便是**个人可支配收入（DPI）**。2010 年，在扣除个人税和对政府的非税收转移支付后，剩下的 DPI 为 11.181 万亿美元。在这些数额中，个人消费支出为 10.587 万亿美元，对企业的消费者的利息支付为 0.173 万亿美元，对外国居民和政府的个人转移支付为 0.168 万亿美元。整个国家的个人储蓄总计 0.592 万亿美元。

美国经济中的 GDP

2010 年，美国有将近 71%的总产值进入了消费领域，即消费品和服务的购买。总产值中用于企业机器、设备、厂房和存货采购的部分即众所周知的投资，2010 年的总产值中有将近 12%属于投资。净出口（约相当于总产值的－3%，这是因为 2010 年美国的进口超过出口）表示美国进出口之间的差额。政府作为第四个部门，为了行使职能必须购买商品和服务。2010 年有超过 20%的总产值流向了政府部门。进一步分解政府采购，州和地方政府构成了 59%的政府支出总额。GDP 在美国经济四大部门之间的分配如表 10－3 和图 10－3 所示。

表 10－3　　2010 年美国的国内生产总值

部门	数额（10 万亿美元）		占 GDP 的比重（%）
个人消费支出		**10 246**	**71.0**
非耐用品	23 015		
服务	65 783		
私人国内总投资		**1 834**	**12.0**
非住宅结构和设备	1 390		
住宅结构	338		
企业存货变动	106		
商品和服务净出口		**−716**	**−3.5**
出口	1 840		
进口	−2 556		
政府支出		**3 008**	**20.5**
联邦政府	1 228		
州和地方政府	1 780		
国内生产总值		**14 526**	

资料来源：美国经济分析局（2011 年 11 月）。

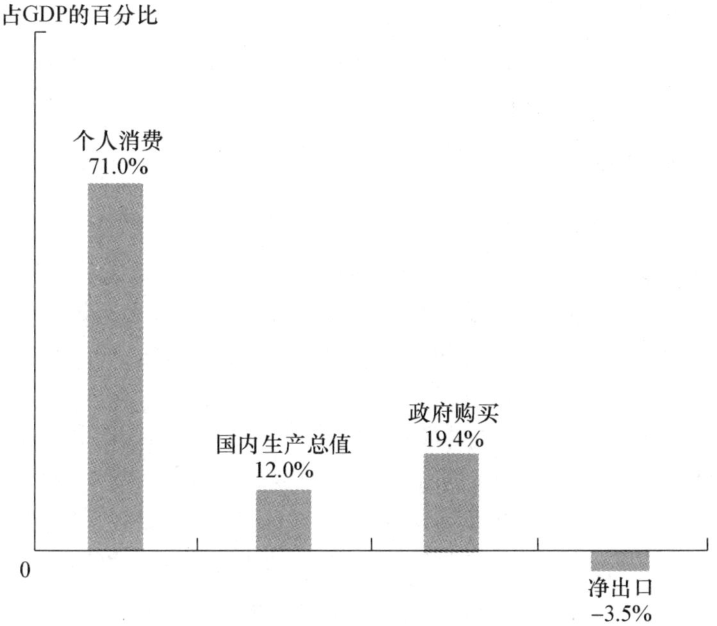

图 10-3　GDP 的分配

当经济体中的四大部门采购商品和服务时，它们必须支付成本。对消费者的支付又被用于支付创造 GDP 的生产性资源。如循环流图形所指出的，生产性资源以工资、租金、利息或利润的形式进行偿付。表 10-4 显示了对不同生产性资源支付的分解情况。

表 10-4　　美国 2010 年的国民收入分配

收　入	数值（10 万亿美元）		占国民收入的比重（%）
雇员补偿		**77 971**	**62.0**
工资和薪金	6 406		
工资和薪金的补充	1 563		
个人资本消费的租金收入		**350**	**2.8**
净利息		**564**	**4.4**
经营收入、存货价值和资本消费调整		**1 036**	**8.0**
非农业	984		
农业	52		
企业利润		**1 800**	**14.0**
税后利润、资本消费和存货价值调整税	1 389		
企业所得税	411.1		
生产和进口税收		**1 054**	**8.4**
企业当期转移支付（净）		**136.7**	**0.1**
国有企业当期盈余		**−16**	**−0.0**
国民收入		**12 840**	**100**

概言之，GDP 由大量企业和个人活动所创造，他们反过来根据各自贡献对不同的生产性资源支付报酬。所获得的收入被用于购买商品和服务。这构成了收入的循环流，如本章前面及图 10－2 所阐释的。

□ GDP 季度报告

为了使公民知悉并拥有可得数据作为实施国家经济政策的向导，美国商务部每季度会发布关于 GDP 和相关数据的报告。这些数据以任意给定季度的实际产出经季节性波动调整后的年化数值表示，然后将季节性调整后的数值乘以 4 来获得一个年度数值。例如，假设某个给定季度的实际产出为 4 万亿美元，若季节性调整后的产出为 3 万亿美元，则乘以 4 便能得到 12 万亿美元的年度实际产出。

季度机制使分析 GDP 的波动更加容易。任何季度的实际产出都能参照其他季度或年度总产出计算得出。这种方法很容易熨平商业波动的高潮季节和低谷季节，特别是使用定值美元数值（或实际 GDP）计算。此外，经济下滑和上行也能早于公布年度 GDP 时发现。表 10－5 显示了 2010 年 GDP 的现值美元和定值美元数据。

表 10－5　　2010 年现值美元和定值美元的季度 GDP 数值　　单位：10 亿美元

年份	季度	现值美元	2005 年定值美元
2010	1	14 446.4	13 138.8
	2	14 578.7	13 194.9
	3	14 745.1	13 278.5
	4	14 871.4	13 308.7

资料来源：美国经济分析局（2011）。

GDP 还需要进行频繁修正。某年的初步估计值往往在下一年的 2 月给出。更精确的数值在春季末发布，最终修正值在夏季才能得到。季度初步估计值约在该季度结束后的 4 周完成，还会进行较大的修正。

通常，不同的 GDP 数值在相互对照时会不平衡，因为不同表的信息从不同的来源处收集。在处理 GDP 和相关数据时，需要记住数据只是近似值而非精确值。

□ 最终销量和 GDP

GDP 数值表往往包括一个最终销量的数据。最终销量和 GDP 之间的差额代表了净库存变化。当最终销量大于 GDP 时，会发生库存的净减少，以满足对部分商品和服务的需求。当最终销量小于 GDP 时，未售出的产量被增加到库存里。但是，随着经济遭遇金融危机，且始于 2007 年并持续至 2009 年的房地产行业崩裂，最终销量大于 GDP，这表明库存在经济衰退时期减少了。最大的缺口发生在 2009 年，当时 GDP 为 14.119 万亿美元，最终销售额为 14.246 万亿美元，因此缺口达到 1 270 亿美元。

GDP 作为经济福利的测量指标

由于 GDP 是商品和服务总产出的测算指标，它被频繁地用作经济福利的测量指标。

此外，当GDP发生变化时，我们的收入也会发生变化，而我们收入的变化会影响我们的生活水平。因此，许多人喜欢用GDP规模来衡量生活水平。但是，若我们用GDP作为经济福利或生活水平的测量指标，我们必须作出一些修改和一些保留。

□ 物价水平的变化

名义GDP是指美国经济当期所生产的全部商品和服务以现值美元计算的市场价值。因此，GDP可能只是因为所生产的商品和服务的价格上涨而增加了。对比某年和另一年的GDP是非常具有误导性的，除非我们对两年之间的价格水平变化加以修正。事实上，我们必须去除现值美元GDP或名义GDP的价格变化因素。对于所有构成GDP的数以万计的不同商品而言都是如此。但是，不同于个别地调整每一种商品，我们通过使用**GDP平减指数**——一个不仅考虑价格变化，而且考虑不同产品质量的某种变化的指数——来同时对它们进行调整。通过将任何一年的GDP总量除以该年的GDP平减指数，我们便能把现值美元GDP调整到一个定值美元GDP，即通常所称的**实际GDP**。商务部目前使用2005年的定值美元GDP作为计算实际GDP的基础，如表10-6所示。

表10-6　　换算成2005年定值美元GDP的现值美元GDP

年份	现值美元GDP (10亿美元)	GDP平减指数 (2005＝1 000)	2005年定值美元GDP (10亿美元)
2005	12 623	100.00	12 623
2006	13 379	103.23	12 598
2007	14 028	106.27	13 206
2008	14 291	108.58	13 161
2009	13 939	109.72	12 703
2010	14 526	110.99	13 360

资料来源：美国经济分析局(2011)。

若我们用现值美元GDP作为经济福利的测量指标，我们将被误导认为GDP在2005—2010年间已经增加了约15%。但是，若从定值美元角度来看GDP，我们便能发现这一时期商品和服务的实物产出实际上只增加了约10%。实际GDP告诉我们，我们想更好地理解现值美元GDP告诉我们的信息。

□ 人口规模的变化

在把GDP作为经济福利的测量指标之前，必须作出的另一个修正是对人口规模的调整。2010年所生产的商品和服务的实物数量大于2005年，但我们要记住的是，2010年有更多的人分享当年所生产的商品和服务。因此，有必要对实际GDP进行修正，以考虑人口的增加。我们只需要将任何一年的实际GDP除以该年的总人口即可。

通过首先把GDP换算成个人可支配收入(即扣除税收后的收入)，我们可以得到关于每人获得的平均商品和服务数量的更好测量。若把总个人可支配收入除以总人口，便能得到人均个人可支配收入。对该数据进行价格水平变化调整，就能得到以定值美元计算的人均个人可支配收入，或**实际人均可支配收入**。若其他因素保持不变，比较任意两年的实际人均个人可支配收入即可获得一个关于生活水平变化的非常公正的指标。同样地，许多人的收入所得仍将低于（其他人则高于）人均个人可支配收入值（DPI）。

表 10－7 显示，在 2005—2010 年间，现值美元 GDP 总量约增加了 20%。但是，当我们把这些数值除以总人口时，我们发现这一期间现值美元人均个人可支配收入上升了约 15%。最后，将现值美元人均个人可支配收入经价格变化调整后，我们发现这一期间实际人均个人可支配收入上升了不到 4%。这是我们关于美国生活水平或经济福利变化的最佳测量。

表 10－7　　现值美元和定值美元人均个人可支配收入（2005—2010 年）

年份	现值美元 DPI 总量（10 亿美元）	总人口（百万人）	现值美元人均 DPI	2005 年定值美元 DPI
2005	9 277	295.8	31 318	31 318
2006	9 915	298.6	33 157	32 278
2007	10 423	301.6	34 512	32 713
2008	11 024	304.4	36 166	33 197
2009	10 788	307.0	35 051	32 141
2010	11 179	308.7	36 051	32 446

资料来源：美国经济分析局。

□ 非货币交易的价值

GDP 在很大程度上只考虑到当期生产的以货币交易形式提供的商品和服务。你购买一张新的写字桌，将被计入 GDP 总量。但若你将旧的写字桌重新加工成一张新的写字桌，那么将不会被计入 GDP 的组成部分。同理，若你雇用专业园丁为你除草，这项服务的价值将被计入 GDP；但若你自己动手除草，则不会被计入 GDP。由于许多商品和服务并不涉及货币交易，它们不会被计入 GDP。但是，它们像其他绝大多数被计入 GDP 的商品一样，对美国人的生活水平颇为重要。这是我们将 GDP 作为经济福利测量指标的一个重大缺点。

例如，即使我们以当前的最低每小时工资计量，考虑家庭成员每周工作 40 小时的普遍情况，所有这样的家庭每年都将使美国的 GDP 增加数千亿美元。

据估算，还有价值数万亿美元的服务不使用货币而仅以**地下经济**的形式交易。牙医可能为会计提供口腔护理服务，会计则以金融服务作为回报，这当中并不涉及货币支付。据估算，当前有相当于公布 GDP 10%～15%的活动以地下经济的形式进行。这一估计值还不包括犯罪活动，如非法毒品交易等。

□ 所生产的商品和服务的种类

我们通常认为，所生产的商品和服务越多，我们的经济福利将越高，但是也存在例外。有时，商品和服务具有一种我们不能通过消费它们来提高自己生活水平的性质。例如，美国在 2010 年的 GDP 为 14.526 万亿美元，但这些产出中，有 6 620 亿美元涉及军事商品和服务的生产。坦克、军舰、导弹和其他武器可能有助于保护我们的社会，但它们并不像食物、新房、汽车及大量其他消费商品和服务那样，能直接增进我们的经济福利。

因此，当将不同年份的 GDP 进行对比，作为我们衡量经济福利变化的一个指标时，若我们未能考虑到这些年中每一年所生产的商品和服务的类型，我们可能会被误导。出于同样的道理，仅仅通过比较两个不同国家各自的 GDP 数值来比较它们的生活水平往往也是错误的；若一国高度军事化而另一国不然，则即使它们的 GDP 大致相当，实际生活水平也会存在巨大差距。

□ 耐用品的处置

耐用品在它们生产出的当年被计入 GDP。当制造商生产出一辆小汽车、一台冰箱、一支高尔夫球杆或一辆自行车时，该产品的价值便被计入 GDP。在随后几年，虽然我们继续获得来自该产品的服务，GDP 却并不会增加。美国国民收入账户需对此进行处理，即使它在生产的当年就被完全消耗掉。正常而言，随着繁荣时期收入的增加，我们倾向于生产更多的耐用品，但我们并不会在单单一年内用尽它们。这倾向于高估一个稳健经济体的 GDP 数值。

另外，我们倾向于在衰退时期减少耐用品的生产；但是，我们将继续从之前生产的耐用品中获得服务。这一服务相当于一种实际收入。然而，由于 GDP 不计算之前年份购买的耐用品的服务，衰退时期的 GDP 往往会低估我们的经济福利。因此，GDP 中耐用品的处置倾向于加重商业周期对我们生活水平的影响。

□ 外部成本或社会成本

在使用 GDP 数据时需注意的另一个问题是缺少任何对社会成本的测量。当一家企业生产商品和服务时，诸如贬值等内部因素被当作生产成本处理。因此，这些成本会被从 GDP 中减去，以计算出国民净产值和国民收入。

但是，除了内部成本外，许多商品和服务的生产中会涉及内部成本。例如，从化工厂流入小溪或小河的废水可能会污染河水，使之不适宜饮用、游泳或渔业。这便是给社区造成的社会成本。工厂的废气排放也会污染周围空气，产生令人恶心的气味或导致肺炎。机场附近的噪音也可能会引致听力问题，并降低该地区的不动产价值。这些成本与我们的自然环境和生活质量的恶化息息相关。

由于外部成本不需要单个企业承担，它们不包括在总成本中或不被计入 GDP 的增加值。但是，它们却是社会不得不承担的经济成本。随着 GDP 不断增加，这些外部成本或社会成本倾向于变得越来越大。因此，国民净产值和国民收入每年可能因这些成本未从 GDP 中减去而被高估了数千亿美元。

□ 闲暇的价值

最后，GDP 完全不考虑闲暇时间。问题是，即使我们想将闲暇纳入考虑范围内，我们也不知道如何计算它们的价值？闲暇对一些人的意义比其他人更大。此外，闲暇时间在我们试图把 GDP 作为经济福利的测量指标时应被考虑到。如今，即使我们拥有更多的节假日，我们也能生产和以往每个自然年度一样或更多的产出。当然，这必须被看作我们生活水平的一个巨大改善。但是，这种改善并不体现在我们的 GDP 数据中。更短的工作周将提高我们的经济福利，若我们能维持同样的商品和服务产出。

概言之，GDP 数据在反映经济体中商品和服务的总产出时非常有效。若我们能小心翼翼地正确使用它们，我们也能将它们作为经济福利或生活水平的一个测量指标。GDP 始终都是新闻媒体的关注焦点，因为 GDP 水平（连同物价水平和失业水平）充当着政府努力稳定收入的循环流的一个向导。

国内生产总值的国际比较

表 10－8 给出了美国和其他部分工业化国家的人均 GDP 情况。为了使这样的比较有意义，必须对数据进行调整以反映各国所生产的商品和服务规模的实际差异。由于市场汇率并不反映不同国家之间的相对购买力，我们用**购买力平价**取代汇率来计算实际产出。

经购买力平价调整之后，很明显，在表中所列的国家中，美国拥有工业化世界中第二高的人均 GDP，仅次于挪威。虽然高人均 GDP 表明更高的国民收入，其并不能反映个人收入和国民收入分配情况。

表 10－8　　2010 年部分国家的人均 GDP（购买力平价）

国家	人均 GDP（美元）	国家	人均 GDP（美元）
挪威	54 600	英国	34 800
美国	47 200	日本	34 000
瑞士	42 600	法国	33 100
澳大利亚	41 000	希腊	29 600
奥地利	40 400	西班牙	29 400
加拿大	39 400	新西兰	27 700
比利时	37 800	匈牙利	18 800
丹麦	36 600	墨西哥	13 900
德国	35 700	中国	7 600

资料来源：*CIA World Book of Facts*（2011）.

第十章回顾

□总　结

● 企业支出工资、租金、利息和利润。这些收入的所得者随后将钱花在企业生产的商品和服务上。若所有的商品被售罄，第二轮生产就会开始，且该过程将会继续。

● 储蓄被看作上述循环流的一个漏出。漏出包括储蓄、税收和进口。经济活动的循环流将缩小，除非通过相等的注入，如企业投资、政府支出和出口等得到弥补。

● 国内生产总值是指给定一段时期内美国利用本土或外国资源所生产的全部商品和服务的当期市场价值。国民生产总值也是测量全部商品和服务当期市场价值的指标，但 GNP 包括了美国在国外所有的资源生产的商品和服务的价值，且排除了在美国用国外所有的资源生产的产值。

● 增加值法通过加总商品和服务在生产过程中的增加值来获得总产出的价值。总的增加值等于生产性资源所有者的总支付。

● 从 GNP 中减去资本消耗补偿（贬值或折旧），便得到了国民净产值（NNP）。国民收入即国民经济所生产的商品和服务的总资源成本。国民收入也是生产性资源在 GDP 的生产中所赚得的收入。个人收入是指人们从所有资源中获得的所有当期收入的总和。个人收入减去个人税收便得到了个人可支配收入（DPI）。

● 国民收入分配所包括的类别即总资源成本（使用土地、劳动、资本和企业家精神的货币支出）和来自 GDP 生产的所得（工资、租金、利息和利润）。GDP 分配中所包括的类别有个人消费、私人国内投资、净出口和政府支出。

● 现值美元 GDP 并非 GDP 的真实测量。实际 GDP 或定值美元 GDP，考虑到了不同时期之间物价水平的变化。实际 GDP 可以通过将任何年份的 GDP 总量除以该年的 GDP 平减指数得到。因此，实际 GDP 即换算成定值美元 GDP 后的现值美元 GDP。

● 将 GDP 作为经济福利的一个测量指标有其局限性。这些局限包括物价变动对现值美元 GDP 的影响、人口变化对人均可支配收入的影响，以及排除了非货币交易、社会成本和闲暇时间的价值。此外，GDP 并未区分所生产的商品和服务的不同类型及其对经济福利的影响。GDP 也未有效处理商业周期不同阶段耐用品产量的影响。

● 为了进行 GDP 的国际比较，需要用到通货的购买力平价值，而非市场汇率值。购买力平价表示，在一个国家需要多少单位通货才能买到在另一个国家用 1 单位通货可以购买到的相同数量的商品和服务。

□ 关键术语和概念

收入的循环流	漏出	注入
国内生产总值（GDP）	国民生产总值（GNP）	增加值
资本消耗补偿	国民净产值（NNP）	统计误差
国民收入	个人收入	转移支付
个人可支配收入（DPI）	GDP 平减指数	实际 GDP
实际人均可支配收入	地下经济	购买力平价

□ 讨论题

1. 若政府支出大于其税收收入，经济活动的循环流是否会减少？

2. 大量库存积累将对循环流产生什么影响？

3. 必须从国民收入中减去企业所得，才能得到个人收入。个人收入如何才能大于国民收入？

4. 根据 GDP 账户，2010 年联邦政府支出 1.2 万亿美元在商品和服务上。但是，联邦预算显示总支出几乎达到了 3.9 万亿美元，造成这种差异的原因何在？

5. 为什么说当把 GDP 和国民收入作为经济福利的测量指标时，将它们换算成定值美元价值很重要？

6. 为何在使用 GDP 数值作为经济进步的测量指标时，应考虑到对人口进行调整？

7. 家务劳动和其他非货币服务的价值是否应被计入 GDP？解释其原因。

8. GDP 是否应包括对生产的社会成本（或外部成本）的调整？解释其原因。

9. 将耐用消费品计入 GDP 的做法是平滑还是加剧了商业周期的影响？解释其原因。

10. 当我们生产出越来越多的商品和服务时，我们是更贫困还是更富裕了？解释其原因。

第十一章

商业周期

学习完第十一章后，你应该能够：

(1) 定义商业周期，并区分大周期和小周期；

(2) 描述商业周期的四个阶段；

(3) 指出可能会调整商业周期的内部和外部因素；

(4) 区分领先、滞后和大致同步指标，并说明它们的应用；

(5) 比较与商业周期成因有关的主要理论。

1991—2001 年的经济扩张是美国历史上最长的周期性经济增长时期，超过了之前 1982—1990 年间的扩张时期，20 世纪 90 年代，存在传统的商业周期是否已经是一件过去之事的疑问。该问题在此前 20 世纪 70 年代和 80 年代的长期经济扩张中曾出现过。当存在持续较长的经济繁荣期时，该疑问便会出现。通常，商业周期存在的批评者将他们的观点建立在新的结构性或创新性变革的基础上，这些变革发生在被认为排除了未来经济回落的经济体中。在 1991—2001 年间，人们认为它是信息技术。但是 2001 年，尽管此前存在周期性扩张，经济很快滑入了衰退。在一场相对短暂的经济衰退最终被刺激发酵后，房地产市场产生了供过于求。随后的房地产市场崩盘和相伴而来的全球金融危机反映了：房地产行业史无前例的增长是由次级抵押贷款和复杂的金融工具刺激的。最终的泡沫再一次带来了一场衰退。

毫无疑问，经济体会发生真实变化，这些变化确实会影响商业周期。许多这样的最近变化可归因于信息技术革命，后者正在以人们并未完全理解的方式影响着商业周期。但是，且不考虑这些变化，商业周期也不可能会消失。因此，在经济扩张时期，重要的并非是否存在衰退，而是下一次衰退什么时候会发生。不仅美国，全世界的所有国家都会经历周期性的上升和下降，突出表现为失业、实际国内生产总值（实际 GDP）和产能利用率的波动。本章将阐述商业周期的性质并给出一些试图对其本质成因进行解释的理论。

商业周期

国民产出遭受着各种类型的干扰，它们中最显著的是商业周期。**商业周期**是指经济活动相对于经济体长期增长趋势的上升和下降。由于商业周期的进程，经济体中各个方面都会呈现出明显的经济活动的变化，经历明显的通常被称作波峰、收缩、波谷和扩张等阶段。生产、价格、收入和就业活动在周期中都将出现典型的变化；事实上，经济中的方方面面均不能免于经济周期。

□ 周期的类型和长度

对以往经济数据的研究表明，我们的经济体经历了许多不同的商业周期。一些周期持续很长时间，其他却持续较短时间。一些周期很严峻，其他却较温和。总体而言，商业波动可以被归入小周期和大周期。

小周期是指波动显著但不严峻的强度相对温和的周期，它们比大周期更短，但是数量更多。自第二次世界大战结束以来，我们经历了 11 次这样的经济衰退：1949 年、1953—1954 年、1958 年、1960—1961 年、1970 年、1974—1975 年、1980 年、1982 年、1990—1991 年、2001 年以及 2008—2009 年。第二次世界大战结束以来商业周期的持续期限如图 11-1 所示。虽然只是一轮小周期，1982 年的衰退是自 20 世纪 30 年代大萧条以来最严重和最长的经济下行。1990—1991 年的衰退持续了 8 个月，2001 年的衰退持续了 9 个月，2008—2009 年的衰退持续了 12 个月。2008 年之后，始于 2001 年的实际经济增长延续着第二次世界大战后第 11 个商业周期的扩张方面。

次数	11
平均持续期限	56 个月
最长周期	120 个月（1991—2001）
最短周期	28 个月（1980—1982）
平均扩张期限	57 个月
最短扩张期限	12 个月（1980—1981）
最长扩张期限	120 个月（1991—2001）
平均衰退期限	11 个月
最短衰退期限	6 个月（1980 年）
最长衰退期限	17 个月（1981—1982）

图 11-1　第二次世界大战以来商业周期的持续期限

资料来源：*Survey of Current Business and Economic Report of the President.*

大周期是指表现出商业活动的普遍波动且往往以严峻的紧缩或萧条为特征的周期。在许多情况下，其会导致普遍失业、低产出、低利润或净损失。自第二次世界大战以来，我们并未经历大周期，这可能是由于我们对现代货币政策、财政政策和其他措施的运用，以及经济体的自动稳定器和大规模国防支出的内置刺激。

其他类型的周期和波动，包括长波（50～60 年的期限）、建筑周期、商品价格波动和股票市场价格波动等，已经得到了研究和经济分析的揭示。

□ 周期的阶段和测量

如今，商业周期被认为有四个明显的阶段：波峰、收缩、波谷和扩张。当整体活动普遍处在高位运行水平时，便存在**波峰**。当商业活动水平迅速下降时，便发生了**收缩**。**波谷**是指当商业活动水平跌至特定周期的最底部时的阶段。**扩张**发生在商业活动水平开始上升时。图 11－2 描述了商业周期的四个阶段。

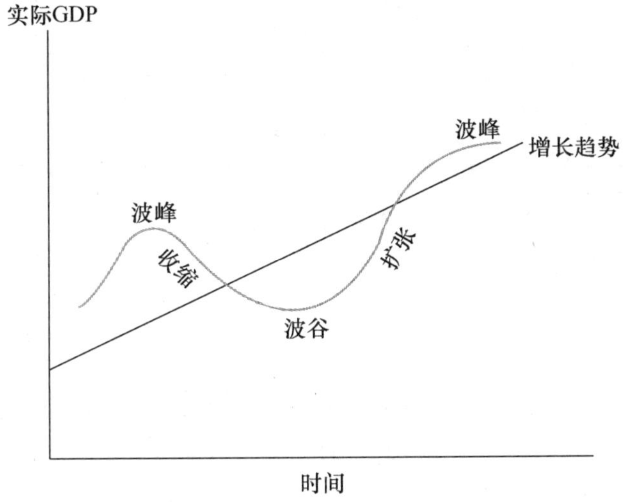

图 11－2　商业周期的不同阶段

人们习惯于将商业周期的收缩阶段称为衰退，并将波谷阶段称为萧条。但是，在 20 世纪 60 年代末和 70 年代初，传统上把衰退定义为实际 GDP 在两个连续的季度出现下降的一段时期。这有效地挑战了此前的衰退定义，但也为我们留下了具体定义一次萧条的余地。一些分析人士把 1980 年和 1982 年的组合衰退——往往被称为“双底衰退”——看作是一轮萧条。该时期的显著特点是超过 10％的失业水平、跌至 70％以下的工业产能利用率和创纪录的银行破产数量。虽然“双底衰退”并非都一样，2009—2010 年间的衰退也导致了高达 10％的失业率和仅约 70％的工业产能利用率。由于失业总是顽固得难以处理，且会持续至扩张阶段，最近的这轮衰退期在许多场合被称为“第二次大萧条”。

虽然我们或多或少能够明确计算出总的周期的长度甚至平均周期的扩张期限和收缩期限，但是很难获得一个关于周期四个阶段中任一阶段之平均长度的精确测量，这主要是因为分析者在我们准确陷入周期和走出周期的每一阶段上存在分歧。

测量一次商业周期的严峻程度要容易一些。但是，在测量商业周期时，我们必须考虑到任何影响商业活动而非内嵌于商业周期的力量。任何时候的商业活动水平均会受四种力量或四种经济变迁类型的影响，即（1）趋势；（2）季节性波动；（3）随机波动；（4）周期性波动。

趋势是指经济在一段延长的时间周期里，如 20～30 年间的方向性运动。它代表了实际 GDP 的长期平均变化（增长或下降）。在图 11－2 中，沿一条长期趋势线描绘一个假设的商业周期。事实上，美国的长期趋势线相当于年度略高于 3%的实际 GDP 增长率。这一增长率能提供充分就业，因为在该增长率上，经济能为不断增加的民用劳动力和丧失工作的失业者提供就业岗位。模型显示，尽管由于周期性活动，经济活动在短期内并未和趋势线保持一致上行，但长期经济增长沿该趋势线上行。图 11－3 描绘了自 1929 年以来美国所经历的商业周期情况。1929 年之后略高于 3%的增长率由一条水平线表示，正如零增长率线一样。2007—2011 年间的情况将在本章最后部分讨论。

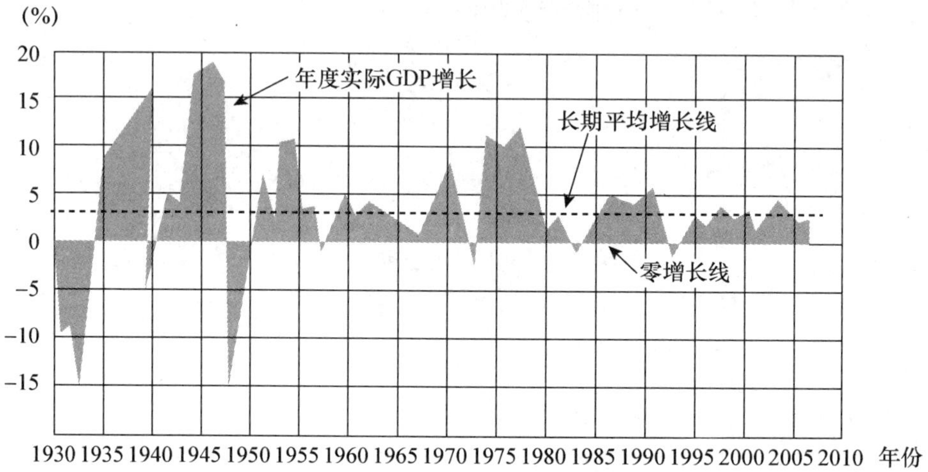

图 11－3　1929—2007 年间美国的商业周期

资料来源：美国经济分析局，国民收入账户，各个分类。

季节性波动是指在给定一段时期内，通常是一年，商业活动循环反复的波动。波动的成因可能是自然的或人为的。例如，由于天气等自然原因，我们在夏季生产出的农产品要比冬季更多。另外，零售店的销量在 11 月和 12 月往往会显著增加，这是一种由假期购物等造成的人为现象。

商业活动的**随机波动**源于未预期到的或不寻常的事件。一场严重的洪涝或干旱会影响特定的经济地区，甚至整个经济。**周期性波动**是指由无关于趋势、季节性波动或随机力量的因素所导致的商业活动水平的变化。商业周期可能只是由于经济体的内在力量而发生，但是它们会受到外部力量，如战争、货币体系的变化和人口变迁等的强烈影响。

□ 周期的模式

一些商业周期持续时间很短，其他的则较长；一些商业周期很严峻，其他的则较温和。即使如此，周期似乎有一个明确的模式。一旦开始收缩，经济体中一些因素的积累活动倾向于加剧下行。但是，在波谷阶段，其他力量最终将阻止收缩并开启一段上行运动。一旦这种上行动力开启，个人和企业的反应倾向于加速扩张。但是，在波峰阶段，促成该波峰的力量最终将导致一段新的收缩。

两类因素或力量带来了商业周期：内部的和外部的。**内部力量**是指商业活动自身每个领域之内的因素，包括产量、收入、需求、信贷、利率和存货等。**外部力量**是指商业活动正常范围之外的因素，包括人口增长、战争、国家通货的基本改变、国家经济政策，以及洪涝、干旱和其他会对商业活动产生强大影响的灾难性事件。我们将首先分析内部力量。为了看清不同要素之间的关系如何改变，且这些改变如何导致商业活动发生波动，我们不妨单独考查周期的每个阶段。

波谷 商业周期的底部被称作波谷。在波谷时期，产出、就业和收入处于低潮。价格、成本和利润已经下降到如此低的程度，以至于很少产生厂房和设备投资。虽然银行在波谷阶段能以低利率扩张信贷，企业并不愿意借入资金，因为利润预期不容乐观。

尽管许多人声称波谷所标志的时期由于低价格，将是资本置换的理想时期，但相对较少的企业采取这种政策。因为过剩产能随处可得，没必要置换老化的机器和设备，以满足当前需求。资金缺乏和对未来的不确定性抑制企业这样做。此外，许多想借入资金的企业承受风险能力很低，银行并不乐意为它们提供信贷。这些因素导致了资本品产量大幅下降。

在波谷阶段，消费者倾向于修整和保留他们的耐用品，而非置换它们。由于高失业和住宅收入的相应下降，消费者会推迟耐用品的购买。即使那些就业和收入水平稳定的人，也将因未来就业的不确定性而削减耐用品支出。与购买新住宅、小汽车和家用电器相反，消费者更愿意对现有的房屋进行改造和装修，并对小汽车和家用电器加以维修。在许多情况下，消费者使用可任意支配的收入支付债务。

鉴于这些条件，一种悲观主义态度最终盛行。只有当经济表现出复苏信号时，商业企业和消费者才会恢复他们的投资和支出水平。虽然纠正性和扩张性力量可能形成很慢，但复苏迟早会到来。

扩张 什么导致经济走出波谷，踏上扩张和繁荣之路？这可能是外部力量作用的结果，如技术变革、战争或货币和财政政策的变化。但是，即使没有这些外部因素，商业周期某些基本因素之间的关系最终也可能会移向一个更令人满意的位置，并促成经济的一轮上升运动。内部因素的任何组合都可能开启这样的扩张。

一个可能的起点是更好的成本—价格关系。在收缩时期，价格下跌快于成本，生产成本比价格更缺乏灵活性，这是因为它们是现行的收缩的一个结果。时机到了，生产性资源的价格将随着收缩消失及生产商改变劳动和原料的使用而开始下降。单位成本将继续下降，最终降至最终商品的价格之下。此时，会存在一个增加产量的激励，因为最终销量将再次带来利润。商业周期中这一阶段的生产成本仍将很低，因为工资、租金和利率受到了供给和需求的竞争性力量的限制。

所剩无几的库存的置换也能推动经济开始上行。存货可以满足现有的需求，直至达到增加的产出必须被用来替换库存量那一点。同样地，低利率使借贷更有吸引力。随着能以低利率获得可借贷的资金，及销量由于库存耗尽而增加，开始出现一个置换旧机器和老化设备的激励。随着价格开始显现出上行压力的信号且成本保持稳定，资本设备投资出现增加，导致更高的利润、产出和就业。随着消费者开始更换破旧的消费品，消费者需求也提供了支撑。但是，就业的增加最初会在某种程度上受提高的工人生产率的抑制。提高的生产率意味着更少的工人能生产出更高的产量，从而不需要雇用像以往那么多的工人。

和导致经济波谷的因素无关，引领经济走出波谷的力量是产出的增加。当产出增加时，就业和收入自然也会增加。有了更高的收入，消费者开始增加他们对商品和服务的需求。在扩张初期，价格将非常稳定，但会随着需求增加而上涨。另外，由于可得资源供给充足，成本仍将很低。由于需求增加、价格上涨和低成本，利润会随着销量增加而增加，由于预期到未来会有更大的销量，更大的库存得以维持。增加的利润带来了增加的投资及更高水平的就业和收入。一般的前景比现在更为有利，且伴随着乐观主义，经济扩张继续进行。图 11－4 显示了自第二次世界大战以来经济扩张的时间长度。1991—2001 年间的扩张创下了最长的纪录。在 2011 年扩张结束、陷入经济衰退之后，美国经济重新进入上行增长通道。

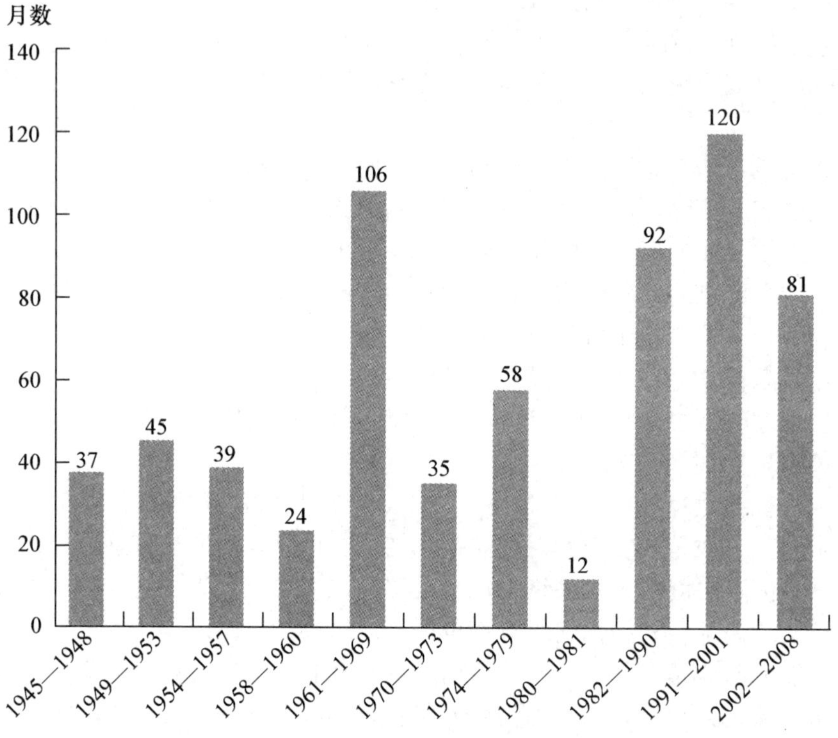

图 11－4　经济扩张的时间长度

波峰　随着产出、就业和收入开始上升，内部力量会共同加速扩张。由于产量不断增加，经济体最终将达到一个瓶颈阶段。一些商品变得相对稀缺，效率较低和成本更高的设施被转向服务业。这会促成一轮价格上行运动，其可能引发一轮物价的普遍上涨。由于价格上涨快于成本上涨，产能扩张会带来更高的利润，因为除了更大的销量外，还存在更大的利润空间。更高的利润反过来又为投资提供了进一步的激励。这种投资会因乘数效应而加剧，进而刺激扩张。

库存的建立和积累也在商业周期波峰中扮演着一个重要角色。大多数制造商和商界人士会保持一定的库存销售比。因此，当销量增加时，库存规模会下降，这意味着产出必须增加，以便不仅满足更大的消费者需求，而且用于建立库存。除了建立库存外，企业倾向于以一个加快的速度置换老化的资本品。当数以千计的保持库存的生产商、批发商和零售商都这么做时，产出显然将大大超出实际消费者需求的水平。

在商业周期波峰阶段，产出、就业和收入水平都很高，高收入水平意味着一个更大的需求。随着需求继续增加，价格也继续上涨。成本会因对劳动、资源和产能的竞争性出价而继续上行。过剩储备的下降和可贷资金的短缺迫使利率上升。

当一般前景较乐观时，如波峰时期的通常情形，经济体中的消费和投资会得到进一步鼓励。经济活动的水平将上升，直至达到充分就业阶段。这时，需求、投资、贷款等的增加只会导致通胀。

收缩 波峰不会永远存在。下行必然会发生，虽然其确切时间或程度如何不易被预测。但是，在波峰时期，内部力量会以一种导致经济收缩的方式发生变化。当产出、就业和收入仍处在它们的波峰时，消费者需求可能已经逐渐下降或以一个更慢的速度增加。同时，由于企业之间对稀缺资源的相互竞争，成本继续上涨且利润空间开始萎缩。

当需求变动趋缓和价格稳定时，商业企业将减少超额库存，从而导致产出、就业和收入下降。经济出现闲置的产能，库存不断积累。价格一开始可能不会下降，但最终它们必然会下降并进一步减少利润。投资现在受到抑制，使产出、就业和收入进一步下降。

总体而言，不断下降的产出、就业、收入、利润、需求和价格将不断积累。在这样的情形下，一般的前景将变得很悲观，从而对投资者和消费者产生一个相反的心理效应。收缩会持续直至达到波谷，从而形成一个完整的商业周期。每一个周期都会经历类似的模式，尽管每一个周期在诱因、波动幅度和持续期限上可能存在差异。

商业周期的修正要素

通过采取我们将在后面介绍的货币和财政政策，这些波动的持续期限和强烈程度将得到纠正。事实上，我们认为自己熟悉商业周期的模式，以至我们能采取措施避免商业周期的两个极端：普遍失业和通胀失控。

各种各样的外部因素也会影响经济活动的水平，并往往会产生商业波动。例如，战争会对一个国家的经济活动水平产生巨大影响。战争和国防所必需的物资会促进生产和就业增加。增加产出的额外尝试可能会导致通胀，除非采取明确的措施（如物资和工资—价格控制等）来抑制物价持续攀升。

人口增长、货币供给的变化或政府支出赤字会对经济产生类似的推动力。另外，停止或退出战争会给经济带来不利效应，因为产出将重新削减，除非消费者需求和私人投资的大幅增加足以弥补国防支出的减少。逆效应也可能源于迫使产出和收入出现下降的自然灾难。

所有的内部因素均可能不会精确按照描述的方式运行或生效的事实，并不意味着这种模式是无效的。在任何特定的周期中，一种或几种因素可能会以和其往常趋势相反的方式运行。但是，一般而言，它们会以所描述的方式和足够的强度运行，从而克服新的作用因素产生的任何相反力量。例如，制度因素（比方说工会劳动合约）会导致一些价格在衰退中继续上升，而非像人们预期的那样下降。

20 世纪 60 年代早期，一些经济学家和政府官员认为商业周期已经成为过去时。通过各种货币、财政和其他经济措施的实施，美国能够阻止产出、就业和收入的广泛波动。稳定经济活动水平及保持经济以一个令人满意的速度扩张的措施和能力每年都在提高。但是，需要这些稳定措施的基本原因是自由经济波动确实会发生的事实。稳定措施不会消除商业周期，它们只会纠正其效应。此外，过去 65 年来经济体中发生的收缩、棘手的失业、通胀和滞胀，无疑表明商业周期仍与我们同在。

商业周期指标

商业活动的变化反映在不同的经济区域或部门。在许多情形下，统计数据和指标被用来记录这些变化。一些指数测算了经济体中特定活动的变化，也反映了整个经济体的活动情况。其他统计指标测算了经济活动的复杂种类。因此，它们反映了经济的一般状况。一些商业周期分析人士对不同的指标加以综合，试图构建关于整个经济的一般指标。

经济学家依靠一系列的商业周期指标来形成对经济的预测。这其中包括三大不同的指标类别：**领先指标**，由 11 个其上行或下行转折点构成，这些转折点往往预示着一般商业活动已临近波峰和波谷；**大致同步指标**，由 4 个转折点往往与一般商业活动波峰和波谷相对应的指数构成；**滞后指标**，由 7 个转折点发生在一般商业活动水平已经达到转折点之后的指数构成。这三组指标具体如图 11－5 所示。

领先指标
- 制造业生产工人的平均一周工作时间
- 制造业的下岗率
- 消费品和消费物资的新订单
- 新建企业
- 工厂和设备的合约和订单
- 卖主交割情况，以公司披露的更缓慢的供应商发货比率计
- 私人住房新建筑许可数量
- 库存的净变化
- 敏感性价格的变化
- 流动资产总量的变化
- 货币供给的变化

大致同步指标
- 非农行业就业人数
- 扣除转移支付后的个人收入
- 工业生产
- 制造业和贸易销售量

滞后指标
- 平均失业期限
- 单位产出劳动成本的变化
- 银行收取的平均优惠利率
- 未偿付的商业和工业贷款
- 未偿还的私人消费者分期贷款利率
- 服务行业 CPI 的变化
- 制造业和贸易库存销售比率

图 11－5　经济指标

通过密切跟踪商业周期指标，商业周期分析人士或企业高管便能预期商业活动总支出水平的变化。借助这些信息，他或她可能会调整生产表、就业、库存和融资，以熨平

预期到的商业活动的变化。

商业周期的成因

商业周期是一个复杂的现象，许多力量都会改变商业活动的水平。在过去的 50 年间，人们给出了许多解释商业波动的理论。但迄今为止，没有一个理论能完全且令人满意地解释商业周期的原因。但是，对各种理论作一考察将会使我们更好地理解周期的可能成因，以及在解释周期过程中涉及的复杂性。

尽管不同理论在一些方面存在分歧，也往往只是强调的方面不同。但是，一种理论可能会明显比其他理论更能解释特定的情形。有时，周期可能会反映几个理论的要素。为简单起见，我们可以把这些理论归入四大类：真实的或物质的成因；心理成因；货币成因；支出和储蓄成因。

□ 真实的或物质的成因

对于商业周期为何发生，一个传统的解释是**创新理论**。该理论与约瑟夫·熊彼特有关，熊彼特在 20 世纪三四十年代对商业周期作了广泛的研究。熊彼特认为，商业周期由以新产品、新方法、新机器或新生产技术等为形式的技术突破导致。

创新会给经济体带来更高的产出、就业和收入。当商业人士借钱为创新提供资金时，他们创建了新的工厂、购买了原材料并雇用了工人。他们支出所带来的收入增加会增加经济体的总需求。若他们的冒险有利可图，其他投资者将模仿他们。但是，随着其他企业开始并持续生产产品，最终将达到过度扩张的那一点。对这种过度扩张的反应是：以产出、就业和收入下降为形式的经济收缩。只要衰退小于扩张，经济体就能获得一个因创新活动而产生的净收益。

根据该理论，商业周期的严重程度和持续期限取决于创新的性质。简单的创新将产生短暂的、温和的周期；但是，可能会以集合形式发生一连串这类创新，从而产生更严重的、持续时间更长的周期。从历史上看，主要创新将以庞大的规模导致商业活动增加，例如，商业企业公司形式的兴起、蒸汽轮船的发明、电力和汽车的完善和使用、计算机的发展，以及通信技术的进步。

20 世纪初，商业周期的**农业理论**非常流行。他们试图把一般商业活动水平和影响农业产量规模的主要因素即天气联系起来，农业产出反过来会对商业活动水平产生一个明显的效应。尽管农业生产占 GDP 的比例在过去 100 年间已经迅速下降，数量庞大的农业产出仍需要更多的劳动和设备来收割和处置农作物，以及更多的储存设施和信贷数量来为这些活动提供资金。这些活动将为整体经济提供一个积极的动力。

类似的现象也发生在耐用消费品行业和商业库存的处理过程中。因此，资本和耐用消费品的产出波动往往比作为一个整体的经济的波动更为剧烈。

□ 心理成因

虽然心理成因理论很少能完全或单独地提供商业周期成因的解释，但其几乎都以某种方式嵌入任何一种理论。简言之，**心理成因理论**认为，当投资者和消费者根据对未来情况的某种信念作出反应时，他们的行为倾向于改变他们对现实的展望。因此，若投资者认为经济状况在未来即将向好，他们将增加对机器设备和厂房的投资，以便努力增加总产量和赚取更多利润。同理，预期未来更美好的消费者将乐意在当前花更多的钱，而且很可能会寻找额外的信贷来增加自己的支出能力。这些行为倾向于扩大经济活动水平。

另外，若投资者预期销量和价格在未来会下降，则他们将减少自己的投资。同理，商界人士将允许他们的库存日益减少，并且将对雇用额外的工人保持谨慎。若消费者观察到工作更难获得，不再需要加班，且一些工厂的工人被迫下岗或工作周更短，他们对于未来将变得非常悲观。在这种情形下，他们可能会限制支出，在获取新信贷时迟疑不决，甚至可能会进行储蓄以防备可能的下岗。投资者和消费者的行为均倾向于导致一轮经济下行。

心理成因理论还认为，一些商业领袖的行为会导致其他商业人士和消费者采取相同的行为。若某些有声望的商界领袖表现得很乐观且采取实际投资来显示这种乐观情绪，则他们的行为很可能会影响小企业商人对经济前景的看法。若这些小企业商人跟着增加自己的投资，则经济必将得到刺激。

竞争会对经济施加另一个潜在的心理力量。在某个地区存在业务竞争的少数企业可能会误判它们各自的市场份额。例如，不合理的乐观可能会使他们高估自己的市场份额。这样一来，商业活动将在一段时期内迅速增加，但是，随着市场的惨淡现实逐渐显露，一些企业或全部企业可能将不得不削减生产。这反过来意味着对原材料、劳动、信贷和资本的需求的下降。在这种情形下，一般的商业活动水平将出现萎缩。

20 世纪 70 年代，出现了解释经济体中发生的变化的解释理论，即**理性预期理论**。该理论建立在以下信念上，即企业和个人基于所有可得的信息，根据自己对经济将如何运行的判断采取行动或作出反应。该理论进一步认为，联邦政府采取的反周期政策和措施的效果，往往会被企业和个人的行为所削弱或抵消。

最近，一些经济学家津津乐道于“真实商业周期”——源于经济体未预期到的（对应预期到的）变化的周期。这类学者的一个主要信条是，只能对预期到的变化作出调整，而不能对经济体未预期到的变化或冲击作出调整。20 世纪 70 年代发生的严峻的油价冲击提供了一个很好的例子。但是，这种效应和我们之前提到的行业活动的随机波动并无太大的区别。

□ 货币成因

绝大多数**货币成因理论**基于以下假设，即在一个典型的发达经济体中，银行体系能通过活期存款的创造提供灵活的货币供给。根据这些理论，银行货币供给的自由和轻易扩张将导致投资过度扩张。因此，货币供给的扩张将纠正作用在利率上的力量。结果，利率并不会很快上升，故相比不存在货币供给扩张时，更多的投资将会产生。最终，将会达到经济体拥有过剩产能和充足库存的一点。然后，再调整会随着商业人士逐渐减少其投资而至，价格开始下跌，生产进程安排趋缓，失业增加，收缩出现。在此期间，银行的贷款收缩将加剧经济下行。

货币理论家坚持认为，只要消除银行创造货币的能力，就能消除商业周期。另外，银行认为它们并未导致商业周期，因为它们并未强迫任何人贷款，它们只是在企业需要货币时提供金融服务。虽然完全消除银行创造货币的能力可能会消除商业周期，它也消除了任何健康的经济扩张，以及通过使用银行贷款可能实现的经济增长。

□ 支出和储蓄成因

支出和储蓄成因理论分成两大类。其一是**消费不足理论**。一些消费不足理论认为，经济体并未在不同的生产性资源中分配足够的收入，以便能购买所有经济体生产的商品和服务。但是，被更广泛接受的理论认为，经济体确实分配了购买所生产的商品和服务的购买力，但并非所有的收入或购买力都被使用。因此，一些商品将被生产出来却并未售出。结果，总产出必然减少，这反过来降低了就业和收入。

一些顶级的消费不足理论家坚持认为，根本问题是现代社会不平等的收入分配。他们建议减少这种不公平以消除或纠正商业周期。这在某种程度上可以通过采取更激进的累进所得税、增加私人和联邦赞助的收入维持计划的数目、加强工会组织管理、管制垄断定价以及使特定产业国有化来实现。上述四项建议某种程度上在美国已经实行。

另一个重要的支出和储蓄理论是投资不足理论。**投资不足理论**认为，经济体中的收入等于总产出，其能出清市场提供的所有商品，且支出必须等于当期收入。由于消费支出低于总收入，两者的差额必然采取投资的形式，也就是花费在机器、设备和房屋上。任何时候，投资支出都等于收入和消费者支出之间的差额，经济体将处在稳定状态。但是，当投资支出不足以填补消费者支出和总收入之间的差额时，市场上将存在剩余，这会导致经济出现下行。若出于某些原因，投资支出超过了消费者支出和总收入之间的差额，对商品和服务的总需求将大于总产出，这将倾向于提高商业活动的水平。因为商业周期由投资波动所致，周期可以通过维持一个充足的投资数额得到纠正或消除。这正是现代凯恩斯主义分析的关键所在。

□ 2008—2010 年间的衰退

美国经济走出 2002 年的衰退后，展现出许多周期性复苏的通常要素。在这些要素当中，价格稳定，利润预期和消费者信心不断上升。货币政策和财政政策也有助于经济增长。新的通信创新设备和信息技术的迅速引进，更别提互联网的广泛应用，推动了更大的经济扩张。但是，在 2002—2008 年间，美国经济仅显示出 2.3%的平均增长率，这个增长率低于吸收不断增加的劳动力所需要的水平。在 2006 年和 2007 年，失业率确实降到了 4.6%，新的商业周期在扩张阶段持续运行。GDP、企业投资、消费者支出、住宅建设和绝大多数经济指标都呈现出令人印象深刻的增长。甚至股票市场，除了许多科技公司的股价外，也回升到接近之前的水平。到处一片欣欣向荣，但是仍然存在商业周期再次发作的信号。2001—2008 年间，住房价格的稳步上涨随着房地产市场的崩溃而终结，并导致了第二次世界大战结束以来的第 11 次衰退。和此前最近一次衰退不同，本轮衰退持续时间更久，程度也更严重。房地产泡沫和部分大金融机构的崩溃及其全球性影响将在后面的章节中得到更详细的讨论。但是，失业问题颇为棘手且可能是结构性的，其在 2011 年年初达到了近 9%的高位。

国民经济研究局（NBER）在 2007 年 12 月最早声称，经济扩张已经结束，美国经济正陷入一轮衰退。NBER用周期的波峰和波谷来测算周期性活动。月度数据而非季度数据被用来确定经济活动的水平。简言之，若经济体在任何一个月份降至其周期性波峰，则其陷入了衰退。NBER的数据可以迅速公布且很容易被理解，但是只用到一个月的数据可能具有误导性，并缺乏细节。NBER的数据显示衰退于2009年6月结束。

在经济处于衰退时，美国经济分析局（BEA）提供的数据往往会否定NBER的说法。BEA认为衰退在2007年得到了避免，因为整年内实际GDP并未下降。这种周期中的下行并不符合广泛认可的衰退必须导致实际GDP连续两个季度下降的标准。BEA关于通胀的测量得到了更广泛的接受，因为它更为详细且按季度而非月度考察了经济状况。但是，它需要进行多次可能的修订，这使它的最初取值颇值得怀疑。三个季度的收缩，即使不连续，普遍被认为已构成了一轮衰退，尽管根据历史标准可能只是一轮相对温和的衰退。

商业周期包含了许多不同的要素，但是，导致商业周期的内在力量显然仍旧在起作用。回顾过去，就周期性角度而言，新的经济行为和旧的经济行为并无太大的不同，其再次证明了所有的周期都有某种相似性，但并不完全相同。

第十一章回顾

□总　结

● 商业周期即经济活动相对于经济长期增长趋势的上行和下行。商业周期可分为大周期、小周期和长波。大周期表现出商业活动的广泛波动，且往往以严重的收缩或萧条为特征。小周期相对温和，有着较明显但并不严重的波动。长波往往持续50～60年的时间。

● 内部力量和外部力量导致了商业周期。内部力量发生在商业活动的内部，包括产出、收入、需求、信贷、利率和库存等因素。外部力量处在正常的商业活动范围之外，包括人口增长、战争、国家通货的基本改变，以及如洪涝和干旱等自然灾难事件。

● 在商业周期中，库存扮演着各种角色，主要取决于所处周期阶段。在波谷期，随着商品供给和来自生产商订单的减少，库存会下降。商业贷款减少，因此银行虽然能扩张信贷，企业却不情愿借入资金。由于企业贷款减少，银行的准备金将相当高，更高的超额准备金和低需求会迫使利率下降。在扩张时期，库存不得不增加以满足需求。生产商提供更多的商品，这可能会产生足够的产出以刺激经济扩张。在波谷阶段，销量会增加，进而库存也会增加，生产会扩张以满足消费者需求和建立存货。在收缩阶段，需求日渐乏力，价格开始稳定，因此生产商、批发商和零售商开始减少它们的过剩库存。总体而言，库存积累和减少是商业周期的主要影响因素之一。

● 当不断增加时，一些内部力量会使经济走出波谷，即若企业开始扩张，增加的产出、就业、库存和融资将克服波谷的影响。

● 心理力量将影响商业周期，因为若投资者认为经济状况在短期将会趋好，他们便会增加机器、设备和住房投资，而消费者也更乐意消费，并且有时还会寻找额外的信贷。若投资者和消费者认为情况会变坏，库存将被允许逐渐减少且企业不愿意雇用更多的工人，消费者会限制支出，在获取新的贷款上犹豫不决，甚至还会储蓄。最终，经济体倾向于步入下行周期。

● 在波谷期，价格会因需求低而下跌。成本也会因失业者、资源和产能之间相互竞争工作岗位、销量和租金而更低。因为销量和价格下降，利润将非常低。在扩张阶段，价格开始比成本上升得更快和更迅速。更有利可图的价格—成本关系倾向于使生产力增加和成本降低。在商业周期的波峰阶段，一些商品变得相对稀缺，成本更高的设施被转向服务业，从而可能造成价格的普遍上涨。在收缩期，消费者需求可能会再次乏力。最终价格停止或减缓上升，物价水平开始稳定。成本则继续增加。

● 领先指标往往先于一般商业活动的波峰和波谷。滞后指标发生在商业活动的总体水平达到转折点之后。大致同步指标往往与总体商业活动的波峰和波谷相一致。

● 和商业周期成因有关的主要理论包括：创新理论、农业理论、心理成因理论、理性预期理论、货币成因理论、消费不足理论和投资不足理论。

□ 关键术语和概念

商业周期	波峰	收缩	波谷
扩张	趋势	季节性波动	随机波动
周期性波动	内部力量	外部力量	领先指标
大致同步指标	滞后指标	创新理论	农业理论
心理成因理论	理性预期理论	货币成因理论	消费不足理论
投资不足理论			

□ 讨论题

1. 周期性波动和趋势之间有何不同？
2. 商业周期有哪四个阶段？你如何确定经济体目前所处的商业周期阶段？
3. 内部力量和外部力量怎样影响商业活动的水平？
4. 在扩张和波峰阶段，哪种力量正在形成且最终将有助于经济收缩？
5. 库存在商业周期中扮演着怎样的角色？
6. 利率如何影响商业周期？
7. 近几年来，你观察到有哪些证据支持商业周期的创新理论？
8. 商业周期的消费不足理论是否有效？解释其原因。
9. 当前，不同的商业指标给出了怎样的信号和指示？
10. BEA 如何定义经济衰退？这种定义与 NBER 的定义有何不同？这两种方法各自有何优点和缺点？

第十二章 宏观经济学模型和分析

学习完第十二章后，你应该能够：

(1) 简单解释总供给和总需求框架；

(2) 解释古典经济学信条的主要理念，并理解萨伊法则；

(3) 定义总支出并指出其构成要素；

(4) 阐释根据凯恩斯主义分析得出的均衡位置；

(5) 解释乘数和总支出变化导致的收入变化之间的关系；

(6) 探讨涉及总供给曲线形状的各种观点；

(7) 区分货币主义理论和新古典理论；

(8) 阐述国民产出和收入扩张的供给方分析法。

在第十章中，我们学到国内生产总值（GDP）在四大主要经济部门中进行分配，它们是消费、投资、净出口和政府。这些部门必须为获得商品和服务支付报酬，这些支出最终被分配给为GDP贡献了商品和服务的生产性资源。因此，为了交换四大部门所获得的实物商品和服务，必须对生产性资源给予货币支付。

正如我们在第一章中早已学到的，每一类资源——土地、劳动、资本和企业家精神——都对总产出作出了贡献，这些要素的所有者分别获得租金、工资、利息和利润等形式的报酬。因此，四大部门的总需求决定了GDP的规模，而GDP的规模决定了我们所赚得的收入，这一假设是合理的。

这由此决定了收入的循环流，商品和服务根据四大部门各自的经济贡献比例，流向了四大部门。消费者、投资者、国外购买者和政府的需求越大，分配给生产性资源的收入数量就越大；相反，需求越小，收入支付也越小。因此，这四大部门对商品和服务的需求，决定了国民经济的总产出、就业和收入情况。但是，经济活动的均衡水平如何决定呢？

总需求和总供给

在考察宏观经济理论的细节之前，我们需要一个一般模型或框架。我们用来解释国民收入、产出、就业和价格水平之间关系的框架即总供给和总需求模型。这一框架通常足以纳入各种宏观经济观点。一旦确立了这个框架，我们将用它来介绍各种宏观经济思潮，这些思潮之间的不同理念将在本章和后面的章节得到论述。

□ 总需求

回顾一下第三章讨论过的个人产品的供给和需求曲线。你首先想到的是，对市场中所有个人产品的供给曲线和需求曲线进行加总，便能得到总供给曲线和总需求曲线，但不幸的是，这一方法并不正确。要对不同的商品（如小汽车、洗发露和电影）进行横向加总和各种商品的价格进行纵向加总，存在技术上的难题。我们在汇总这些不同的产品时应采取什么单位？我们如何构建一个能正确代表所有价格的总价格？

总需求（*AD*）曲线表示在一个经济体中，对应于不同的可选价格水平，购买者将购买的实际产出数量。在纵轴上，用 P 代表价格水平，以价格指数测算。在横轴上，用 Y 代表**实际产出**，或经物价水平调整后的产出。经济学家使用字母 Y 表示与收入流和产出流有关的诸多不同概念。但是，若我们忽略 GDP 和国民收入之间的微小差异，Y 将代表产出流和收入流这两个概念。

经济学家通常认为，由于一些原因，总需求曲线具有负斜率。第一，若价格水平上升，名义收入也会上升，名义收入增加后，所得税也会增加。因此，可支配收入并不像价格上升得那么多，因为更高的税收降低了人们在更高价格上的购买力。第二，美国相对于其他地区更高的物价水平将抑制出口和刺激进口，降低净出口在总需求中的比例。第三，更高的物价水平还会降低人们所拥有的资产和财富的实际购买力。这样一来，人们会削减开支，并试图重建自己持有的资产的价值。第四，更高的物价水平往往伴随着更高的利率。更高的利率会增加企业计划投资、家庭购买小汽车和耐用消费品，以及州和地方政府为建设融资的借贷成本。

□ 总供给

总供给（*AS*）曲线是一条在不同的价格水平上，生产商将提供的各种实际总产出的对应曲线。总供给曲线的形状在经济学家中存在大量争议。由于时间在总供给中比在总需求中扮演更加重要的角色，大多数争议实际上与 *AS* 曲线在短期和在长期的形状有何不同，以及短期和长期如何界定等有关。绝大多数争议涉及企业和生产性资源的所有者怎样应对价格水平的变化和这种应对有多快。我们将在本章后面继续讨论 *AS* 曲线的形状问题。

总供给和总需求曲线的交点决定了经济中价格和产出的均衡水平。在图 12－1 中，价格的均衡水平如 P_1 所示，产出的均衡水平如 Y_1 所示。接下来我们将考虑和经济体均衡有关的两个理论观点，即古典理论和凯恩斯主义理论。

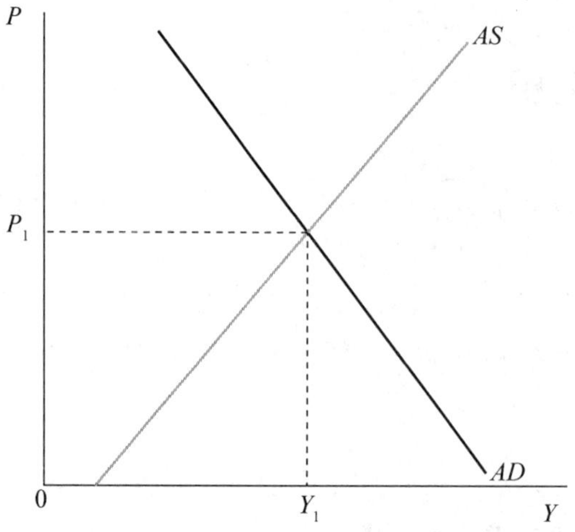

图 12-1　总供给（AS）曲线和总需求（AD）曲线

古典经济学分析

最关键的假设是经济体只有在充分就业时才能实现均衡。若经济体未处于充分就业状态，根据古典经济学的分析，该情况将会自我纠正。因此，市场经济是自动调节型的：竞争有助于维持或促使经济体转向充分就业均衡。若存在未售出的库存，则竞争将迫使价格下跌，以确保所有的商品都被售罄。同理，竞争会确保所有的储蓄被用于投资，因为它会压低利率。更低的利率会使计划储蓄减少和借款增加，直至企业投资了所有可得的资金。若工人出于某些原因陷入失业，他们之间会竞争工作岗位，且会通过接受更低的工资给就业者带来威胁。由于这种竞争，工资会被迫压低。随着工资下降，企业雇用更多的工人变得有利可图。

因此，古典经济学家认为，经济体的正常趋势是转向充分就业。暂时性的偏离可能由许多因素所致，如垄断性限制、工会组织和政府对经济的干预等。

根据古典经济学家的观点，所有的收入均会被花掉。人们用收入来购买自己所需的当前商品和服务。对未用于当期消费的部分，他们会用来建立消费品库存，或投资于资本品。若有储蓄留下来，它们将被其他人借走，并以各种方式花掉，特别是资本品投资。因此，计划消费的任何下降都将由计划投资的增加弥补，利率的波动确保所有计划的储蓄都可以借贷出去。

古典理论认为，生产创造了供给，同时创造了相等的货币购买力（需求）。而且，由于所有的收入均被花完，供给和需求始终相等。这一结论通常被称为**萨伊法则**。（J. B. 萨伊是一名法国经济学家，他和其他经济学家一样，信奉供给自动创造需求的理论。萨伊在 1830 年出版的《政治经济学概论》中解释了该理论。）如果供给创造了自身的需求，则提供的所有商品都将被购买。根据古典经济学的陈述，不存在经济未能移向充分就业均衡的任何理由。

直到 20 世纪 30 年代大萧条之前，古典理论被人们广泛接受。虽然此前也发生过经济下行，但在没有任何政府直接干预的情况下能实现复苏。但是，在 20 世纪 30 年代初，国家经济状况不断变糟糕，物价和利率不断下降，在 1933 年 12 月，失业达到了 24.9%的高位。古典理论却不能解释这一现象或提供一条走出持续萧条的途径。

凯恩斯主义分析

英国经济学家 J. M. 凯恩斯于 1936 年出版的《就业、利息和货币通论》提供了一种崭新的理论分析。凯恩斯认为，经济体可能会陷入一个存在大量劳动力失业和其他生产性资源闲置的均衡，此时并无自动的力量会促进经济复苏。他的结论是，经济体不能自动调整，因此政府有责任采取措施帮助经济走出萧条。

凯恩斯主义方法也被称作收入—支出分析，是经济体只会处在充分就业均衡的古典观念的一个替代。凯恩斯认为，购买力并不会自动成为对商品和服务的需求。人们可能会有购买力或潜在需求，却不会使用它。在生产了商品和挣得收入后，个人可能会决定持有部分货币作为储蓄，而非把它们花掉。因此，对商品和服务的总需求可能会低于供给，所生产的商品可能不会被售出。在这种情况下，企业将会降低产出，就业将会减少。

在解释什么因素决定了任意给定时间的实际产出和就业水平时，凯恩斯聚焦于总支出。**总支出（*AE*）**是指消费者、企业、政府和外国购买者在商品和服务上的计划总支出。*AE* 决定了总产出，进而决定了总就业和总收入。得自商品和服务产出的收入反过来又决定了 *AE*。若消费品和资本品的支出较高，*AE* 也将较高。因此，一个持续的高支出率将能确保一个较高的 *AE*，后者反过来又确保了较高的产出、就业和收入水平。这种行为产生了第十章描述的收入的循环流。由于失业的原因是不充分的 *AE*，凯恩斯模型将其努力集中在 *AE* 分析及其四大构成部门上，即消费、投资、政府支出和净出口。

消费与政府支出、净出口的总和往往低于总产出。因此，计划的投资必须吸收所生产的与居民和政府所消费的之间的差额。而且，随着产出增加，计划消费的增加并不会一样多。这意味着产出越高，产出和计划消费之间的缺口越大。此外，产出和就业水平越高，维持一个给定的就业水平需要的计划投资数量也越大。最终，该理论声称，由于消费函数的相对稳定性，*AE* 将主要根据计划投资的变动而移动。凯恩斯认为，当计划的消费、计划的投资和净出口不足以使经济体维持一个令人满意的生产和就业水平时，增加的政府支出必须被用于增加总支出。注意，推动经济增长的是计划的支出，因为它们反映了消费者和企业的未来预期。

□ 两部门经济

在一个没有政府和对外贸易的简单经济中，只存在消费和投资两个 *AE* 的构成部门。我们将从这两个部门开始建立一个简单的收入决定模型，然后逐渐加入其他部门，以使该模型更现实。

消费　凯恩斯通过表明需求（或计划的支出）决定了生产数量，对萨伊法则提出了质疑。支出最大的单个构成部分是消费，因此凯恩斯从解释消费行为开始构建他的理论。凯恩斯认为，消费者支出总额仅取决于他们的可支配收入。他把两者之间的这一关系称为消费函数，并把它作为自己理论中的关键部分。

消费函数是指任何表明消费者所获得收入（可支配收入）和他们计划或希望花在当前生产的最终产品上的支出之间关系的方程、表格或图示。注意，凯恩斯的消费函数把消费者支出和可支配收入，而非国民收入联系在一起。

凯恩斯认为消费者是受习惯支配的生物。当可支配收入改变时，他预计消费者支出也会按收入变化的恒定比例变化。凯恩斯把消费者支出变化与可支配收入或税后收入变化之比称作**边际消费倾向（*MPC*）**。该比率对应于消费函数的斜率。*MPC* 始终是一个处在 0～1 之间的正值。凯恩斯认为，对于一个适度的收入范围而言，*MPC* 将保持相对恒定。随着收入上升到该范围以上，凯恩斯认为 *MPC* 将略微下降。为了简化我们的图示分析，*MPC* 将保持恒定，因此消费函数将是一条向上倾斜的直线。

凯恩斯也不赞成古典经济学关于计划的储蓄完全取决于利率的信条，他认为消费者选择储蓄出于许多原因，如应急之需、未来大笔购买和退休等，而非只是为了获得利息。凯恩斯认为消费者的储蓄习惯主要立足于他们的收入。**储蓄函数**反映了消费者所得到的可支配收入数量和他们的储蓄数量之间的关系。不妨回想一下，我们在第十章已经学到储蓄是收入循环流中的漏出。

边际储蓄倾向（*MPS*）描述了计划的储蓄如何对收入变化作出反应。*MPS* 是指计划储蓄变化和可支配收入变化之比，它对应于储蓄函数的斜率。不管 *MPC* 的值是多少，*MPC* 和 *MPS* 加起来始终等于 1，因为所有的消费者收入中除去花在最终商品和服务上的外，必然作为储蓄。

虽然在更高的收入上消费的绝对数额会增加，但消费相对于收入的比率将下降。因此，随着经济不断扩张，产出数量（其等于收入）和计划的消费数额之间的缺口也会扩大。所以，*AE* 可能会低于经济体能够生产的所有商品被售罄所需要的水平。在这种情况下，库存将增加至超过企业希望保持的规模。企业将通过削减产量作出回应，就业和收入也将下降。

投资　投资支出是对收入和产品循环流的一种注入。我们如何解释计划投资需求（*I*）的行为？古典经济学家认为，计划投资支出最重要的决定因素是利率：当利率变得足够低时，企业将借入资金投资资本品。凯恩斯并不同意这一点。他认为利润预期是企业计划投资支出最重要的单个因素。其他重要的影响因素还包括利率、现存资本存量的规模和时间、企业税的变化和技术变迁等。这些因素中的一些会迅速发生大规模的改变。

凯恩斯认为，计划的投资需求将发生如此频繁的改变，以至计划投资支出和收入水平或利率之间的关系，并不像使其发生移动的其他因素那样重要。在凯恩斯主义模型中，计划的投资支出水平尤为重要。为了简化我们这里的阐述，我们将把计划投资处理成一个取决于模型外在因素的给定值。

□ 两部门经济中的均衡

我们再回到两部门经济，此时 $AE=C+I$。注意，图 12 - 2 中向右上方倾斜的 45°线是参考线。45°线从原点开始，将正方形图示分为面积相等的两部分。在任何 45°线上，纵坐标上的取值（总支出）均等于横坐标上的取值（实际收入或产出 Y）。

线段 C 即代表不同产出水平上的计划消费的消费函数。随着产出增加，计划的消费也将增加，但增加幅度小于收入。因此，计划的消费可以通过一条斜率小于 45°线的向右上方倾斜的直线表示。*MPC* 即消费函数的斜率。在非常低的产出水平处，计划的消费实际上可能会超过收入。当人们借钱补充自己的日常收入以购买商品和服务时，便会发生这种情形。

在直线 C 和 45°线的交点上，计划的消费等于总收入和总产出。在一个只有计划的消费支出的经济体中，Y_1 是均衡产出。但是，在绝大多数情况下，计划的消费支出将低于产出。在任何产出水平上，45°线和直线 C 之间的垂直距离都代表计划的储蓄，如图 12－2 中下半部分的产量水平 Y_2 所示。

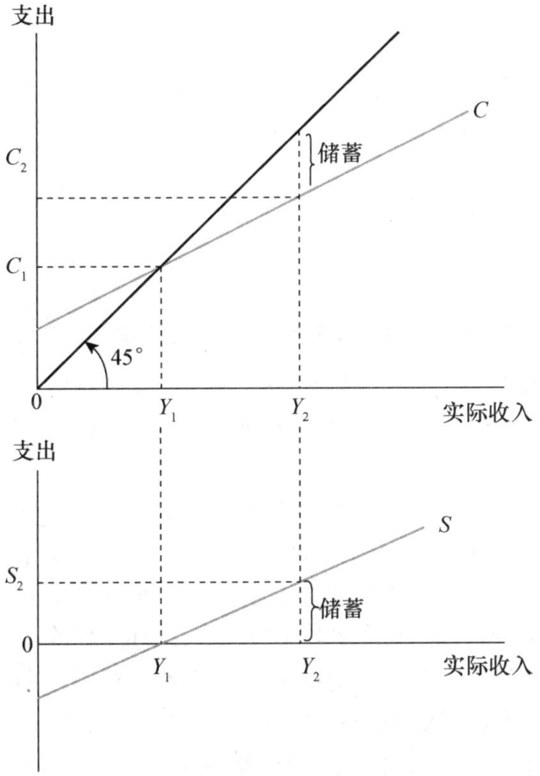

图 12－2　消费函数和储蓄函数

要使所有的商品和服务被售罄，必须有足够的计划投资来填补产出和 C 之间的缺口。若计划的投资不足以填补该缺口，一些库存仍将不会被售出，且产量将会削减。因此，经济活动的水平取决于计划的投资数额。

我们例子中的经济体拥有一个给定的不变的计划投资水平 I。当计划的投资水平被加入计划的消费支出时，得到的函数 $C+I$ 将是一条平行于 C 的直线。实际产出将调整到 $C+I$ 和 45°线的交点所对应的水平。在这一均衡点上，AE 将等于总产出，所有生产出的商品和服务都将被售罄，如图 12－3 中的 Y_3 所示。

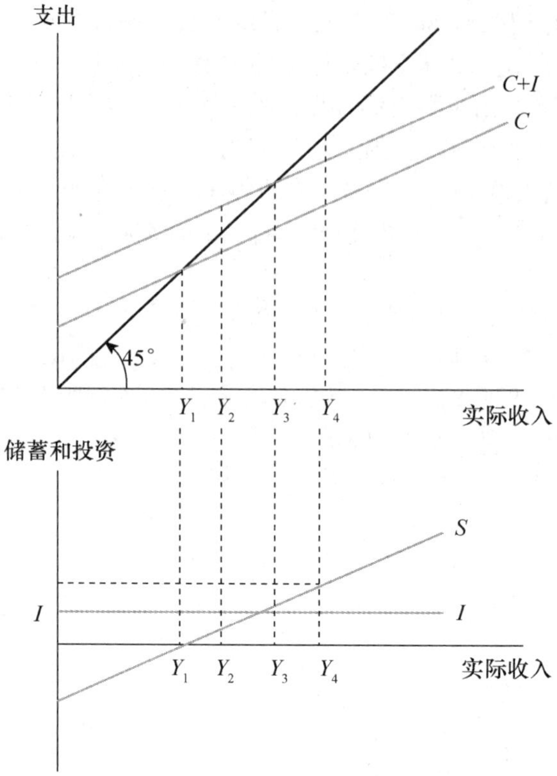

图 12—3 计划投资等于计划储蓄时的均衡产出

在任何更低的产出水平上，AE 将大于产出。计划的投资（总产出和 C 之间的差额）将大于计划的储蓄，如图 12－3 中的 Y_2 所示。若经济处在 Y_2 的产出上，生产和产出将随着企业扩大对超额需求的供给而增加，直至达到均衡产出 Y_3 为止。在产出 Y_3 上，AE 等于总产出，且计划的投资等于计划的储蓄。在任何更高的产出水平上，如产出为 Y_4 时，AE 将低于产出，故并非生产的所有商品都能被售罄。如我们在前面指出的，企业将通过削减产量来应对这种情形，直到产出再次达到均衡产出水平 Y_3。这时，计划的投资填补了 45°线和 C 之间的垂直缺口；计划的投资等于计划的储蓄，且 AE 等于总产出和总收入。在循环流中，均衡将出现在注入（投资）和漏出（储蓄）相等时。

计划投资和计划储蓄之间的关系 在分析图 12－3 时需记住，对应于任何产出水平，45°线和 C 之间的缺口都代表了计划的储蓄。例如，在图 12－3 中的产出 Y_2 上，计划的投资数额（如 $C+I$ 和 C 之间的垂直缺口所示）大于填补 45°线和 C 之间的缺口所需的数额。因此，如该图下半部分所示，计划的投资（注入）大于计划的储蓄（漏出）。这意味着 AE 大于产出。如此一来，产出将会增加以满足超额需求。随着产出增加，收入和计划的储蓄也会增加。当计划的储蓄等于计划的投资时，经济体达到产出 Y_3 的均衡。因此，AE 等于总产出。所有生产出的商品都被售罄，经济体处于均衡状态。

不存在转向更高的产出水平的激励，因为这样做无利可图。在图 12－3 中的 Y_4 上，计划的投资不足以填补 45°线和 C 之间的缺口，故此计划的投资（注入）小于计划的储蓄（漏出）。这意味着 AE 小于总产出，库存仍不能售出。这样一来，企业将削减生产，造成产出、就业和收入的下降。随着产出减少，总产出和 $C+I$ 之间的缺口变小，直至达

到产出 Y_3 为止，此时计划的投资恰好填补了 45°线和 C 之间的垂直缺口。如此一来，再一次地，计划的投资等于计划的储蓄；AE 等于总产出，且经济体处于均衡状态。

□ 四部门经济

由消费和投资构成的两部门经济体为我们提供了对国民产出的均衡水平如何决定的基本理解。一个更完整的凯恩斯主义模型包括来自循环流和国民收入账户的所有四大部门。加入政府和净出口就能囊括所有的参与主体。

政府支出和税收 首先要加入的是政府部门，其会导致以政府支出为形式的总支出的增加和以税收（T）为形式的总支出的减少。像计划的投资支出一样，我们假设政府支出（G）由除了收入以外的其他因素决定。因此，G 在我们的模型中具有一个恒定值。

政府支出——不管是在联邦层面还是州和地方层面——提供了对循环流的另一种注入及产出需求的另一个来源。就其本身而言，在总支出中加入 G 显然会提高均衡产出水平。但是，增加政府支出也有下压力量，因为政府支出（至少部分）必须通过税收支付。为了简化起见，我们将假设税收等于政府支出，且税收等于一个固定的收入数额，所有的税收都由消费者承担。我们在前面就提出，消费者关于他们的收入只有两种选择，即消费和储蓄。由于缴纳税收并不是一种购买任何商品或服务的直接方式，经济学家把税收归为储蓄的一种形式。税收是来自收入流的一种漏出，因为它们是对计划储蓄的一种（非自愿的）增加。税收增加会使储蓄函数上移一段等于税收增加额的距离；税收的减少则会使储蓄函数相应下移。税收并非 AE 方程的直接组成部分，因为它们不代表计划的产量支出。税收通过消费函数被纳入总支出。税收增加会降低可支配收入并导致整条消费函数曲线下移，税收减少则会增加可支配收入并使消费函数曲线上移。

净出口 总支出的最后一个构成因素是国外部门。外国居民的购买即出口（X），会增加总支出。消费者、企业和政府进口（IM）的支出会降低国内产出的 AE 水平。国外部门对某些国家而言非常庞大，构成了超过一半的所有循环流中的销量或购买量。

出口是对国内收入和产出循环流的一个注入，进口则是循环流的漏出。因此，我们加上出口并减去进口来计算 AE。现在，我们假设出口支出和进口支出均由模型外部的因素决定，就像我们对计划投资和政府支出所做的假设那样。于是，净进口（$X-IM$）可以被处理成一个给定的常数。当在模型中加入国外部门时，完整的 AE 关系式可以写成：

$$AE=C+I+G+(X-IM)$$

出口或进口的变化，像任何国内支出方面的变化一样，可以使 AE 函数发生移动并改变收入和产出水平。例如，假设另一国家的干旱导致来自美国的谷物出口大幅增加，那么净出口的这种改变将如何影响均衡产出水平？若进口保持不变，$X-IM$ 将会增加，这会使 AE 上移且导致均衡产出增加。$X-IM$ 的减少则具有相反的效应，即 AE 将下移，同时均衡产出下降。

四部门经济的均衡 当产出恰好等于四部门的计划购买总额时，达到均衡产出水平。在较低的产出水平上，总支出（AE）大于产出（Y）。当 Y 在更高的水平上时，它将大于总支出。较之两部门模型而言，加入一个预算平衡的政府和正的净出口，将提高均衡收入水平。增加的购买者数量足以弥补进口对 AE 以及税收对消费和 AE 的负效应。再一次地，当总支出等于总产出时，从循环流中的计划漏出等于计划注入。但是，现在有三种漏出，即储蓄、税收和进口，以及三种注入，即投资、政府购买和出口。同样地，漏出和注入只有在均衡收入水平时才相等。在该水平之下，注入将超过漏出，导致收入和产出上升；在该水平之上，漏出将超过注入，导致收入和产出下降。

□ 存在失业的均衡

若经济体处于低于生产性资源被充分利用的均衡，古典经济学家认为，雇主和雇员只需要等待竞争性因素产生必要的调整，以使经济体移向一个充分就业位置。但在凯恩斯看来，可能并不存在朝充分就业产出水平的自动调整。不同于放任经济体处在失业和不确定的滞胀状态，凯恩斯主义建议通过采用各种旨在增加支出水平的措施，刺激经济以使其移向一个更高的位置。这里将讨论部分措施，第十五章会详细讨论。

增加消费和净出口 凯恩斯主义并不否认通过增加消费提高就业水平的可能性。但是，因为计划的消费支出主要取决于收入，消费函数不太可能被改变到足以提高经济活动的水平。净出口在经济中只占总支出相对较小的份额。因此，即使出口的巨额增加也不会对总就业产生显著影响。

增加投资 由于计划的消费和净出口不太可能增加，增加计划投资可能会提供一条使经济体移向一个更高的就业和产出水平的途径。不幸的是，若企业部门备受不好的利润预期和高失业的打击，它们可能不愿意大幅增加计划的投资支出。

增加政府支出 当 $C+I+G+(X-IM)$ 并未大到足以产生高就业率时，凯恩斯建议增加政府支出以支撑经济。增加政府支出具有和增加任何其他部门支出相同的效应。作为实现一个给定的产出和就业水平的手段，增加政府支出可被用来填补产出和 AE 之间的缺口。为了稳定经济而额外增加的政府支出被称作相机抉择的政府支出，凯恩斯认为即使这样做意味着产生一个预算赤字（政府支出大于税收所得），政府也应该加以干预。

图 12－4 描绘了相机抉择的政府支出的运用，其中，G 和 $X-IM$ 被加入 $C+I$ 函数中。初始均衡位置处的 Y_1 低于充分就业处的产出水平。但是，若相机抉择的政府支出被用于填补充分就业时总产出和 AE 之间的垂直缺口 Y^*，则注入（计划投资＋政府支出＋出口）将等于漏出（计划储蓄＋税收＋进口）。结果，AE（包括相机抉择的政府支出 G_2）将等于总产出。所有生产的商品和服务都将被售罄，在更高的产出、收入和充分就业水平处实现均衡。

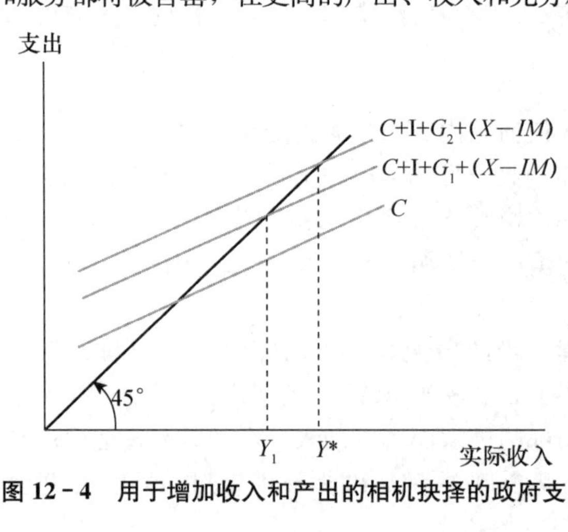

图 12－4 用于增加收入和产出的相机抉择的政府支出

□ 存在通胀时的均衡

若在经济体已达到充分就业水平后 *AE* 继续增加，则随着投资者和消费者为使用更稀缺的劳动、原材料和资本而相互竞争，价格将被进一步推升。物价水平的持续上涨意味着通胀已经形成。若已经发生通胀，则必须采取措施来抑制总支出，因为增加支出将导致更高的物价水平。虽然通胀在凯恩斯时代并非一个紧迫的问题，但他仍提供了政府在必要时可采取的建议。为了控制通货膨胀趋势，可以减少政府支出、增加税收（减少消费）和提高利率（抑制投资）。

□ 总支出和乘数

在本章这一小节，我们已经讨论了总支出变化对产出、收入和就业的影响效应。为了发挥效力，必须产生一个净变化。例如，若计划投资增加了 200 亿美元，而计划消费却减少了 200 亿美元，则总收入将没有实质性变化。但是，若计划投资增加了 200 亿美元，而计划消费、净出口和政府支出保持不变，则支出的增加将使经济活动水平提高。

乘数效应 计划投资净增加 200 亿美元将产生怎样的结果？它是否会使产出增加 200 亿美元？实际上，它会使 GDP 和我们的总收入增加 200 亿美元以上。在某人花了钱之后，这些钱变成所得者的收入；当所得者反过来花了这笔钱后，它又成了其他第三者的收入，如此循环往复。因此，由不断重复花费一定数目的金钱所产生的总收入将远大于最初实际上花费的金钱数目。**乘数**便是总支出（计划投资、计划消费、政府支出和净出口）变化和由此带来的国民产出或收入更大的变化之间的关系。

作为一个例子，假设投资者花掉了 20 美元，当它被重复花掉时，这可能会带来 20 美元、40 美元或 60 美元不等的收入增加。通过重复花掉最初 20 美元来创造收入的唯一限制因素是，在这一环节的某个节点上，某人未花掉他获得的 20 美元。这可能是因为某人将部分钱用于支付税收，部分钱用作储蓄，或用来购买进口品。换言之，任何时候我们从循环流中抽出金钱（创造漏出），这笔钱都将不会被用于再花费和创造更多的收入。

消费和储蓄之间的关系 计划储蓄构成了收入流中最大的漏出要素。因此，乘数规模取决于计划储蓄（或计划消费）和收入之间的关系。例如，假设人们花掉五分之四的收入，剩下的五分之一作为储蓄，则乘数值将等于 5，这意味着计划投资净增加 20 美元将使产出和收入增加 100 美元。这种效应如表 12-1 所示。

表 12-1　乘数效应举例　　单位：美元

净增加的投资		增加的收入	增加的支出（支出率为 80%）	储蓄（储蓄率为 20%）
20	A	20.0	16.0	4.0
	B	16.0	12.8	3.2
	C	12.8	10.2	2.6
	D	10.2	8.2	2.0
	E	8.2	6.6	1.6
	F	6.6	5.2	1.4
	G	5.2	4.2	1.0
		…	…	…
		100.0	80.0	20.0

该表显示，计划投资增加 20 美元，在初始支出时，将变成 A 的 20 美元收入。若 A 拿出其中的 1/5（4 美元）用作储蓄并花掉其他的，A 花掉的 16 美元将变成 B 的收入。当 B 反过来花掉 16 美元收入的 4/5 时，他便为 C 创造了 12.80 美元的收入。这个获得收入且在随后花掉（即为其他人创造收入）的过程，将一直持续至最初的 20 美元通过各种不同的人全部变成储蓄时为止。此时，将不再能产生新的收入。通过这一过程，最初 20 美元的计划投资带来了 100 美元的收入和产出增加。因此，乘数值为 5。产出的变化是再支出的结果，因此计划的消费水平对乘数值的大小具有直接影响。

人们再支出的钱越多，或他们储蓄得越少，乘数值将越大。例如，若个人和企业倾向于只把收入的十分之一作为储蓄，则乘数值将等于 10。在这种情况下，计划投资增加 20 美元将带来 200 美元的产出增加，因为这 20 美元在被全部储蓄起来之前将周转更多次。相反地，边际消费倾向越低，乘数值越小。若收入获得者将任何一笔钱都只储蓄一半，将导致仅为 2 的乘数。

计算乘数值　如图 12-1 所示，你会注意到乘数值取决于经济中个人和企业的支出和储蓄习惯。事实上，乘数值的大小直接取决于边际消费倾向，也就是说，取决于收入和计划消费之间的关系。根据边际消费倾向计算乘数值 k 的公式如下所示：

$$k=\frac{1}{1-MPC}=\frac{1}{MPS}$$

将 1（收入增加总额）减去边际消费倾向，我们便能得到边际储蓄倾向（MPS）。再将 1 除以 MPS，我们就得到了乘数值。因此，乘数值等于 MPS 的倒数。若消费者对任何所获得的收入，均会花掉 3/4，则 MPC 为 0.75。将其代入乘数方程，我们得到：

$$k=\frac{1}{1-MPC}=\frac{1}{1-0.75}=\frac{1}{0.25}=4$$

所以，乘数值为 4。很明显，乘数值和 MPC 直接相关，并且是 MPS 的倒数。关于美国实际乘数值的各种估计认为其落在 2～3 之间，这要视美国的就业和商业活动水平而定。

□ 总支出和总需求

在本章开始，我们考虑了作为研究宏观经济学一个框架的总供给和总需求模型。接着，我们讨论了凯恩斯主义模型，其借助于总支出函数来推导实际收入和产出的均衡水平。总供给和总需求模型表明了不同价格水平上的均衡产出，凯恩斯主义模型则给出了不同收入水平上的均衡产出。这两个模型如何关联呢？

图 12-5 描绘了总需求曲线和总支出曲线之间的关系。AE 函数根据一个给定的价格水平推导出。对应于任何价格水平，一个具体的总支出函数将获得唯一的均衡产出。在每一个收入水平上，更高的价格水平将伴随着一个更低的 AE。解释了总需求曲线从左上方往右下方倾斜的原因，也能解释为何对应于每一个不同的价格水平，会存在一个不同的 AE 函数。因此，在图 12-5 中，AE_1 对应着一个较高的价格水平 P_1，AE_2 对应着一个较低的价格水平 P_2，AE_3 对应着一个更低的价格水平 P_3。

通过描绘 AE 曲线上不同的 P 和 Y 的组合，图 12-5（b）根据图 12-5（a）推出了一条 AD 曲线。例如，价格 P_1 对应着均衡实际收入水平 Y_1。记住，AE 曲线表示在不同的替代性收入水平上，消费者和企业将支出的计划消费和计划投资数额。通过在图12-5（b）中描绘这些点得到的 AD 曲线，表示消费者、企业、政府和国外购买者在不同的替代性价格水平上将需要的实际产出（Y）数量。

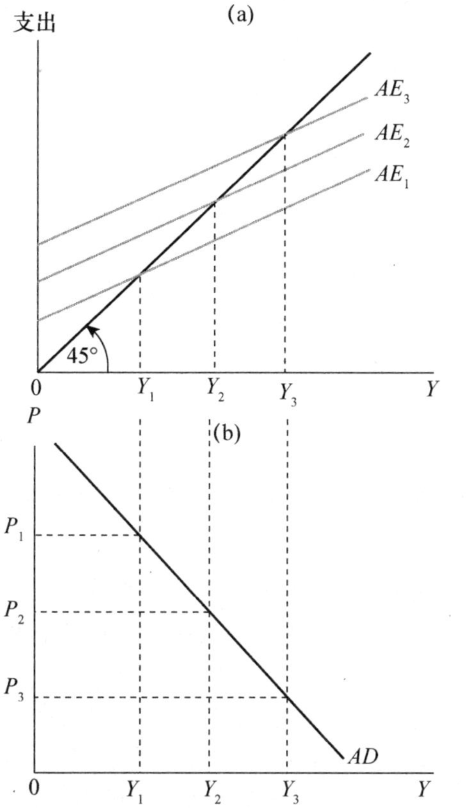

图 12-5　从总支出曲线推导出总需求曲线

AE 曲线和 AD 曲线均代表对总产出的需求，但是 AE 表示需求和收入之间的关系，而 AD 却表示需求和价格之间的关系。在两个模型中，均衡国民收入水平发生在总产出和总支出相等的那一点上。

总供给和总需求的再考察

在本章，我们概述了关于经济均衡的两种观点。古典经济学家认为，经济中的均衡将始终处于伴随着充分就业的产量水平，任何对此的偏离都将是暂时性的。以总供给和总需求框架为形式，古典经济学家描绘了短期总供给曲线和长期总供给曲线，即一条位于充分就业产量水平 Y^* 处的垂线。总需求曲线所处的位置决定了经济体的价格水平，如图12-6（a）所示。总需求从 AD_1 增加到 AD_2 只会导致一个更高的价格水平，因为并没有创造更多的产出。

凯恩斯认同长期总供给曲线将是一条位于充分就业产出水平的垂线，但是他不同意其短期情况。凯恩斯认为，均衡很容易在一个低于充分就业的产出水平上达到，他声称这种情况可以持续很长一段时间。他描绘了一条水平的总供给曲线，基于不提高价格而只通过利用闲置资源提高产出的可能性。（回想一下，凯恩斯在漫长的经济萧条时期撰写了《就业、利息和货币通论》一书。）在凯恩斯主义模型中，总需求决定了经济体的收入和产出水平，如图 12-6（b）所示。

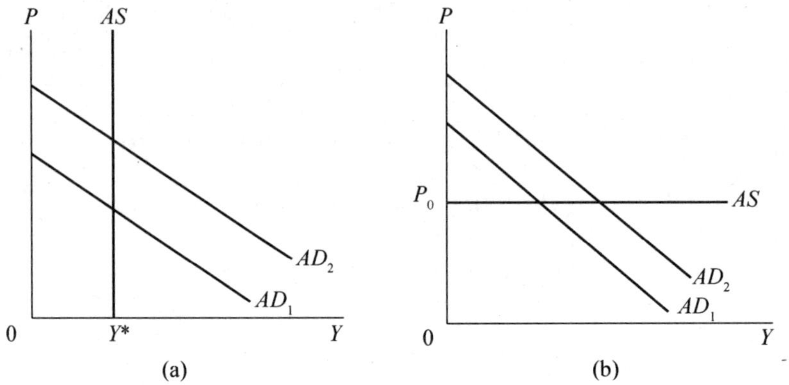

图 12-6　总供给的古典观点和凯恩斯主义观点

显然，古典观点和凯恩斯主义观点是两个极端。绝大多数经济学家认为更温和的观点是，总供给曲线是向上倾斜（而并非垂直）的，因为更高的价格将鼓励生产商努力扩大产出。结果，资源成本将上升，这些增加的成本将反映在更高的价格上。若所有这些不同的观点一起呈现，将能描绘出一条组合的 AS 曲线。

图 12-7 描绘了一条组合的 AS 曲线和若干个总需求水平。若国民收入低于 Y_2，则总需求的任何增加，如从 AD_1 增加到 AD_2，都将导致价格水平并未上涨情况下的实际产出和就业增加。若收入水平处在 Y_2 和 Y^* 之间，总需求的某种增加，如从 AD_3 增加到 AD_4，将导致伴随着价格水平上涨的实际产出和就业的某种增加。最后，任何超过充分就业水平 Y^* 的 AD 增加，都将导致一个更高的价格水平，而实际产出或就业却不会增加。

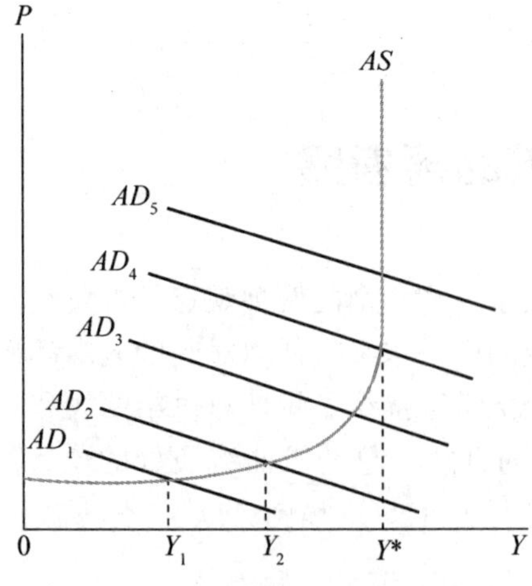

图 12-7　总需求和总供给的组合

货币主义者和新古典主义

货币政策和财政政策在多大程度上影响经济体的争议在经济学家间仍继续进行。在结束本章之前，简要描述下货币主义者和新古典主义的思想，可能会提供经济学家关于经济体运行和经济政策含义的更多洞见。与聚焦于财政政策及其对失业和萧条之影响的凯恩斯主义理论不同，货币主义者和新古典主义者主要聚焦于货币政策，并把通胀作为他们的关注点。两者均把他们的根源追溯至古典理论，且在通胀时期变得更为流行。

□ 货币学派

货币学派出现在 20 世纪五六十年代，在 70 年代颇为流行。像 19 世纪的古典经济学家一样，货币主义者依靠市场体系推动经济达到其效率最高状态。工资和价格被认为具有高度弹性，且能快速对供给和需求状况作出反应。凯恩斯主义者认为经济体经历着需要政府干预的非均衡时期，货币主义者则认为，经济体会自动朝充分就业均衡调整。因此，在货币主义者看来，经济体是基本稳定的，政府干预没有必要。

货币主义者聚焦于货币作为决定总需求最重要变量的角色。货币主义者承认，货币政策的变化在短期内会对经济产生一个强大影响，但是这些变化的长期效应将是通货膨胀。因为在长期，货币供给增加并不会增加就业和产出，而只会推升物价水平。

货币主义者认为，政府干预加剧而非减轻了商业周期的影响效应。例如，他们认为，通胀紧随迅速的货币增长而至，衰退则伴随缓慢的货币增长而来。货币主义者论点的关键之处是，货币供给的变化存在严重的时滞效应。第一个时滞是认识到总需求问题的存在，并形成一项政策对其进行纠正。第二个时滞之所以产生，是因为政策对经济体产生效力需要大量时间。当政策开始发挥作用时，经济体可能已处在完全不同的状况下，此前采取的纠正措施现在可能完全不利于生产。例如，联邦政府可能会实行紧缩货币供给的措施以抑制通胀，但是紧缩银根的政策效应可能要在较长时间后才能体现。到那时，经济体可能已陷入下行且事实上需要转向货币扩张性政策而非货币紧缩性政策。

为了消除相机抉择的经济政策的非稳定效应，货币主义者要求货币和财政当局遵守一套固定的规则组合。具体而言，他们要求政府确定一个在商业周期中的平衡预算，以及联邦政府维持一个恒定的货币供给增长率，而不必顾及利率、经济活动水平或其他的经济变量。货币主义者建议，以每年 3％～5％的速度增加货币供给。他们认为，这一货币规则将比当前相机改变货币供给以应对商业和价格波动的政策，能更成功地保持经济活动和物价水平的稳定。

□ 新古典学派

新古典学派最初在 20 世纪 70 年代末和 80 年代初开始盛行。像货币主义者一样，新古典主义者认为经济体本质上是稳定的，价格和工资弹性有自我纠正的特性。市场力量倾向于使经济体转向充分就业，且足够敏感地使经济体在面临变动的经济状况时依然保持稳定。对充分就业均衡的偏离是温和的和短暂的。

新古典主义理论家也认为，积极的货币政策在经济中是多余的。新古典主义者认为干预是无效的，这并未因为政策变化涉及时滞问题，而是因为理性预期。关于理性预期，新古典主义者是指人们不仅从他们过往的经历中学习，而且能通过大量利用各种可得的经济信息，来正确地预测未来。这些信息包括对经济结构的理解、经济预测、货币当局和财政当局可能采取的行为，以及对政策的长期反应。有了这些知识，人们便能准确预期货币政策和财政政策的变化，且相应地改变自己的行为。当他们于公共政策奏效前改变自己的行为时，公共政策将失去效力。货币政策改变就业或产出水平将只是偶然的情况和随机的事件，且必须出乎意料地实施。

例如，若经济体正在陷入一场衰退，则在没有扩张性政策的预期下，人们通常认为价格和工资会下降。但是，若市场参与者准确预期到将采取扩张性政策，他们将不会降低价格，因为他们预期到未来需求将上升。由于价格仍然保持高位，增加的货币供给将会导致通胀。

因此，新古典主义者推断，积极的货币政策在一个家庭和企业充分高效地自主配置资源的世界中无用武之地。像货币主义者一样，新古典经济学家提议，要使市场力量正确发挥作用，货币供给必须稳定增长且政府的职责尽可能小。政府的扩张性政策只会导致通胀，且不会对总需求产生任何影响。

□ 供给方经济学

在 20 世纪 80 年代，解释经济体运行的供给方分析变得越来越流行。简单地说，**供给方分析**认为，若税率下调，个人将拥有更大的工作、储蓄和投资激励。其结果将是经济体总产出的增加。供给方分析同古典经济学家和凯恩斯主义者的分析有一些共同的特征，但也存在主要区别。

古典理论家认为，供给创造其自身的需求，并放任经济体自身达到其均衡。虽然古典经济学家的自由放任分析把供给方视作创造需求的引擎，但他们反对任何形式的积极税收政策。供给方分析支持降低税率的政策，以此来为纳税人提供赚钱和花费更多可支配收入的更大激励。在政府减税导致税收收入减少的同时，社会资金会从公共部门转向私人部门，而这些资金在私人部门得到更高效的利用。最终的结果将是国民产出和收入的增加。供给方经济学家是财政政策领域的积极分子，而古典理论家却较为消极。

如前所述，凯恩斯主义者也是财政政策领域的积极分子，因为他们支持通过财政政策的运用来管理经济。凯恩斯主义者认为，通过减税，总需求将会增加，从而会通过乘数效应刺激经济扩张。对于凯恩斯主义者而言，正是总需求导致了总供给的变化。供给方经济学家则认为，总供给的变化导致了总需求的变化。

供给方的政策工具包括降低个人所得税税率、降低储蓄和投资税率，以及降低企业所得税税率。若成功实施，则供给方减税的预期结果将如图 12－8 所示。假设初始均衡点为 A，然后采取了减税政策。总供给曲线右移将导致总需求曲线同时右移。新的均衡现在为 C 点，表明产出增加较多而价格水平上涨相对较小。这是怎么发生的呢？供给方分析的支持者认为，在更高的可支配收入上，人们将会有工作更多、储蓄更多和投资更多的更大激励。其结果便是更高的实际收入水平和更小的价格上涨幅度。若减税在需求方面和凯恩斯主义政策相一致，则结果将完全相反。新的均衡点将为 B 点，此时较供给方减税而言，将有一个更小的产出和更高的价格水平。这正是供给方减税政策所期望的结果，但它们并不一定会出现。总需求的移动可能会大于总供给的移动，从而导致和凯恩斯主义财政刺激政策相同的结果。

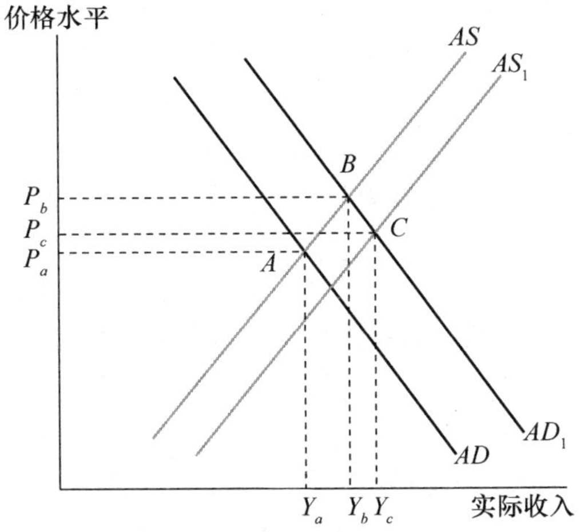

图 12－8　供给方减税政策的影响

供给方经济学并非没有批评者。虽然批评者同情供给方减税政策，他们认为供给方减税政策在影响总供给前，给总需求造成的影响更大。因此，供给方效应不能被纳入短期稳定政策的组成部分。事实上，他们认为需求方效应将会压倒供给方效应。只有在长期，供给方减税政策才会改变个人从事更多投资、储蓄和工作的激励。资本所得、储蓄和个人收入方面的减税被认为更有利于富裕的个人和家庭，因为他们需支付最大的税额，因此能从减税中获利最多。最后，供给方减税会在中短期内减少政府收入，并导致一个难以接受的联邦政府预算赤字水平。

如今，尽管有着内在缺陷，供给方措施正在获得越来越多人的支持。虽然它不可能取代处理短期问题的需求管理政策，供给方措施正在被用来刺激长期经济增长。

第十二章回顾

□总　结

● 总供给和总需求框架可以被用来解释国民收入和产出水平。总需求（AD）表示在不同的替代性价格水平上购买者将购买的实际产出总量。总供给（AS）表示在不同的价格水平上生产商将提供的各种实际产出总量。总供给曲线和总需求曲线的交点决定了经济体的均衡工资水平和总产出水平。

● 古典经济学受到最多批评的假设是均衡产出常常是充分就业产出。当情况并非如此时，这种情况也是暂时性的，且会作出自我纠正。也就是说，当获得资源收入时，这些收入将被花在由生产性资源创造的商品和服务上。

● 总支出是指经济体总的计划支出。其由消费、投资、政府支出和净出口组成。

● 凯恩斯称，经济活动水平取决于总支出的规模。从图形上看，均衡收入发生在总支出曲线和45°线（代表着产出）相交处。在该点上，总支出等于总收入和总产出。但是，均衡产出很可能并非充分就业产出。

● 若四大部门中任何一者的支出发生初始增加，其将会增加国民收入和产出，增加额不和初始增加一样，而是会有乘数倍增加。乘数的大小直接随边际消费倾向的不同而改变，和边际储蓄倾向成反比。

● 存在许多关于总供给曲线形状的争议。古典观点认为，短期 *AS* 曲线是垂直的，凯恩斯则认为它是水平的。中间派观点认为 *AS* 曲线向右上方倾斜。对这三种观点进行整合后，我们便得到了一条在一定产出范围内水平，然后向上倾斜，最后在充分就业产出水平处垂直的 *AS* 曲线。

● 不同于凯恩斯主义的分析，货币主义者和新古典经济学派很大程度上涉及经济体的通胀效应。两者均认为，经济体本质上是稳定的，市场力量会自动产生均衡。货币主义者和新古典学派支持联邦政府采取一项稳定的货币供给增长率政策，反对采取扩张性政策。

● 供给方分析是一套旨在使总供给曲线右移的工具组合，以此来增加国民收入和产出。供给方分析强调减税，以便为工作更多、储蓄更多和投资更多提供激励。

□ 关键术语和概念

总需求（*AD*）曲线	实际产出	总供给（*AS*）曲线	萨伊法则
总支出（*AE*）	消费函数	边际消费倾向（*MPC*）	储蓄函数
边际储蓄倾向（*MPS*）	乘数	供给方分析	

□ 讨论题

1. 总需求曲线为何自左上方向右下方倾斜？

2. 古典经济学家关于充分就业是经济体正常均衡水平的假设有何优缺点？

3. “供给创造其自身的需求”，这句话如何理解？

4. 最近的经验数据表明，正如凯恩斯和其他人所假设的，随着收入不断增加，边际消费倾向可能不会下降太多。若确实如此，它将会如何影响作为分析工具的收入—支出方法的有效性？

5. 为何较高的计划消费水平使维持一个较高的就业水平更容易？

6. 为什么说边际消费倾向决定了乘数值的大小？

7. 计算下列情况的乘数值：

(a) *MPC*＝0.40；(b) *MPS*＝0.25；(c) *MPC*＝0.67；(d) *MPS*＝0.50；(e) *MPC*＝0.90；(f) *MPC*＝0.75。

8. 凯恩斯的名言“在长期，我们都将死去”与古典经济学家和凯恩斯主义经济学家之间的争论有何联系？

9. 货币主义者理论和新古典理论之间有哪些相似点和差异？

10. 为何供给方分析被认为更有利于富人？布什政府采取的哪些减税政策被看作供给方的减税政策？

第十三章

美国经济中的货币

学习完第十三章后，你应该能够：

（1）简单描述货币的演化；

（2）定义货币并解释其功能及其如何计量；

（3）理解货币数量论，指出 M（货币供给）和 V（货币周转率）如何影响 P（物价水平或每次交易的平均价格）和 Q（经济体的总交易量）；

（4）描述货币供给变化对总收入、产出和物价水平的影响；

（5）通过一个给定的初始支票存款和准备金要求，阐述货币供给的乘数扩张；

（6）解释如何构建和使用消费者价格指数（CPI）；

（7）区别名义工资和实际工资，解释如何把名义工资换算成实际工资。

虽然古典经济学家认为货币是被动的，因此对经济体只有较小的影响，但是现代历史已经表明，货币数量和流量在美国经济中扮演着重要角色。本章将考察货币的性质和功能，其通过银行系统的创造过程，以及其对物价水平的影响。

货币的性质

纵观历史，货币曾有过许多形状和形式。在早期，商品货币曾在很大程度上被当作货币使用。商品货币是指一种实际上由商品本身充当货币的货币类型。充当货币的商品本身往往也有价值。许多商品，如石头、贝壳、不同农作物、金属和纸张，在世界不同国家和地区的历史上均充当过货币。美国的历史显示，除了金币和纸币外，烟草、玉米、贝壳、仓单和银行票据，都曾充当过货币。事实上，这些货币中有许多都曾被赋予法定货币的地位，这意味着它们可用于偿付债务，不管是公共债务还是私人债务。

金属货币是一种特殊类型的商品货币，由某种金属，如黄金、白银或铜等作为货币。绝大多数早期的文化把贵金属作为交易货币。埃及人大约在 2 500 多年前就把金币和银币作为流通货币。希腊人和罗马人继续保持这一传统，并把它流传给西方文明。金币很有吸引力是因为它们可以储存、易于携带且某种程度上可以分割。金币作为商品也是价值很高的，一枚金币的价值取决于其所包含的黄金或白银的价值。美国的硬币发行已不再包含贵金属。自 1970 年以来，5 分镍币、10 分硬币、25 分硬币、50 分硬币和美元只包含非常少的白银。便士现在几乎完全不含铜。

中国人早在 10 世纪就开始使用纸币了。纸币并非一种商品货币形式，因为它包含极少或几乎不包含内在价值。纸币可以分为代用货币或法定货币。**代用货币**可以替换金属货币且可以被兑换成黄金或白银，在某些情况下，甚至被兑换成烟草等商品。代用货币可以是足值的，也可以是虚值的。例如，一张足值的 5 美元的代用货币将以 5 美元黄金或白银为支撑。若 5 美元票据只是一种虚值代用货币，则它可能只有 1 美元黄金或白银的支撑。美国曾经以黄金券和白银券为形式发行足值的代用纸币。1933 年后黄金券不再流通，白银券也从 1968 年起开始被兑换。现在，美国已经不发行代用货币了。

法定货币除了不能被兑换成一种商品，如黄金和白银外，类似于代用货币。如今美国的货币全部是法定货币。随着时间的流逝，美国从一套由黄金和白银等商品充当货币的货币体系，转向了现在依赖没有任何商品作为支撑的纸币的货币体系。

货币的功能和计量

我们绝大多数人每天使用货币。我们看到它、触摸它，然后花掉它。但是，有多少人能完整定义它呢？通常，货币被定义得过于狭隘了。一些人把它定义为一个国家的通货，其他人把它看作一种法定货币形式，还有人经常把它当作交易媒介。为了纳入美国货币供给的全部分类，我们必须使用一个更宽泛的定义。因此，我们称**货币**为任何被普遍接受的、可用于交换其他商品或服务的物品。

□ 货币的功能

在现代经济中，货币扮演着四大重要角色：价值尺度、交易媒介、价值储存手段，以及延期支付的标准。

价值尺度　货币充当着价值尺度或计量单位的职能，这意味着我们能以货币的形式计算其他所有商品和服务的价值。没有货币，将很难比较不同商品和服务的价值。一台高清晰度的电视机值多少钱？例如，我们可能会同意，它可能值 6 台食物处理机、300 蒲式耳小麦、8 双鞋或半头奶牛。没有货币的话，我们将不得不对接受每种商品和服务的价值与我们将交换的商品和服务的价值进行比较。但是，有了货币作为价值尺度后，我们便能用货币表示电视机的价值。因为所有其他商品和服务的价值也都可以用货币形式表示，我们可以通过它们各自的美元价值，容易地比较电视机的价值和其他物品的价值。若接受者的商品价值为 1 500 美元，我们便能知道它的价值等于任何价值同为 1 500 美元的其他商品或商品组合。

交易媒介 在一个物物交换的经济中，商品和服务的交换极其麻烦。若一位农民想用一头羊羔交换一双鞋子，他必须首先找到拥有一双鞋子且愿意拿它交换羊羔的人。因此，**双重需求偶合**问题就产生了。在这些情况下，该农民可能不得不先把羊羔交换成小麦，然后把小麦交换成一系列书，再拿这些书来交换鞋子。

在一个货币经济中，农民只需要售出羊羔以获取现金，再拿现金购买鞋子即可。因此，货币充当着交易媒介和经济催化剂的角色。货币消除了双重需求偶合问题，促进了商品和服务的交换。

价值储存手段 在我们把过剩的商品换成货币并持有这些货币的过程中，货币充当着价值储存手段的职能。由于一些商品太过庞大而难以储存，其他一些商品很容易腐烂，还有一些商品需要极其高昂的储存成本，故人们很难以商品的形式积累和持有财富。货币要成为一种好的财富储存手段，必须具有稳定性。人们不会愿意把货币作为财富储存手段，若他们知道货币的购买力在持有期内将大幅下降。当一国通货的价值极不稳定时，该国国民可能会以外币、黄金或白银的形式储存他们的财富。若货币的价值下降，人们可能会被迫花掉货币，或将其兑换成土地和住房等实物资产。

延期支付的标准 在美国经济体中，大量购买行为在没有直接现金支付的情况下完成。相反地，消费者同意在一段时期后支付购买价格。因此，货币变成延期支付的一个标准。当一个家庭购买了一套房子时，可能需要 20 年或更长时间才能还清贷款。在这种情况下，债权人相信之后年份里从该家庭将能获得货币且其购买力不会出现明显下降。正如货币作为价值储存手段的角色一样，若要充当一个可靠的延期支付标准，则货币的价值必须是稳定的。

稳健的货币必须同时具备上述四大职能。美元有足够的理由充当稳健的货币。但是，一些货币却只能胜任部分职能。例如，一些拉美国家（这些国家过去 20 多年来饱受物价飞涨之困扰）的货币由于恶性通胀，难以满足这些功能。即使在美国，在通常的高通胀持续时期，一些美元持有者（不管是美国公民还是外国公民）也会寻求将其财富兑换成其他商品，如不动产、黄金或一种更稳定的外币。

□ 计算货币供给

虽然货币被宽泛地定义为任何被接受用于交换商品和服务的物品，但是**货币存量**或货币供给——给定时期内存在的货币数量——的定义却颇为狭窄，且根据货币的流动性来计算。一项资产被兑换成交易媒介的容易程度被称为**流动性**。**通货**，其包括纸币和硬币，是最具流动性的资产，因为它本身便是交易媒介。

通常而言，美国的货币存量由官方通过将货币分成 M1 和 M2 两大类别进行计算。表 13－1 给出了这两大类货币供给的不同构成因素及其相应数目。**M1** 主要包括公众手中持有的通货、旅行支票和支票存款。**支票存款**是指存在金融机构的支票账户中的资金，以及可转让支付命令账户（NOW 账户）和自动转账服务账户（ATS 账户）。NOW 账户是指支付利息和允许签发支票特权的活期账户。ATS 账户也需支付利息，并允许将资金从储蓄账户自动转到支票存款账户。由于 M1 包括现金和为了满足支付目的的可直接提取的支票存款，所以它是最具流动性的货币形式。

表 13-1　　美国 2012 年 1 月的货币存量　　单位：10 亿美元

通货和旅行支票总计		915.7
活期存款和其他		509.8
支票存款		366.0
	M1 合计	1 791.5
储蓄存款和小额定期存款		5 373.0
小面额现金		926.6
其他		700.0
	M2 合计	6 934.3

注：经季节性调整后的值为：M1＋M2＝8 734。
资料来源：联邦储备委员会理事会。

M2 是一个更宽泛的货币定义，因为除了 M1 外，它还包括储蓄存款、小额（低于 10 万美元）定期存款和零售货币市场基金。**储蓄存款**是指账户里不支持自动转账服务的计息资金。**定期存款**是指可以获取一个固定利息收益且必须持有一个约定期限的资金。提早提取资金将会受到惩罚，正如定期存单的情形一样。**货币市场基金**是指投资于各类短期金融资产，如政府和企业票据等的账户存款。虽然这些基金有签发支票的特权，投资者在能签发的支票笔数和每笔支票的最小数额上是受限制的。货币市场基金可以放在银行（称作货币市场存款账户）或者放在非金融机构。

直到 2006 年，联邦储备委员会均维持着货币的第三种分类，即众所周知的 M3，它包括 M2，加上可转让大额定期存单。M3 还包括**欧洲美元**，即存在外国银行因而不在美国管辖范围之内的美元。但是，委员会认为 M3 并未传递出任何尚未包含在 M2 中，且许多年来已经在货币政策中扮演着重要角色的额外的经济活动信息。因此，委员会废弃了把 M3 作为一个有意义的货币供给分类的做法。

从历史上看，M1 最频繁地被用作货币供给的基准。但是，由于近几年来新形式的银行账户（如货币市场存款账户和小额定期存款等）的创造和增长，绝大多数经济学家认为 M1 的货币定义过于狭窄，因此 M2 现在得到了更频繁的使用。所以，在本章和全书中，货币供给将指 M2。这一计算标准显示，货币存量在 2008 年年初到 2011 年年末期间已经增加了 3.5 万亿多美元。

货币供给和总收入

货币对经济有何影响？通过观察和分析，我们可以看出货币数量的变化必然会影响总收入和总产出的水平及价格水平，影响程度将取决于现存的经济条件。但是，货币供给的变化并不能治愈全部甚至大多数特定经济体的缺陷。货币所做的只是加速或减缓收入循环流和（或）改变物价水平。

□ 交易方程式

解释货币对经济体系影响效应的一种方法是借助数量分析。**交易方程式**表达了货币供给和物价水平之间一个非常简单的关系。其假设任何获得的货币通常会被直接或间接用来购买商品和服务。这种**交易法**可表述成如下形式：

$$MV=PQ$$

其中，M 表示货币供给总量（包括所有类型的货币）；V 表示货币周转率（即每年 1 美元被用于购买最终商品和服务的次数，可通过将货币供给除以经济体的总支出得到）；P 表示价格水平或每笔交易的平均价格；Q 表示经济体的总交易量（给定一段时期，经济体所生产和销售的商品和服务的实物总量）。

方程的左边（MV）表示花费在商品和服务上的总额，右边（PQ）表示销售者获得的总额。实际上，交易方程式告诉我们，经济体最终购买的总量必定等于流通中的货币数量与每年 1 美元转售的平均次数之积。上述交易方程式是一个恒等式或恒真命题，因为被购买的商品价值始终等于被售出的商品价值。

□ 货币数量论

作为一个恒等式，交易方程式本身并非一项预测性工具，但是古典经济学家将该方程式作为建立货币数量论的基础。根据其最简单的形式，**货币数量论**表明，在均衡状态下，价格水平（P）将完全和货币供给（M）成正比。要使这一结论成立，货币数量论者作出了两个非常重要的假设。第一，他们假设国民经济本质上是稳定的，且倾向于在所有资源均被充分利用的状态下运行。因此，在充分就业状态下，实际产出或实际 GDP 的价值将保持不变。第二个重要的假设是，货币周转率也是稳定的，因为人们的支出习惯倾向于随时间推移保持不变。

给定这些假设，货币数量论者推断，若总产出（Q）和货币周转率（V）保持不变，则货币供给（M）的任何增加都将直接导致价格水平（P）的成比例上涨。例如，通过把交易方程式 $MV=PQ$ 改写成 $P=MV/Q$，我们便很容易看出货币数量论者所声称的 P 和 Q 之间的因果关系。

若货币供给的假设值是 5 美元，总产出是 4，且周转率为 4，则每笔交易的平均价值为 5 美元。用公式表示为：

$$P=\frac{MV}{Q}=\frac{5\times4}{4}=\frac{20}{4}=5$$

现在，要是货币供给增加，会发生什么情况呢？当产出和周转率不变时，不管其取值多少，V/Q 也将保持不变。在这种情形下，若我们将货币供给增加一倍，即从 5 美元增加至 10 美元，结果将导致价格上涨一倍。同样地，之所以会这样，是因为在资源被充分利用时不能生产出额外的商品和服务，并且货币周转率保持不变。个人和企业将拿额外的钱来相互竞争现有的商品和服务，由此导致通货膨胀。用我们的公式表示为：

$$P=\frac{MV}{Q}=\frac{10\times4}{4}=\frac{40}{4}=10$$

如今，虽然经济学家同意在一国的货币供给和一般物价水平之间存在一个重要的联系，但他们并未把两者看作比例相关。导致这种不一致的基础在于货币数量论所包含的主要假设。充分就业假设和稳定的周转率假设是争论的关键。现代经济学认为，若经济体在低于充分就业的水平上运行，就像其经常情形一样，增加货币供给往往会带来实际产出的增加，而非物价水平的成比例上涨。因此，若货币供给增加了10%，额外的货币将被用于购买额外的商品和服务，这些商品和服务由经济体此前闲置的劳动力、资源和产能创造。物价水平不会成比例上涨，而会保持相对稳定或略微上涨。

关于不变周转率的假设同样遭到了现代经济学家基于经验证据的挑战。在一些时期，人们倾向于更快地花费自己的收入，只将较小的部分用作储蓄。此时，货币供给的周转数将更大，总支出会增加。这会导致总产出和（或）物价水平上升，其幅度取决于具体的经济环境。另外，若人们习惯于以更慢的速度花费自己的收入或将更高比例的收入用作储蓄，则总支出将会减少。在这种情形下，下降的周转率可能会对物价水平和产出施加一个下行的压力。

周转率在人们预期到通胀的改变时也会发生改变。若人们预期到将出现更高的通胀，则周转率倾向于上升，因为此时人们会更快地花掉货币以抵抗物价的进一步上涨。但是，当人们预期到将出现更低的物价水平时，周转率会由于人们推迟购买以利用未来更低的物价水平而下降。历史已经证明，经济状况的迅速改变会对货币周转率产生一个显著的短期效应。

□ 货币和循环流

很明显，货币供给的数量和流量会影响经济体的商业活动。这在第十章讨论循环流时已经得到阐述。任何时候，当投资大于储蓄时，将导致总产出或价格上升。但是，周转率不变，货币供给的增加必然会给企业增加投资提供手段。增加的投资可能会通过通货数量的增加或银行其他形式货币的创造实现。

同样地，政府支出赤字往往通过银行产生的货币供给的增加来融资。另外，投资减少或政府预算盈余可能会造成货币供给减少。

在投资—储蓄决策和政府预算状态与货币供给变动之间，似乎存在着某种联系。而且，上述任何一者的变化都会影响GDP和物价水平。它们的关系如表13-2所示。

表13-2　投资、储蓄、政府预算和货币供给之间的关系

稳定总产出和（或）物价水平的条件	减少总产出和（或）降低物价水平的条件	增加总产出和（或）提高物价水平的条件
投资＝储蓄	投资<储蓄	投资>储蓄
政府预算平衡	政府预算盈余	政府预算赤字
出口＝进口	净进口	净出口
稳定的货币供给	货币供给减少	货币供给增加

货币的创造

在本章，我们已经学过如何定义和计量货币、货币的功能，以及货币供给变化对产出和收入的影响。现在，我们介绍金融机构通过支票存款的扩张和收缩在改变货币供给中所扮演的角色。虽然许多类型的金融机构现在都能提供支票存款，进而影响货币供给，但我们将主要讨论银行体系内支票存款的扩张和收缩。

虽然支票存款构成了美国货币供给的很大一部分，它们仍然是其中最神秘的构成。为了理解支票存款所扮演的重要角色，我们必须确定银行实际上如何创造存款以及哪些约束限制了存款创造过程。

如今，银行能为我们提供各种各样的获利型金融服务，但它们的主要功能仍然是提供贷款，以及作为一个整体创造货币。因此，为了最大化利润，银行将试图在合理的安全边界内，尽可能多地提供贷款。我们从以下假设开始论述，假设你为了度假和过生日而存钱，现在你有 1 000 美元现金。现在，你去附近的银行新开了一张 1 000 美元的支票存款。注意，这时你的行为并不会对货币供给（M1）产生直接影响，因为你只是将你的通货换成了支票存款。但是，银行为了利用你的存款盈利，将你的存款贷出去。关键问题是，银行将你 1 000 美元存款中的多少贷出去呢？答案将取决于现行的州和联邦银行规章要求银行持有多少存款准备金，这些准备金要求限制了银行发放贷款的能力。若准备金要求是存款的 100%，则由于你的 1 000 美元存款不得不作为存款准备金，银行将不能发放任何贷款。但事实上，银行只被要求持有你 1 000 美元存款中的部分作为准备金，且能贷出剩下的存款，正是通过这种部分准备金体系银行创造了货币。

若根据法律，法定准备金率为 10%，则银行必须把 100 美元作为法定准备金，剩下的 900 美元超额准备金就能拿去贷给其他的消费者。当银行贷出 900 美元时，结果将是货币供给增加，因为你仍然持有 1 000 美元的支票存款，而银行的借款人却获得了 900 美元。尽管你的银行只在有限程度上增加了货币供给，所有银行的累积行为将使货币供给增加了相当于你初始存款的乘数倍。

为了阐述这一点，假设借入 900 美元的人从西尔斯（Sears）购买了一台电冰箱，且西尔斯把这 900 美元存在了自己在另一家银行的账户里。因此，该行可以留下西尔斯 900 美元存款中的 90 美元作为法定准备金，并把剩下的 810 美元贷放出去。这一过程将会持续下去，直到总贷款额达到 9 000 美元，且 1 000 美元被不同的银行持有作为准备金。此时，银行将不能根据起初 1 000 美元的存款发放更多的贷款。我们将这一过程称为货币供给的乘数扩张。只要没有人取出现金且没有超额准备金闲置未被贷放出去，货币供给的变化量将取决于货币乘数。

货币乘数等于法定准备金率的倒数，即：

$$货币乘数=\frac{1}{法定准备金率}$$

在我们的例子中，货币乘数是 1/10 的倒数（10%即等于 1/10），或者 10/1=10。换言之，存款扩张总额将是初始存款额的 10 倍。决定货币乘数值大小的两大因素是初始存款规模和法定准备金率。例如，若法定准备金率为 20%，则你 1 000 美元的存款只能支持 4 000 美元的贷款，从而带来 5 000 美元的存款扩张总额。

考察这一过程的另一种方法是通借助于表格，如表 13－3 所示。该表显示了某银行（A 行）1 000 美元的存款如何通过贷放 9 000 美元扩张出 10 000 美元的支票存款。为了满足 10%的法定准备金率要求，在初始 1 000 美元的存款中，A 行将持有 100 美元的准备金，因此它有 900 美元可供贷款。借入这 900 美元的人可以花掉它，这笔钱便流入社会，直至它最终在其他银行作为存款被贷放出去。若所有这笔存款存在 B 行，该行将持有 90 美元作为 900 美元存款的准备金，并把剩下的 810 美元贷放出去。该过程将持续至所有的初始存款在不同的银行被绑定。此时，总的存款将等于 10 000 美元，准备金为1 000 美元，因此总的新增贷款额度为 9 000 美元。表 13－3 还显示了在 20%的法定准备金率要求下的货币供给的乘数扩张效应。

表 13－3　货币供给的扩张　单位：美元

10%的法定准备金率				20%的法定准备金率			
银行	存款	准备金	贷款	银行	存款	准备金	贷款
A	1 000	100	900	A	1 000	200	800
B	900	90	810	B	800	160	640
C	810	81	729	C	640	128	512
D	729	73	656	D	512	102	410
E	656	66	590	E	410	82	328
F	590	59	531	F	328	66	262
G	531	53	478	G	262	52	210
H	478	48	430	H	210	42	168
I	430	43	387	I	168	34	134
J	387	39	348	J	134	27	107
…	…	…	…	…	…	…	…
	10 000	1 000	9 000		5 000	1 000	4 000

正如我们可以观察到的当银行出现存款净增加时货币供给的乘数扩张一样，我们也能看出当银行经历存款的净漏出时货币供给的乘数收缩。当准备金被抽走时，银行必须收回贷款以补充其准备金。

借助于循环流分析，我们可以将货币供给关系同总收入和总产出水平联系起来。我们已经看出，支票存款的准备金要求可以改变银行扩张货币供给的能力。若货币供给变化能改变循环流，则我们便能通过改变准备金要求来加速或减缓循环流。这正是美国经济中所发生的情形。准备金要求和其他一些货币措施一起，被用于稳定总收入和总产出及物价水平。世界大多数工业国都在发生着类似的货币扩张过程。

□ 物价水平的变化

物价的持续涨跌取决于商业环境。通常而言，物价可能会沿一个相同的方向移动。但是，一些价格可能上涨，另一些价格可能下降，其他价格则可能保持相对稳定。事实上，单个价格变化一般不会带来重大影响。构建一种工具来计算经济体所有价格的一般或平均运动更有价值。出于该原因，我们构建了价格指数。

消费者价格指数（CPI）、生产者价格指数（PPI）、GDP 平减指数以及各类政府机构计算出的许多其他价格指数，具有相同的基本构成。**价格指数**对某一时期一组商品和服务的平均价格与同一组商品和服务在另一时期的平均价格作了比较。先选定一个基期价格，然后根据该基期价格标准来计算所有后续年份的价格。在计算价格指数时，拟计算价格的商品在数量和质量上保持不变至关重要。

□ 一个假设的价格指数

现在，我们来计算一个假设的某年轻人可能购买的一组商品和服务的价格指数。该组商品和服务包括以下 5 类物品：（1）公寓的租金和效用；（2）交通运输；（3）食物；（4）衣物的购买和清洗；以及（5）娱乐活动。表 13－4 给出了上述市场一揽子商品和服务的一组假设数据。

表 13－4　　利用假设的市场一揽子商品和服务算出的价格指数

（1）年份	（2）价格或成本（美元）	（3）价格指数，以 1983 年为基期	（4）价格指数，以 1990 年为基期
1980	670	83	64
1983	807	100	76
1985	863	107	82
1989	1 000	124	95
1990	1 057	131	100
2000	1 354	172	126
2005	1 603	195	152
2011	2 000	247	189

假设 1983 年每月购买的市场一揽子商品和服务的成本为 807 美元。第三列表示相应年份市场一揽子商品和服务价格与 1983 年基期的对照价格。计算价格指数的公式如下所示：

$$\frac{\text{给定年份的市场一揽子商品和服务的价格}}{\text{基年的市场一揽子商品和服务的价格}}\times 100$$

1983 年的指数必定等于 100，因为 1983 年的市场一揽子商品和服务的价格等于基期（1983 年）价格的 100%。但是，到了 1989 年，市场一揽子商品和服务的价格为 1 000 美元。因此，1989 年的价格指数为 124；即该年的价格相当于 1983 年的 124%（(1 000/807) ×100%＝124%)，这意味着这些商品和服务的价格在 6 年期间上涨了 24%。到 2011 年，市场一揽子商品和服务的成本变成 2 000 美元，相当于其在 1983 年时价格的 247%，或者说上涨了 147%多。

价格指数为我们提供了一个比较任何时期价格水平和基期价格水平的方法。任何给定年份的价格指数可以通过将给定年份的价格除以基期的价格得到。通过标出指数的变化，任何一年的指数数据都可以和另一年的指数数据进行比较。

偶尔改变一下基期是有必要的，因为支出习惯会随着年份推移而改变，新产品会进入市场，而根据一个更早的时期来比较当前的价格可能变得毫无意义。例如，若我们在 2011 年使用和 1983 年相同的一揽子商品和服务，则今天组成我们很重要一部分消费支出的许多商品和服务将被排除在外。数码相机、iPod、家庭娱乐设施、DVD、个人电脑、手提电脑、移动手机和激光打印机等，只是 1983 年基期未包括的少数产品。基期一揽子商品和服务的改变并不会改变实际价格，它只会改变作为其他年份比较对象的基年的价格指数。例如，若表13-4中的指数基期变成1990年，则2011年购买一揽子商品和服务的成本并不会变，但价格指数却变成189（(2 000/1 057)×100=189），而非1983年为价格指数基期时的247。

改变基期是一件很简单的事情，当所分析的产品发生变化时，便会产生困难。构建一个新指数来解决当前指数值的修正问题并非一件易事。改变市场一揽子所包含的物品及各种商品和服务的权重，显然会得到一个不同于此前一揽子商品和服务价格的新的一揽子商品和服务的价格。

□ 消费者价格指数

消费者价格指数（CPI） 主要对一组基本商品和服务的价格进行比较，这些商品和服务由城镇居民，包括职业雇员、个体户、贫困者、失业者、零售商及城市工薪阶层和文职人员购买。这些商品和服务根据各自类别（包括食品、租金、服装、交通和医疗服务等）占总支出的比重赋予权重。CPI由美国劳工统计局（BLS）统计，后者是美国劳工部的一个下属部门。每一类商品和服务都会计算出一个单独的指数，当然还要算出一个覆盖200多个种类的综合指数。指数计算了29个大都会的每个区，以及一些大都会城市地区和美国作为一个整体的取值。劳工统计局使用了许多不同的基期来计算CPI，但它现在使用1982—1984年作为基期。

消费者价格指数的构成 CPI市场一揽子商品和服务由城镇家庭消费者所购买的各种商品和服务组成。在当前的分类下，它们的权重如下所示：所有商品（100%），食品饮料（15%），住房（43%），服饰（4%），交通（17%），医疗服务（6%），教育和通信（6%），以及其他商品和服务（3%）。

由于一些商品和服务的价格上涨要快于其他商品和服务的价格上涨，当把指数用于特定目的时，选择合适的地理区域和商品类别至关重要。医疗服务价格的变化远远超过了由CPI计算的总体价格的上涨。但是，由于医疗服务要素在CPI中的权重只有6%，其并不会像所占权重更高的房地产价格的相应上涨那样，明显地推高指数取值。但是，因为它们的大幅上升和对特定人群的影响，医疗服务价格受到了公共政策制定者的持续关注。图13-1描绘了医疗服务市场显著的历史价格变化。

消费者价格指数的局限性 CPI仅仅计算了生活成本的相对变化，它并未计算出实际生活成本。某市更高的CPI指数并不意味着该市的物价实际上高于其他地方，它只是意味着自基期以来，该市的生活成本的上升速度快于其他地方。

假设两个城市的月度实际美元生活成本和CPI如表13-5所示。若选定1982—1984年为基期，A市1 500美元的数值和B市1 800美元的数值在基期的指数值均为100。两市的实际月度生活成本在1982—1984年基期和2011年间均上升了900美元。但是，A市的CPI上升得更快，那里具有更低的美元生活成本。CPI的另一个缺陷是它并不是一个完全纯粹的价格指数。劳工统计局承认，指数虽然可能反映了生活质量改善的部分要素，但却较难确定商品和服务价格的增加代表了生活质量改善的确切程度。指数搜集和处理数据的向上偏差似乎确实存在，不同的研究表明其大小约在每年1～2个百分点之间。

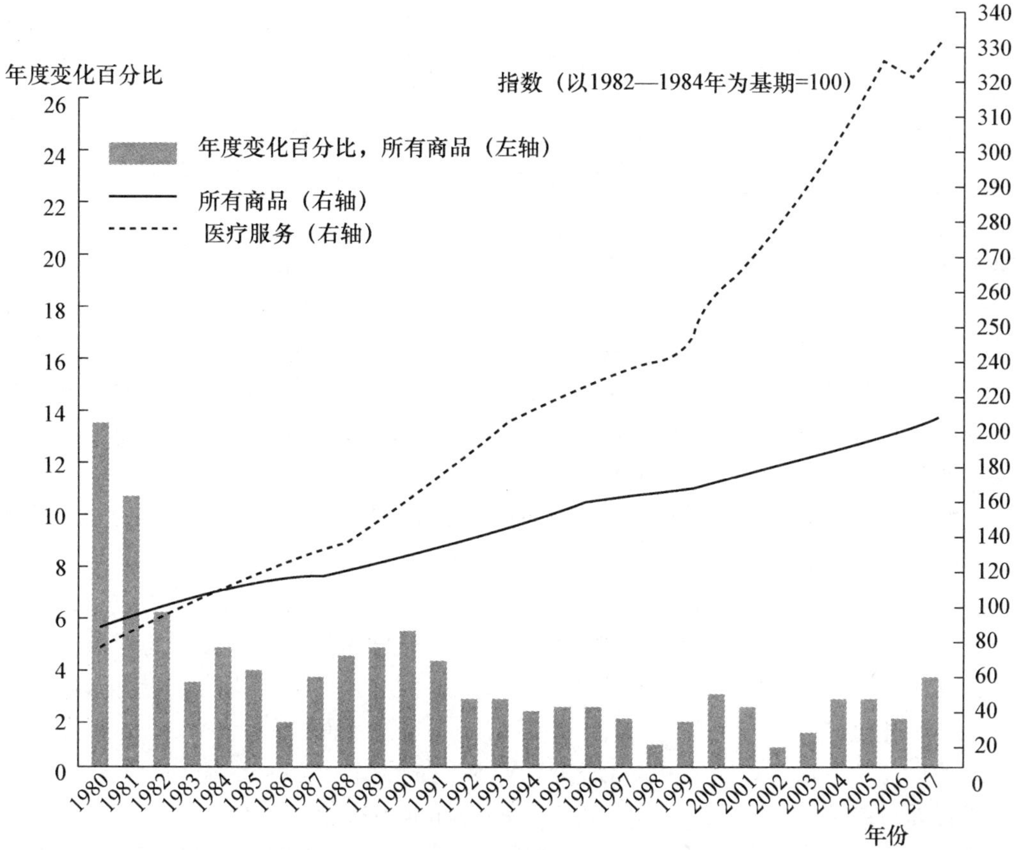

图 13-1　消费者价格指数（所有商品和医疗服务，1980—2007 年）

资料来源：2012 年美国统计数据摘要。

表 13-5　两市生活成本和 CPI 数据举例

城市	1982—1984 年		2011 年	
	市场一揽子商品和服务的成本（美元）	基期 CPI	市场一揽子商品和服务的成本（美元）	当年 CPI
A	1 500	100	2 400	160
B	1 800	100	2 700	150

消费者价格指数、生活成本调整和指数化　近些年来，许多研究关注 CPI 的构成、结构和测算。随着通货膨胀削弱了购买力，CPI 往往被用来对消费者的收入支付进行调整。如今，集体谈判协议覆盖的近 200 万工人的工资，通过生活成本调整（COLA）条款和 CPI 连在一起。此外，由于法定诉讼，CPI 影响着将近 8 000 万人的收入。他们包括 4 900 万名社会保障受益者、将近 2 200 万名食品券接受者，以及大约 400 万名军人与联邦政府退休者和幸存者。CPI 的变化还会影响 2 700 万名在校学生的午餐计划成本。美元价值如何对 CPI 作出调整的另一个例子是关于联邦收入税的结构。联邦收入税必须对 CPI 作出调整，以防止“税级攀升”，后者会产生通胀引致型的税率上升。

生活成本调整条款可能是通货膨胀性的，因为它们提高了工资或薪金，却不一定能提高生产率。将基期往前移到通胀时期但却保持相同的指数化因素，对于工人的工资是不利的，因为生活成本上升一个较大的绝对额，必然要求新的 CPI 有一个同等百分比幅度的上升。

核心通胀 一个经常出现的问题是通胀与核心通胀的区别。**核心通胀**是指排除了食品和能源价格变化后的通胀。这两类要素被认为是诸如 CPI 等通胀指数中波动最剧烈的因素。它们被排除出核心通胀是因为它们虽然可能会以较快的速度涨跌，但这些商品的价格变化可能与经济总体物价水平关联不大。相反地，它们和能相对较快地逆转进程的暂时性因素有关。例如，干旱和洪涝会影响某个季节的农作物价格，石油供给的波动也会带来暂时性的油价飙涨。但是，在一年内，它们很可能会迅速回落。由于维持价格稳定是货币政策的目标之一，货币当局认为对食品和能源的短期价格波动采取回应将是不利于生产的，且会导致资源的错误配置。这便是我们经常听到对总体 CPI 通胀指数变化和核心通胀变化进行区分的原因所在。

链式加权 CPI 2000 年，链式加权 CPI 被采用，以帮助减少 CPI 的部分内在偏差。和固定的 CPI 不同，链式加权 CPI 反映出了消费者支出习惯的变化。虽然链式指数大多数从 CPI 包括的数据中得出，它与 CPI 相比具有一些优势。首先，链式指数包括了新进入消费者支出习惯的产品，而 CPI 则倾向于在较长时期内采用一个固定的一揽子商品和服务。其次，链式指数的另一个优势是它纳入了指数所包括的商品质量的提高。今天的电视、汽车和电脑在质量上和 20 世纪 80 年代是不可同日而语的。再次，链式指数包括了产品的折扣和替代。消费者可以使用优惠券，在折扣店以更低的价格购买相同的商品，或者通过网购节省开支。CPI 只包括产品的标准出售价格。此外，若诸如玉米等某一商品变得异常昂贵，消费者会以更廉价的蔬果等替代它。因此，链式加权 CPI 被认为在测算价格变动对消费者支出的影响上更加一致和精确。但是，尽管货币当局对链式指数热情不减，但一般的 CPI 仍是使用中的主导指数。

其他国家的消费者价格指数 世界各发达国家普遍使用 CPI 作为通货膨胀的测算指标。但是，CPI 的构建和具体使用在各国并不相同。各国对构成本国 CPI 指数的不同类别的商品和服务赋予了不同的权重。因此，正如任何时候用到国际统计数据一样，在比较各国之间的通胀率时应保持谨慎。劳工统计局已经把部分国家的 CPI 换算成了美国 CPI 的形式。表 13-6 给出了包括美国在内的 6 个国家 2004—2011 年间 CPI 的年均变化百分比。从该表可以很明显地看出，自 2004 年以来，这些国家的年度价格变化呈现出相同的下行趋势。另一方面，日本在 2004—2011 年的 7 年里经历了众所周知的通货紧缩。通货紧缩会在一国物价水平出现实际下跌时发生。因此，日本在表 13-6 所示的国家中具有最低的物价上涨。

表 13-6　　2004—2011 年间美国等 6 国消费者价格指数的年均百分比变化

年份	美国	加拿大	日本	意大利	英国	法国
2004	2.7	1.9	0.0	2.2	2.1	2.1
2005	3.4	2.2	−0.3	2.0	1.8	1.8
2006	3.2	2.0	0.3	2.1	3.2	1.6
2007	2.9	2.1	0.1	1.8	4.3	1.6
2008	2.8	2.3	1.4	3.3	4.0	2.8

续前表

年份	美国	加拿大	日本	意大利	英国	法国
2009	−0.4	0.3	−1.4	0.8	−0.5	0.1
2010	1.6	1.8	1.5	1.5	0.7	1.5
2011	3.2	2.9	−0.3	2.8	4.8	2.1

资料来源：U. S. Department of Labor，Bureau of Labor Statistics，Division of International Labor Comparisons，May 3，2012.

□ 其他价格指数

CPI 仅仅测算了消费品价格的变化。由于只包括了约 2/3 的总支出，CPI 并未给出对价格变化的充分考量。它也没有考虑到工业机器、设备、住宅或原材料等的价格变化。**生产者价格指数（PPI）**测算了生产者价格的变化。换言之，它是对生产商和批发商接受的平均价格的一个测量。由于 PPI 包括了诸如钢材（其被用于生产其他许多生产品和消费品）等重要原材料的价格，PPI 也是一个常用指数。类似于 CPI，PPI 同样以不变的一揽子分析为基础，但是它的变动要比 CPI 大。由于更高的生产者价格水平往往会导致更高的消费者价格水平，PPI 经常被用作预测消费者价格变化的工具。

一个比 CPI 或 PPI 更广泛的测算指标是 **GDP 平减指数**，其考虑了经济体所生产的所有最终商品和服务的价格。我们在第十章中已经用该指数来计算实际 GDP 了。GDP 平减指数是一个关于总产出价格水平的指数。它测算了相对于基年的 GDP 构成的平均价格。事实上，GDP 平减指数是一个当期权重指数，因为赋予 GDP 不同构成的权重是当年的销售占比，不同于基年的价格水平。由于 GDP 是一个构成广泛的指数，它成了经济学家最喜欢的通胀指数。遗憾的是，该指数较难计算，且只在每一季度发布。2004—2011 年间以 CPI、GDP 平减指数和 PPI 分别计算出的通胀率如表 13－7 所示。

表 13－7　　2004—2011 年以 CPI、GDP 平减指数和 PPI 计算的通胀率的比较

年份	通胀率（CPI）百分比	通胀率（GDP 平减指数）百分比	通胀率（PPI）百分比
2004	2.7	2.8	3.6
2005	3.4	3.2	4.8
2006	3.2	3.2	3.0
2007	2.8	2.7	3.9
2008	3.8	2.2	6.3
2009	−4	1.1	−2.6
2010	1.6	1.2	4.2
2011	3.2	2.1	6.0

资料来源：*Economic Report of the President*（2012）and Bureau of Labor Statistics.

□ 货币的价值

除了测算物价水平变化的用途外，价格指数也被用来确定货币的价值。货币的价值以一定量的货币所能购买的商品和服务为基础。物价水平的上涨相当于购买力的下降。反之，若物价水平下降，则货币的价值将由于一定量的货币能购买更多的商品和服务而上升。近些年来，物价水平的变化已经导致货币的价值（或购买力）发生了显著变化。

美元的价值在任何时候都可以通过将 1 美元除以价格指数再乘以 100 得到。因此，1982—1984 年的美元价值，以 1982—1984 年为基期的价格指数计，为 1 美元((1/100)×100=1)。2011 年的美元价值为 0.85 美元。这意味着 2011 年的 1 美元只能购买 1982—1984 年价值 45 美分的商品和服务，以及 2004 年价值 86 美分的商品和服务。

□ 实际收入

虽然美元的购买力在近几十年来已经下降，我们今天赚取的收入也比以往更多。因此，过去几十年来，人均总购买力或**实际收入**已经发生了不规则的变化。总的购买力在 20 世纪五六十年代，当收入增加快于物价水平上涨时，出现了上升。自 20 世纪 70 年代后半期以来，由于物价水平上涨快于收入增加，总的购买力出现了下降。

从表 13-8 中我们可以获知一些关于人均购买力总的变化情况。在此表中，名义工资（第 2 列）表示全部私人非农产业每周赚取的总收入。第 4 列表示实际工资，即名义工资以 1982 年美元计的购买力。该列显示的实际工资通过将第 2 列的名义工资除以城市工薪阶层和文职人员的 CPI 得到。第 5 列表示实际工资的年变化百分比。

表 13-8　　2001—2011 年间非农产业的每周名义工资与实际工资

年份	名义工资（美元）	名义工资年增长百分比（%）	实际工资（美元）	实际工资年变化百分比（%）
2001	493.7	2.7	284.61	−0.1
2002	506.22	2.6	288.09	1.2
2003	517.30	2.2	288.13	0.0
2004	528.56	2.1	286.79	−0.5
2005	544.33	2.9	288.99	—0.6
2006	567.87	4.3	288.11	1.1
2007	589.36	3.9	290.99	0.9
2008	607.95	3.0	288.06	—1.0
2009	617.85	1.5	294.41	2.2
2010	636.91	3.2	297.67	1.1
2011	653.16	2.6	294.78	−1.0

资料来源：美国劳工统计局，2012 年。

观察表 13-8 可以得出一些有趣的结论。例如，在 2001—2011 年间，名义工资显著增加，但由于物价上涨，实际工资上升较小。事实上，物价上涨最终抵消了这一时期工人平均工资上升的大多数益处。虽然工人在 2010 年平均每周比 1982 年时多赚取 646 美元，这以 1982—1984 年美元计只相当于 298 美元。当前 646 美元的实际收入明显要比那时低得多。虽然表 13-8 并未显示，以 1982 年美元计的平均实际工资于 1972 年在 315.44 美元时达到最高点。

□ 物价水平变化的影响

通货膨胀会使那些收入增长快于物价上涨的人受益。例如，企业利润和销售人员的佣金对产出和价格的上升或下降非常敏感。当价格水平上涨时，对企业利润和销售人员的佣金更有利。但是，由于他们的收入通常下降得比价格下跌更快，当物价水平下跌时，他们将处于不利位置。其他人，如在物价水平发生变化时收入仍相对稳定的绝大多数雇员、部分高管、学校教师和领取养老金者等，则会在物价上涨时期处于不利境地。这些人在通胀时期受害，但在通缩时期受益，假设他们的收入和工作保持不变。因此，似乎任何时候，只要价格朝某一方向显著变化，都会产生不平等。

物价水平的变化还会以相反的方式影响债权人和债务人。通胀对债权人有利，但对债务人不利。通货紧缩会造成债权人的债务损失。例如，假设你在 1985 年借了 25 万美元来建造一所房子，约定你在 2010 年一次性偿清全部本金和利息。在 1985 年，债权人虽然放弃了 25 万美元（相当于一套很好的三居室住宅），但若该地区的房价在绝大多数年份里持续上涨，则当你在 2010 年偿还这 25 万美元和相应的利息时，由于类似住宅的成本已涨至 25 万美元以上，债权人拿这笔钱将只能购买同样类型住宅的一部分了。你在 2010 年偿还给债权人的本金和利息的购买力已经低于 1985 年债权人借钱给你时的购买力。另外，你在 2010 年偿还的贷款的购买力实际上已经低于你在 1985 年借入的这笔钱的购买力。伴随物价上涨而来的收入增长也会使你更容易偿还贷款。若物价下跌，则情况将恰恰相反，此时你将不得不偿还实际价值比你最初借入它们时更多的借款。

第十三章回顾

□总　结

• 随着时间的推移，美国已经从一套使用商品作为货币的货币体系，转向了一个使用硬币和纸币作为货币的经济体。美国曾同时发行代用货币和符号货币。代用黄金券在 1933 年被废除，代用白银券在 1968 年后也不再发行。目前美国发行的所有货币都是法定货币。

• 作为价值尺度，货币可被用来衡量其他所有商品和服务的价值。作为交易媒介的货币解决了双重需要偶合的难题，促进了商品和服务的交易。我们通过将过剩的商品和服务换成货币并保留其价值，货币充当着价值储存职能。当消费者同意隔一段时间再偿付，而非拿现金直接足额支付商品价格时，货币便具有了延期支付功能。

• 在方程 $P=MV/Q$ 中，P 表示价格水平，MV 表示货币供给的总流通量，Q 表示经济体的交易总量。若 M 增加而 V 保持不变，则 P 将上涨。若 M 增加而 V 下降（如储蓄），P 将下跌。若 M 增加且 V 上升，则 P 将上涨。若 M 和 Q 均增加，则 P 将下跌。若 M 增加而 V 和 Q 保持不变，则 P 将上涨。若 M 减少而 Q 和 V 保持不变，则 P 将下跌。

• 投资和储蓄、政府预算情况、货币供给和净出口，都与总收入、总产出和价格水平有关。当投资等于储蓄、政府预算平衡、出口等于进口且货币供给稳定时，总产出和价格水平将保持稳定。当投资低于储蓄、存在政府预算盈余、进口超过出口和货币供给减少时，总支出和（或）价格水平将会下降。当投资大于储蓄、存在政府预算赤字、出口大于进口且货币供给增加时，总产出和（或）价格水平将上升。

● 货币供给的乘数扩张伴随一笔存款和一个给定的准备金要求而发生。银行以支票存款的形式创造贷款。银行将持有一定的准备金以应对初始存款的提取，并把剩余的钱以现金或支票存款的形式贷放出去。由于货币乘数，银行能够贷出远多于初始存款的额度。

● 准备金要求限制了银行所能贷出的支票存款数额。若法定准备金率减少，银行便能创造更多的货币；若法定准备金率增加，银行只能创造较少的货币。准备金率的变化会影响商业活动和物价水平。

● 价格指数通过对一组商品和服务在某一时期的平均价格与其在另一时期的平均价格进行比较得到。首先选定一个基期价格，然后将所有随后年份的价格与基期价格进行对比，就能算出相应年份的价格指数。拟计算价格指数的商品在计算期内其数量和质量必须保持不变。

● 最常用的价格指数是由劳工部构建的消费者价格指数（CPI）。CPI 可以被用来确定工人的实际收入和 1 美元相对于此前年份的价值。另外两个较常用的指数是生产者价格指数（PPI）和 GDP 平减指数。

● 改变价格水平会带来收入的再分配。改变价格水平会同时影响债权人和债务人。价格上涨有利于债务人，价格下跌有利于债权人。

□ 关键术语和概念

代用货币	法定货币	货币	双重需求偶合
货币存量	流动性	通货	M1
支票存款	M2	储蓄存款	定期存款
货币市场基金	欧洲美元	交易方程式	交易法
货币数量论	货币乘数	价格指数	消费者价格指数（CPI）
核心通胀	链式加权 CPI	生产者价格指数	GDP 平减指数
实际收入			

□ 讨论题

1. 在现代经济中，是否可能由某种实物商品充当货币？如果可能，在哪些情况下会如此？

2. 迅速攀升的物价水平将对货币的价值储存功能带来怎样的影响？

3. 区分 M1 和 M2。在你看来，哪个是货币供给的最佳衡量？解释其原因。

4. 假设 $M=2\,000$ 美元，$V=10$，且 $Q=1\,000$，根据交易方程式，计算 P 值。若货币供给翻倍，根据货币数量论，新的物价水平是多少？

5. 在哪些情况下，货币供给增加对总产出的影响大于对物价水平的影响？

6. 货币供给是否应该每年都增加，以便为商业活动的正常增加提供资金，并使总收入和总产出保持稳定？解释其原因。

7. 银行存款的准备金要求如何影响银行创造货币的能力？若法定准备金率为

100%，则货币供给会怎样？

8. 货币供给的乘数扩张和货币周转率之间是否存在任何关系？解释其原因。

9. 在评估某一特定城市的生活成本时，人们能否把 CPI 作为衡量该城市生活成本高低的具体指标？解释其原因。

10. 区分名义工资和实际工资。今天的实际工资是高于还是低于 1990 年的水平？

第十四章

税收、财政预算政策和国债

学习完第十四章后，你应该能够：

(1) 发现良好的税收政策的主要特征；

(2) 区别税收收益理论和支付能力理论，并举出相应的例子；

(3) 定义并举例说明比例税率结构、累进税率结构以及递减税率结构；

(4) 解释税收负担并不总是由纳税人承担的原因；

(5) 了解联邦税款的主要来源，并描述最近提出的多种税收建议；

(6) 阐释税收的三大目的；

(7) 解释联邦预算如何稳定总产出，以及如何调节商业周期；

(8) 批判性地分析国债带来的一些问题；

(9) 将美国国债的规模与其他国家进行对比。

作为一名公民，我们希望从各级政府那里得到某些商品和服务，而税收便是政府提供这些商品和服务至关重要的经济基础。数年来，税收的主要目的是筹集足够的收入来支付各级政府——联邦、州以及地方政府——所提供的服务。因此，预算收支平衡是一个永恒的目标。

多年来，不同层级的政府提供了某些特定的服务。例如，联邦政府提供国防建设服务和社会保障，州和地方政府则专注于教育以及高速公路建设，公立学校则与地方政府息息相关。实际上，现在的某些服务，如教育和公众福利，是由三个层级的政府共同提供的。

税　　收

从传统意义上讲，税收的某些来源与特定层级的政府有关。多年来，个人和企业所得税只由联邦政府征收。联邦政府也征收关税（针对进口商品的税收）以及消费税（特定商品和服务的销售税）。一般财产税和销售税是归州和地方政府使用的。但是如今，许多税收由多个不同层级的政府征收。例如，联邦、州以及地方政府通常都会征收所得税。

□ 良好税收的特征

这些税收标准可以追溯到亚当·斯密和其他著名的经济学家所生活的时代。良好税收必须具备下列特征：

（1）必须有合理的征税理由；

（2）税收政策必须公平地适用于纳税人；

（3）税收金额和纳税人的义务必须明确；

（4）税收必须便于征收和收集；

（5）税收必须经济合算，即征收的成本要低于税收所创造的收入。

□ 税收的公平或公正

什么是公平或公正的税收呢？为了公平地分配税收责任，我们要设法确定相应的原则。

服务成本　**服务成本理论**是指消费者向各级政府提供的税收应该与其享受的政府服务的成本成正比。这里所说的政府服务包括公共健康、公共卫生、防火和警方保护，以及其他所有为民众提供的服务。根据该理论，其他类型的服务，包括高速公路和学校的建设和维护，应直接由使用者支付成本。

除了为少数小规模的政府服务提供资金援助外，服务成本在其他方面是站不住脚的。首先，服务成本无法计算到个人。例如，消防和警察保护的成本如何在消费者间公平分配？其次，采取这种原则也就意味着那些无法提供公共服务地区的个人没有纳税义务。

收益　收益理论认为，消费者所纳金额应该与其从政府服务中得到的收益相一致。这与服务成本理论密切相关；实际上，这两个理论仅仅是同一理念的两个方面。例如，拥有价值10万美元不动产的人支付的税收是拥有1万美元不动产的人的10倍。不动产征税遵循该原则，这表示拥有较多财产或财富的人得到更多的政府保护，政府提供这些服务的花费也更多。

尽管收益理论具有一定的实用性，但将其应用到所有税收中也是非常困难的。首先，服务的价值如何计算？公共教育的成本如何分配？当然，公共教育的价值对于穷人的孩子和富人的孩子是不同的，富人可能会选择私立教育。尽管收益理论并不能指导普通税收，但其在许多情况下是非常有用的。对汽油和酒精的征税，以及结婚证和汽车许可证费，在一定程度上都是建立在收益理论基础上的。使用费也是建立在该理论基础上的。

支付能力　税收**支付能力理论**认为，消费者支付的金额应与其支付能力相一致。通常，对这一理论的争议最小。但是，税收支付能力如何确定呢？是否应该使用比例标准，根据某些事物，如不动产或收入来征收？相反，税收是否应该被看作被征税对象的等量牺牲？

比例标准 一种观点认为，所有税收应该遵循一定的比例。例如，若税基是不动产，则不动产所有人的课税金额应该随其财产价格的变化而变化；或者若税基是收入，则课税金额应该与收入成正比。遗憾的是，比例标准这一概念不能反映不同收入或拥有不等财富的消费者在支付税收时的相关牺牲。但是，比例标准被广泛接受，从而使该标准非常重要。近年来，国会会议上不断有人提议改变美国的累进所得税，实行比例税率或固定税率。

等量牺牲原则 税收的**等量牺牲原则**是建立在收入的边际效用递减基础上的。作为一个普遍原则，边际效用递减法则告诉我们，拥有的金钱越多，金钱带给我们的满足感就越少。因此，当收入较低时，每 1 美元的边际效用相对收入较高时更大。若家庭收入为 3 万美元，其需要支付 3 000 美元的税收，则与收入 20 万美元、支付 2 万美元税收的家庭相比，该家庭用于生活必需品的资金比例较大。根据等量牺牲原则，比例所得税对于低收入家庭的冲击较大。

税率结构

税率结构决定了个体纳税人的应纳税额。纳税额通过税率乘以税基确定。**税率**是百分比率，**税基**是征税标的价值。例如，若税率是个人总收入的 20%，该百分比就是税率，总收入金额就是税基。对于不动产征税，税率通常是 1 美元征收多少（千分之一）单位或者美分，或者估税价值的百分比。因此，税率可能是 1 美元征收 5 美分或者财产估税价值的 5%。改变税基的税率关系通过术语比例性、进步性和滞后性来标识。

□ 比例税率

比例税率是指不论税基大小都保持不变的税率。例如，5%的比例税率对于 1 万美元的收入应该为 500 美元，对于 10 万美元的收入应该为 5 000 美元。支持比例税率的一个有力论点是，纳税人在纳税之后应处于和纳税之前同样的相对地位。许多支持比例税率的人承认此税率可能对纳税人有不同等的冲击力，但是他们认为对于冲击力无法确定令人满意的标准。而且，他们认为比例（或者固定）税率更易于管理。

□ 累进税率

通常，人们认为支付能力应被看作税收标准，所以许多税收都使用累进税率。**累进税率**随着课税基数的增加而增大。因此，前 1 000 美元的可纳税收入的税率为 1%，接下来 1 000 美元的可纳税收入的税率为 2%，依此递进。当然，若此税率不断累进，该税收将适用于所有低于 10 万美元的收入。

反对者认为，累进税率是不公平的，因为这是对财富、收入以及努力工作的变相惩罚。但是在美国，许多人通过继承、特殊技能或才能、幸运等，而不是通过勤奋成为富翁。因此——且或许因为很少人有较高的收入——美国法律制定者更趋向于赞同累进税率。但对于累进税率构成的合理性是存在争议的。

在累进税率制下，边际税率通常与平均税率有很大的不同。边际税率——通常，最高的税率——只适用于高于一定水平的收入。因此，高收入者的平均税率比他或她的边际税率少。

□ 递减税率

递减税率随着课税基数的增加而递减。例如，1 000 美元收入的税率为 5%，2 000 美元收入的税率为 4%，3 000 美元收入的税率为 3%，4 000 美元收入的税率为 2%，5 000 美元收入的税率为 1%，依此递减。

尽管营业税是建立在消费额基础上的比例税率，其反对者认为，收入较低的人花费在纳税物品上的份额高于收入较高者。例如，在营业税为 4%时，一个年收入 2.4 万美元的家庭可能购买 2 万美元的纳税物品，支付的营业税为 800 美元。另外，一个年收入为 10 万美元的家庭可能购买 6 万美元的纳税物品，并支付 2 400 美元的营业税。因此，低收入家庭支付其预期收入的 3.3%（=800/24 000），而高收入家庭只支付其预期收入的 2.4%（=2 400/100 000）。但是，将递减税率应用到营业税中也是不正确的，因为税基是消费额，而不是收入。将税收与其相应的税基相比时，两种家庭都支付一个 4%的比例税率。将递减税率应用到营业税中的人应强调，其相对于收入，而不是相对于真正的税基——消费额——来说是递减的。

概言之，比例税率就是课税基数增大时，纳税比例保持不变；累进税率就是税率的增加与课税基数的增加保持一致，或者税率的增加比率超过课税基数的增加比率；递减税率就是税率随着课税基数的增加而减少。一些税收使用一种或多种不同的税率。

税收负担

税收负担不只由纳税人或纳税企业承担。税收负担由谁承担取决于课税产品的供求曲线。例如，香烟、酒精以及其他缺乏弹性需求的消费品的税收负担通常被转嫁给最终的消费者。税收由制造商或经销商支付，然后由于产品的无弹性需求，制造商或经销商将税收加入产品的销售价格中，将税收负担转嫁给消费者。

许多税收负担可以被转嫁，但是个人所得税的负担却无法被转嫁。一些税收较其他税收更容易被转嫁，是因为对于征收何种税收存在争论。通过定义可以看出，**直接税收**（如所得税无法转嫁）和**间接税收**（如酒精消费税可以转嫁）之间的区别是很明显的，但对于个人而言，税收是直接还是间接的并不明显。

税收转嫁的三个方面——将负担由一个纳税人转嫁给另一个纳税人——是很明显的。**税收的影响**是支付税收的经济负担。例如，当苏格兰格子布进口商支付进口税时，税收的影响落在进口商身上；但是，进口商将所支付的税款加入材料价格中。随后，购买这些布料的裁缝补偿了进口商所支付的税收；同样，裁缝将该金额加入由这些布料制成的衣服价格中。因此，税收的负担由最终消费者承担。营业税也是如此，税收金额加入所售商品和服务的价格中，然后由最终购买者承担。

税收归宿是指税收负担最终消失的那一点。例如，香烟税的归宿为消费者。**税收的后果**是指支付税收的经济后果。例如，支付税收导致商品价格上升就是税收的后果。价格上升导致所购买的商品数量下降则是税收的另一个后果。

许多税收负担会被转嫁给最终的购买者，如消费税。但是有时候，税收的后果也会向后转嫁。由于征税，价格上升，销量下降，这样的税收的后果就是向后转嫁的。在这种情况下，税收的后果向后转嫁给材料和劳动供应商。税收向前或向后转嫁多少取决于供给和需求的价格弹性。

联邦税收

一些税收的来源向来与某一层级的政府密切相关。多年来，个人和企业所得税只能由联邦政府来征收。联邦政府也征收关税（针对进口商品的税收）和消费税（针对具体商品和服务的销售税）。一般财产税和消费税归州和地方政府征收。但是，如今，许多征税对象会被一级以上的政府征税。例如，通常联邦政府、州政府和地方政府都会对收入征税。图 14－1 显示了 2011 财年联邦财政资金的支出和收入情况。

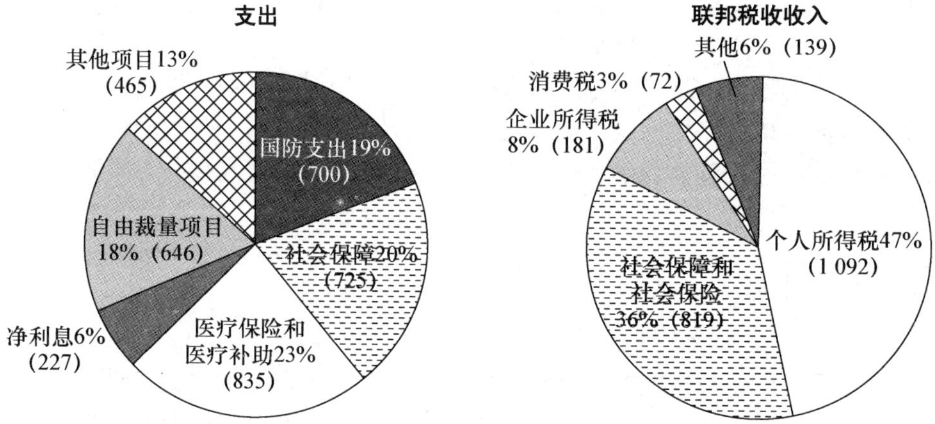

图 14－1　2011 财年联邦财政收支情况（单位：百万美元）

资料来源：国会预算办公室。

通过该图我们得知，个人所得税、社会保障和社会保险收入占到联邦政府收入的 83%。同样，我们注意到企业所得税占 8%，而消费税、政府借贷以及其他收入来源占 9%。在支出方面，联邦基金的最大支出项为国防支出、社会保障、医疗保险和医疗补助，它们占到联邦总支出的 52%。

个人所得税在联邦收入中占最大比重。个人所得税基本上是一种累进税收，但由于数量繁多的减免，实际上其累进率并不明显。2010 年，最大的边际税率为 35%。

由于税收是分等级的，所以边际税率比个人支付的平均税率要高。由于替代性最低负税制，个人和家庭实际支付的所得税税率可能也比公布的要高。替代性最低负税制（ATM）在 1986 年实施，以保证富人不享有减免税收和逃避支付所得税的特权。但是，由于替代性最低负税制不适用于通货膨胀时期，如今该税收影响了数百万中产阶级家庭，特别是那些要求大幅度减免税收的家庭。受该负税制影响的纳税人必须用两种方法计算出其税收，一种方法不使用于替代性最低负税制，另一种使用该税制，这样需要支付较高的资金。

社会保障和社会保险税收占联邦预算收入的36%。这些税收被称为就业税和薪金税，包括养老保险、人寿保险和残疾保险等社会保障税，以及住院保险的医疗保险税。社会保障税是比例税率，所有个人对工资收入支付同样的税率。2011年，雇主和雇员分别支付了社会保障的6.2%，工资收入的1.45%用于支付医疗保险。2011年，社会保障的基数或收入是10.68万美元。医疗保险税的基数没有限制。由于社会保障税的所得额及其只适用于工资收入这一事实，税收实行递减税率。与低收入者相比，高收入者支付的金额占其总收入的比重较低。但是根据支付公式，与高收入者相比，低收入者对支付的每一笔钱享受到更多的利益，因此其税收递减的性质就减弱了。

企业所得税税率在1952—1962年间高达52%，而在1913年却低到1%。2010年，对于净收入超过1 830万美元的企业，企业所得税税率为35%。企业所得税占联邦资金的9%。这一税收为间接税，其后果在很大程度上是累进的。联邦消费税占联邦预算资金的3%，最近其相对重要性才出现平稳下降。但是，近几年国会增加了烟草产品、电话使用以及飞机票等项目的消费税。2003年，奢侈汽车的消费税被取消。消费税是一种间接税，通常被看作是递减的。消费税通常被用于相对缺乏弹性需求的商品和服务。消费税会影响到社会行为。

□ 主要税收建议

对目前个人所得税之复杂性和执行成本日益增加的不满，导致许多税收建议被提出，这促使对联邦税收体系进行了全面改革。近年来，以下四个税收建议颇具重要影响。

统一税　**统一税**将会替代累进所得税，其采用15%～20%之间的单一税率。在国会和最近的总统竞选中已经有多个版本的统一税被提出。就其形式来说，有人提议统一税对企业和个人实行单一税率，并且不实行减免或赊欠。较大程度的个人减免将使低收入纳税者和一些中等收入纳税者免于纳税。这一特征使税收系统带有一定程度的累进性。统一税的其他版本保留了某些减免，如慈善捐赠和房产抵押的利息减免，但不包括征税的投资收益。

统一税在很大程度上与亚当·斯密的箴言相符。但唯一的问题是公平，因为很多批评者认为这些税收提议对富人有利。统一税不仅在很大程度上减少了高收入者的税收，而且也免除了针对存款和投资的税收，包括红利、存款利息、资本利得、遗产以及社会保障福利金。比例税率对中等收入的纳税人来说是递减的。但是，毫无疑问，税收的最大优势是其简洁性，而且在统一税不够详尽的情况下，大部分美国人支持该原则。

消费税　**消费税**排除了对存款的征税。消费税的提倡者主张该税收要公平且平等，因为通过消费可以判断一个家庭的经济承受能力，并显示出其支付能力。但是，为了维护这一特点，消费税将不得不对穷人和较穷的人提供大量的减免。在管理层面，建立在消费基础上的税款征收方式在很大程度上与个人所得税相似。纳税人将年收入加上捐赠和遗产以及借入资金，并扣除所有存款，剩下的部分等于消费，其扣除免税额的部分将被征税。

收入的所有来源将被平等对待。工资与利息、分红或资本收益没有什么不同。收入的这些来源都不会被征税，相对于将收入存起来，只有将收入用于消费时才会被征税。

增值税 增值税（VAT）是许多工业国家——包括欧盟成员——税收体系中不可分割的一部分。增值税对生产的每一个环节征税。根据增值税的征收规则，企业将支付所有生产产品所需材料和服务的税收。实际上，增值税是随着产品在生产环节中价值的增加而征收的。增值税由生产者支付，然后通过产品的销售价格转嫁给消费者。另外，消费者以较高的零售价格支付增值税。表 14-1 给出了某些欧洲国家的增值税税率情况：增值税税率在丹麦、瑞典和挪威高达 25%，在瑞士则低至 7.6%。

表 14-1　一些欧洲国家的增值税税率

国家	增值税税率（%）	国家	增值税税率（%）
丹麦	25.0	意大利	20.0
瑞典	25.0	法国	19.6
挪威	25.0	荷兰	19.0
希腊	23.0	德国	19.0
芬兰	23.0	土耳其	18.0
葡萄牙	21.0	西班牙	18.0
爱尔兰	21.0	英国	17.5
奥地利	20.0	瑞士	7.6

资料来源：美国商务部，2011 年 3 月。

国家销售税 **国家销售税**是一种消费税，与州和地方的销售税相似。与这些税收相似，国家销售税被看作是高度递减的；其给低收入纳税者带来了更重的负担，因为他们在生活必需品上的花费占其收入的比重更大。与增值税不同，国家销售税是在商品和服务的最后一次销售中征收的。因此，销售税是对消费者征税，而不是对增加产品价值的企业征税。另外，国家销售税比当前联邦所得税征收简单，其可以对从事非法活动者和未支付所得税者的未上报收入征收数十亿美元的税收。

税收的目的

税收具有多种目的，下面将讨论三个主要目的或目标。

□ 弥补政府成本

数十年来，税收的主要目的就是为各级政府的服务提供足够的资金支持。相应地，预算平衡是一个永恒的目标。为建立平衡的财政预算，政府将采取某些措施来确保实现该目标。若经济膨胀导致税收收入过剩，政府将减少税收，扩大其服务或者偿还一些政府债务。另外，在经济紧缩时期，税收收入不足将会导致赤字，政府可能会勒紧经济腰带，并减少支出。

□ 收入和财富再分配

自大萧条以来，税收作为一种收入和财富再分配的方式在美国经济中越来越受到重视。根据支付能力这一概念，立法者对高收入消费者和企业征收较高的税收，从而为一些公共服务提供经济保障，低收入者享有这些服务的比重较高。例如，较高的企业和个人联邦所得税（作为普通资金）可能用于为失业者提供公共就业服务，帮助有未成年子女的家庭，或者为穷人提供食物券。另外，课税扣除或退税可能在很大比例上返还给低收入纳税者。税收作为收入再分配的方式在近年来成为一个具有争议的问题。

□ 稳定经济

在过去的 80 年中，美国政府利用财政政策，即税收和政府支出，来稳定总收入和支出。在此期间形成了一系列财政措施来应对衰退和通货膨胀，并刺激经济增长率。这些财政措施包括了联邦预算，其对总支出和价格水平产生了重要影响。

预算政策

联邦预算的规模、增速和性质——联邦预算是否平衡——影响着美国的国家债务。在填补赤字中，货币措施是互相影响的。这些措施可能影响国家债务的结构和期限。管理国家债务可以带来稳定或不稳定的影响。

□ 预算类型

预算类型在一定程度上影响着总支出水平。预算有三种可能的类型：预算平衡、预算赤字和预算盈余。

预算平衡 通常，预算平衡对经济的影响是中性的，因为在预算平衡中，政府的支出和税收相等，经济的总支出保持不变。因此，消费者和企业为支付其税收放弃的可支付资金由政府税收支出相抵。但有时，预算平衡会对经济产生扩张性影响。若政府对消费者和企业没有支出的闲散资金征税，则会产生这种情况，因此总支出便会增加。

总支出以乘数的方式增加的规模，主要取决于公民消费或积蓄的边际倾向。假设边际消费倾向（*MPC*）为 100%，在这种情况下将不会产生乘数效应，正如税收对私营部门的相反影响会通过政府向公共部门支付的税收来抵消。

但是，若人们将其收入的 1/5 存起来，联邦预算在 10 000 亿美元的时候实现平衡，从理论上讲，政府可征税的 2 000 亿美元将被储蓄起来。当政府支出这些资金时，其可能会产生扩张性的影响或通货膨胀效应，这取决于社会的就业水平。当然，当这些存款被用于私人投资时，这种影响便会降低。

预算赤字 预算赤字通常会增加总收入和支出，或推升价格水平，这取决于社会就业状态。在预算赤字的情况下，政府支出高于其税收收入，因此为了应对额外的支出，政府必须借入一部分资金。若政府借入闲散资金，总支出将会增加，因为政府的总支出将超过企业和消费者缴纳税收放弃的支出金额。因此，若社会就业处于未饱和状态，则总支出水平将增加；或者若社会就业处于饱和状态，则价格将会上升。预算赤字通常被看作一种财政刺激，但是，若政府借用消费者和企业可能用于消费和投资的资金，则该财政刺激的效应在一定程度上会被抵消。

预算盈余 当政府的支付少于其税收收入时，就会出现预算盈余。政府的支付不足以抵消消费者和企业纳税导致的支出降低，结果将导致总支出下降。因此，预算盈余有时被称为经济的财政拖累。当然，若政府对没有消费的闲散资金征税，则会在一定程度上减少这种拖累效应。若政府使用预算盈余来弥补国家债务，则其效应也会相应抵消。有时，预算盈余可以作为紧缩措施来降低通货膨胀率。

□ 作为稳定器的预算

若预算政策运用得当，则将有助于稳定经济，并调节商业周期。预算盈余可以在经济过热时期阻止通货膨胀，预算赤字可以在经济萧条时期降低失业率。预算政策作为一种反周期措施的使用情况见图 14－2。

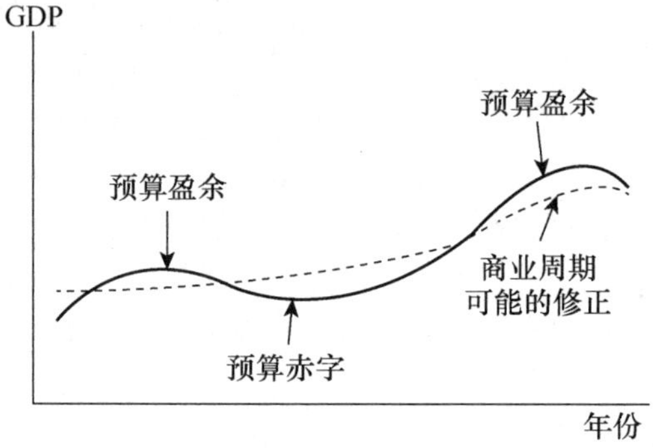

图 14－2　作为反周期机制的预算

预算作为一种稳定经济的工具，目标是在经济周期中实现预算平衡，而不是在每一年中实现预算平衡。为了达到该目标，经济过热时的盈余要等同于经济萧条时的赤字，这是一项艰巨的任务。例如，这时会出现一个问题，即决策者是否应该将经济过热时的盈余积累起来，用于经济萧条时期的支出？或者他们是否应在经济萧条时期实行赤字预算，然后用接下来经济过热时期的盈余偿还账务？

假如使用第一种方法，则会出现第二个问题。在经济过热时期应该积累多少盈余？这不仅取决于通货膨胀压力，也取决于随后经济紧缩时期的预期赤字。但在现实中，确定经济过热的时间和程度是行不通的，更不用说确定随后的经济紧缩的时间和程度。因此，先实行财政赤字通常是较为可行的。这种方法的缺点在于，决策者仍较难确定接下来扩张的时间和强度是否足以积累一定的盈余来弥补前一阶段紧缩时期所带来的赤字。

赤字优先方法的另一个不足之处在于，尽管大多数立法者愿意在经济衰退时期利用赤字支出来缓和失业率，但是许多立法者不愿意在繁荣时期采取相应措施来积累所需的盈余。简言之，通过赤字支出来增加总支出，在经济衰退时期是非常受欢迎的，而通过增加税收或减少政府支出来应对通胀就很少受欢迎了。

经济繁荣时期的盈余应该被积累起来，以发挥最好的效用。这些盈余不应被用来偿还国家债务，除非经济产出水平停滞不前或下降。若盈余直接用来偿还经济低谷时期产生的债务，则它会给循环流注入同等的盈余。若获得债务偿还者消费或投资了从政府手中得到的资金，这些资金将在保持经济体总支出不变的情况下，抵消由于较高的税收所带来的消费减少。因此，预算盈余而非财政紧缩将产生一个中性影响。为了保持经济平稳，最好在总产出开始下降之前就持有盈余资金。到那时偿还债务会增加经济总支出，倘若获得债务偿还者支出这些资金或将其用于投资。

在发生滞胀时，即在经济不景气或总产出下降时发生通货膨胀，使用预算作为稳定器的过程更加复杂。此时，预算盈余将加重失业率，在政治上这是非常不受欢迎的。

□ 充分就业预算平衡

20 世纪 60 年代，**充分就业预算平衡**的观念将平衡预算的目标、财政政策的必要性以及对自动稳定器效应的认识等组合成了一个概念。根据这一概念，实际预算不需要达到平衡，但应该设定税率和政府支出，以便在收入和产出的充分就业水平上实现预算平衡。发展出这一观点的理论家认为，政策制定者不应关注实际的赤字或盈余，而应关注充分就业产出水平的盈余或赤字。

实际赤字是一种拙劣的财政政策手段，因为它不仅反映了税收和支出决策，也反映了经济状态。若总收入远低于充分就业水平，自动稳定器将随着税收收入减少和转移支付增加而创造出一个赤字。这个赤字是完全恰当的，因为它可以稳定收入和支出水平。事实上，若经济体处于充分就业水平，则不会出现赤字。

当存在赤字时，并非标志着政府实行了扩张性财政政策，总统和国会可能会实行紧缩性财政政策。相反，赤字可能是自动稳定器和经济衰退的结果。当经济学家试图测算财政政策的影响方向时，他们更关注充分就业下预算盈余或赤字的变化，而非实际赤字的变化。

当然，若联邦预算被作为稳定总支出的财政工具，并且在更长的时期内存在赤字，则国债将会增加。国债的增加将会产生其他问题。此外，国债的实际管理情况将对总产出水平造成稳定或动荡的影响。

国债问题

因此，很难准确确定应该实施财政赤字和财政盈余的时间及其计划的合理规模，以稳定经济。此外，决策者没有足够的经验来确定在没有突发事件的情况下，赤字和盈余能否相互抵消，从而阻止债务的增加。由于赤字开支的财政政策，美国在 20 世纪 30 年代经济萧条时期产生了相当大的债务。还没来得及减少债务，美国便卷入了第二次世界大战，由此债务也增加到了 2 850 亿美元。1950 年爆发的朝鲜战争使美国再次丧失了减少债务的机会。20 世纪 60 年代中期越南战争的爆发，则妨碍了美国利用预算来稳定经济。近期，债务的规模如雨后春笋般扩张，房地产泡沫破裂导致的经济衰退使联邦赤字突增，紧随其后的则是缓慢的增长和痛苦的缓慢的就业恢复。自 2007 财年到 2011 财年底，年度预算赤字从 1 600 亿美元增加到 12 990 万亿美元。在 2011 年年底，国债达到了 15 222 万亿美元。国债增加的比重如此之大，以至于产生了许多棘手的问题。

□ 破产

近年来，出现破产的可能性较低，因为美国高达 90%的国债由个人和机构持有。若政府偿还债务，这些资金将会留在经济领域。因此，只有极少的国债为外国政府和公民持有。

但是，这种状况已经发生了明显的变化。如今，外国个人和政府持有大量美国联邦政府的债务。2011 年，外国公众持有 44 500 亿美元的美国债务，占美国债务总量的 32%。最大的国外持有者是中国、日本、英国和巴西的中央银行。仅中国持有的债务就占外国总持有量的 36%。许多人错误地认为，国债规模较大将会导致国家破产。他们认为联邦政府现在没有能力偿还债务。他们之所以产生这种错误的观点，主要是因为没有明确政府融资的真正性质，以及联邦政府增加税收收入的能力。

当联邦政府借钱时，它主要向经济领域的消费者、商人和银行借款。当它偿还债务时，这些资金将会留在经济领域。当政府偿还国内债务时，国家的总资产没有减少。而且，政府的偿债能力只是由经济中的总资产，或者更直接地说，由经济中的总收入和政府纳税能力决定。例如，2011 财年的国债总量大约为 15 万亿美元。由于国内生产总值（GDP）大约为 15 万亿美元，而且国家总收入大约为 15 万亿美元，很明显，只要政府愿意，便可以征收足够的税收来偿还债务。

从理论而非现实角度讲，政府能够在几年中征收足够的税收来偿还债务。在几十年前几乎没有外国资本持有本国债务的情况下，若决策者采用这种方法，则税收和债务的偿还仅仅是经济领域内收入和现金资产的再分配。消费者和企业以税收形式放弃的收入，将通过被支付持有的债务得到抵消。因此，债务偿还之后，总收入或经济资产是相同的。主要区别在于，特定消费者及企业持有的收入和资产会发生变化。

但是，今天这一方法将产生不同的结果，因为如今外国投资者持有大量的美国国债。尽管联邦政府的债券利率较低，外国投资者如今持有超过 32%的美国国债。这一数字在 20 世纪 60 年代为 4%，在 1986 年为 15%。中国和日本的持有量占外国总持有量的 40%，成为美国国债的最大持有者。偿还外国债务会减少总收入。若联邦政府偿还国债，或者若外国投资者对美元失去信心并大量出售美国债务，资金将会随着债务的偿还而流出本国。除非资金通过投资或购买美国出口商品的形式重新流回美国境内，否则美国经济的总收入将会随着对外国债务的偿还而下降。

□ 收入再分配

政府为什么不采取更多的积极策略来偿还债务？其中包含的一个重要问题就是偿还债务导致的收入再分配问题。

若债务被快速偿还，繁重的税收将减少总支出，特别是对于低收入和中等收入人群。政府利用税收收入来偿还债务所减少的总支出能否被抵消，取决于债务接受者将其收到的钱用于何处。如表 14－2 所示，国债主要由银行、企业、政府机构、高收入消费者和外国人持有。由于债务持有者的边际消费倾向或边际投资倾向很可能少于纳税者的边际消费倾向或边际投资倾向，经济总支出将可能减少。

表 14－2　　美国国债主要所有权的占比，2012 年 1 月 1 日

国债主要持有人	所持国债比例（%）	
联邦储备和政府间持有		42
私人持有总量		58
保险公司	3	
州和地方政府	3	
存款机构[1]	2	

续前表

国债主要持有人	所持国债比例（%）
外国和国际机构	33
美国储蓄债券	1
共同基金[2]	5
养老基金	6
其他[3]	5
汇总	100

注：1. 包括商业银行、储蓄机构和信用社。
2. 包括多种货币市场共同基金、共同基金和封闭式投资公司。
3. 包括个人、经纪人、交易商、信托、房地产和其他。
资料来源：联邦储备委员会和美国财政部。

当然，若债务持有者，包括外国债务持有者在其所持有的债务被偿还时将其所接受的收入在美国用于消费，则总支出将不会下降。但是，若外国债务持有者没有将该资金重新投资于美国，则总需求将会下降。

□ 债务负担

许多人认为支付债务的负担将会传递给未来一代。这取决于我们是否关注债务对整体经济或对消费者和企业的影响。

对整体经济的影响 对整体经济而言，将债务的真正成本传递给未来一代是不可能的。债务对整体经济的真正成本只是通过消费者和企业购买政府债券时所放弃的商品和服务的损失来计算。当消费者和投资者购买这些债券时，他们为自己购买商品和服务的能力下降，并且他们向政府支付购买其所需要的商品和服务的税收。第二次世界大战时期的情形就是一个主要例子。消费者商品产出的下降便是债务的真正成本。债务产生时，经济体中的人们失去相应的商品和服务，从而承受债务的真正负担。

对经济整体而言，债务的偿还，不论是直接偿还或推迟给未来一代，在商品和服务方面没有任何花费。由于债务偿还是收入的再分配，一些消费者和企业的购买力将会下降，而其他消费者和企业将会获得相应的购买力。例如，若债务被偿还需要 15 万亿美元的总税收，包括支付外国银行和政府的债务。税收将降低总支出，并导致产出下降。但是，当政府将 15 万亿美元支付给债务持有者时，其在一定程度上将抵消税收的负面影响。支付给外国银行和政府资金是一个更加复杂的过程，因为这是一笔相对较大的金额。总支出及由此导致的产出将会下降，除非债务持有者消费和投资的 *MPC* 与普通纳税人的 *MPC* 相同，且外国投资者通过将债券出售给美国使收入得以循环。若是这样，从理论上讲，商品和服务总量在债务被偿还时并没有损失。但由于外国持有大量美国债务，这种情况将是不现实的。

对消费者的影响 另外，消费者和企业的债务负担可以传递给未来子孙后代。若政府在相对较短的时期内——比如在债务产生的这一代中——还清债务，被征税的特定消费者将不得不放弃一定的购买力。因此，每个人都要承担与其被征税数量相当的债务成本。但是，若债务的偿还被延迟一代或两代，则税收将在很大程度上落在债务产生时经济领域内消费者和企业的后代身上。因此，即使债务的净成本和负担不能传递给未来数代，但个人的负担却可以。

□ 货币供给和债务

债务偿还中的另一个问题是其对货币供给的影响。当个人或企业向政府提供资金时，货币供给并没有上升。例如，若艾伦·桑切斯购买 1 000 美元的政府债券，并且用现金支付，其结果仅仅是现金从个人转移到政府手中，货币供给没有任何改变。但是，若美联储借钱给政府，它可以以现金形式支付债券，或者为政府创造可以开出支票的活期存款。从上一章中我们得知，创造活期存款增加了货币供给。因此，若美联储将要购买 500 万美元的债券，并且用活期存款支付，则会相应地增加货币供给。正如本章中所指出的，该过程被称为债务的货币化。

当美联储从公众手中购买债券时，债务也会货币化。债券持有者收到的货币通常存储于银行，从而增加了银行的准备金，这便是扩大活期存款的基础。

当政府向美联储借钱时，其增加了货币供给，并因此增加了总产出水平，或者增加了通胀压力。由于政府向联邦储备银行销售债券，部分货币供给以活期存款的形式存在。因此，国债在一定程度上直接决定了总货币供给。

货币供给的下降会降低总产出水平和（或）价格水平，除非与其他力量相抵消，如货币周转率的上升。如政府向美联储借债时债务会货币化一样，当债务被偿清时货币供给也会降低。因此，若政府将在相对较短的时期内减少国债，其会突然且大量地减少货币供给，以至总产出水平会受到相反的影响。另外，债务支付在充分就业时期是非常有用的，因为其能减少通胀压力。但是，在没有达到充分就业的时期，这种债务支付将会对经济整体产生消极影响。

□ 债务规模

美国国债的巨大规模严重打击了试图偿还它们的信心。图 14－3 描绘了 1970—2011

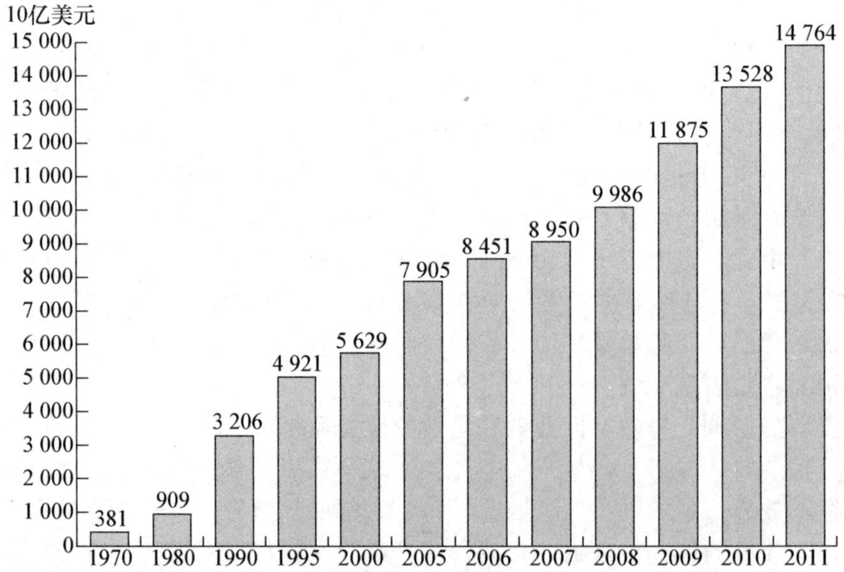

图 14－3　1970—2011 年间（部分财年）的美国国债总量

资料来源：*Economic Report of the President*（2012）and Office of Management and Budget.

年间国债的上升情况。2011 财年大约有 15 万亿美元美国国债，其中，超过 4.6 万亿美元由联邦政府以信托基金的形式持有。多年来，尽管事实上债务是增加的，但不断上升的美国国民收入降低了联邦债务占 GPD 的比例。联邦债务从 2000 年占 GDP 的 35%增长到了 100%。当这一比率达到 100%时，许多经济学家预期美国经济会和世界上许多其他国家一样呈现低增长率。

由于归政府所有的债务欠的是政府本身的钱，公众持有的债务数量通常被用来测算国债情况。

□ 债务上限

债务上限是指在不需要国会批准新的水平或新的上限之前，可以积累的联邦债务的最高金额。尽管债务上限从未导致联邦政府在偿还义务上违约，但其往往成为一个颇有争议的政治问题。

2011 年的各方“交锋”成了近年来争议最大的问题。由于大量现存的联邦债务，国会关于是否增加债务上限的争议陷入了僵局。一番讨论之后，国会同意在短期内增加债务上限，并且在 10 年内减少 1 万亿美元的债务。

分析者偶尔会建议推迟偿还债务，因为几年之后，这些债务的压力并不会如此繁重。通过提高生产率，国民总收入在一定程度上会增加，该建议具有一定的价值。但若总收入的增加主要由较高的价格所致，则该建议便是不可取的，因为价格上升导致的问题比债务增加更严重。另外，若通货膨胀导致到期债券的购买力低于债券价格，则未来政府需要资金时，公众可能不会愿意购买债券。

□ 债务再融资

当美国国库中没有资金支付债务时，政府的债务义务就会到期，这时债务再融资问题就出现了。此时，联邦政府通常会通过发行并销售新的债券来集资，以便偿还到期债务。但是，这可能无法实行，特别是当价值数十亿美元的债券在短时间内到期时。另外，政府有时为了该目的而借入资金时，将不得不支付一个较高的利率。债务再融资确实是一个问题，因为每年会有数十亿国债到期。

□ 利息支付负担

在国家债务上，美国联邦政府每年仅利息支付的财政预算就达到 2 000 亿美元，甚至更多。尽管从整体上看这种利息款的缴税不会给经济带来沉重的负担或巨大开支，但这会造成收入的年度再分配，从而加重经济体中消费者和企业的负担。若政府一开始就增加税收而不陷入债务中，或者政府在债务产生后不久就还清了它们，则消费者的负担将会比此刻推迟还债更轻。偿还债务所需要的收入再分配不仅仅是债务总额，还包括数十亿美元的债务年息。这些利息中的一部分可以与政府各种信托基金产生的利息相互抵消，但是在 2011 财年中，联邦债务所支付的净利息额大约是 2 060 亿美元。虽然最近联邦债务急剧增长，但利息目前还没有增加。这是由于该阶段非常低的利息税。但是，随着利息税的增长，债务也会出现增加。在相对短的时期内咬紧牙关还清债务，抑或拖到较长时期偿还，抑或完全忽视债务规模，上述哪一者对社会而言更好是一个需要判断的问题。

□ 债务的生产率

若商业企业借入资金来建造新厂房、购买机器和原材料或雇用额外的工人以生产商品，那么它便有望使总产量增加。此时，企业获得的贷款被认为是生产性的，因为其增加了该企业的总产量和利润。事实上，企业每年都会出于该目的而借入数十亿美元资金。

类似地，消费者可以借钱增加购买力，尤其是当购买的某种物品与将来相比，现在有更大的用处时。显然，许多人会受眼前效用的吸引，消费者每年都会借入数十亿美元，用于购买房屋、汽车和家具等等。

政府的借款和债务可能具有生产性，或者它可能会增加经济体的总效用，正如企业和消费者贷款一样。融资建大坝，进行造林工程，修建高速公路和道路，购买教育设施，进行劳工培训，医学研究，太空探索，污染治理和城市建设，这些通过债务融资都可能具有生产性。在某些情况下，总效用可能会通过道路的改善、娱乐设施的建造、新药的发明等增加。如私人消费者和企业一样，政策制定者必须确定：利用借款资金所增加的生产力和效用是否超过了偿还债务所产生的负效用。

最近的预算盈余和预算赤字

美国政府第一次发生预算赤字是在 1792 年，此后，在 1900—1997 年间有 70 年出现赤字。但是，20 世纪 80 年代早期，联邦政府减少税收并大幅增加军费开支。1981—1982 年衰退期间减少了预算收入并增加了联邦失业保险及与经济条件息息相关的类似计划的支出。由此导致的预算赤字使政府不得不在利率处于历史性高位的时期支付更多的国债利息。结果，预算赤字加剧了。随着平衡联邦预算收支和减少债务积累的压力不断增加，国会出台了几项法律，通过限制支出和增加税收使联邦预算最终实现了平衡。

□ 债务削减

第一项法律是 1985 年通过的《平衡预算和紧急赤字控制法案》。该法案也称《格拉姆-拉德曼-霍林斯法案》，其要求国会每年减少财政赤字，并于 1991 年实现预算平衡。然而，面临 1987 年支出的巨大减少，总统和国会修订了该法案，并将实现预算平衡推迟到 1993 年。尽管在立法方面作出了许多努力，1991 年的财政赤字仍高达 2 200 亿美元，仅次于 1986 年 2 210 亿美元财政赤字的最高纪录。

考虑到削减预算赤字的失败，国会通过了 1990 年的《预算削减法案》。该法案要求从 1991 年开始，每 5 年减少大约 5 000 亿美元赤字，主要通过减少支出和增加税收实现。该法案的关键条款是，年度支出可以自由设定，而且新法案或降低税收的支持者被要求通过削减其他的权益或增加其他的税收，来补偿额外的开支。这被称作联邦预算的“付款自由”方法。但赤字仍在继续增加，1991 年增加到 2 690 亿美元，1992 年增加到 2 900 亿美元。1993 年美国政府颁布了一项法律，1997 年又颁布了一项法律。

1993 年的《收入调和法案》是企图通过在 5 年期内提高税收和减少支出以削减赤字的又一次尝试。1997 年，《平衡预算法案》要求在 5 年内减少 2 470 亿美元的支出。但随着预算盈余的实现，对实行赤字中性预算的坚持被放弃，《平衡预算法案》也失去了效力。

□ 盈余年份

1993 年预算赤字开始下降，到 1998 年预算赤字消失。1998 财年，联邦预算记录显示盈余 690 亿美元，这是 30 年来的第一次预算盈余。紧接着连续 3 个财年年记录显示年度预算盈余超过 4 880 亿美元。这些盈余源于联邦政府支出，尤其是自由处置支出的减少以及税收的增加。税收大幅增加与整体经济的繁荣和强劲的股市密不可分。通过出售个人股票或共同基金股票，股市投资者为联邦政府资本所得税收入贡献了很大份额。

基于 1998—2001 财年的预算盈余，国会预算局曾一度提出到 2011 年总预算盈余将会达到 3 万亿美元。这个数目包括了预算外项目所产生的收入，如社会保障等。事实上，若没有 1998 年预算外的 990 亿美元盈余和 2001 年 1 600 亿美元的盈余，联邦政府在这几年仍会出现财政赤字。可观的预算盈余——比如 1998—2001 年的盈余——引发了许多关于如何有效运用预算盈余的争议。

□ 重返赤字

图 14－4 清晰地显示了预算盈余存在的时期很短。赤字的再次出现是 2001 年经济衰退的结果，原因有：资本所得税收入的急剧下降，减税，“9·11”袭击，国家安全支出的增加，反恐战争，联邦政府自由处置支出的增加。尽管 2002 年的财政赤字仅占 GDP 的 1.5%，但这确实引起了大家的关注，因为 2000 年的预算盈余占 GDP 的 2.4%。到了 2007 财年，联邦预算赤字增长到 1 810 亿美元，占 GDP 的 1.2%。除了前面提到的原因外，其他可能导致财政赤字的因素还包括：一些即将到期的减税政策的延伸，替代性个人最低税收的减免，恐怖主义战争的扩张，国土安全开支和社会保障支出的增加，医疗和处方药成本的上升，等等。2008 年，国会更新了关于“付款自由”预算方法的措辞，但该方法的实施几乎未产生任何效果。随着 2011 年经济危机的蔓延，联邦政府作出了一系列的财政回应，国债总额无疑将会攀升到历史新高。

□ 债务的国际比较

在发达国家中，并非只有美国不能使其预算实现平衡。美国和其他国家长期习惯性的预算赤字导致了大量的公共债务。尽管美国拥有世界最大的债务绝对额，但美国并不是债务占 GDP 比重最大的国家。

图 14－5 对 2011 年美国的债务总量和其他 8 国的债务作了比较。如图所示，日本和意大利的国债甚至超过了它们的 GDP。以往许多国家借助通胀和紧缩的货币政策来减少国债，但经济全球化使它们的选择看起来作用甚微。另外，紧缩性措施通过产出和就业的减少造成了严重的社会成本。

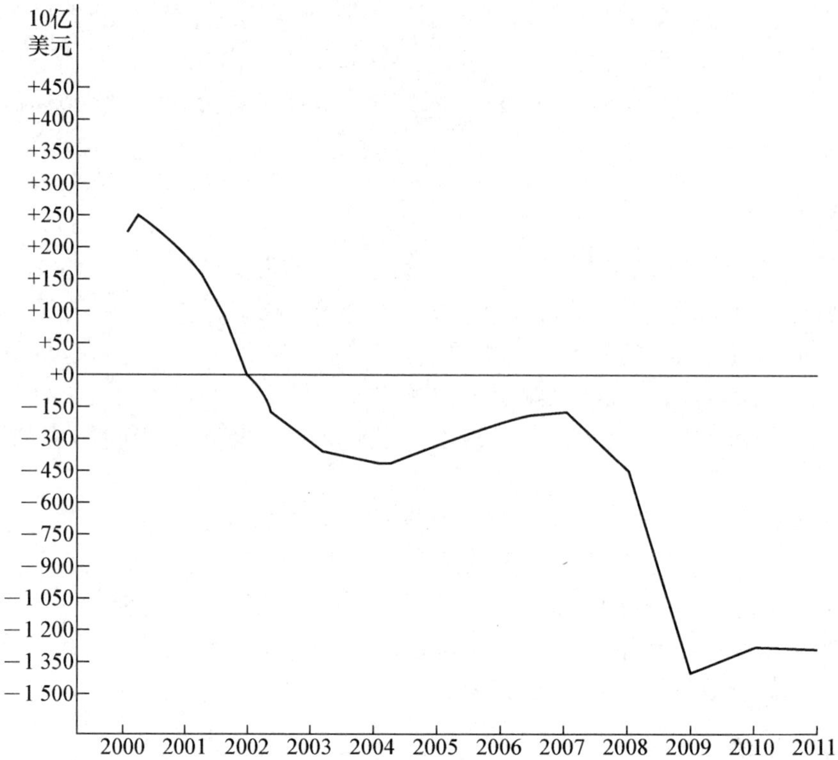

图 14－4　2000—2011 财年联邦预算盈余和赤字情况

资料来源：*Economic Report of the President*（2012）.

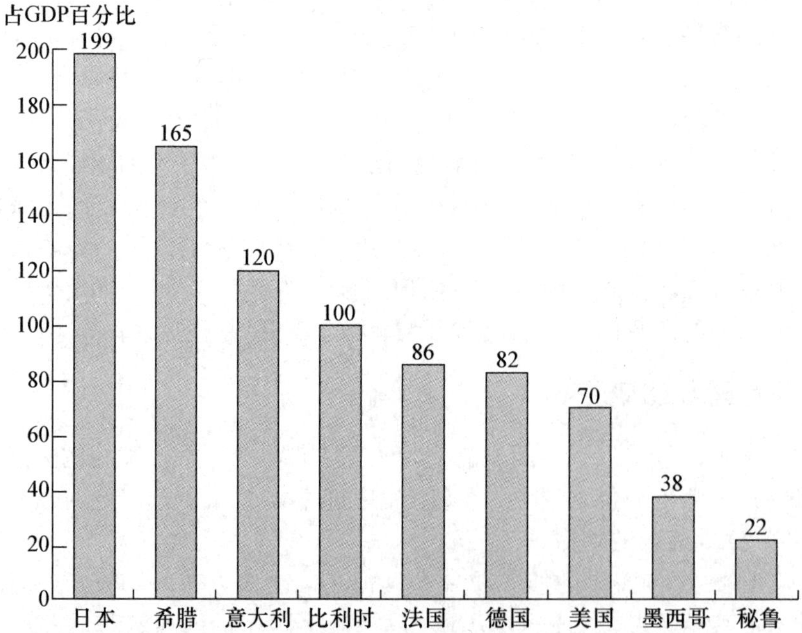

图 14－5　2011 年部分国家公债总量占 GDP 的比重（估计值）

资料来源：*The World Fact Book*，2012.

第十四章回顾

□ 总　结

● 良好税收必须具备下列特征：(1) 必须有合理的征税理由；(2) 税收政策必须公平地适用于纳税人；(3) 税收金额和纳税人的义务必须明确；(4) 税收必须便于征收和收集；(5) 税收必须经济合算，即征收的成本要低于税收所创造的收入。

● 服务成本理论认为，税收应按照所获得的服务的成本比例来征收。收益理论认为，个人应根据其所获得的利益支付税收。支付能力理论认为，个人应支付的税额应该同其负税能力相符。等量牺牲原则基于以下信念，即个人应根据其收入的边际效用支付税款。

● 不管税基大小，比例税率始终保持不变。累进税率随着税基的增加而增加，递减税率随着税基的增加而递减。

● 联邦税收的最大来源是个人所得税和社会保险税。许多人对个人所得税日益不满，因此建议以统一税、消费税、增值税或国家销售税来代替个人所得税。

● 税收的三个主要目的包括：弥补政府成本、收入和财富再分配以及稳定经济。若税收收入出现盈余，理论上讲政府可以减少税收、增加服务供给或偿还部分债务。当税收收入不断下降时，政府应该减少支出。税收和政府支出通常被用来稳定总收入和总产出。

● 联邦预算可以被用来稳定总产出，因为它可以调节商业周期并稳定经济。预算盈余可以在经济过热时期阻止通胀，预算赤字则可以在经济低谷时期抵消失业。

● 联邦政府债务过大就会陷入破产的说法是不正确的，除非债务的大部分由外国银行和政府所掌控。但是，外国公民会寻找一个政治相对稳定的国家来投资多余的资金。联邦政府可以向个人、企业和银行，甚至外国机构借入资金。目前，外国政府和国际机构持有 40%的美国国债总额。同样地，政府的偿还能力仅仅取决于经济体的总产出和政府的征税能力。

● 通过限制支出和征税，可以达到预算平衡。为实现这一目的，各种各样的法律得到实施，包括 1985 年的《格拉姆-拉德曼-霍林斯法案》、1993 年的《收入调和法案》以及 1997 年的《平衡预算法案》。《平衡预算法案》被允许一直实施到出现财政预算盈余。

● 1993 年，美国的财政赤字开始出现下降。1998—2001 财年，美国出现了预算盈余。2002 财年又出现了赤字，且一直持续到了 2011 年。

□ 关键术语和概念

服务成本理论	收益理论	支付能力理论	等量牺牲原则
税率	税基	比例税率	累进税率
递减税率	直接税收	间接税收	税收转嫁
税收的影响	税收归宿	税收的后果	统一税
消费税	增值税（VAT）	国家销售税	充分就业预算平衡

债务上限

□ 讨论题

1. 支付能力是否应成为税收的首要基础条件？解释其原因。
2. 当前美国实行的累进联邦所得税是否公平？解释其原因。
3. 美国税收体系如何对收入和财富进行再分配？该税收体系是否应被用于这一目的？
4. 在商业周期的不同阶段平衡联邦预算是否可行？解释其原因。
5. 若你持有 5 000 美元的政府债券，你是否愿意为减轻国债而免除政府支付利息的义务？解释其原因。
6. 联邦借贷免息融资的概念将如何减轻国债的利息负担？
7. 美国政府是否应该每年都实现预算平衡？解释其原因。
8. 区分国债总额和公众所持有的国债数量。将国债分为这两类有何意义？
9. 外国公民持有很高比例的美国国债会带来哪些危险？
10. 你认为 1998—2001 年间出现的预算盈余在未来是否会出现？解释其原因。

第十五章

宏观经济政策

学习完第十五章后，你应该能够：

(1) 列举出经济的自动稳定器；

(2) 区别稳定经济的货币政策和财政政策；

(3) 解释政府支出的不同方式；

(4) 论证增加政府支出相对于减少税收对刺激经济的有效性；

(5) 比较作为相机抉择政府支出目标的转移支付和公共工程；

(6) 解释需求拉动型通胀和成本推动型通胀的区别；

(7) 列举联邦政府通过减少支出实行紧缩性政策的方法；

(8) 讨论战争时期可行的经济紧缩性政策；

(9) 理解为什么菲利普斯曲线在短期内有助于描述失业和通胀间的权衡问题；

(10) 理解近些年来收缩经济和扩张经济的做法。

如第十二章所表明的，在充分就业产出或低于充分就业产出状态，总需求和总供给能够达到均衡。与相应的货币政策相比，财政政策可以用于扩大或紧缩经济。**扩张性政策**是在经济领域提高均衡收入和产出水平的货币政策和财政政策。**紧缩性政策**是降低经济中对产出的总需求以达到对资源的充分利用的货币政策和财政政策。本章将阐述这两种政策如何被用来管理经济，并对这些政策在实现合理的政策目标中的得失作一历史回顾。

扩张性政策

经济学家和公众都很担心经济衰退和失业导致的问题。严重的经济衰退很容易带来数万亿美元的经济损失。另外，除了失业外，社会还会受到其他一些至关重要的影响，如破产、工厂和设备闲置以及生产资源的浪费。

□ 自动稳定器

在过去几十年里，我们建立了许许多多的经济机构和惯例，这些机构和惯例可以充当经济的**自动稳定器**。一个显著的例子便是社会福利制度，该制度旨在为残疾人和老年人提供收入。失业津贴和养老金有助于维持稳定的消费水平，即使是在经济衰退时期，它们仍可以充当减缓经济衰退压力的减震器。通过劳资谈判建立的辅助失业补助金计划和最低年收入保障计划在这方面颇有益处。另外，经济稳定器是联邦农产品价格援助计划的支持者实施这项计划的主要原因。另一些政府福利计划也有相似的稳定作用。企业所得留存和家庭储蓄也能充当自动稳定器。

累进税结构是另一种自动稳定器。当国家收入实现增长时，特定税率将带来收入的增加，这会导致预算盈余，并对经济造成**财政拖累**，从而阻止物价上涨。另外，若国家收入在经济衰退期间有所下降，则税收减少将会造成赤字，并导致政府借债，从而对经济造成**财政刺激**。

□ 货币政策

联邦储备委员会有能力影响货币和贷款的总量。增加货币供给和降低利率会在失业期间增加总支出。

美联储利用其账户开出的支票在公开市场中购买政府债券，从而增加货币供给。这相应地增加了银行的额外准备金，鼓励银行发放贷款。降低准备金要求会导致同样的结果，因为无论哪种情况，银行都会更容易发放贷款。增加货币供给将会压低利率，而且在利率较低的情况下，那些原本没那么有竞争力的投资项目也变得更有吸引力。因此，这促进了私人投资的增长。增加的投资可以扩大总支出，从而使总需求出现好转。总需求增加促进了总收入、总产出、就业和物价的均衡。

在使货币政策转化成产出变化的过程中，通常会碰到一些问题。银行可能会选择持有过剩的准备金，而非增加信贷。并且，即使贷款更容易获得，商业企业也不一定就会增加它们的借贷。若衰退已经变得很严重，且商业环境的改善预期很微弱，即使信贷很容易以较低的利率获得，企业也可能会对借入资金颇显犹豫。

经济增长和物价稳定是货币政策的主要目标。但是，由于其局限性，货币供给管制只是对不稳定的部分进行纠正。政府的财政力量在被用来增加总需求、总收入和总产出——特别是在严重失业时期——时可能更有效。

□ 相机抉择的财政政策

在一个封闭经济体中，可以通过以下 4 种一般性的财政政策促进充分就业下最大化收入的实现。

(1) 消费可能通过提高边际消费倾向得到刺激。

(2) 有利于投资的条件可能得到鼓励。

(3) 政府支出可能被用来增加总支出。

(4) 税收可能被削减以增加可支配收入。

政府在其财政政策和措施中拥有一个强有力的稳定工具。政府收入和支出可能以一种在衰退时促进经济增长，在经济过热时抑制通胀，并且在长期促进经济增长的方式进行调整。我们不妨从考察政府的收入来源和政府的支出去向切入。政府可以通过三种方法为支出筹集资金，即税收筹资、债务融资和通过货币创造来融资。

税收筹资 若税收被用来为增加的政府支出融资，则政府必须提防不对那些原本将用作消费或投资的资金征税。以牺牲消费和私人投资为代价来为政府增加支出筹资效果并不明显。在这种情形下，总支出很可能保持不变，因而并不会使总产出和就业增加。另外，若对闲置资金（那些未用于消费或投资的资金）征税，则政府支出将通过乘数效应使总支出增加。事实上，若政府能设计一项税收来吸收所有的闲置资金，通过政府支出，总支出将始终等于总产出。但是，设计和实施这样的一项税收希望渺茫。而且，这一税收的公平性颇值得怀疑。通常而言，任何税收结构都会在一个较大的程度上吸收消费者和投资的资金。

债务融资 当目标是为了增加总支出和总产出时，借贷是一种比税收更合理的政府支出筹资方法。但是，借贷来源会对这项政策的效果产生一个直接影响。政府可以向消费者、企业或银行借入资金。在任何情况下，由此导致的总支出的变化将取决于限制资金是否借出。若政府通过向居民和企业出售债券借入了那些原本被用作消费和投资的资金，则政府支出对经济的正面效应将被私人支出的减少所抵消。这种现象便是众所周知的**挤出**。此时，总支出不会表现出净增加，且利率将会上升。另外，若居民和企业拿闲置资金购买政府债券，则当政府花掉这些资金时，将会导致总支出出现一个净增加，进而产生令人满意的增加总收入和就业的效果。

事实上，居民和企业会利用可支付的资金来购买政府债券。因此，从这些银行借款通常被认为是增加总支出的最有效方式。当然，银行也可能会用存款来购买政府债券，在某些程度上，这仅仅是从存款人向政府的资金转移。但由于许多存款人并没有打算将其存款用于消费或者投资，政府向银行借钱将会增加总收入和就业水平。

通过货币创造来融资 最后，我们来看一下政府通过创造货币来融资并增加其购买的情况。在许多国家，这属于遥控操作，因为国库有法定权力发行货币，以为政府支出提供支持。但在美国，这一过程有点复杂，因为美国国库没有发行货币以支付商品和服务的法定权力，它只能发行政府债券。另外，国库必须将债券出售给美联储，从而在经济上为政府支出提供支持。当国库将债券出售给美联储时，美联储通过向国库赊账来支付债券。然后，国库通过发行支票来支付其购买的商品和服务。当获得这些支票者将支票存入银行时，这些支票便成为存款。如此一来，货币供给和总支出便会增加。

实现该结果的另一种方式是国库向公众出售债券。这样，美联储通过公开市场的购买行为向公众购买债券，从而增加了货币供给。这便是通过创造货币来融资，这一方法通常颇为有效，因为美联储往往会通过公开市场来购买债券，而不是直接从国库购买。

这种为政府支出提供支持的方法通常被称作印发钞票，因为其增加了货币供给。这也被称为债务的货币化，因为为政府支出提供支持的债务从公众手中转移，变成了存款，从而增加了货币供给。

一些经济学家建议，政府应该只使用印发的钞票。尽管政府有权铸造货币和管理其价值，但他们认为明智的做法是忽略银行，直接根据联邦政府支出来印发货币，从而刺激经济活动。这些经济学家声称，银行不应该对政府提供的基本服务索要利息。若政府印发货币而不依赖于销售债券，则可以避免支付利息成本。另外，他们建议使用免息债券融资。通过这种方法，国库将向联邦储备银行出售免息支票，从而为政府提供存款。

□ 增加政府支出的方法

一旦政府支出被用来作为一种提高总收入和就业水平的方法，剩下的问题便是如何完成目标。通常存在三种方法：增加政府支出并保持税收不变、保持政府支出不变和降低税收，以及增加政府支出且同比例地增加税收。

增加政府支出并保持税收不变 这种方法涉及增加政府支出金额。例如，若此前政府每年支出 2.8 万亿美元并征收相同金额的税收，政府便实现了预算平衡。现在，假设政府每年将支出增加到 2.85 万亿美元。若税收保持不变，则政府必须借入 500 亿美元，以补充其额外的支出。若政府从银行借钱，则消费者和企业不一定要以更高税收的形式放弃可支出资金。因此，整个经济体的总支出将会增加。同样地，总收入将不止增加 500 亿美元，而是会增加 500 亿美元的乘数倍，这取决于乘数的规模。根据这一方法，政府可以很容易地维持对政府额外支出方向的密切控制。

保持政府支出不变和降低税收 这一方法通常是指“退税计划”，其也会导致一个预算赤字。例如，假设政府此前每年实行 2.8 万亿美元的预算平衡，就像我们一开始假设的那样。若政府每年减少 500 亿美元税收，其收入将与所需的数量差 500 亿美元。因此，政府将会借入 500 亿美元。虽然政府不会花费更多，那些获得了 500 亿美元退税的人有望将这部分钱花在消费或投资上。由此，总收入和总产出将增加 500 亿美元的乘数倍。若获得这项退税者拿 500 亿美元中的部分用来储蓄，则该方法对总收入和总就业的影响将会下降。私人支出的方向也可能不如政府支出那么有效。但是，这一方法在政治上是颇受欢迎的，因为绝大多数消费者和企业会为减税而高兴。通过同时增加政府支出和降低税收，对上述两种方法进行组合运用也是可能的。

增加政府支出且同比例地增加税收 这种方法能够维持预算平衡，但其有效性受限于以下事实，即政府在增加税收时，可能会吸收原本将被用于消费和投资的私人资金。由于绝大多数税收措施会迫使消费者和投资者放弃可支出收入，相对于上述两种方法而言，大量的政府支出通过这种方法必然会使总收入和总就业水平上升至一个给定的水平。通过采用上述三种方法中的任何一种，政府都能使总收入增加 500 亿美元的乘数倍。

任何增加政府直接得自税收的总支出的尝试都会消除乘数效应，因为乘数对政府支出增加的效应将直接被其对消费者和企业支出减少的逆效应所抵消。预算平衡的乘数始终等于 1。因此，若政府支出和税收同时增加 500 亿美元，则总收入将增加 500 亿美元乘以 1，即等于 500 亿美元。

□ 相机抉择的政府支出

若决定采用赤字支出来提高总收入和就业水平，则一个很自然的问题便是这一相机抉择的政府支出的方向。政府是否应该增加其日常服务，抑或其是否应该提供新的服务？该支出是否应用于消费或投资目的？它是否应被用来创造公共部门的就业岗位？它应该集中支出还是分散支出？这种支出的数额应该是多少？其持续时间应该有多久？很显然，使用赤字融资的决定只是争议的开始。例如，它可能会通过对失业者和贫困者的直接货币转移支付，或者通过将支出花在公共工程或公共部门就业项目上，来减轻失业或贫困的影响。

转移支付 虽然采用转移支付确保了那些遭受失业影响最深重者能获得直接救助，其总体而言要比以公共工程为形式的政府支出更缺乏效率。若某失业者获得了一笔转移支付，该失业者拿出其中的大部分用于消费，则其只会在一个有限的程度上增加经济活动水平。即使该失业者受雇从事诸如清洁州际高速公路沿线的工作，其总效应也不会太大。使该工人受雇于该份工作所需的资本将受到铲耙、铁锹、独轮车，可能还有少数卡车的限制。而且，将一笔转移支付大部分直接用于消费品，可能并不会产生一个比减少不合意消费品过剩库存更大的影响。

公共工程 大型公共工程——例如，桥梁、水坝、高速公路或办公楼——需要使用大量资本品并产生大量供给，如钢铁、水泥、木材、电线和玻璃。另外，这些商品的流通也会刺激交通运输行业。款项被打给合同方，然后又转给承包方、供给商和运输公司，而且被发给在岗工人。然后，工人将它们用于消费。这些消费品的生产又推动了其他工人的就业。这些过程都会产生乘数效应。因此，与简单的转移支付等计划相比，公共工程产生了更多的附带就业和三次就业。

作为降低失业率的一种方法，公共工程似乎比其他方法更符合目标。而且，其对支出和产出的后续效应也会逐渐显现。另外，工人在岗使其有能力购买自己所需的商品。

伴随相机抉择的政府支出而来的问题 令人欣慰的是，当消费和投资不足以维持高水平就业时，相机抉择的政府支出可以用来填补产出和总支出的缺口。政府支出甚至可以被用来提供有用的公共物品，如公园和高速公路。

但是，相机抉择的政府支出也有一些问题。最严重的问题是，结束政府支出项目将变得异常困难，因为每个项目都有相应的政治支持者。因此，政府支出会超出必要的范围，并且政府赤字也会不断增长。另一个问题是，政府何时支出，以及启动相关项目需花费多长时间？对于大型公共建设项目，相关代理商可能需花费数年才能获得所需的土地、许可证、规划，等等。项目在进展过程中可能不再需要相机抉择的支出，而且用于对抗经济衰退的扩张性财政政策可能会加重随后的通胀。政府支出的效率比私人投资更低，若私人部门将政府支出看作暂时性财政微调的一种形式，则引起的反应很可能是不稳健的。人们不会充分或可预见地对一次性的扩张性政策作出回应。

扩张经济

失业的经济、社会和政治后果迫切需要解决。在严重的经济衰退或萧条时期，失业不仅会使单个员工及其家人备感艰辛，而且会对整体经济产生反面影响。广泛和长时间的失业将导致个人收入降低和工作技能下降。而且，其对经济体造成的商品和服务损失可能是巨大的。今天失去的劳动时间会永远消失。当然，员工可以在第二天投入双倍的时间来工作，以弥补今天浪费的时间，但他们也可以在没有浪费原有时间的基础上延长一倍时间来工作。

在利己主义政策和经典经济法则自我调整机制的指导下，我们在经济萧条时期除了等待充分就业状态重新到来之外，别无选择。但是，数百万名工人失业会导致人们陷入饥荒、抵押品赎回权被取消、财产价值下降和工厂关闭，而且国会成员会怨声载道。在这种情况下，袖手旁观地等待经济重回高就业率的状态是很难的。另外，许多人（特别是选民）更倾向于将不利的经济条件归咎于执政党。因此，除了人道主义动机（促进公共福利）和经济辩护外，在作出使用扩张性政策的决策时，通常会伴随着政治问题。

□ 大萧条

对经济衰退的恐惧可以通过对大萧条的论述得到最好的描述。大萧条的主要原因是，20 世纪 20 年代低利率贷款导致消费和商业债务累积。当 1929 年泡沫破灭时，首先崩盘的便是股市，紧随其后的则是银行倒闭、出口下降以及失业率不断上升。恶性循环不断发展，最终拖垮了经济，1933 年则是最艰难的时期。1932 年总统选举时，美国有接近 1 200 万人（占劳动力总数的 25%）失业，数百万人只能获得兼职工作。总之，有 1/4 的工人处于失业状态，剩下的人大多数仅从事兼职工作。

罗斯福总统上任后，突出强调了行政管理的主要目标为：遏制产出、就业、收入和物价水平的下降，通过积极的货币政策和财政政策促进经济复苏。与凯恩斯一样，罗斯福认为政府有义务采取措施来刺激经济增长。货币供给增加，美元贬值，财政政策成为提高总收入和就业率的一种工具。公共工程和赤字支出是当时的议事日程。事实上，1929—1940 年期间，每年的财政赤字都超过 30 亿美元。债务占到了 GDP 的 40%，到第二次世界大战时，甚至增长到了 128%。

罗斯福政府和国会似乎受到凯恩斯的影响，因为它们采取的政策与凯恩斯主义分析颇相似。1933—1945 年新政期间实施的公共支出项目表明：

（1）降低失业的前期尝试否定了刺激经济的政府投资理论。（这一概念是指通过一次性削减政府支出来使经济走上复苏道路，就像水井抽水一样。）

（2）经济发展遵循乘数原理。

（3）20 世纪 30 年代的政府支出非常庞大，却仍然不够，这表明严重的萧条时期需要巨额的政府支出。

（4）战争经历表明，足够大的政府支出能够使经济在相对短的时间内从高失业中恢复充分就业。

（5）通过公共工程支出，可以获得比转移支付更好的结果。

尽管货币当局为财政政策提供了扩张性支援，但起初它们并未通过购买债券给予银行扩大货币供给的自主权。货币供给和物价水平随着货币周转率的下降而下降。这部分可以追溯到大萧条早期，由于美国货币供给和黄金价格紧密相关，故联邦政府阻止货币供给的增加。1933 年国际金本位制的崩溃则大大解放了美联储增加货币供给的能力。

在财政方面，政府致力于对许多经济部门加强管理，并颁布了一系列新政计划，如国家复兴局、田纳西河流域管理局、地方资源养护队，等等。这些项目的实际影响在经济史学家中仍有争议，因为伴随着第二次世界大战的爆发，失业率依旧高达 15%。由于这些和其他经济因素，许多经济学家认为，是第二次世界大战而非罗斯福政府的新政使美国经济走出了大萧条。

□ “大衰退”

自大萧条以来，美国经济经历了多次衰退，但就严重程度来讲，没有哪次可以与 20 世纪 30 年代相比。最近一次衰退即始于 2007 年由次级贷款、风险金融产品以及美联储对银行系统和金融市场的支持引起的金融危机。在财政方面，仍通过财政支持来扩张经济，尽管经历了庞大的财政赤字。2008 年，布什政府和国会通过了一项 15 亿美元的针对那些填写 2007 年纳税申报单的个人和家庭的刺激性退税计划，并为企业创造了额外税收刺激。这一刺激性政策的目的在于使消费者持有货币，通过他们将钱花出去来提高经济活动水平。大多数消费者有着较高的边际消费倾向，且贴现的大部分（若不是全部）将会被花到当前消费中。通过乘数效应，这种收入将会带来更高的收入和支出水平。

图 15－1 显示了税收回扣对总需求和一般物价水平产生的符合预期的影响。随着将货币直接注入消费者手中，乘数效应会在市场中很快显现。当消费者花掉这些税收回扣时，总需求曲线将开始出现移动。由于供给曲线（*AS*）具有完全弹性，当乘数效应通过新获得货币的再次支出而继续创造出收入和就业时，将在 *C* 点达到一个新的均衡。实际 GDP 将会上升，但即使总需求出现了上升，物价水平仍将保持不变。管理当局发现经济领域的许多部门都存在通胀压力，对经济体注入更多货币将导致物价水平上涨，但这正是所期望的，因为 15 亿美元对于整个消费支出而言相对较少，刺激措施不会导致物价的普遍上涨。总需求曲线（AD_3）代表了包括所有乘数效应在内的总需求。假设这里的乘数效应将在 2009 年消失。我们已经知道，进口是循环流的漏出，因而花在进口商品上的货币支出较之花在国内商品上的货币支出，将削弱这种乘数效应。所有这些因素都会导致一个更小的乘数效应。物价水平不会上涨且供给曲线具有完全弹性的假设也遭到了质疑。退税通常颇受纳税者欢迎，但其大部分是出于政治原因而非经济目的。

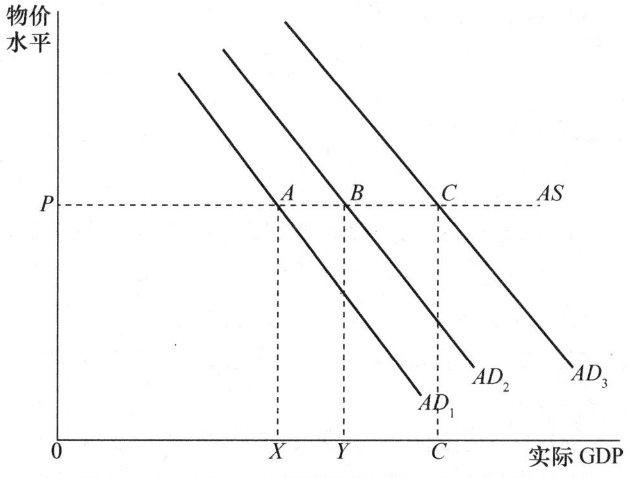

图 15－1　通过一次性经济刺激来增加总需求

资料来源：美国政府预算，2008 财年。

2009年，奥巴马政府将另外7 820亿美元注入经济中。尽管7 820亿美元的额外预算赤字被看作符合凯恩斯主义理论，但其并不是完全一致的。预算可以被用来作为平衡工具，但2009年的赤字为15亿美元，而且联邦债务总量达到了14万亿美元。并不存在可以抵消的因素，因为预算赤字在经济繁荣时期经常出现，且所有注入的资金不足以弥补这些赤字。

尽管凯恩斯提倡长期资金密集型投资，如高速公路、桥梁和大坝，它们也是劳动力密集型投资，但奥巴马政府追求的是通过短期政府支出促进经济发展。这些政策大都采取转移支付的形式，尽管政治上非常受欢迎，但在大萧条时期效果甚微。这些支出包括：

(a) 社会保障支出（一次性的）；

(b) 社会保障支出减免（1年）；

(c) 针对70.5岁以上人群的强制性支出（1年）；

(d) 旧车换现金计划；

(e) 购买与能源相关产品的贷款；

(f) 长期失业转移支付；

(g) 两年以上延长的布什政府减税政策。

但这些项目并没有改变消费者对未来经济的预期。预期的乘数系数被认为至少为2，但它却接近于1，原因在于这些都是对经济体的短期注入。获得这些钱的家庭要么将其存起来，要么用于支付债务，它们仍在担心失业、债务、高昂的汽油和食品价格，以及家庭支出。由于对未来的不确定性，它们将这些钱存起来以备不时之需，或者家庭将收到的大量现金用来偿还债务，而不是购买新生产的消费品。在许多情况下，花在商店里的钱变成了漏出而非增加。如今，美国的许多非耐用品，甚至许多耐用品都从印度、中国、越南等国进口，但关键因素是关于它们未来的不确定性。只要收入和就业具有不确定性，家庭就会尽量避免支出。由于不确定性，商业企业将不会雇用更多员工。对企业而言，增加管理成本、预期的医疗保健费用及雇用额外工人的边际支出，很大程度上都存在不确定性。因此，在2011年年底之前，失业率在9%上下徘徊，到2012年3月仅下降至8.3%。

萧条和通货紧缩

20世纪下半叶，工业国的货币政策和财政政策聚焦于保持通货膨胀（简称“通胀”）可控。但近些年来，随着通胀率的下降，一些国家出现了反通胀。虽然反通胀通常是一件好事，但是一个普遍的担心是，反通胀可能会像日本那样导致通货紧缩（简称“通缩”）。**反通胀**是指通胀率的下降。**通缩**是通胀的反面，即物价水平的持续下跌。

衰退往往会对货币工具和财政工具以及刺激经济复苏的内部周期性力量作出回应。由于我们能拿钱购买更多的商品，不断下跌的物价通常被看作是一件积极的事情。例如，多年来电脑价格已经因技术和生产率的进步而出现了下降，但是，只要电脑及其他商品和服务价格的下跌被其他商品和服务价格的上涨大致抵消，就会保持整体物价稳定。但在通缩条件下，物价下跌将超过物价上涨。

正如通胀一样，长期通缩将导致不稳定和造成困难。当经济从反通胀滑入通缩时，物价和工资将会下降。随着物价下跌快于生产率所得，许多公司将无力偿还其债务并面临破产。许多这样的债务在被用于支撑预期的扩张时发生。诸如不动产和股票等资产也极易受物价下跌压力的影响。债务人必须偿付价值高于他们起初借款金额的钱给债权人。由于利率如此之低，退休者和其他依靠储蓄生活的人将饱受通缩之苦。

这一过程很难被逆转。随着物价下跌，认为物价在未来几周或几个月将进一步下跌的消费者会推迟他们的购买。货币的价值将随着未来消费而非当前消费而上升。由于人们持有货币，货币周转率将下降，经济体可能会停滞不前。货币当局最终可能会在尝试扩张经济上备受挫折。随着利率下降，名义利率可能接近于 0。尽管似乎已经免费，资金成本实际上却极其昂贵。例如，若名义利率为 1%而物价下跌了 2%，则实际利率将是 3%，此时央行已几乎无降低利率的空间。倘若再加上信贷供给的收缩，其结果将是漫长的经济停滞。

日本是自 20 世纪 30 年代以来第一个经历了严重通缩的主要工业国。日本遭受了一轮始于 1989 年并持续至 2011 年的长期而苦涩的通缩。日本股市的日经指数在 1989 年涨至 39 000 点的历史纪录水平，随后在 2012 年 3 月下跌到了 10 255 点附近。股市的崩盘和房地产价格的迅猛下挫一起，导致需求持续下降和失业不断上升。作为回应，银行减少了对潜在借款人的信贷供给，并且收回了股票和房地产抵押贷款，尽管后两者的价值已经大幅缩水。这些金融举措给经济体造成了一场严重的信贷危机。2000 年，随着零售价格和批发价格的下降，衰退伴随通缩而至。日本央行将短期利率从 1991 年 8.3%的最高水平，降低到 2000 年的 1%以下。尽管政府采取了各种恢复增长的努力，经济体似乎对促进经济复苏的货币和财政措施产生了抵制。到 2012 年 1 月，日本的短期利率几乎降到了 0 附近，为 0.01%，但通缩压力仍未消除。

在处理通缩问题时日本并非一个特例。阿根廷在 1999 年、2000 年和 2002 年也经历了物价持续下跌，中国香港在 1998 年末至 2002 年末的每一个月也出现了一般物价水平下跌。在稳定下来并开始上扬之前，物价持续下跌到 2003 年。绝大多数经济学家并不认为短期通缩是一个严重的问题，但是，像日本所发生的长期习惯性通缩，却会造成痛苦的个人困境和国家资源的不当配置。

近年来，美国将利率降低到了接近于 0。由于乏力的经济增长，人们担心经济将步入“双底衰退”。随着预算约束和困难使债务趋于上限，双底衰退可能会在 2012 年或 2013 年变成现实。

紧缩性政策

在讨论可被用来紧缩通胀时期经济的政策之前，重要的是先理解“通胀”这一术语的意义。**通胀**被定义为一般物价水平的持续上升。通胀可以发生在充分就业的经济中，也可以发生在低于充分就业的经济中。

□ 通胀的类型

通胀有两大类型，它们均由诸多因素的相互作用所致。由于通胀可以产生于需求方或供给方，被用来控制通胀的紧缩性政策也会视物价不断上涨的诱因不同而不同。

需求拉动型通胀　需求拉动型通胀发生在对商品和服务的短期总需求超过商品和服务的总供给时。这更有可能发生在充分就业的经济中，因为这样的经济较难生产出额外的商品和服务来满足需求。对相对稀缺商品和服务的竞争性报价迫使物价上涨。过度消费可以源于各种原因：消费者可能决定花费过去的储蓄，政府可能实行预算赤字，消费信贷可以自由提供，商业信贷和银行信贷可能出现扩张，或者货币供给可能增加。通常，当购买力增加速度快于经济生产率的增速时，就会出现需求拉动型通胀。图 15－2 显示了伴随需求拉动型通胀的紧缩性政策的成功采用。初始均衡位于点 A，均衡价格为 P_1，实际 GDP 为 x。通过紧缩性政策的采用，总需求曲线 AD_1 将下移到通过点 B 的 AD_3处。随着实际 GDP 的下降，物价水平也会下降，从而达到一个新的均衡点 C，此时实际 GDP 为 x_1，物价水平为 P_2。

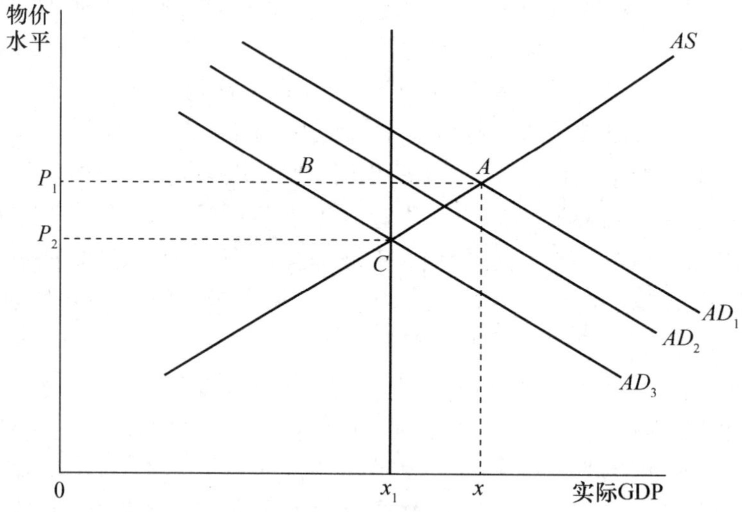

图 15－2　缩减总需求

成本推动型通胀　第二类通胀即人们所熟知的**成本推动型通胀**，其特点是工资、原材料成本和消费品价格的螺旋式上升。这可能发生在充分就业的经济中，也有可能发生在非充分就业的经济中。很难说它是伴随上涨的工资、更高的原材料成本还是攀升的消费品价格而发生的。但是，若工资和原材料成本确实由于某些原因而上升，生产商也可能会提高它们最终商品和服务的价格，以保护自己的利润空间。实际上，不断上涨的价格降低了工资的购买力。因此，工薪阶层，特别是通过自己所在的工会，可能会施压要求进一步提高工资。这会导致原材料和制成品的价格进一步上升，后者反过来会引发工资的继续上涨。最后，这种循环会发展为"工资—价格螺旋"。成本推动型通胀还会因私人企业为雇员提供度假、带薪休假、养老金及住院和医疗保险等更大的附加福利的成本上升而加剧。

成本推动型通胀产生于经济中的供给方。当成本推动压力导致通胀和高失业率同时出现时，这即人们所熟知的**滞胀**。如早先已经提到的，滞胀在 20 世纪 70 年代发生过，当时经济发展减缓、需求下降，而物价水平却继续上升。事实上，1975 年的失业率达到了 8.5%，而通胀率则为 9.1%。失业和一般物价水平均超出了可接受的最大限度。但是，向上倾斜的供给曲线使得政策决定很难作出。图 15－3 显示了滞胀时期的一条总需求曲线和两条总供给曲线。横轴表示实际 GDP，纵轴表示平均物价水平。假设经济体中出现了一个冲击，比如说油价未预料到的迅猛上涨。作为一种重要物资，油价迅速上涨的影响将波及整个经济。其中，尤其以使用石油产品的工业和将石油产品用于交通运输和热能的个体家庭所受的打击为甚。花在石油上的支出减少了花在经济中其他商品和服务上的支出总额，从而导致销量持续下降和失业不断上升。在图 15－3 中，假设点 C 是充分就业均衡，对应于 x 的实际 GDP 和 P 的物价水平。对经济系统的冲击可以通过总供给曲线朝左上方移动（从 AS 移动到 AS_1）来反映，因为通胀的诱因在于供给方，而非需求方。新的均衡出现在点 D，此时新的物价水平为 P_1，实际 GDP 为 x_1。经济体不再处于充分就业水平，新的物价高于之前的物价。抑制通胀便会带来更大的失业，抑制失业便会造成更大的通胀。这便是滞胀困境，解决它并不容易。幸运的是，滞胀的成因相对较少，且往往只是一个短期问题。滞胀的解决通常涉及针对特定产业的措施，而不需要实施更广泛的经济方法。

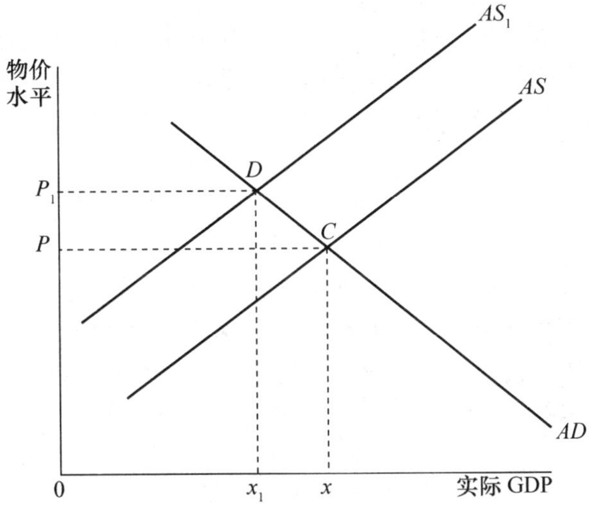

图 15－3　滞胀

资料来源：*Economic Report of the President*（2008）and Office of Management and Budget.

减少总支出的措施

在需求拉动型通胀时期，总需求大于总供给。这种情况下，存在两种抑制通胀压力的措施。其中，较好的一种措施是增加商品和服务的总产量，以满足过剩的需求。但由于在充分就业经济中短期内并不容易做到这一点，我们必须依赖于第二种措施，即减少总支出。

经济中存在许多减少总支出的方法，可以减少政府支出、投资支出和（或）消费支出。在任何情况下，这些举措的经济和政治效应必须被考虑到。所选择的方法往往取决于经济体特定的环境。例如，战时通胀必须采取特别措施。

□ 自动稳定器

在经济体处于上行期时，自动稳定器可能不足以强大到抑制通胀。但是，它的作用仍然存在。当就业处于高位时，所征的所得税也最大，且对失业补助和某些福利支出的转移支付最小，这有助于从经济中积累过剩的可支出资金。同理，私人补助性失业基金的流入和流出也会产生一个紧缩效应。个人和企业所得税结构可能会出现充分就业盈余，其可能会给经济带来一个紧缩效应，甚至会造成一个财政拖累。随着收入不断上升，个人和企业储蓄也会增加，且对通胀有一种遏制力量。

□ 货币政策

联邦储备系统可能会使用货币政策来抑制通胀。旨在减少货币供给和提高利率的措施倾向于抑制投资，降低总支出，并且使投资与储蓄相一致。在理想情形下，投资应降低到正好能填补消费与政府支出和充分就业总产出之间的缺口。在这种情形下，拥有一个较容易影响利率以增加或减少总支出的中央货币当局很有优势。但是，利率上升的紧缩效应可以被抵消。即使利率更高，只要利润持续上升，企业仍将毫不犹豫地借入更多资金用于投资，正如在通胀期间当物价进而利润迅速上升时经常发生的那样。除了直接管制外，控制资本需求的措施作用甚微。因此，政府必须依靠美联储收紧货币供给和控制利率来抑制通胀。

□ 其他措施

政府和美联储可以通过其他手段来抑制投资和消费，如对商业贷款和消费贷款实行信贷限制。例如，它可能会限制借钱投资股票，收紧住房信贷限制，以及限制消费信贷。政府还可能会试图鼓励个人和企业储蓄而非消费，若有必要，它甚至可以实施自愿或强制性的价格和工资控制。

□ 政府剩余

在通胀时期，通过实施与在萧条时期旨在增加总支出相反的政策，总支出可能会下降。首先，政府可以限制自身的基本支出。其次，它可以实行盈余预算以减少消费和投资。若政府征税超过其支出，总支出将趋于下降。在这种情形下，不同于扩张性政策，政府应试图对可支出的资金（即拟用于消费和投资的资金）而非闲置资金征税。政府可以通过三种方式实施预算盈余来抑制通胀，它们是：税收不变但减少支出、增加税收并保持或减少支出，以及减少税收和支出。

税收不变但减少支出　若想通过税收不变但减少政府支出来抑制通胀，则最有效的方法是减少具有最大乘数效应的领域的支出。这一方法较之增加税收更容易被公众接受。另外，支出减少必然导致政府服务减少，这可能会遭到公众抵制。

增加税收并保持或减少支出　若想通过更高的税收来抑制通胀，则应该增加税收以吸收那些原本将用于消费或投资的资金。这时公众心里也会作出权衡。若税收已经很高了——正如通胀时期的一般情形那样，消费者和投资者可能不愿意接受更高税收的主意。若这一方法被用来抑制通胀，高税收和低支出的组合将产生双重效应。

减少税收和支出 减税和减少政府支出的组合可能会产生紧缩效应，若税收减少发生在资金原本会保持闲置的领域。假设税收被减少的那些人没有花费多余的资金，这一做法将使总支出减少政府支出所减少的数额。该方法的主要问题与设计一个不会产生可支出资金的退税相似。即使能采取这样一项计划，政治上也很难证明一个主要使高收入群体受益的退税是合理的。

不管采用哪种方法，最基本的一点是减少总需求。因此，政府积累预算盈余不无裨益，因为这样一来，它便能吸收经济中过剩的可支出资金。通过税收，政府可以使总需求降低到等于总供给的一点，进而消除或减轻需求推动型通胀压力。可以通过减少政府支出来使总投资和政府投资等于储蓄。它可以使政府支出降低到投资正好等于消费加政府支出和充分就业总产出之间的缺口。另外，税收增加可被用来使消费和投资减少到政府支出正好填补私人总支出和总产出之间的缺口，从而消除通胀压力。

若政府确实通过预算盈余来抑制通胀，则它必须保持而非花掉这些盈余。若政府选择在通胀时期花掉盈余，期望的紧缩效应将被彻底颠覆。此时，政府支出只是取代了私人部门的消费和投资支出而已，通胀压力仍然存在。人们所期望的预算盈余的紧缩效应在政府将盈余用来减少国家债务时也会失效，因为被偿还债务者可能会将这些资金用作支出，而非储蓄。

□ 借贷

减少经济体中可支出资金的另一种方法是出售政府债券。由于公众向美联储购买债券的钱原本可能被用作支出，故这是减少总支出的一种有效方法。出售债券可以取代增税被单独运用，也可以和增税一同运用。通常，使企业和个人通过购买债券放弃可支出资金比对他们征税更容易。

战时通胀

由于政府对商品和服务的庞大需求，一些最强大的通胀压力发生在战争时期。战时经济可以导致生产性资源的重大再配置。战时通胀的诱因基本上与和平时期需求拉动型通胀的诱因相同。在两种情形下，总需求均超过了充分就业时经济体的生产能力。战时的需求拉动型通胀会通过成本推动型通胀、结构性通胀或社会性通胀被扩大。被用来抑制战时通胀压力的措施，与被用来抑制和平时期通胀的方法是不同的。应该注意的是，若战争使代价高昂且严重的通胀延续了更长时间，则所提出的措施更有可能被采用。第二次世界大战和朝鲜战争便是其中的两个例子。近年来的局部战争出于一些原因并不要求实行通胀限制。美国在中东、非洲和欧洲等地的军事行动只持续了相对较短的时间，且（或）只对 GDP 产生相对较小的影响。

失业和通胀之间的权衡

一旦经济体处于充分就业状态，就很难使经济长期保持失业最小和物价水平稳定状态。英国经济学家 A. W. 菲利普斯构建了一条曲线，研究了 1861—1913 年间英国失业水平和名义工资增长之间的关系。当失业处在高位时，名义工资增长较小；而当存在较低的失业水平时，工资增长较大。基于历史数据，菲利普斯推断名义工资水平将在 5% 的失业率上保持稳定。

20 世纪 60 年代，美国经济学家开始借助**菲利普斯曲线**来描绘通胀率和失业之间的关系。1960—1969 年间，通胀率和失业之间的逆向关系非常明显。因此，降低失业似乎只能以更高的通胀率为代价实现，反之亦然。菲利普斯曲线在确定 20 世纪 60 年代的宏观经济政策议题中扮演着重要角色。但 20 世纪 80 年代末及之后，失业和通胀之间便不存在任何明显的关系。

现在，经济学家通常认为，菲利普斯曲线在描述通胀率和失业率之间的短期而非长期关系时更加准确。根据理性预期理论，菲利普斯权衡关系在长期会彻底消失。

菲利普斯曲线被认为不适用于长期基于以下信念，即随着时间的推移，经济体倾向于在中性失业率上运行。图 15－4 假设中性失业率为 6%，且现存的通胀率为 0%。现在，我们假设选举年正在临近，国会希望通过会导致总需求增加的扩张性政策来降低失业率。只要工资率稳定，增加的总需求便会使利润、产出和就业出现增加。我们进一步假设，政策制定者希望接受一个 3%的通胀率，以使失业率降低到 5%。如图 15－4 所示，在短期内，经济体将从点 a 移动到点 b。如沿 PC_1 的移动所表明的，上述政策产生了

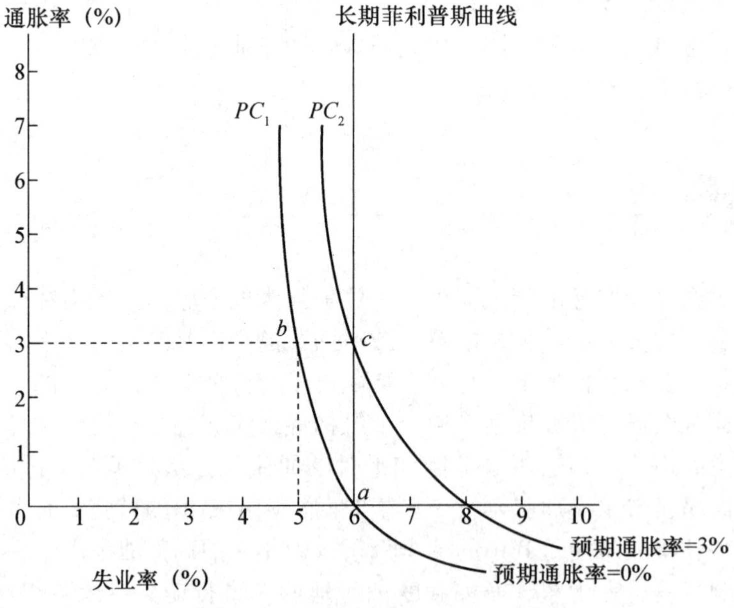

图 15－4　长期和短期菲利普斯曲线

资料来源：*Economic Report of the President*（2008）and Office of Management and Budget.

作用。失业率现在为5%，通胀率上升至3%。这与失业和通胀之间的菲利普斯权衡关系是一致的。但是，这种一致性只在工资率保持稳定时成立。事实上，由于工人发现自己的实际工资下降了，他们不仅会试图补回3%的购买力，而且会试图要求下一年的工资上涨3%。现在，更高的工资支出降低了利润，导致产出下降，且失业率回升到其6%的自然率上。但通胀率并未下降，仍旧处在3%的水平上。这可以通过 PC_2 上的点 c 反映。由于工人的预期通胀率因意识到实际通胀率上升而上升，这一过程的重复将会导致通胀率加剧，并使短期菲利普斯曲线上移。这将导致一条垂直的长期菲利普斯曲线。因此，从中得出的结论是：政策制定者刺激总需求以使失业率降至自然率之下的固执努力不仅会遭到挫败，而且会产生一个不断增长的通胀率。这可以通过短期菲利普斯曲线从 PC_1 向上移动到 PC_2 反映。只要工人准确地预期到未来的通胀率，政策制定者将会受挫于通胀率的持续上升以及失业率朝自然率的回归。这与之前描述的新古典学派的理性预期理论相一致。

尽管菲利普斯曲线在长期内并不成立，毫无疑问的一点是，政策制定者通常仍必须在通胀和就业两者中哪一者更重要之间作出选择。

□ 恶性通胀

绝大多数国家都曾经历过通胀的严重发作时期。一些最具戏剧性的通胀例子发生在中美和南美国家。由于其严重性，它们成了恶性通胀的例子。**恶性通胀**，或失控性通胀，给经济体带来了严重的扭曲，且导致货币几乎失去其价值。若不加以控制，恶性通胀对国民产出和就业的影响将是毁灭性的，它还会造成社会和政治动荡。

表15-1显示了自1985年以来相关年份拉美8国的通胀率。在这些国家中，玻利维亚、秘鲁和巴西经历了最严峻的通胀年份。由于印钞机印钞的速度远快于商品和服务产出增长的速度，这些国家的物价每天都在飙升。令人害怕的恶性通胀使人回想起了第一次世界大战后的德国（当时物价每小时都在变化，工人工资日结，据称一些人甚至把几乎一文不值的钱用作墙纸），这些国家均采取了严厉的措施，试图使通胀压力处在可控范围内。但顽固的通胀仍在阿根廷、巴西、危地马拉、墨西哥和委内瑞拉蔓延。

表15-1　　1985—2010年拉美国家的通胀率（部分国家和部分年份）

国家	1985 (%)	1989 (%)	1990 (%)	1992 (%)	1993 (%)	1994 (%)	1995 (%)	2010 (%)
阿根廷	672	3 030	2 314	25	11	4	3	22.0
玻利维亚	11 750	15	17	11	9	9	9	2.5
巴西	226	1 287	2 938	1 009	2 148	2 669	84	5.0
智利	31	17	26	15	13	11	8	1.4
危地马拉	19	11	41	10	12	12	12	3.9
墨西哥	58	20	27	16	10	7	35	4.2
秘鲁	163	3 399	7 482	74	49	24	11	1.5
委内瑞拉	11	84	41	31	38	61	60	28.2

资料来源：*Statistical Abstract of the United States*，1991—2001 and *The World Fact Book*，various years.

紧缩性工具主要包括：实行工资和物价冻结；大幅削减政府支出；实施从紧的货币政策；发行新货币；对货币进行贬值；降低关税；取消使工资和物价与通胀率指数化关联的政策。

玻利维亚是采取了正确的行动来抑制通胀的国家的例子。1984—1985年间，玻利维亚的消费者价格飙升了11 000%以上，这无疑是极端恶性通胀的情形。由于不能征缴足够的税收以保持政府支出迅速增长，玻利维亚每天都在印发1 000、5 000和10 000面额的比索纸币。紧缩性政策包括使其货币贬值93%、削减政府支出，以及实行工资和物价冻结。由于采取了这些举措，玻利维亚的通胀率已经降到了2.5%左右。

虽然通胀率在许多拉美国家已经明显下降，但通胀仍是一个问题。更长时期内的双位数通胀率会对经济体造成严重破坏。必须从较长的时期来判断抑制通胀是否已经成功，因为痛苦的紧缩性政策由于政治、社会和经济原因而未能被维持的可能性始终存在。

在把目光转向最近非洲的通胀事件时，21世纪前十年间津巴布韦的通胀率使拉美国家的通胀率看上去相形见绌。在津巴布韦，政府腐败、国内动乱和财政纪律的缺乏，使消费者价格在2008年每个月都会翻番，估计数据显示物价水平是2001年的30亿倍。2008年津巴布韦币兑美元的汇率是1 000亿比1。在1998年，50万津巴布韦币足以购买一所房子。但在通胀率达致顶点时，50万津巴布韦币几乎一文不值，1 000万津巴布韦币才能购买一张书签。买一瓶可乐在黑市上需要花150亿津巴布韦币，一顿午餐则需要花费数千亿津巴布韦币。津巴布韦的通胀经历与第一次世界大战后的德国和第二次世界大战后的匈牙利很相似，它们都是历史上创纪录的恶性通胀例子。津巴布韦在2009年废弃了本国货币，现在已经用外币取代了本币。

如今，通胀在许多发展中国家仍然蓄势待发，这些国家的货币不再具备稳健货币的特征。

紧缩经济

美国经历过不同的价格稳定程度、温和上涨的物价，以及适度强大的通胀压力。更高的税收、自愿储蓄、预算盈余、从紧的货币、更高的利率、工资和价格控制，以及信贷控制都曾被用来抑制通胀。但是，出于我们的目的，过去20余年已提供了合适的研究时期。

□ 20世纪90年代

美国的年通胀率直到1986年仍然保持在4%以下，1987年其上升到4%以上，且将该水平保持到1990年，该年的平均通胀率为6.1%。1990年年初，CPI的年变动率为5.3%，贴现率为7.0%，基准利率为10.0%。由于经济增长在1989年第四季度和1990年第一季度出现放缓，乔治·W. 布什总统和他的政策制定者试图降低利率。但是，美联储担心会出现一轮可能的通胀回归，因此坚定地维持7.0%的贴现率。再一次，管理层面临滞胀问题，在选择扩张性措施和紧缩性措施之间进退两难。虽然布什总统（像部分国会议员那样）建议增加税收以缩小联邦赤字来抑制通胀，但由于“不新增税收”的总统竞选承诺，他并不愿意这样做。1990年11月，经济增长仍然停滞不前，且失业不断上升。海湾战争之前的科威特石油危机则加剧了滞胀。当时，布什签署了要求增税的1991年联邦预算决议，以及通过了计划在未来5年使预期赤字削减4 920亿美元的其他措施。

虽然预算决议对刺激经济效果甚微，税收增加和政府支出减少却是强有力的紧缩性措施。而且，政府支出事实上并未减少，相反，原先计划的增加却大打折扣。1990 年 7 月，经济步入了以该年第四季度和 1991 年第一季度实际 GDP 增长率为负数的衰退。美联储通过一系列举措增加货币供给，并将贴现率从 1990 年 12 月的 7.0%降低到 1991 年 5 月的 5.5%。在此期间，基准利率下降，通胀趋于温和，某些月份甚至出现了紧缩。商业银行的基准利率从 11.0%下降到 8.5%。到 1990 年 3 月，失业率上升至 6.8%，通胀率相对较为温和。在 1991 年第一季度触底之后，美国经济进入了商业周期的扩张阶段。

在 1993 年克林顿总统就任后，经济复苏仍较疲软，就业岗位增加相对缓慢。克林顿总统试图在削减联邦预算赤字的同时扩张经济。这一方法基于以下观点，即削减联邦预算赤字将压低利率并刺激私人投资。结果是非常令人满意的，因为其带来了所记录的持续期最长的经济扩张。使这一轮扩张颇显独特的是，整段时期内财政政策是紧缩性的，而货币政策很大程度上却是扩张性的。1993—2000 年间，平均通胀率为 2.6%，失业率却跌到了 1999 年的约 4%。对通胀的成功抑制以技术成本的大幅下降、油价下跌、工业产能的迅速增长、对进口品价格的下行压力等为支撑。最重要的是，削减赤字的财政措施伴随着一项相适应的货币政策。由对技术类上市公司股票的投机性购买所创造的泡沫在 2001 年破裂，随后开始了一场衰退。

□ 2002—2008 年间的扩张

在第一年总统任期内，乔治·W. 布什主要关注使陷入衰退的美国经济重新增长，并努力从“9·11”袭击事件的破坏中恢复元气。该届政府的财政措施包括了降低边际所得税税率、资本所得税税率和红利所得税税率。虽然经济从 2002 年的衰退中开始复苏，但仍存在财政挫败，诸如卡特里娜飓风等迅速推升了石油价格，而且不断上涨的其他商品价格依旧势头不减。伊拉克战争也需要联邦预算每年提供庞大的不断增加的资金，消除赤字似乎遥遥无期。但是，和消费一样，建筑繁荣却格外强劲，在加利福尼亚州、内华达州和佛罗里达州等地，在建筑商为市场提供创纪录的房屋数量的同时，新建住房价格也在不断刷新纪录。联邦预算赤字据预测在 2008 财年将达到 4 100 亿美元，一个许多经济学家认为不可接受和将导致通胀的数目。战争支出和不受限制的国会支出继续增加，美国经济也持续繁荣。由于担心进一步的通胀，美联储从 2004 年开始多次提高了利率。到 2007 年，美联储已经将联邦基金利率由 2004 年 6 月的 1.00%提高到 5.28%，但从历史上看，短期和长期利率仍相对较低。

由于担心出现衰退，美联储在 2007 年中期通过下调联邦基金利率和贴现率逆转了整个过程。财政方面却仍然很积极，向经济体注入了更大的资金。特别的是，房地产行业遭受了重大苦楚。房地产市场是美国经济的重要组成部分。在美国的许多地区，住房价格首次出现了下降。住房价格的下跌不仅影响了建筑行业，而且影响了其他所有的相关行业和经济活动，如家用电器和家具制造商、地方政府、不动产、银行以及如房利美等政府机构。最终，衰退效应波及了绝大多数经济部门。新房屋建造的减少产生了一个强有力的负乘数效应。许多家庭分文未支付或支付一小笔钱就购买了房子。一些家庭通过只付利率贷款买到了房子，其他更多的家庭则通过在 1～3 年内只需很低的初始固定利率的可变利率贷款买到了房子。当利率上升时，新房屋销售量便会下降。许多家庭住在已经被宣告破产的新房屋里，一些人在抵押贷款总额超过房产价值时不得不离开居住的房子，其他人则拒绝查封他们已竣工的房产和没收他们的购房首付款。它们中有许多是发放给次级贷款人的仅付利息或低息抵押贷款，一旦更高的利率被采用，他们便不能履行自己的抵押贷款义务了。随着房地产行业的衰退越来越明显，美联储和政府采取了扩张性措施，收紧了货币政策和财政政策，直到新一轮上行周期到来。

第十五章回顾

□总　结

● 货币政策要实现三大目标：经济稳定、经济增长和物价稳定。货币政策涉及美联储的货币供给管理。在失业时期，增加货币供给能够提高总支出水平。在一个封闭经济体中，财政政策的目标是促进充分就业收入最大化的实现。

● 经济体中的自动稳定器包括：社会保障体系、养老金转移支付、失业补助、农产品价格支持计划，以及联邦个人所得税。

● 作为预算赤字的结果，财政刺激有助于盘活整个经济。作为预算盈余的结果，财政拖累会减缓经济发展。

● 政府可以通过税收筹资、债务融资（借贷）和出售债券创造货币等来为自己的支出提供资金。

● 若政府在增加支出的同时未提高税收，整个经济的总支出将因政府向银行而非居民个人的借贷而增加。若政府降低税收，则将导致预算赤字。若政府支出保持不变而税收下降，则政府收入将会减少，这将导致政府借贷。

● 转移支付和公共工程是可以被用来提高总收入和就业水平的相机抉择的政府支出的两种形式。转移支付总体上比以公共工程为形式的公共支出效率要低，因为居民获得的转移支付大多被用于消费，从而只在某种程度上提高了经济活动水平。

● 通缩是指物价水平的持续下跌。反通胀是指通胀率的下降。反通胀往往被认为是一件好事。通缩只有当其长期存在且颇严重时才是一个棘手的问题，如日本的例子那样。

● 通胀是指物价水平的持续上涨。滞胀是指通胀和高失业率同时并存的情况。需求拉动型通胀出现在总需求超出总供给时。成本推动型通胀产生于工资收益成本和价格收益成本及物价水平的螺旋式上升。它相当于总供给曲线的后移。恶性通胀是指失去控制且使货币几乎不再值钱的通胀。

● 紧缩经济的措施包括：自动稳定器、从紧的货币政策、实施政府预算盈余。通过税收不变且减少支出、增加税收并保持或减少支出，以及减少税收和支出，可以实现政府预算盈余。

● 战时通胀涉及各种各样紧缩经济的措施。这些措施包括：税收、自愿储蓄、强制储蓄、工资和价格管制、信贷控制，以及其他许多工具。

● 从历史上看，许多国家都曾经历过恶性通胀的发作时期。在一些拉美国家，通胀甚至曾以每年超过 2 000%的速率飙升。1985 年，玻利维亚出现了一个超过 11 000%的通胀率。津巴布韦 2008 年所遭受的通胀与第一次世界大战后的德国和第二次世界大战后的匈牙利所经历的创纪录的通胀率飙升颇为类似。

□ 关键术语和概念

扩张性政策	紧缩性政策	自动稳定器	财政拖累
财政刺激	挤出	反通胀	通缩
通胀	需求拉动型通胀	成本推动型通胀	滞胀
菲利普斯曲线	恶性通胀		

□ 讨论题

1. 失业补助金如何充当经济体的自动稳定器角色？你怎样看待以往经济衰退中采纳的扩大失业补助金的提议？

2. 政府可用来为其支出筹资的三大措施是指什么？

3. 增加政府支出相对于减税有何优点，假设两者均会涉及预算赤字？

4. 在减轻经济衰退的措施中，与转移支付相比，政府增加公共工程支出有哪些优势？又有哪些劣势？

5. 累进所得税税率如何充当抵消通胀效应的自动稳定器？

6. 为了抑制通胀，是减少政府支出且保持税收不变，还是保持政府支出不变且增加税收？解释其原因。

7. 为何削弱或消除需求拉动型通胀的措施在抑制成本推动型通胀中可能会失去其效力？

8. 你认为哪些因素导致了拉美国家的恶性通胀？

9. 正如 1974 年和 1980 年那样，为何发生在衰退时期的通胀更加难以遏制？

10. 详细描述美国如今的经济状况。你会如何描述当前的货币政策和财政政策？

第十六章

国际贸易和援助

学习完第十六章后，你应该能够：

(1) 根据比较优势原理讨论国际贸易的益处；

(2) 描述支持关税的各种论点，并说明为何一些关税可能是合理的，分析关税壁垒对国内物价、产出和就业的影响；

(3) 指出自由贸易的各种非关税壁垒，并说明为何它们可能被采用；

(4) 讨论美国的国际贸易政策如何和为何随着时间的推移而改变；

(5) 描述北美自由贸易协定（NAFTA）的重要特征；

(6) 从消费者、工会、行业和环保主义者的角度指出 NAFTA 的利弊；

(7) 理解西欧经济一体化的性质，对欧盟和美国进行比较和对照。

国际贸易概览

正如一国内部不同部门之间的贸易能促进所有参与方的福利一样，国家之间的贸易也能使出口国和进口国获益。不同的语言、习惯和风俗已不再是拒绝开展贸易的有效理由，就像国家或地区之间的边界线不再是阻碍相互之间开展贸易的理由一样。

在一些国家，国际贸易的总量较小，但在其他国家，国际贸易则是国家总产出和总贸易的重要组成部分。在许多国家，包括加拿大、丹麦、英国、挪威和瑞士，出口额或进口额均构成了其国内生产总值（GDP）的 20%以上。尽管美国拥有世界各国中规模最大的外贸价值——事实上，仅美国的商品出口价值就超过了许多国家的总产出——但是，其出口价值仅占其 GDP 的 10%，同时其商品进口价值大致为 GDP 的 15%。图 16－1显示了 2011 年美国按地区划分的商品出口和进口情况。正如可以从图中看出的，加拿大和墨西哥一起构成了美国最大的出口市场和进口市场。中国和日本从环太平洋国家中单独列出统计。按照国家排名，中国以 3 990 亿美元成为最大的进口来源地。表 16－1 列出了一些主要的出口和进口商品大类。排除小汽车外的资本品构成了 2011 年美国价值最大的商品出口，而工业供给品则构成了价值最大的进口项目。美国商品贸易活动的规模随着世界经济状况的不断变化而变动。

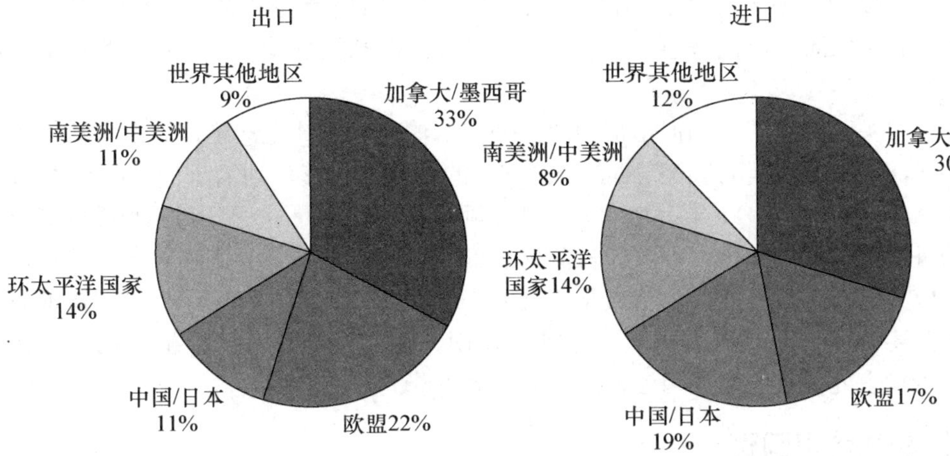

图 16－1　2011 年美国按地区划分的商品贸易情况

资料来源：美国商务部。

表 16－1　**2011 年美国主要出口商品和进口商品**　单位：10 亿美元

出口	价值	进口	价值
除了汽车外的资本品	431	工业供给品	597
工业供给品	316*	石油、石油产品	439
消费品（非食品类）	141	资本品	419
汽车、汽车发动机和零件	108	消费品（非食品类）	418
食品、饲料和饮料	118	汽车、汽车发动机和零件	259

注：* 排除了石油和石油产品。
资料来源：美国商务部。

□ 石油的重要性

美国对国外石油的依赖性是一个相关的例子。1973 年，石油进口达到了 84 亿美元，构成了美国商品进口总价值的 12%。但是，由于 1973—1974 年的石油禁运，油价翻了两倍，美国的石油进口增长到 270 亿美元，相当于美国进口价值的 26%。然而到 1989 年，石油出口国面临着过剩供给和油价下滑，使依赖于国外石油的国家获益匪浅。例如，美国的石油进口已经降到了所有进口商品总价值的 10%。

1990 年，世界石油市场再一次被中东事件所打乱。随着伊拉克对科威特的入侵和占领，由于担心工业化国家中将出现普遍的供应短缺，世界油价迅速飙升至将近 40 美元/桶。1991 年年初海湾战争的结束使油价重新跌回战前水平。20 世纪 90 年代的绝大多数年份，油价波动都较为温和。但是，在 2007 年和 2008 年，油价迅猛飙升，超出了 140 美元/桶，导致汽油价格超过了 4 美元/加仑。印度、中国和其他许多小国经济的快速增长，提高了全球石油需求。随着制造业效率提高，投入更少的能源就能获得相同的产出，制造业部门占 GDP 的比重较以往年份下降，油价上涨的影响某种程度上在美国得到了抑制。但是，这对运输部门和相关活动并非如此。当油价像 2008 年那样飙涨时，航空公司和汽车货运公司遭遇了一场生死攸关的危机，而消费者则在购车决策及驾车里程和路程上面临着困难抉择。摆在他们面前的还有以下事实，即几乎所有在生产中用到能源的装运货物的价格为弥补更高的成本都出现了（有时是迅猛的）上涨。在供给方面，投机、自然灾难、国内战争、政治冲突、环境问题和提炼能力的不足，均造成了石油供应短缺。

一个主要关注点在于，如何增加国内开采和石油提炼以补充甚至替代由石油输出国组织（OPEC）提供的部分进口石油。美国进口的石油占了其石油需求的 65%，且其中将近一半依赖 OPEC。2011 年，加拿大、沙特阿拉伯、墨西哥、尼日利亚和委内瑞拉是美国石油进口的最大供应国。今天，美国仍然依靠石油作为其主要能源来源，并且仍依赖外国供应其绝大多数石油。油价成了美国的一个主要关注点，而且存在一种对未来石油成本可能还会进一步上涨的担忧。尽管在长期，替代性能源可能会被利用；但在短期，家庭可自由处置收入已经因油价高企而显著下降。

□ 比较优势再回顾

当国家试图通过应用生产的比较优势原理来提高本国经济福利时，便产生了国际贸易。正如我们在第二章中已经解释的，比较优势原理认为，国家（像个人那样）应该专门生产它们能以低于其他国家的机会成本生产的商品和服务。通过将资源配置到它们最有效的用途和专门生产特定的产出形式，国家便能提高它们的总收入，然后拿它们得自专业化生产的所得和其他国家进行贸易。相比于各国努力实现自给自足，通过利用比较优势原理，世界的总产出将会更大。

许多因素会使国家在特定商品上形成一种比较优势。例如，日本拥有庞大的、受过良好教育的、高技能的、能高效生产诸如照相机、汽车和电视等商品的劳动力。拥有广阔领土和相对较少人口的澳大利亚，则擅长于生产小麦、羊毛和肉产品等。由于适宜的气候和大量非技能型劳动力，巴西成了咖啡生产的世界领导者；而拥有高技能型劳动力的美国，则在需要大量研发投资的行业具备比较优势，如飞机制造、机械和技术等。

除了作为比较优势结果的产出增加外，国际贸易还能带来其他重要利益。消费者由于市场竞争变得更剧烈和有更多的选择而获益。除了国产汽车外，消费者可以购买来自日本、韩国和西欧的进口汽车，美国的汽车购买者拥有了更多的选择。通过提供更多的选择，外贸还有助于抑制物价上涨，特别是在只有少数大企业组成的国内行业。

国际贸易还使资本密集型企业能够扩张规模，并且通过规模经济降低自己的生产成本。例如，由于能为全球市场提供产品，而非仅局限于在美国销售飞机，波音公司成了一家更高效的飞机制造商。

几个世纪以来，经济学家基于比较优势原理为自由贸易提供论证支持。但是，世界大多数国家并不愿意采取一项自由贸易政策，在国际贸易领域仍然存在大量限制。

自由贸易的壁垒

虽然经济论证强烈支持自由贸易，但绝大多数影响国际贸易的决策都在政治领域作出。遗憾的是，政治压力和表面上的短期经济利益往往遮蔽了较不明显的自由贸易的长期利益。由此一来，许多限制在当今世界各国仍然颇为流行。最常见的一种限制形式便是关税。

□ 关税

关税是一种向国外进口商品征收的关税或税收。它可能是一种以绝对额表示的**从量税**，如每磅或每单位进口商品征税 25 美分。它也可能是一种以相对额或百分比形式表示的**从价税**，如征收进口商品价值的 15%。

关税的目的 关税的目的可能是获得关税收入，也可能是保护国内相关产业。在美国早期历史上，进口关税的主要目的是增加收入以应付新生联邦政府的运转开支。但后来，美国政府采取了一项保护主义关税政策，以保护国内新兴幼稚产业。

为了行之有效，关税必须针对上述两个目的中的一个，因为两个目的在很大程度上是相对立的。若关税旨在获取收入，它必须高到一定程度，但又不能过高，以免抑制商品和服务的进口。否则，关税将只能获得很少的收入。另外，若旨在保护本国新兴产业，则关税必须高到足以拒斥国外产品，即使这样的关税只能获得非常少的收入。虽然最优关税在某种程度上可能同时满足两个目的，其不可能比旨在实现一个目的的关税更有效。

支持自由贸易的论点 存在许多其他的政府收入来源，目前，只有相对少的政府收入来自进口关税。因此，很难支持任何声称关税对增加政府收入至关重要的论点。

区域之间或国家之间的贸易所得或贸易收益是显而易见的。支持自由贸易和反对保护性关税的基本论点在于，关税否认了绝对优势和比较优势给个人和国家带来的更高的生产率和生活水平等益处。关税扰乱和限制了商品和服务的自由流动，消除了专业化和交换的收益，且阻碍了稀缺资源的最佳利用。从经济学的角度来看，支持自由贸易的论点如此基础，以至绝大多数反对自由贸易和支持关税的论点很容易不攻自破。因此，支持贸易限制的人必须借助一系列攻击来削弱自由贸易的防守。即使如此，他们也必须从经济学领域之外寻找自己最有效地反对自由贸易的论点。

且不论哪种类型的观点被提出，最终支付关税的都是消费者。虽然关税本身从进口商处收取，但是更高的经营成本往往以更高的价格为形式，被转嫁给了消费者。关税的主要受益者是相对低效的生产商和（在短期内）他们的雇员，后者的工作因关税而变得更安全。

支持关税的论点 人们提出了许多支持关税的论点。这些论点涉及国际贸易的军事、社会和政治方面，以及经济问题等。虽然一些论点不乏依据，但其他一些论点却漏洞百出。总体来说，关税很难从长期的经济学角度得到证明。

保护幼稚产业。保护幼稚产业是支持关税最古老和最有效的理由之一。其有助于促进美国关税在19世纪前半叶，从以获取政府收入为依据转向以保护主义为依据。在其最简单的形式上，该理论声称，新兴产业或幼稚产业（特别是在发展中国家）相对于较发达国家同一产业的成熟企业，往往处于成本劣势。其推断，这种成本劣势可以通过对外国相应产业进口品实行关税得到消除，幼稚产业将有机会发展壮大，以便最终能在平等的基础上与外国厂商竞争。真正的幼稚产业保护论者认为，关税应持续至国内相关产业的企业达到一种成熟状态。这时关税就应该被取消，任由本国产业和国外进口品产业展开竞争。遗憾的是，当幼稚产业成熟以后，只有国际压力才可能成功地推动这些关税的取消。

使成本均等。旨在使本国生产成本和国外厂商生产成本相等的所谓的科学关税，提出了一个类似的论点。这种关税的鼓吹者认为，由于原材料可得性、效率差异、更低的工资、政府补贴等因素的作用结果，其将会消除任何国外厂商可能享受的优势。科学的关税将使国外产品和本国产品的成本（包含关税）与价格相等。因此，其将消除国际贸易的基本收益和理由，即提高生产率、降低成本和提高生活水平。

保护美国的就业岗位。普遍认为，通过关税可以创造或保护国内的就业岗位。这一类论点往往是短视的，它只考虑了国际贸易的一个方面，仅关注讨论中的产业。他们提出，若实施了关税，则国外产品将被排斥在美国之外。结果，消费者将会购买国产商品和服务，这反过来提高了国内产出和就业。

但是，这一论点的支持者忘记了国际贸易是相互的。除了进口商品和服务外，我们同时还出口商品和服务。国外居民不会持续从美国购买商品和服务，除非他们持有美元，而他们获得这些美元的主要途径便是向美国出售商品。若我们实施关税并削减进口，则国外居民将只能获得更少可用来购买美国商品的美元。因此，由关税带来的就业的任何直接增加，都将被美国出口生产行业产出和就业的减少所抵消。关税还会使收入从受保护国内产品的购买者转向该产品的国内生产商（和雇员）。

保护美国的高工资率。保护主义者通常认为，关税对保护美国的高工资率必不可少。他们指出，绝大多数国外工人获得低于美国工人的工资，因此他们认为国外出口商具有一种较美国国内生产商而言不公平的优势。他们还认为，若允许廉价的国外商品输入美国，竞争将迫使美国生产商削减成本（特别是工资成本），以努力保持经营。

在评估该论点时，我们首先要认识到，单位制成品的工资成本在决定成本时比工资率本身更重要。单位工人的生产率在各国之间是不同的。高工资率国家往往有比低工资率国家更低的单位劳动成本，因为它们具备更高的单位工作小时生产率水平。如果确实如此，就没有必要通过关税来保护高工资率。

在一些国外产业的单位工资成本比国内相应产业更低的情形下，通过关税为效率低下的国内生产商提供补贴从长期来看在经济上是不明智的。更好的解决之道是迫使国内生产商提高效率、降低成本、将生产外包到低工资的国家，或者退出相关行业。这样一来，劳动、资本和其他资源便能流向生产率更高的使用领域。

防止倾销。以低于成本或低于国内市场售价的价格在国外市场上销售过剩的产品被称为**倾销**。支持通过关税防止倾销的论点基于以下观念，即倾销构成了一种的形式不公平的竞争，其不仅损害国内生产商，而且导致了国外出口商的垄断势力。

在国外发生的过剩产品的倾销，是为了通过歧视性定价策略渗入该国市场或增加收益。通过在国外以低于成本的价格销售产品，国外生产商就能挤出国内生产商，进而垄断该国市场。在消灭了竞争对手后，国外生产商便会提高价格以获取垄断利润。倾销还构成了歧视性定价的一种有效运用，此时相同的产品在不同的市场被索要不同的价格。借助于在国内索要较高的价格而在国外索要较低的价格（那里的竞争更激烈），公司能通过源于大规模生产的成本节约最大化它们的收益。

包括美国在内的大多数国家都有反倾销法律。若发生倾销且导致了竞争性破坏，联邦政府可能会对进口产品征收反倾销关税。

至少在短期内，通过提供价格比国内生产商索要的价格更低的竞争性产品，倾销会使消费者获益。若其目的是为了阻止国外生产商获得足以垄断国内市场的庞大市场份额，则借助关税来保护国内生产商免遭反倾销在经济上是合理的。但是，文献案例并不能证明普遍盛行的永久性关税的合理性。美国生产商对倾销的指控常常被外国看作是这些生产商在维持产品高价格的同时，限制进口的努力。

近些年来，美国发起了一系列针对（包括征收关税）中国的贸易限制，以防止中国消费品的倾销。但是，零售商强烈抵制这些关税，因为它们导致了更高的批发价，进而造成了对消费者更高的零售价。例如，2005 年，美国国际贸易委员会批准对从中国进口的价值超过 10 亿美元的木制卧室家具征收反倾销税。国内家具制造商对该决定一致看好，但是包括杰西潘尼、柯里特和巴若，以及沃尔玛在内的零售商，却声称反倾销税将导致就业岗位减少、价格上涨和消费者选择余地缩小。

批评者强调，反倾销措施可能旨在解决短期贸易失衡问题，但这些关税长期存在并产生效力。中国是美国发起的对外反倾销措施中所占数量最多的国家，加拿大和墨西哥则是对美国发起反倾销措施数量最多的国家。国家之间的贸易总额越大，越有可能发起倾销指控。

把钱留在国内。支持关税最站不住脚的论点之一是，认为关税使钱留在了国内，而非花在了国外。因此，支持者常常声称，如我们购买了一辆日本进口汽车，我们得到汽车，日本则获得金钱；但若我们购买了一辆美国汽车，则我们得到汽车，美国获得金钱。该论点的支持者忽视了以下事实，即日本人最终将他们得自汽车销售的美元用于购买美国商品和服务，因此这些美元又回到了美国。

发展和保护国防工业。支持关税的最强大有效的保护主义者论点之一是，关税对帮助发展和保护国防工业必不可缺。保护主义者认为，美国应该对提供战略性国防物资的产业实行和维持关税。这样的保护性措施将有助于确保军工用品拥有一个稳定的国内物资供应来源。此外，对进口战略性物资实行限制将使政府在发生战争时积蓄大量储备。缺乏关税保护，效率低下的战略性产业可能会不得不因外国的竞争而关停。因此，这些产业使用的经济资源将分散在其他地方，而一旦战争爆发，该国将发现自己在军事上脆弱不堪。就目前而言，许多战略性军用商品和服务的生产商确实受到了关税、补贴或其他措施的保护。

产业多元化。人们提出的支持采用关税的一个有效观点是，其可以为一国产业结构的多元化提供支持。当一国专门生产一种或少数几种商品时，其经济便暴露在了对该（这些）产品需求的潜在大幅波动中。许多发展中国家从单一的商品中赚取了超过 80% 的出口收益总额。一些例子有格陵兰岛（海鲜类）、乌干达（咖啡）、赤道几内亚（木材），以及绝大多数OPEC成员。在这些情形下，世界需求和出口品价格的下行将使相关国家的经济急剧萎缩。因此，关税可以被用来排斥进口品，且鼓励国内发展特定产业。产业结构更加多元化之后，一国经济将更稳定，且更不易受特定产品世界需求波动的影响。虽然该论点有其合理之处，但它较不适用于发达经济体，后者产业结构的广泛性和多元化众所周知。

最近的美国关税活动 尽管是自由贸易的强烈鼓吹者，美国距一个自由贸易国还差得很远。像其他国家一样，只要认为对国内经济和政治利益最有利，美国便会继续实行贸易壁垒。在2009年一起备受瞩目的关税事件中，奥巴马政府对中国低成本轮胎的进口实施了一项关税。支持该关税的工会声称，美国轮胎产业已经丧失了5 000多个工作岗位，而中国的轮胎产量则增长了3倍多。2010年、2011年和2012年的关税税率分别是35%、30%和25%。工会要求征收更高的关税，但是美国国内轮胎生产商已不再提出抗议，因为它们很久以前就将这块市场让给了中国企业，且由于缺少盈利能力已不再生产低成本的轮胎。美国消费者现在将主要在售后市场购买更物美价廉的轮胎。

中国很快对从美国进口的肉仔鸡报复性地征收高达50%～105%的关税税率。中国方面声称，该决定是根据其判定美国公司在中国以低于市场价的价格倾销产品，从而造成中国家禽业的巨大损失这一事实作出的。

关税对贸易的影响 关税对贸易的影响可以通过供给曲线和需求曲线来阐述。如图16-2（a）所示，假设不存在对外贸易时美国电视机的均衡价格和均衡产量分别是P_e和Q_e。在这种情形下，国内需求可以通过国内供给得到完全满足。

现在，假设美国变成了一个电视机的开放市场，且不对国外进口的电视机征收关税。在图16-2（b）中，电视机的国内供给和国内需求同样分别用S和D表示。但是，若国外生产商能生产电视机并以P_1的运费将其输出到美国，则新的供给曲线将变成S_1。这条供给曲线具有完全弹性，且表明在自由贸易下，对应于该价格将会有无限制的进口数量。在P_1的价格上，国内生产商的市场份额下降到$0Q_1$，国外生产商的市场份额则为Q_1Q_2。国内和国外生产商提供的电视机总量为$0Q_2$，新的均衡位置在点B。

若对进口电视机征收关税以保护美国生产商，则具有完全弹性的供给曲线将上移到S_2，表明关税造成了更高的价格。如图16-2（b）所示，新的均衡位置在点C。存在关税保护时，国内生产商能将其市场份额从$0Q_1$提高到$0Q_3$；同时，国外生产商的市场份额将从Q_1Q_2下降到Q_3Q_4。从消费者一方讲，关税导致的后果是每台电视机更高的价格和更少的电视机购买数量。从生产商一方讲，国内生产商境况变好，国外生产商境况恶化。随着关税上升，这些影响会变得更加显著。例如，若关税提高使新的市场价格变成P_3（如图16-2（c）所示），国内需求将再一次通过国内供给得到完全满足，关税最终相当于对国外进口品实施禁运。如均衡位置点A所示，该价格上国外生产商的供应数量为0。

在我们的例子中，关税导致了资源的不当配置——不仅在电视机产业，而且在美国整个经济体和出口国。资源配置不当是因为产出、就业和收入被从更高效的国外生产商转向了较低效的国内生产商。消费者不得不由于更少的产量而支付更高的价格。事实上，关税构成了对国内生产商的一种补贴，后者通过更高的价格被转嫁给了消费者。

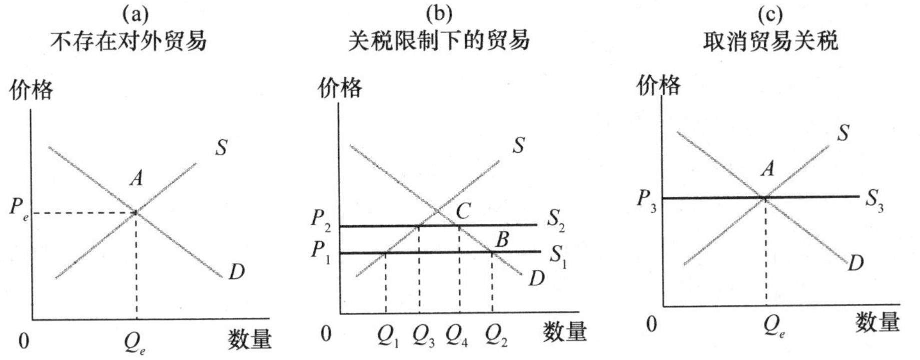

图 16-2 关税对电视机贸易的影响

经济体在允许自由贸易时境况会更好。适当削减电视机产量，国内企业将能释放出稀缺资源用于经济体中其他效率更高的部门。自由贸易也会在效率更高的国外产业获得更高的产出、就业和收入。由于关税鼓励低效企业生产过度和高效企业生产不足，世界产出总量将因资源配置不当而下降。

□ 非关税贸易壁垒

除了关税外，**非关税壁垒**也经常被用来为国内生产商制造优势。限制进口、在国内生产商和国外进口商的竞争中施以援助、鼓励商品出口，等等，每一种非关税壁垒都会产生和关税相似的影响。最常用的非关税壁垒包括进口配额、禁运、出口补贴、技术壁垒和外汇管制。

进口配额 **进口配额**是指特定商品被允许的最大进口数额。对可能进口的产品设定明确的限制，将保护国内生产商和产业免遭国外企业竞争的完全影响。因此，进口配额是一项类似于关税（但更严厉）的措施。有时，会同时实行关税和进口配额，在这种情形下，进口数量限制必须符合关税规定。如绝大多数国家一样，美国把进口配额当作一项贸易壁垒使用。历史上曾被实行进口配额的商品包括纺织品、农产品、汽车、食糖、牛肉和香蕉等。

配额的另一种形式是**关税配额**，其不对进口商品设定绝对的数量限制，而是对超过一定数量的进口量实施经济处罚。因此，关税配额允许一定量的进口商品以统一的关税税率输入，但随后将对超出这一所谓的最优数量的进口量索取一个更高的关税税率。

就像在制糖业那样，关税配额有时可能会更加严厉。这种极富争议和惩罚性的关税体系已导致美国消费者支付了世界上最高的食糖价格。虽然政治力量强大的制糖业已受益于食糖关税，食糖配额被看作是最繁重的。美国食糖政策的目的是使每一年的食糖供需保持平衡，且为了实现该目的，联邦政府限制糖农的食糖作物产量和能够进口的食糖数量，任何超出的部分都将被用于乙醇产业。由于配额，国外出口商每年只能向美国提供 1 320 万吨食糖。因此，不论世界市场的食糖多么廉价，美国的食糖价格仍保持在高位且进口量继续保持不变。2010 年，世界食糖价格记录为 20 美分/磅，而美国国内的食糖价格则接近于35美元/磅。制糖业保护给美国消费者带来的成本可谓非常高。

禁运 **禁运**涉及和某一特定国家之间贸易的完全停止或特定产品贸易的中断。禁运往往出于非经济原因实施，它可以用于进口品、出口品或两者。当实行禁运时，其影响等同于出口配额或进口配额为0。

美国自1960年起（约在菲德尔·卡斯特罗掌权一年之后）对和古巴的贸易实行了禁运。1973年，由于美国支持以色列，阿拉伯石油生产国对美国石油出口实行了禁运。1975年，由于担心一场可能的国内短缺，美国对出口苏联的谷物采取了禁运措施；1980年美国再次采取禁运措施，以作为对苏联入侵阿富汗的惩罚性回应。

多年以来，美国还对出口至一些中东国家的特定军事装备实行了禁运。禁运还被施加于对非法药品和一些特定商品的进口。2011年之后，美国对苏丹、古巴、伊朗、叙利亚、利比亚、朝鲜和缅甸等国都实行了各种禁运，尽管最近对缅甸已经采取了一些减轻制裁和禁运的措施。美国还对世界各国各派系和恐怖主义团体实行了明确制裁。

出口补贴 **出口补贴**是指政府对私营企业的转移支付，以鼓励特定商品的出口，或防止对出口商可能不得不在世界市场上以低于国内的价格销售商品的歧视。在某些情形下，直接现金转移支付被用于部分商品出口。在其他情形下，通过使用补贴来促进剩余农产品的大规模销售。例如，在美国，巨额农产品补贴被授予大农户，尤其是那些小麦、玉米、棉花、大豆和大米的种植大户。这些农户生产得越多，他们获得的补贴也越多。这在使大农户受益的同时也导致了小农户的脆弱状态。美国农业补贴计划带来了农作物大丰收，过剩的农作物被以低于全球市场的价格出口到国外。这给那些不得不以人为的限制价格销售其农作物以便和美国竞争的穷国造成了巨大冲击。欧洲国家也常常对范围广泛的农产品授予直接的出口补贴，这种转移支付基于欧盟内部价格和世界市场价格之间的差额。

技术壁垒 技术壁垒被广泛运用，且充当着国际贸易的坚固壁垒。**技术壁垒**是指政府实施的限制贸易的标准和法规。技术壁垒可以分成许多不同的类型。其中的一类壁垒出于健康和安全原因得到实施。例如，虽然麻醉品在一些国家可能被看作安全合法的，但它们在其他国家却被禁止输入。在一个曾经历过"疯牛病"的国家，饲养的牛在一些国家可能被认为是安全的，但其他国家可能禁止该国牛肉的进口。例如，由于检查出一头受感染的奶牛，2006年日本对美国牛肉进口实行了暂时性禁运。对食品、饮料和烟草产品的法规也普遍存在，以确保标签重量和其他措施是准确的，并且无有害产品流入消费市场。例如，由于各国不同的维生素含量规定，凯洛格公司为欧盟成员生产了四类不同的玉米片产品。服装和家具用到的防燃材料出于安全性原因也有法规要求。一些国家有检验要求，这也增加了出口企业的产品成本。

另一个大类是保护动物和植物。在一些国家，对于诸如鲸鱼食品、象牙、外来植物和某些鱼类等，均存在相关限制。许多野生动物的进口受到限制。第三大类涉及环保标准。汽车尾气等的排放标准在各国是不同的，其可能构成了代价高昂的贸易壁垒。由于未能满足本州严厉的排放标准，加利福尼亚州曾对装备柴油引擎的新型欧洲小汽车的销售实行了间接禁运。对石油和化学品等危险品运输的各种安全法规，会给出口商带来更高的成本。煤矿运输可能会面临基于煤中硫含量的技术壁垒。一国可能会规定，若某国在农作物种植中使用杀虫剂，即使没有可疑证据表明该产品本身含有毒素，它也不能获准进口。

即使出口商克服了贸易的技术壁垒，它们可能也不得不承担额外成本，从而导致自己的产品与出口国国内生产商相比在市场上只有较小的价格竞争优势。这些成本可以采取与满足不同市场的不同要求有关的更高的生产成本等形式。否则，它们可能会承受对产品严格检验以满足各国不同法规有关的繁重的行政成本。

外汇管制　国际贸易流会受到**外汇管制**的极大限制。这些管制可能表现为定量配给一国的稀缺外汇，进而限制该国的总体进口等形式。通过对不同商品实行不同汇率，更具体的进口管制成为可能。这种做法使一国能在鼓励某些商品进口的同时，抑制其他商品的进口。因为汇率可以由政府直接设定，它们可以被迅速用来限制商品和服务的自由流动，较关税和配给更高效。

拉美国家在每次爆发金融危机时，都普遍使用外汇管制。在委内瑞拉，中央银行必须复核每一笔美元兑换申请，提出相关申请的进口商必须表明确实需要美元。2010 年，对于医药品等基础物资的商品进口商，人为确定的汇率为 4.3 委内瑞拉银币兑换 1 美元和 2.6 委内瑞拉银币兑换 1 美元。

美国的贸易政策

在建国早期，美国曾满腔热情地推动世界贸易，但其态度随着时间推移已经发生了改变。起初，新成立的美国主要把关税作为一个政府收入来源。因此，关税设得很低以鼓励商品进口，进而获得更多的关税收入。事实上，在美国成立之初的几十年间，90%或更多的联邦政府收入得自关税。

虽然后来保护国内幼稚产业在美国关税政策中变得更重要，直到南北战争之前，关税依然构成联邦收入的主要来源。随着保护目的同美国工业增长一起变得占据支配性地位，关税税率继续上升。在第一次世界大战后，关税税率创下历史新高，但它们又因《斯穆特-霍利关税法案》而被提得更高。此后不久，几乎任何进口商品都不能免征关税，有些税率甚至超过了商品本身价值的 100%。据统计，平均关税税率约为全部进口商品总价值的 33%。

□ 互惠贸易协定

20 世纪 30 年代的大萧条开创了一项低关税的新政策。根据 1934 年通过的《互惠贸易协定法案》，只要其他国家也采取互惠措施，总统有权力将关税降低至 50%，而不需要国会进一步通过。

《互惠贸易协定法案》包含了著名的**最惠国待遇条款**，根据该条款，双边协定的互惠关税被扩展至所有国家。例如，当美国降低从澳大利亚的羊毛进口关税时，这一低税率自动适用于其他任何未对美国实行歧视的国家的进口羊毛。简言之，所有国家都将获得与最惠国待遇相同的关税收益。

虽然在接下来的20年间，关税在《互惠贸易协定法案》下出现了大幅削减，该法案允许的关税削减幅度和范围因各项修正案和修改而被弱化。1951年，**例外条款**被加入该法案。若美国关税委员会发现现存关税的不适当性正在造成损害或严重威胁着国内生产商，该条款许可关税税率将被提高。1954年的修正案则禁止任何可能威胁国家安全的关税下调。这些保留条款在1962年的《贸易扩张法案》和1974年的《贸易法案》中均得到了重申。

□ 美国进出口银行

1934年成立的美国进出口银行主要是为美国出口商品提供融资。人们预计，进出口银行将有助于为当时刚获得美国承认的苏联（美国在1933年正式承认苏联）和其他拉美各国之间预计增加的贸易提供融资。如今，该行已成为美国对世界许多国家，特别是发展中国家施以贸易援助的主要机构之一。在某些情形下，该行确保美国出口商对国外的商品销售获得偿付。有时，该行也为国外进口商提供贷款，以便后者能购买美国商品。最主要的是，该行为那些不能通过常规国际融资渠道以合理利率获得融资的私人进出口商提供融资，这些进出口商从事美国和其他国家之间的贸易。该行的业务主要在于使小企业获益。

但在2010年，美国进出口银行及欧洲、加拿大、巴西、日本和其他飞机出口国的类似政府机构，遭到了一些欧洲航空公司，特别是美国航空公司的批评。反对者的立足点基于以下事实，出口信贷主要针对处于全球弱势地位的航空公司，但是像阿拉伯联合酋长国和日本等国资金实力雄厚的航空公司，却能轻易获得这些优惠资金。由于波音公司位于美国，且空中客车公司在德国、法国、英国和西班牙都有分支机构，所以这些国家的航空公司被禁止获得出口信贷。但是，现在所有的欧洲航空公司都在寻求出口信贷，美国航空公司也在寻求减轻由进出口银行授予的出口信贷禁令。它们认为，必须这样做以提高空运领域的竞争水平。

跨国贸易谈判

第二次世界大战之后，部分同盟国（不包括苏联）为了推动国际自由贸易坐在了一起。会议的结果是起草了**《关税及贸易总协定》(GATT)**，该协定于1947年在日内瓦起草，包括美国在内的23个国家签署了该协定。GATT要求同等、非歧视地对待国际贸易中的所有国家，且要求通过互惠贸易协定降低关税，停止或废除进口配额。该法案的一项主要条款是将最惠国待遇扩展到所有签署国。

由于1947—1993年间的一系列成功的GATT谈判回合，在使主要贸易伙伴之间实现自由化贸易协定上已经取得实质性进展。随着乌拉圭回合谈判的结束，存在47年之久的GATT于1995年1月1日"寿终正寝"，取而代之的是世界贸易组织（WTO）。

自2001年开始，一轮新的WTO谈判开启，即众所周知的多哈（卡塔尔）回合谈判。像以前的谈判回合一样，多哈回合谈判的目标是降低贫富不等国家之间的贸易壁垒。谈判有时变成了以美国、欧盟、日本为首的发达国家，同以印度、中国和巴西等国为首的发展中国家之间的争论。多哈回合谈判被认为本来可以在2006年年底结束，但最终由于在农业、服务业和知识产权保护等方面的分歧而遭遇挫败。表 16－2 列出了 GATT 贸易谈判回合及其在降低关税壁垒方面取得的成果，时间跨度为从 1947 年到多哈回合谈判。

表 16－2　　GATT 谈判回合

<table>
<tr><th>谈判回合</th><th>时间</th><th>参与国数量</th><th>达成的关税降幅*（%）</th></tr>
<tr><td>日内瓦</td><td>1947</td><td>23</td><td rowspan="5">73</td></tr>
<tr><td>安纳西</td><td>1949</td><td>13</td></tr>
<tr><td>托基</td><td>1951</td><td>38</td></tr>
<tr><td>日内瓦</td><td>1956</td><td>26</td></tr>
<tr><td>狄龙回合</td><td>1960—1961</td><td>26</td></tr>
<tr><td>肯尼迪回合</td><td>1964—1967</td><td>62</td><td>35</td></tr>
<tr><td>东京回合</td><td>1973—1979</td><td>99</td><td>30</td></tr>
<tr><td>乌拉圭回合</td><td>1986—1993</td><td>125</td><td>40</td></tr>
<tr><td>多哈回合</td><td>2001—2008</td><td>152</td><td></td></tr>
</table>

注：* 关税降幅是可得的近似值。
资料来源：GATT 和 WTO。

世界贸易组织

世界贸易组织（WTO）是一个监督国际贸易协议实施和解决贸易冲突的包括 153 个成员的国际组织。WTO 具有四个主要目标：（1）确保各成员之间的平等贸易权；（2）支持自由贸易，降低和废除关税；（3）消除贸易补贴；（4）作出具有约束力的裁决以确保贸易的公平和一致。

在执行贸易规则时，WTO 发挥着当成员陷入争端时作出有约束力裁决的公正法庭功能。成员赋予 WTO 这些权力，以确保贸易争端得到迅速和公正处理。自由贸易的提倡者支持 WTO 作为一种确保贸易公平和增进全球繁荣的途径。

在 WTO 成员内部也存在不满。农业仍然是一个有争议的问题。许多国家，特别是日本和欧盟国家，试图维持农业补贴和减缓农产品进口量的增加。欧盟和日本也想引进美国政府所支持的反倾销立法。发展中国家现在要求在 WTO 治理中发出更大的声音，并试图提高 WTO 的开放度和参与 WTO 的决策流程。这些分歧和其他分歧一起，导致了多哈回合谈判的中断。

自 1995 年成立以来，WTO 成为成功谈判以推动许多地区开放市场的平台。它还负责处理成员之间发生的大量贸易争端。2010 年，WTO 宣称美国对中国家禽肉的禁令是非法的。在全球爆发禽流感之后，北京和华盛顿在 2004 年禁止从对方进口家禽肉。中国在几个月后取消了禁令，且在禁令解除后从美国进口了超过 400 万吨家禽肉。然而，美国却拒绝解除禁令，因为美国断定为了鼓励出口，人民币币值被人为低估了，而这以美国生产商的利益为代价。人民币币值低估被指责造成了美国成千上万的就业损失。若中国采取措施使人民币升值，美国很可能会取消该项禁令。

以往，贸易协定倾向于几乎完全关注以边界为基础的进口壁垒，因此，贸易争端也类似地主要关注这方面。但是最近，WTO已将国际贸易法应用于涉及国内管制问题的电信和其他服务领域。规范食品安全或环境保护等的贸易规则和国内规则之间的冲突，很可能导致未来几年成员之间关系的紧张程度不断加剧。

北美经济一体化

尽管美国强烈支持自由贸易，外国经常声称美国释放出了保护主义的混合信号。在美国，正如在其他绝大多数国家一样，只要经济条件不利，保护主义就可能变成一股强大的政治力量。支持贸易保护主义的压力主要来自纺织、家具、服装、钢铁和机械工具等易遭外国竞争损害的产业，以及担心美国工人会失去工作岗位的工会组织。国会提交了数以百计的议案来保护美国产业，但是，尽管存在这些压力，美国仍旧加入了在长期将会对美国经济产生一个重大影响的贸易协定。

□《北美自由贸易协定》

1994年1月1日，美国、加拿大和墨西哥之间一项历史性贸易协定开始生效。该协定即著名的《北美自由贸易协定》（NAFTA），它给上述三国带来了意义深远的影响。NAFTA产生了世界上规模最大的自由贸易体，三国合计的GDP总量超过了17万亿美元。

由于墨西哥是继加拿大和中国之外美国的第三大贸易伙伴，且美国是墨西哥最大的贸易伙伴，这两个经济体之间存在极强的相互依赖性。图16-3表明，2011年美国对墨西哥的出口估计为1 980亿美元，美国从墨西哥的进口总计约2 630亿美元。1997—2011年间美国和加拿大之间的贸易增长情况也可以从图16-3中看出。2011年，美国对加拿大的出口价值估计为3 170亿美元，美国从加拿大的进口总额大约为2 260亿美元。

NAFTA给美国带来的益处来自同一个不断增长的庞大市场之间扩大的自由贸易、增加的竞争，以及美国企业在墨西哥更多的商业投资机会。NAFTA给墨西哥带来的益处来自对美国更加开放的准入、在墨西哥更大的资本投资，以及一个更稳定的经济环境。通过NAFTA，加拿大保护了其国际贸易地位，并获得了平等进入墨西哥市场的权利。

许多美国产业，包括汽车、农业、能源和石油化工、电子和通信以及金融服务等，均是NAFTA的受益者。通过美国—墨西哥联营工厂（简称美墨联营工厂）计划，这些产业中的许多企业选址在墨西哥。**美墨联营工厂**是出口导向型工厂，绝大多数通常但不完全毗邻美国—墨西哥边境，那里可免于缴纳生产最终产品的原材料和零部件的进口关税。纺织工业最早利用美墨联营工厂计划，随着时间的推移，其他制造业和劳动密集型产业也穿过边境开设了工厂。在其鼎盛时期，美墨联营工厂占据了美国从墨西哥商品进口的将近47%，且约有100万墨西哥工人受雇于这些工厂。但近些年来，墨西哥的其他部门也正在受益于NAFTA，非边界国的出口份额已经大幅增加，尽管来自美墨联营工厂的出口出现了下降。

NAFTA在美国、墨西哥和加拿大仍然是一个极具争议的话题，与劳工和环境有关的其他两个议题对其有效实施至关重要。

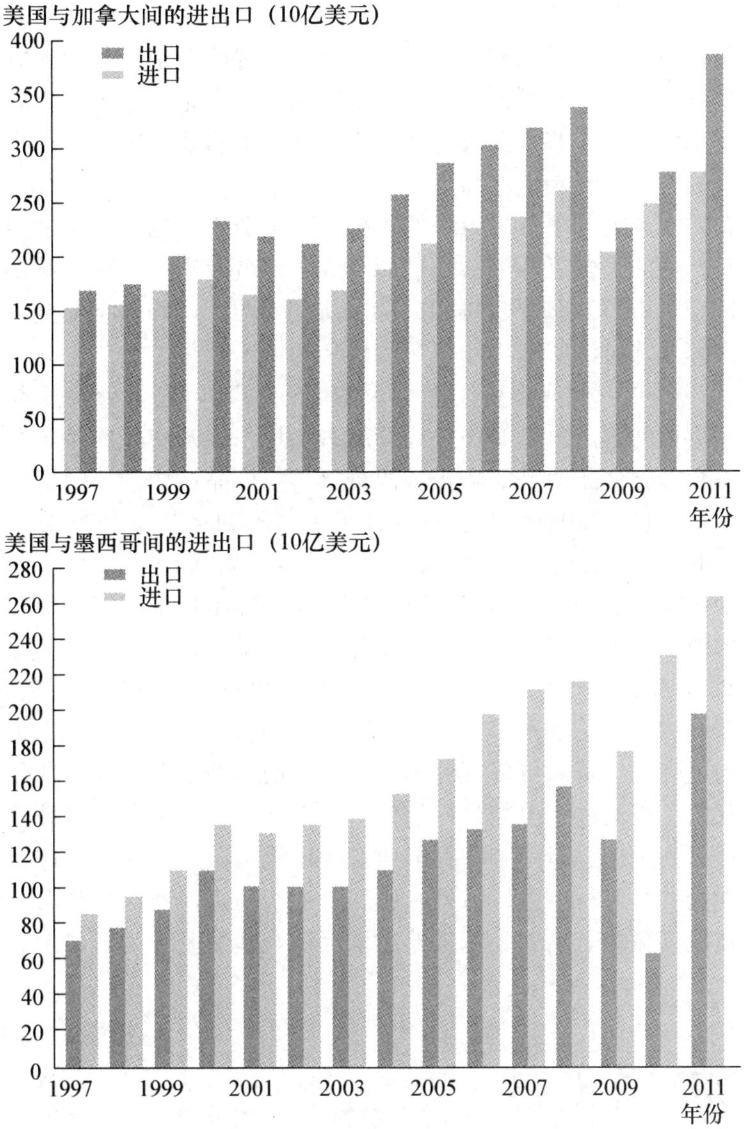

图 16-3　北美的贸易情况

资料来源：美国商务部。

劳工问题　NAFTA 对特定产业和局部地区的就业产生了负面影响。因此，看到美国制造业工人站在 NAFTA 最强烈的批评者的阵营中并不奇怪。劳工组织抗议美国公司将生产设施转移到墨西哥，以利用那里的低劳动力成本优势。虽然工资并非决定工厂选址的唯一因素，劳动力成本确实代表了很大一部分制造业成本。尽管这些担心并非毫无依据，生产向中国台湾和新加坡等低收入地区的转移所导致的就业岗位损失已经发生了。换言之，美国联营公司转移出去的就业岗位若不是转移到墨西哥，也会转移到其他地区。美墨联营工厂经常被用来支持 NAFTA 有助于将就业岗位保持在美国，而非转移到其他国家的观点。虽然一些生产已经转移到墨西哥，但美墨联营工厂使美国企业能维持它们的生产份额，而不至于完全停止运营。

环保问题　环保主义者也强烈反对 NAFTA。缺乏严厉的环保法规及健康和安全标准的实施，环保主义者预言美国和墨西哥两国边境将会出现更大的空气和水污染，那里工人的健康状况也会低于正常标准。环保主义者拿美墨联营工厂作为支持它们立场的例子。虽然美墨联营工厂为墨西哥创造了大量就业岗位，但是工人不得不居住在缺乏充分的基础设施以缓和他们工作节奏和改善他们生活状态的边境小镇。其结果便是墨西哥边境小镇出现严重的水、空气和土地污染。

环保主义者的观点得到了劳工组织的支持。许多劳工组织担心大量美国产业将转向墨西哥，以避开严格的美国反污染法，进而造成美国就业岗位损失。对环境方面的担心已促使环境保护署（EPA）和墨西哥相关部门协同努力，以确保将安全和健康标准作为最终协定的组成部分并付诸实施。

货运问题 2010 年，使许多劳工组织反对美国卡车司机工会和货车司机的最有争议的问题可能是货运问题。争论的焦点和穿越边境进入美国的墨西哥货车有关。由于不安全等原因，工会和国会压力已经阻止墨西哥货车将商品运输到美国境内。其他的抱怨集中在墨西哥卡车司机可能向美国边境运送非法移民和走私毒品方面。该禁令违反了 NAFTA 的《自由贸易边界协议》。作为报复，墨西哥对美国纸张及许多进入墨西哥的商品征收了数十亿美元的关税。受关税影响的产业已经出现了工资下降和失业，且一个令人满意的妥协似乎较难达成。布什政府发起的一项试点计划在奥巴马第一届政府期间被中断，但在 2010 年谈判达成了一项可能使两国在更长一段时期内满意的协议。

未来的问题 1994 年，NAFTA 为公司创办美墨联营工厂提供了许多税收和关税激励。成本也因更高的工资和更坚挺的墨西哥货币而不断上升。这些变化的经济趋势已经降低了美墨联营工厂对许多美国公司的价值。因此，许多公司已经关停了在墨西哥的工厂，将业务迁移到中国、越南和印度尼西亚等低成本国家。随着全球竞争加剧，企业外迁现象很可能会继续进行下去。另外，墨西哥也很乐意像新加坡和马来西亚所经历的那样，从以非技能型廉价劳动力为基础的边境经济，转型升级为以技术和更高劳动技能为基础的经济。

欧洲经济一体化

自第二次世界大战结束以来，国际经济已经取得了迅猛发展。其中一个发展便是许多国家基于互惠互利原则，采取了使其某些经济活动一体化的自愿努力。另一个发展是各个富国努力扩大对发展中国家的经济和技术援助。这些变化极大地影响着世界各国之间的经济、社会、政治和军事关系。

最重要的经济一体化实践发生在欧洲，其被计划成涉及协调、合作和最终经济一体化的一系列步骤。

□ 欧洲共同市场

欧洲共同市场的起源可以追溯至 1952 年成立的欧洲煤炭和钢铁共同体。后者成立的目的是为了整合 6 个成员的煤炭和钢铁资源，并消除它们在煤炭、铁矿、铁和钢铁上的贸易壁垒。签署该协定的 6 个成员为法国、联邦德国、意大利、比利时、荷兰和卢森堡。

欧洲煤炭和钢铁共同体的成功催生了仍由这 6 个成员组成的欧洲经济共同体（EEC）或欧洲共同市场（部分得益于美国的推动）在 1958 年的成立。欧洲共同市场确立了 4 个目标：(1) 在 10～12 年内废除 6 个成员之间的关税和进口配额；(2) 在差不多的时间内确定一个适用于欧洲共同市场之外的所有进口商品的统一关税；(3) 逐渐实现欧洲共同市场内部资本和劳动力的自由流动；(4) 采取关于垄断和农业的共同政策。

到 1968 年，6 个成员之间的所有关税壁垒已被废除，比计划表提前了两年。统一的对外关税也在几年后得以实现。在关于垄断管制、交通运输和社会保障体系的内部政策方面也取得了重要进展。到 1982 年，成员又成立了欧洲货币体系（EMS），其确定把欧洲货币单位（ECU）作为共同的货币计算单位。欧洲共同市场的存在推动了这一时期西欧的经济增长和繁荣。

在欧洲共同市场成立时，英国并未加入，因为它不愿放弃英联邦其他成员的特别待遇。在 20 世纪 60 年代末，英国开始试图加入欧洲共同市场。但是，这些加入申请遭到了拒绝，因为英国加入欧洲共同市场有两个附带条件未满足。不过，到 1973 年，这些分歧被搁置，英国同丹麦和爱尔兰一起成为欧洲共同市场的成员之一。1981 年，随着希腊的加入，欧洲共同市场第二次扩容。1986 年，欧洲共同市场再一次扩容，西班牙和葡萄牙加入其中。

1987 年，欧洲共同市场的官方名称从欧洲经济共同体（EEC）变更为欧洲共同体（EC）。同时，这 12 个成员采取了自欧洲共同市场成立以来最雄心勃勃和意义深远的举措，即经成员同意，到 1992 年年底，成员构建一个单一的欧洲市场。尽管并未完全按照预定日期实行，1992 年的计划最终使经济共同体质变成一个真正意义上的共同市场，其比欧洲共同市场 6 个发起成员所能设想的更强大。

1992 年的倡议基于以下信念，即在 30 年之后，欧洲共同市场的初始动力必将大幅削弱。随着欧洲工业变得缺乏竞争力，它们在主要工业领域的市场份额将被日本和美国竞争者抢占。非关税壁垒的继续存在将导致产业分割、国内市场保护盛行，以及在世界市场上影响力下降。随着时间的推移，依具体国家而定的税率、海关手续、国家标准和技术规制等，均鼓励欧洲和国外出口商将各个成员处理成一个单独市场。

1992 年的计划要求实现人员、资本、商品和服务跨欧洲共同体边界的自由流动。因此，一国有关当局可以接受的商品和服务，任何其他国家当局都应该接受。事实上，除了缺少一个共同货币、一个中央银行业务结构和一套联邦税收体系外，该计划要求实现一个几乎像美国市场那样的经济一体化市场。

□ 欧洲联盟

1991 年，随着《马斯特里赫特协议》的签订，欧洲共同体成员在通往完全一体化的市场方面迈出了重要一步。该协议以举行会谈的荷兰城市马斯特里赫特命名，主要涉及欧洲经济和货币联盟等议题，首次提出将欧洲共同体从一个经济共同体转变成一个拥有共同货币的政治共同体。随着该协议在 1993 年的实施，欧洲共同体正式变成欧洲联盟（简称**“欧盟”**，**EU**）。1995 年，欧盟吸纳了奥地利、芬兰和瑞典，成员数量达到 15 个。

1999 年，**欧洲货币联盟（EMU）**作为欧盟的副产物得到成立。在 15 个欧盟成员中，有 12 个成员加入了欧洲货币联盟。欧洲货币联盟在成员之间确立了单一的货币和单一的中央银行。单一的货币和单一的中央银行消除了外汇兑换的必要，减少了由汇率波动及财政和货币政策不同导致的不确定性。加入欧洲货币联盟的国家在通货膨胀率、利率、预算赤字、政府债务和汇率等方面必须满足相应的货币和财政目标。英国、瑞典和丹麦在当时决定先不加入欧洲货币联盟。如今，欧洲货币联盟已有 16 个成员。由于欧元已经取代了法郎、马克和里拉等欧洲货币联盟成员的本国通货，这些国家不再发行自己的货币。

2004 年，塞浦路斯、捷克共和国、爱沙尼亚、匈牙利、拉脱维亚、立陶宛、马耳他、波兰、斯洛伐克和斯洛文尼亚 10 国加入了欧盟。2007 年，保加利亚和罗马尼亚加入欧盟，2010 年，斯洛文尼亚加入欧盟，这使欧盟目前的成员扩展至 28 个。如今，欧盟总人口规模已达到了 5.75 亿人，GDP 总量超过了 15 万亿美元。

欧盟是世界各国的重要贸易伙伴。欧盟构成了将近 20%的全球贸易总量，且成了位居加拿大之后美国的第二大出口市场。图 16-4 表明，2011 年，美国对欧盟的商品出口额约为 2 540 亿美元，美国从欧盟的进口商品价值约为 3 600 亿美元。只要欧盟一体化以有序和开放的方式推进，美国出口商将会继续从中受益。

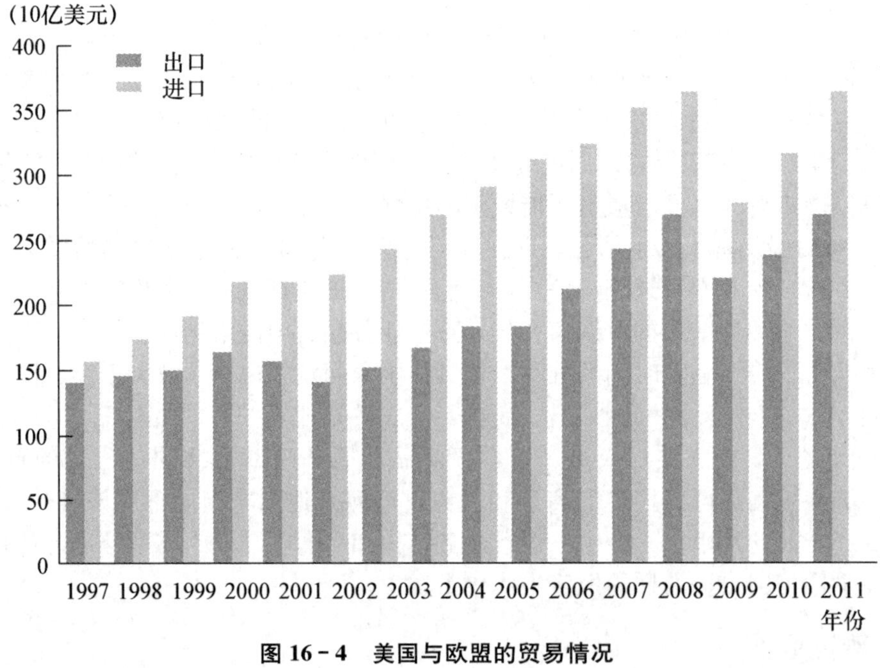

图 16-4　美国与欧盟的贸易情况

资料来源：商业企业和部门的现状调查。

但是，在 2008 年和 2009 年，一些因素打乱了欧盟的稳定形势。大多数扰乱源于全球金融危机，但是，低利率和稳定的欧盟货币多年以来掩盖了希腊、意大利、西班牙、爱尔兰和葡萄牙等成员的过度支出与结构性弱点。这些国家的金融状况饱受全球房地产市场泡沫中的投资及支出远超过收入的困扰，最终导致了庞大的国家赤字。这些赤字大幅高于欧盟所设定的基准。欧盟设定的基准规定是，其成员不允许政府赤字超过 GDP 的 3%，且债务占 GDP 比重的目标比率必须低于 60%。因此，罗马尼亚、匈牙利和拉脱维亚等欧盟国家，必须严肃采取严峻的、痛苦的经济措施，以使经济恢复稳定。但是，希腊和爱尔兰已不得不向欧盟和 IMF 请求紧急援助，葡萄牙、西班牙和意大利则极可能会步其后尘。鉴于最近的经历，在可预见的未来，从南欧和东欧吸纳新成员加入欧盟的可能性微乎其微。来自北非的移民潮对于那些欧盟内部人员自由流动较少的国家也是一个问题。这种阻力在许多欧盟国家都存在。

第十六章回顾

□总 结

● 国际贸易对美国至关重要，美国每年的进出口总额超过了世界任何其他国家，美国是世界主导的国际商品交易商。

● 比较优势原理认为，国家应专门从事较其他国家具有最大优势或最小劣势的生产活动。基于比较优势原理的国际贸易益处包括：产出增加（国家可以增加它们的总产出，然后与其他国家交换来自专业化的所得）；市场竞争程度更高，因而可以为消费者提供更多的选择余地；提供更多选择的能力，因而限制了价格上涨，并使资本密集型企业能扩大规模和通过规模经济降低生产成本。

● 关税是指向国外进口商品征收的税。支持关税的各种论点包括：保护幼稚产业、使成本均等、保护美国的就业岗位、保护美国的高工资率、将钱留在国内、发展和保护国防工业，以及产业多元化。对特定产业和（或）在特定情形下经济上可以证明是合理的关税使用主要有：保护国内幼稚产业以使其达到成熟状态，用来防止倾销，以及保护和促进国防产业发展。

● 除关税外，其他非关税壁垒也被采用。进口配额对可能进口的一种商品的数量予以限制，使国内生产商和相关产业免遭国外竞争的全部影响，因此类似且比关税更严厉。关税配额是对超过一定数量的进口商品的经济惩罚。禁运禁止了同另一国或该国特定产品的贸易，其效应与出口配额和进口配额为零时相同。出口补贴是指政府对私营企业的转移支付，目的是鼓励特定商品出口，或避免那些可能不得不以低于国内的价格在国际市场上销售产品的出口商遭遇歧视性对待。自愿限制协定在两国政府之间作出，旨在限制一国对另一国的出口。实施这些协定是为了避免更严厉的贸易壁垒。外汇管制被用来配置一国稀缺的外汇储备。通过外汇配给，国家可以在鼓励某些商品进口的同时，抑制其他商品的进口。

● 1995 年，世界贸易组织（WTO）取代 GATT 成为监督国际贸易协定实施和解决贸易冲突的跨国组织。其试图推动尽可能自由的国际贸易流动。

● 美国、加拿大和墨西哥 3 国签署的《北美自由贸易协定》（NAFTA）在 1994 年正式生效。

● 欧盟正在继续朝整合成一个人员、资本、商品和服务跨边境流动更自由的单一市场的目标迈进。《马斯特里赫特协定》的签署使欧盟 27 个成员中那些加入欧洲经济和货币同盟的成员拥有了单一的货币和共同的中央银行。

□ 关键术语和概念

关税	从量税	从价税	倾销
非关税壁垒	进口配额	关税配额	禁运
出口补贴	技术壁垒	外汇管制	最惠国待遇条款
例外条款	《关税及贸易总协定》(GATT)		世界贸易组织(WTO)
美墨联营工厂	《马斯特里赫特协定》	欧盟(EU)	欧洲货币联盟(EMU)

□ 讨论题

1. 第二章讨论的比较优势原理如何促进世界贸易?
2. 国际贸易对美国和外国的相对重要性如何?
3. 为何收入性关税和保护性关税被认为是不相容的?
4. 国际贸易如何提高参与其中的两个国家的生活水平?
5. 关税对保护幼稚产业必不可少的论点有无根据?解释其原因。
6. 哪种保护主义形式在限制来自国外生产商的竞争中最有效?
7. 国际自由贸易怎样影响国内产品的价格?
8. 欧洲货币联盟(EMU)的当前国家构成情况如何?其朝一个单一货币的转型取得了怎样的成就?
9. 墨西哥货车是否被允许将商品自由运入美国?在陈述你的观点时,请确保考虑到 NAFTA、交通运输安全、非法药物和非法移民。
10. 美国应该如何处理同中国等新兴低成本国家之间的贸易问题?请你设想一下,美国将从中国经济的持续发展中获得怎样的收益,且又将面临怎样的成本?

第十七章

国际收支平衡

学习完第十七章后，你应该能够：

(1) 描述一国的贸易平衡为何随经济发展进程发生变化；

(2) 解释一国国际收支平衡的重要性，并阐述它的每种主要构成；

(3) 描述如何通过债务和信用来记录包含在国际收支账户中的业务情况；

(4) 解释为何美国的进口在2008年出现了下降；

(5) 解释金本位如何充当确定汇率及消除国际收支赤字和盈余的基础；

(6) 理解布雷顿森林体系的运行机制和固定汇率如何得到维持；

(7) 确定弹性汇率如何被用来纠正国际收支失衡；

(8) 描述IMF（国际货币基金组织）和世界银行的起源和目标；

(9) 简要回顾第二次世界大战以来国家金融体系发生的变化，并描述其对美国的影响。

现在很清楚的是，美国（和其他国家）的经济行为会频繁产生国际影响。世界195个国家和地区生活着70多亿人口。这些国家之间生产率、自然资源、人口和所生产商品类型的差异，均有助于鼓励它们之间开展贸易。此外，成功的企业试图把贸易扩展到其他国家。所有这些加上国内普遍缺乏的自给自足，很自然地推动了各国之间的世界贸易。当然，商品和服务业务必定会涉及支付，而这也引起了提供国际支付的复杂问题。

贸易平衡

随着国家参与世界贸易，一些国家倾向于出口更多而进口更少，另一些国家则刚好相反。但是，在多边贸易的大多数情形下，同一国的贸易盈余将被同另一国的贸易赤字所抵消。例如，A国可能向B国出口1亿美元商品，但它可能会从C国和D国进口1亿美元商品。在这种情形下，不仅世界出口将等于世界进口（正如其必然发生的情况一样），而且，所有国家都将实现进出口平衡。

但是，这并不经常发生。通常，一些国家会有一个更有利的贸易差额（其中，出口超过进口），另一些国家则会有一个不利的贸易差额（其中，进口超过出口）。**贸易差额**是指一国在1年内发生的净出口的相对水平。但是，贸易顺差的术语有点用词不当。其在18世纪和19世纪非常流行，当时经济学家强调，一个出口超过进口的国家能迫使其债务国用黄金或白银支付贸易差额。不过，在后面我们将看到，当贸易顺差国的居民出现通货短缺、因而不能继续从本国购买商品时，一个拥有连续贸易顺差的国家最终将被置于不利境地。如今，经济学家认识到，一个在国外销售商品的国家必须从国外购买商品，以便后者能获得可用于购买其商品的货币。

历史也表明，一国经济发展和该国的贸易平衡状况之间存在一种关联。新兴或发展中国家往往是大的进口国，特别是机器、设备和各种类型制成品的进口。一国在经济增长早期阶段的出口，很大程度上通常由本国自然资源等原材料组成。一个缺乏援助和资本投资的发展中国家，必须通过将足够数量的自然资源和农产品从国内转向国外（出口），来为进口提供资金。随着一国形成并能够生产出更多本土资本和制成品，它将会减少进口且拥有一个更平衡的贸易差额。最后，随着债务得到偿还，一个充分发展的工业国很容易变成资本出口大国。因此，随着一国的贸易差额从赤字变成盈余，它很可能由一个长期的债务国变为一个债权国。在1971年前的近一个世纪内，美国通常每年都有商品出超。但近些年来，如表17-1所反映的，出现了相反的趋势。

表17-1　2000—2011年间部分年份的美国商品进出口情况　单位：百万美元

年份	出口	进口	出口剩余（+）或进口剩余（-）
2000	771 994	1 224 417	-452 207
2007	1 163 957	1 982 843	-818 886
2008	1 307 499	2 137 608	-830 109
2009	1 069 401	1 575 400	-505 910
2010	1 288 699	2 337 604	-645 877
2011	1 286 994	2 235 681	-738 292

资料来源：美国经济分析局（2012年3月）；数据可能与国际收支差额普查的贸易数据略有出入。

国际收支平衡表

在国际经济学中，国际收支差额比贸易差额更为重要。虽然商品流构成了国际业务的主要类型，它只是一国国际收支差额的一部分。一国是出现国际收支赤字还是国际收支盈余，将取决于许多其他金融业务。因此，即使一国具备有利的商品贸易差额，它也不能确保获得一个有利的国际收支差额。例如，20世纪60年代，美国在持续获得有利的国际贸易差额的同时，却出现了创纪录的国际收支赤字。

国际收支平衡表是国与国之间在1年内金融业务的统计记录。不管该术语意味着什么，与描绘资产、负债和股东权益的资产负债表相比，国际收支平衡表能更清晰准确地显示商品、服务和资产的流动。由于国际收支平衡表是国际收支的记分卡，它对理解业务如何被记录颇为重要。

任何产生债权的国际业务，均以**贷方**计入美国的国际收支平衡表，并用加号（＋）表示。相反地，当一项业务使外国对美国拥有债权时，它便被计入**借方**，借方业务用负号（－）表示。

国际收支平衡表可以分成三大类：经常账户、金融账户和**结算账户**。由于借方项目（－）的总额必须等于贷方项目（＋）的总额，最终的结果必然是总体国际账户的净差额。国际收支平衡表已经变得越来越复杂和越来越长，特别是在金融业务的数目和种类上。同学们可以通过查找美国经济分析局发布的当前版本获得一个完整的国际收支平衡表。具备这些知识后，我们现在就可以开始考察缩减版的美国 2011 年国际收支平衡表了。

□ 经常账户

经常账户包括记录在国际收支平衡表中的商品和服务的国际业务、收入收据差额和单方支付。经常账户的绝大多数业务涉及商品和服务的购买与销售。当美国向印度出口谷物、向日本出口钢铁或向加拿大出口电脑等商品时，这些业务被作为贷方计入美国国际收支平衡表。在上述各种情形下，这些产品的销售都会使美国获得债权。相反地，当美国人购买日本表、意大利鞋或法国酒时，便会带来美国通货的外流。所有这些外国对美国的支付债权均被作为借方计入美国国际收支平衡表。如表 17－2 所示，2011 年美国出口商向国外购买者出售了价值 14 970 亿美元的商品，同年美国进口商购买了价值超过 22 350 亿美元的外国商品。这一年，美国的商品贸易出现了 7 380 亿美元的净借方额（－）。

表 17－2　　2011 年美国的国际收支平衡表　　单位：10 亿美元

经常账户		
商品贸易差额		－738
出口	＋1 497	
进口	－2 235	
服务		
军事交易（净额）		－11
旅游与交通（净额）		31
特许权使用费和许可证费用（净额）		84
其他服务（净额）		78
投资收入（净额）		222
单边转移支付（净额）		－134
经常账户差额		**－468**
金融账户		
外国私人资产在美国的变动		784
美国在国外所拥有资产的变动		－396
除储备之外的资本变动（净额）		－102
其他		－47
金融账户差额		**239**

结算账户		
美国官方储备资产的变动 外国政府在美国除储备外的资产变动（净额） **结算账户差额**		−16 165 **149**
统计误差		**80**
净差额		**0**

资料来源：美国商务部，美国经济分析局（2012 年 3 月）。贸易数据为初算值且取整数，由于计算数据来源不同，它们同样可能和表 17-1 有所不同。

除了来自商品贸易的收入外，来自国与国之间的服务贸易所产生的收入也包含在经常账户中。经常账户的一个构成是旅行与交通净支出，其包括在国外的旅行费用和游客的商品和服务支出。因此，当美国游客乘坐法国航空飞往欧洲时，机票费用将被计入借方分录，因为其创造了对美国商品的支付需求。若游客后来在巴黎购买了一瓶香水，这也会被计入借方分录。在巴黎购买香水对美国国际收支平衡表的影响，与从法国进口香水运送到美国消费相同。类似地，国外游客乘坐联合航空公司到美国的旅游和购物等支出将计入美国国际收支平衡表中的贷方，外国人在佛罗里达州奥兰多迪士尼乐园花费的总支出也一样。除了旅行外，还包括通过船舶、卡车和飞机等途径的国际商品运输。外国公司的商品流动构成了美国国际收支平衡表中的借方，而如果美国运输服务被用于运送外国商品，则将被计入美国国际收支平衡表的贷方。军事交易是服务账户的另一个构成部分。美国政府对他国的武器装备出售被视为其国防支出的一部分，并被计入贷方分录。相反地，由维持美国在世界各地的军事基地所带来的海外军费开支，构成了与游客海外支出具有近乎相同货币影响的美元外流。除了美国海外军事力量开支外，美国政府还在外国花费了数十亿美元的军事援助。

特许权使用费和许可证费用是经常账户的另一个重要构成。同理，当美国获得特许权使用费和许可证费用时，它们被视作贷方（+）。当美国企业为获得生产或使用归外国所有的商品和服务的权利，而向外国公司、政府或个人支付费用时，这些不同的费用将被计入借方。经常账户还包括投资收入。美国公民和机构从海外投资中获得的利息、分红和企业利润，构成了注入美国的资金流。因此，当 IBM 在意大利和亨氏食品集团在英国向美国汇回收益或当美国公民获得来自国际共同股票基金的分红时，它们均被计入贷方分录。但是，当德国投资者获得美国政府债券的利息支付或当索尼将其在美国赚取的利润汇回日本时，则将被作为借方业务计入美国国际收支平衡表。

单边转移支付是经常账户中包括的最后一种主要业务。在美国为对外援助、紧急救济或其他类似的目的而向国外输出金钱时，就会被作为借方分录计入美国国际收支平衡表的经常账户。同理，当美国居民向其他国家居民汇钱或当美国人从其他国家退休并领取美国养老金和社会保障金时，这些业务便会被计入贷方分录。上述汇总中还必须减去不在国内的美国公民从国外汇回的外汇。若将双边转移支付加入商品、服务和收入差额中，则经常账户中就会出现−4 680 亿美元的借方（−）净额。

对经常账户中的所有分录加以汇总就能得到经常账户的差额。如表 17-2 和图 17-1 所示，2011 年，美国经常账户存在约−4 680 亿美元的借方（−）净额。当经常账户中的借方总计超过贷方总计时，就会产生必须由其他方面的盈余来弥补的经常账户赤字。

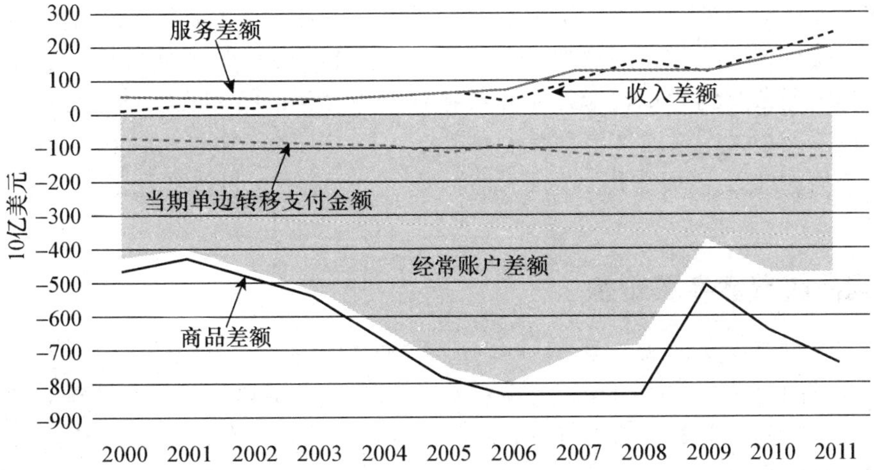

图 17-1　经常账户差额及其构成（2000—2011 年）

资料来源：美国经济分析局，美国商务部，2008。

□ 金融账户

国际收支平衡表剩下的构成更多是技术上的，且有时被用来显示金融账户和结算账户的情况。**金融账户**测算了归外国所有的资产在美国的变动和归美国所有的资产在国外的变动。金融账户不包括海外投资获得的收入，因为海外投资收入已被计入经常账户中。尽管金融账户包括在国外的政府非储备资产，这些业务较之私人资本流量而言相对较小。

当美国公民和私人企业购买海外资产时，这些业务便构成了资本流出，因此被作为借方计入金融账户。例如，若通用汽车公司在欧洲收购或建造了一家汽车厂，或者美国公民购买了归瑞士所有的雀巢公司的证券，或者把钱存到蒙特利尔银行，由此导致的资金外流都将被计入借方分录。虽然获得了资本，但借方业务产生了资金流出。相反地，当外国人收购了美国公司，或购买了美国的国库券、公司证券、通货，或把钱存入美国的银行时，均计入贷方分录。

2011 年，外国人在美国的投资超过了美国人在海外的投资。现在，经常账户加上金融账户应该处于平衡状态，但由于经常账户的赤字超过了金融账户的盈余，美国国际收支平衡表中仍存在一个赤字。

在金融形式上，2011 年美国为世界其他国家提供的美元资产超过了美国通过出口所赚取的数额。这些多出的美元代表着对美国的债权，并通过政府在结余账户采取的结算行为得到抵消。通过调整官方持有的储备量，结余账户中的官方结算业务有助于维持金融市场的稳定性。对美国而言，外国政府采取的一项主要的赤字削减措施是继续持有构成赤字的过剩美元，并且购买更多的美国政府债券。若外国政府决定持有美元，则将构成一种信贷或贷款形式，但这些美元代表着对美国的未来债权。必须指出，这就好比是其他国家对美国持有某种类似于期权的债权，因此其净效应尤为重要。

□ 统计误差

考虑到用来计算一国国际收支平衡表项目的方法极其复杂，私人资本流必然会由于不精确或不完整的数据而误报。认识到这一事实后，国际收支平衡表包括了一个统计误差调整项。统计误差项确保国际收支平衡表处于平衡状态。在任何给定年份，统计误差值的大小都可能会受到走私、未记账银行存款或不完整的游客支出估计等业务的影响。构成统计误差的最大因素通常出现在金融账户。将个人账户加总然后取其负数，便得到了统计误差值。2011 年加总得到的数额为 800 亿美元，改变其符号就能使整个账户达到平衡了。

□ 国际收支赤字和盈余

由于国际收支赤字，如美国 2011 年所经历的，随着官方储备资产的变动或外国政府美元持有量的变动，一些国际贸易分析人士反对用赤字和盈余来描述国际收支差额。他们认为，国际收支平衡表的借贷方必定会相等，就像任何其他以复式记账法为基础的资产负债表必定会相等一样。虽然这种观点在技术上是正确的，但是在提到国际收支差额时，如今的经济学家、金融业界人士和政府官员经常用到赤字和盈余等术语。

更准确地处理国际收支赤字和盈余涉及排除政府结算账户业务后的国际收支差额。这种处理国际收支差额的方法强调了盈余或赤字本身并非像结算处理那样重要。不管这样的处理是暂时的权宜之计还是更靠近永久的处理，它都会对纠正国际收支平衡问题产生一个重要影响。

外汇汇率

随着国与国之间发生贸易，商品和服务得到交易，出现了国际投资，债权国和债务国之间也就产生了货币和资产流的差额。由于绝大多数商品和服务的国际贸易通过个人或商业企业实现，问题很自然地与该如何支付所购买的外国商品和服务等有关。

除了国际卖方通常会要求以其本币，而非以买方国家的本币来支付其销售的商品外，国际销售和国内销售颇为类似。因此，为了完成交易，必须把买方的本币兑换成卖方的本币。

假设美国某体育用品商店想以 1 000 英镑的总成本购买 6 辆自行车。若英镑和美元之间的汇率是 1 英镑兑 1.5 美元，则该美国零售商将通过向银行（比如美国银行）支付 1 500 美元和一定的服务费，来购买一张 1 000 英镑的英国银行汇票。接着，该体育用品商店将把这张汇票寄给该英国自行车制造商开户的英国银行，后者将持该支票到伦敦的银行（比如巴克莱银行）支取 1 000 英镑现金或将其转入存款账户。由于美国银行和其他可以办理外汇业务的美国银行在伦敦的巴克莱银行等外国银行持有一定的存款，巴克莱银行将会承兑该汇票，并从美国银行在该行的存款账户中扣除 1 000 英镑。

另外，若某英国制造商想从某美国机床生产商处购买价值 1 500 美元的机床设备，则该英国制造商将向银行（我们依旧假设是伦敦的巴克莱银行）支付 1 000 英镑加上一定的手续费，告知该行购买一张 1 500 美元的美国银行汇票。此时，当英国制造商将银行汇票寄给美国机床生产商时，后者便能在美国银行兑现该汇票。在支付给美国出口商 1 500 美元后，美国银行将从该伦敦银行在美国的存款账户中扣除一笔同样的金额。

这样一来，由美国进口商付给美国银行的 1 500 美元所兑换的 1 000 英镑的汇票，便可以支付给获得英国进口商开具的 1 500 美元汇票的美国机床生产商。而在伦敦，由英国进口商支付的 1 500 美元的汇票可以被用来支付英国自行车制造商要求兑现的 1 000 英镑。如图 17－2 所示，在这个简化的例子中，巴克莱银行和美国银行的外国存款保持不变。很显然，许多对外贸易业务可以通过做账，而不需要任何国家间的实际货币流通来完成支付。但是，各国之间往往会出现贸易失衡，这些失衡必须通过某种方式得到处置。

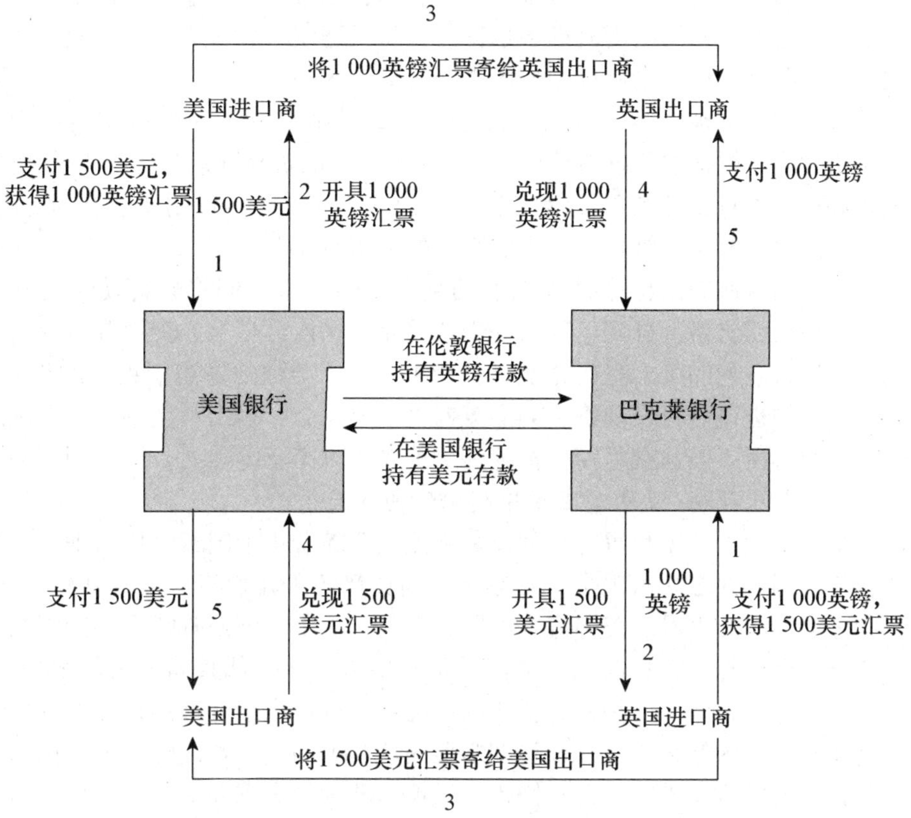

图 17－2　外汇汇票的开具和兑现

国与国之间的外汇汇率在国际经济学中扮演着重要角色。**汇率**是指以另一种货币表示的一种货币的价格。一个具体的汇率可能会使购买外国商品和服务变得更昂贵或更廉价。例如，能以 1.5 美元兑换 1 英镑的美国进口商，可能会发现此时采购一台 10 英镑的英国照相机是有利可图的，而如果以 2 美元兑换 1 英镑，则会无利可图。由于汇率变动实际上能使不同国家之间的商品和货币流发生逆转，理解汇率如何被决定至关重要。汇率可能是固定的或灵活的，主要取决于各国实行的汇率体制。

固定汇率

在 20 世纪，有两种主要的固定汇率体系为发达国家所采用，以作为执行国际支付的手段。20世纪30年代之前，金本位制被用来确定汇率。1944—1973年，一种不同的根据《布雷顿森林协定》产生的固定汇率体制被采用。虽然本质上是一套固定的汇率体制，但布雷顿森林体系允许存在一定程度的汇率弹性。

□ 金本位制

在20世纪早期，金本位制是确定汇率的一个共同基础。在**金本位制**下，各国以黄金的形式来确定其通货价值。买卖黄金不受限制，各国可以自由输入和输出黄金以达到国际收支平衡。金本位制国家随时准备根据需要将其通货兑换成黄金。因此，各国持有的黄金数量会影响其货币供给和该国的国内经济活动水平。

美元的价值曾一度被定为1美元大致等于1/20盎司黄金，英镑的价值则为1英镑等于1/4盎司黄金。根据这些近似价值，1英镑可兑换的黄金数量相当于1美元的5倍；因此，美元和英镑之间的汇率被定为1英镑等于5美元。金本位制要求有固定的汇率。**固定汇率**是指由政府管制和维持一个规定水平的汇率。

任何时候，当这些固定汇率偏离它们的预定价值时，它们将会自动恢复到预定价值。例如，假设英镑价格上升到1英镑等于6美元。在该汇率上，美国进口商将发现用美元购买黄金比将它们的美元直接兑换成英镑更便宜。类似地，当1英镑的价格跌至5美元以下时，英国进口商将发现将它们的英镑兑换成黄金，输出黄金以支付美国进口品成本更低。因此，由于美国交易商会拒绝为1英镑支付高于5美元，而英国交易会拒绝接受低于5美元兑1英镑，1英镑的价格将保持为5美元。

在固定汇率体制下，国际贸易差额或黄金流量会随着单个国家物价水平的变化而得到调整。若美国同英国之间出现了贸易赤字，则英镑的美元价格将上升到超过5美元，黄金将作为弥补赤字的手段从美国流入英国。但是，由于美国使其货币供给同其黄金持有量相关联，黄金的外流将自动减少美国的货币供给，并压低其国内物价水平。另外，英国将获得更多的黄金流入。在充分就业的情况下，货币供给的增加将导致物价水平上涨。英国高物价和美国低物价一起，将抑制美国从英国的进口，同时刺激英国从美国的进口。结果，最初的贸易赤字将得到修正，对英镑减少的需求和对美元增加的需求将使汇率恢复其固定水平。

由于金本位制通过各国利率、产出、就业和物价水平的变动来实现国际收支差额的调整，国内目标将被国际收支差额的调整所支配。赤字国将遭受高失业率和萧条，而盈余国则会经历通货膨胀效应。

金本位制带来的一个主要问题是黄金本身的供给。在很长一段时期内，由于黄金开采的缺乏，世界黄金供给的变化非常小。这对物价和产出造成了一个通缩效应，因为对货币的需求超过了供给。相反，当发生重大的黄金采掘热时，则会出现世界性的通货膨胀。总体而言，黄金供给并不能与世界贸易的增长相一致，随着黄金供给骤降，单独的黄金储备显然不足以弥补国际收支债务。

大萧条使金本位制走向了终结。在许多国家难以通过不断的货币贬值来刺激其出口时，个别国家开始抛弃金本位制。面对遵照金本位制规则开展国际贸易同在大萧条中期实现国内目标和责任之间的冲突，美国在1933年废止了金本位制。随后，除了特定的医学和工业目的外，美国公民持有黄金变成了非法。所有公民私人持有的黄金必须转移到美国财政部。从那时起，金本位制就覆亡了，直到第二次世界大战结束前都未出现确定国际汇率的有组织的体系。

□ 布雷顿森林体系

随着金本位制的瓦解和第二次世界大战的爆发，越来越多的国家采取了某种形式的外汇管制，因此一种不稳定的汇率状况得以确立。世界各国都意识到更稳定的汇率是合理的，但需要通过某种比金本位制更灵活的方法实现。1944 年，在美国新罕布什尔州的布雷顿森林小镇召开了一场国际会议，旨在创造一套新的汇率体系。

《布雷顿森林协定》创造了一套结合金本位制和浮动汇率制各自特征的汇率体系。各国必须根据黄金来固定其货币的价值，但却由美元而非黄金充当国际支付的主要依据。美元变成了该体系的储备货币，被用来平衡国际债务。虽然各国为本国货币确定了一个面值，但是一国的黄金同其货币供给之间不存在任何关联。

和金本位制不同，在布雷顿森林体系下，不存在一国国际收支赤字和盈余的自动纠正。为了给出现国际收支赤字的国家提供暂时的贷款援助，布雷顿森林体系创建了国际货币基金组织（IMF）。为了实现其目标，IMF 设立了货币池，这个货币池能为各国家提供贷款以应对国际收支赤字。由于该货币池最终被证明不足以应对国际流动性需求，IMF 在 1970 年又创造了**特别提款权**（SDR）。SDR 是 IMF 创造的一种由集体管理的资产，有时也被称为“纸黄金”，它相当于 IMF 的借据（IOU）。同美元、黄金、可自由兑换货币和 IMF 的普通借贷权一起，SDR 构成了另一种形式的国际储备货币。

稳定汇率　在布雷顿森林体系下，一国可以用国家外汇储备来维持本国货币与他国货币之间的平价汇率。这种固定汇率体系要求汇率被维持在一个狭小的区间内，以实现汇率稳定。在被认为有必要采取纠正措施之前，一国的汇率可以上下波动 1%。例如，在 1949—1961 年间，英镑的官方价格或平价被钉在 1 英镑兑 2.80 美元上。若英镑价值下跌到 1 英镑兑 2.70 美元，这种超过 3%的下跌已经突破了协定的 1%的界限。因此，为了稳定英镑汇率，英国将在国际市场上用其所储备的或从 IMF 处借入的美元或其他主要货币来购买英镑。类似地，若英镑价值上升到 1 英镑兑 2.90 美元，则英国将用英镑购买美元以使汇率回归稳定。当一国货币价值的波动相对较小和较为短暂时，这种汇率稳定制度便能获得成功。

布雷顿森林体系的图示分析　举例来说，1962 年，加拿大政府同意将官方汇率定为 1 加拿大元兑 0.925 美元。通过供给和需求曲线，图 17－3 描绘了加拿大如何使汇率重新和布雷顿森林体系下的固定汇率相一致。在图 17－3（a）中，美国居民对加拿大元的需求曲线用 D_1 表示，美国居民可获得的加拿大元用 S_1 表示。纵轴代表加拿大元的美元价格（购买 1 加拿大元需要的美元数量）。横轴代表加拿大元的数量。假设官方的固定汇率为 1 加拿大元兑 0.925 美元，且均衡汇率位于点 A。现在假设由于美国从加拿大的进口增加或更多的美国居民去加拿大旅游，美国居民对加拿大元的需求出现了一个增加。其结果将使需求曲线发生右移（移动到 D_2）。市场力量将倾向于把加拿大元的价格推高到 94 美分，如图中的点 X 所示。但是，由于官方汇率是固定的，市场汇率只会短暂存在。加拿大政府很快会用加拿大元购买美元，以维持加拿大元的官方汇率。如此一来，加拿大元的供给曲线将右移到图 17－3（b）中 S_2 的位置，从而达到一个 92.5 美分

和 Q_2 的新的均衡。为了支撑其汇率，加拿大政府向市场投放了额外的 Q_1+Q_2 的加拿大元。

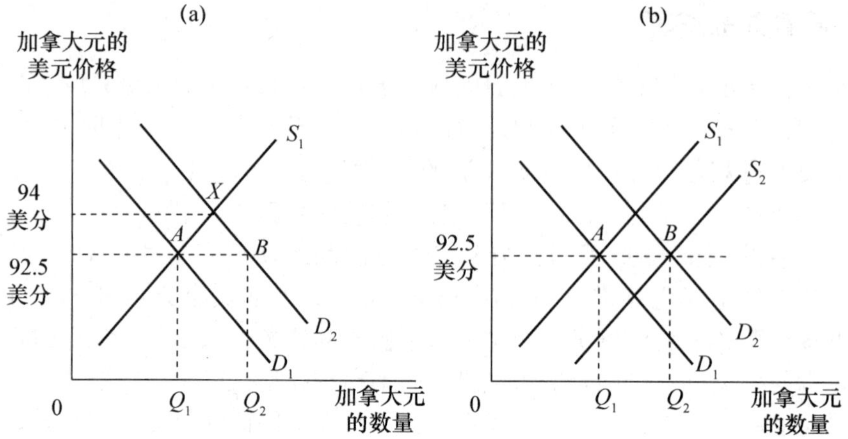

图 17-3　恢复固定汇率下的均衡

在布雷顿森林体系下，一个本币市场面临习惯性盈余或短缺的国家，被认为会实施有望纠正国际收支盈余和赤字的扩张性或紧缩性国内政策。这些措施可能会促使货币的供给和需求更加平衡。但是，若国内经济政策未能纠正失衡，一国将请求 IMF 通过允许其本币法定贬值或法定升值来改变官方汇率。**法定贬值**发生在一国降低其货币的价值或官方价格时。例如，由于英镑被高估，英国政府使英镑从 1 英镑兑 2.80 美元贬值到 1 英镑兑 2.40 美元。另外，**法定升值**发生在当一国提高其货币的价值时。例如，德国在 1961 年和 1969 年分别对马克采取了升值。

渐渐地，对许多国家（包括美国）而言，第二次世界大战后确立的固定汇率变得越来越难以维持。日本和欧洲等经济体的现状已经与 1944 年饱受战争毁坏时截然不同。到 20 世纪 60 年代末，这些国家不仅从战时毁坏中得到恢复，而且在和美国之间的竞争上也更有竞争力。由此一来，美元变得越来越被高估，美国开始陷入长期的国际贸易赤字。另外，日本和德国则经历了长期的国际收支盈余，同时货币也被显著低估。随着美国不断消耗其黄金储备为赤字融资，布雷顿森林体系的终结也就越来越近。在 1971 年美国宣布其将不再买卖黄金后，黄金和美元之间的联系被打破，布雷顿森林体系时代宣告结束。

浮动汇率

1971 年年末，美国对美元进行了贬值，钉住汇率区间被放宽到上下浮动 2.25%的范围。但这样的措施并未能实现汇率稳定，由此导致了一套一般性的浮动汇率体系。**浮动汇率**是指汇率被允许随着货币供给和需求的变化而变化。到 1973 年，绝大多数国家采取了浮动汇率体系，尽管有时主要的贸易国确实会通过买卖货币以使汇率维持在可接受的范围内来进行干预。如今，浮动汇率体系以供给和需求为基础，发达经济体的干预成了一项例外，而非规则。由于工业化国家的偶尔干预，浮动汇率体系通常被称为**不自由浮动**（dirty float）。但是，许多小国仍继续维持固定汇率。实际上，它们中许多将其货币价值和美元绑定在一起。

浮动汇率的一个主要优势是，国家可以自由追求自己的国内经济政策，而不必受国际汇率承诺的约束。当然，它也存在缺点。随着货币在外汇市场上出现贬值或升值，汇率的广泛波动将会扰乱国际贸易和投资。**贬值**是指一种货币的价值因其供给和需求的变化而出现下降。**升值**是指一种货币的价值由于市场力量的作用而出现上升。浮动汇率的另一个缺点是丧失在货币和财政政策上的重要作用。

表 17-3 给出了 2000—2011 年间美国 5 个主要贸易伙伴国的汇率情况，此外还包括欧洲货币联盟的汇率情况。这些汇率以 1 美元兑换多少单位的外币来表示。除了其他因素外，美元价值的下跌是美国经常账户持续出现赤字的结果。现在，美国居民去这些国家旅游或从这些国家进口商品和服务的成本将更高。

表 17-3　　部分国家的汇率情况（1 美元所能兑换的外币）*

年份	英镑	瑞士法郎	日元	瑞典克朗	加拿大元	欧元
2000	0.66	1.69	107.8	9.17	1.48	1.09
2003	0.61	1.34	115.9	8.07	1.49	0.88
2005	0.53	1.24	110.1	7.47	1.21	0.83
2008	0.65	1.07	95.6	8.09	1.23	0.78
2011	0.64	0.093	77.4	7.00	1.04	0.75

注：*除了 2011 年为 11 月的数据外，其他数据都是年平均值。
资料来源：联邦储备系统管理委员会。

国际货币基金组织（IMF）

今天，由于 IMF 的存在，任何出现国际收支赤字或外汇短缺的具体国家，不一定要改变其国内物价（就像在金本位制下一样）或汇率来减轻问题。IMF 机制最初即被用来预防汇率出现巨大波动。任何存在特定类型的外汇短缺的成员，均可以通过向 IMF 借入外汇或 SDR 来获得暂时的缓解。

国际收支赤字国可以借助 IMF 的 SDR，而非转移本国货币的所有权来处置其对他国的负债。事实上，债务国用本国货币从 IMF 处购买所需要的外汇。持续经历国际收支赤字或外汇短缺，且其困境不能通过向 IMF 借入外汇得到纠正的国家，将不得不寻求其他的补救措施。所有成员均同意，在对本币采取贬值措施之前，将在诸如此类的重大国际问题上先向 IMF 咨询。

IMF 根据《布雷顿森林协定》、为管理一套固定汇率体系而创立。布雷顿森林体系在 20 世纪 70 年代初已经崩溃，从那时起，IMF 成为一个积极谋求新任务的机构。自 20 世纪 90 年代以来，IMF 承担起向经历金融危机的发展中国家提供援助的角色。在其能力范围内，IMF 曾给墨西哥、泰国、印度尼西亚、韩国、俄罗斯、土耳其、阿根廷、乌拉圭和巴西等国提供过应急贷款。2008 年，IMF 向立陶宛和罗马尼亚提供了援助，紧接着又在 2009 年向匈牙利提供了援助。但由全球金融危机导致的最大应急援助在 2010 年被给予了希腊和爱尔兰。

由于其任务不断变更，IMF 遭到了越来越多的批评。批评者认为，那些获得紧急贷款以避免国际市场金融灾难的被援救国，与出现短期国际收支问题而获得资金支持的国家相距甚远。他们指出，IMF 在许多情况下未能促进获得援助资金国家的金融稳定，或帮助它们实现快速的经济复苏。IMF 的贷款政策及其对获得紧急资金国家的援助也遭到了激烈的批评。许多人认为，IMF 在其新角色上浪费了巨额资金，他们要求彻底废除 IMF，宣称 IMF 已经名存实亡。

随着 IMF 改变其任务，在任务中包括了为发展中国家提供长期贷款，世界银行和 IMF 之间的角色区别不再那么清晰。这两个机构都把它们的借贷与发展中国家、结构性经济改革和旨在实现短期金融稳定的计划联系在一起。全球经济界一个不断增加的共识是，IMF 和世界银行的功能必须根据全世界正在经历的剧烈变化进行重新评估。

世界银行

自第二次世界大战以来，美国成为通过各种国际机构实施对外援助的主要国家。**世界银行**便是这样一种机构。世界银行的基本使命是消除穷国的贫困。1945 年成立的世界银行并非普通意义上的“银行”，而是联合国下属的专门机构之一。世界银行的命名包含国际复兴开发银行（IBRD）和国际开发协会（IDA）。世界银行由为其贡献了资金且分担其风险的 187 个成员共同所有。美国占据了世界银行将近 17%的实缴资本，但该银行的绝大多数资本均通过世界金融市场筹集。世界银行通过发行债券筹集资金，然后将其以低利率贷给借款人。

世界各发展中国家往往不能通过国际市场的正常渠道获得贷款。即使能，它们通常也需要支付一个非常高的利率。世界银行为它们提供了免息贷款、拨款和技术援助。从历史上看，世界银行习惯上为穷国的各种资本基础设施项目提供融资，如公路、铁路、港口、电力设施和通信系统。如今，世界银行已将大量资源放在提供债务减免上。获得债务减免的国家，可以把节省下的资金用于穷人的住房、教育及健康和福利支付。世界银行还是 HIV/AIDS 项目和贫困国教育项目的最大外部贡献者。

美国的国际收支差额：一个概览

美国的国际收支差额状况可谓反映了世界重大历史事件：20 世纪 30 年代的大萧条，第二次世界大战之前欧洲资本的涌入，战后的美元短缺，欧洲和日本经济的重建，黄金外流，世界能源和资源危机，苏联解体，以及强大的区域贸易集团的建立。

□ 美元短缺

美国是工业结构完全未遭受第二次世界大战破坏的唯一大国。因此，许多饱经战争创伤的国家，特别是欧洲国家，转向美国购买必需商品和服务。由于第二次世界大战期间这些国家几乎没有多余的商品可供出口，美国在其国际收支差额中积累了庞大的盈余。由此导致的结果是，从20世纪40年代末到50年代中期，国际外汇市场因外国居民抢购美元而出现了美元的严重短缺。

20世纪50年代末，对美元的需求发生了迅速移动。此时，许多饱经战争毁坏的国家通过新兴现代工业结构——其显著提高了这些国家的生产率——重建了本国的经济。它们不再严重依赖美国的商品和服务。事实上，它们中的许多国家已经开始在世界市场同美国成功地展开竞争。虽然美国保持着有利的国际贸易差额，净出口之间的差额已经缩小。美国继续增加海外军事设施开支，扩大对外国的巨额援助和贷款，增加海外直接投资，以及购买短期和长期外国证券。由此一来，许多国家开始积累美元储备。随着外国变得不太愿意持有美元，情况发生了逆转；和面临美元短缺相反，外国开始建立大量对美元的债权。

□ 黄金外流

由于购买额外的美国商品和服务不需要这些美元债权，一些国家将它们用于购买可以获得利息收入的短期政府证券。但是，许多国家要求以黄金支付交换它们的美元债权。结果，便产生了美国黄金的持续外流。一些当局把黄金枯竭视作一种警报，并采取了一系列措施来平抑黄金外流。具体的措施包括：降低海外军费开支，减少对外援助，减少美国的旅游，实行更严格的对外援助条款，加速推动出口，以及对美国海外投资征税。

为了减少美国的黄金枯竭和缓解国际流动性短缺，世界主要金融大国（通过IMF）于1970年同意创造95亿美元的SDR。由于SDR可以被用来处置国际债务，这一举措某种程度上减轻了对美元和黄金的压力。

但是，稳定的黄金价格是暂时的。一轮临近的涉及法郎的危机造成了法郎的贬值和德国马克的升值。同一年晚些时候，瑞士法郎和奥地利先令也出现了升值，德国马克和荷兰盾被允许自由浮动。浮动货币使市场能根据供给和需求的力量来确定汇率，而非将这些汇率建立在钉住价值的基础上。在短时间内，世界主要货币兑美元的平均升值接近于11%。1971年，美国的贸易地位出现了明显下滑，且面临着近一个世纪以来的首次国际收支赤字。因此，黄金的价格开始大幅上升。正是在这种情形下，尼克松总统于1971年8月15日制定了10%的进口附加费，并暂停以黄金兑换美元。

□ 美元的贬值

很明显，美元的价值在世界市场上遭到了高估，而其他一些国家——特别是如日本和联邦德国等拥有巨额国际收支盈余的国家——的货币价值却被低估。同样明显的是，美国不可能永远充当全世界国际流动性的主要提供者。尽管如此，尼克松总统的举措仍然震惊了国际金融界，并且产生了严重影响。

随后，美国将10%的附加费作为一项鼓励各国调整其货币并采取其他措施改善世界贸易的工具。1971年12月，在召开多次会议之后，10国集团（比利时、加拿大、法国、英国、意大利、日本、荷兰、瑞典、联邦德国和美国）与IMF合作，通过了《史密森协定》，据此各国承诺将竭力对世界主要货币进行一个有效重组。1972年年初，美国进口附加费被修改，与此同时，国会将黄金的官方价格提高到 38 美元/盎司，美元贬值了 8.57%。作为上述国际协定的一部分，日本同意重估日元价值，而在为它们制定新的汇兑价值之前，德国马克和荷兰盾被允许继续浮动。此外，为了给官方汇率提供更大的弹性，汇率被允许浮动的官方区间从上下 1%扩大到上下 2.25%。

美国的国际收支差额在 1972 年并未能得到显著改善。与此同时，国际货币当局也未能就世界货币问题达成进一步的解决方案，美元和外币（特别是德国马克和日元）之间的关系继续恶化。因此，在 1973 年 2 月，美国再次对美元实行贬值。这一次，美元的价值下跌了 10%，黄金的价格则上升到 42.22 美元/盎司。对价格高企的石油进口的更大依赖和飙升的通货膨胀，加剧了美国的国际收支赤字，这使美元在外汇市场上进一步走弱。但是，世界各国呼吁实行浮动汇率，因此美国和它的主要贸易伙伴一起，采用了汇率由供给和需求决定的浮动汇率体制。

□ 更近的经历

美元升值　1980—1984 年间，美元兑其他主要货币出现了大幅升值（升值了近 65%）。到 1985 年年初，美元汇率达到了自 1973 年实行浮动汇率以来的最高值。但是，随着美元价值在国际金融市场上继续上升，美国的经常账户赤字也在继续恶化。经常账户赤字在 1983 年、1984 年和 1985 年分别增加到 400 亿美元、1 070 亿美元和 1 170 亿美元。这一时期，美国经历了高于其绝大多数贸易伙伴国的经济增长率。随着国民收入增加，对国外进口的需求也出现了增加。相对较快的经济增长率和低通胀率一起，增加了企业的税后利润，更高的实际利率也刺激了对美元标价资产史无前例的国外需求。结果，尽管美国存在巨额贸易赤字，美元却继续走强。

美元贬值　但是，在连续四年强势升值之后，1985 年 3 月美元开始出现贬值。到 1986 年 3 月，美元兑主要货币已经贬值了近 30%。导致这种情形的因素有很多。随着美国的实际利率下降，对美元标价资产的国外需求也出现了减少。此外，由于石油交易结算以美元表示，全球油价下跌减少了对美元的国外需求。另一个重要因素是由不断增长的美国经常账户赤字导致的美元供给的持续增加。因此，在对美元需求减少的同时，美元供给却不断增加。20 世纪 80 年代早期是一段政府对货币市场的干预在美国及其主要贸易伙伴国不受欢迎的时期。

七国集团　1985 年 9 月在纽约召开的五国财长和央行行长会议，进一步推动了美元的贬值。与会国家（日本、法国、联邦德国、英国和美国）一致认为，非美元货币的进一步升值是合理的。为此，它们决定采取协同政策促进实际经济增长，并在必要时干预外汇市场以稳定美元价值。再一次地，为了使美元兑主要货币贬值，干预重新受到欢迎，而且美元干预在接下来的 10 年里阶段性地出现。

1986 年，随着意大利和加拿大的加入，五国集团变成了七国集团。2000 年，七国集团投票通过接纳俄罗斯为其成员。七国集团会议为国际货币政策的制定议程提供了一个重要平台。

近年的情况　整个 20 世纪 90 年代，美元经受住了多次全球金融风暴的考验。在经历中东战争、俄罗斯经济动荡、墨西哥金融危机、南亚地区性货币与经济危机、南美多次经济突发事件（以 2001 年的阿根廷经济社会危机和 2002 年的巴西经济危机最著名），以及贯穿该时期的货币价值的短期波动之后，美元仍然保留住了自己的强势地位。美国积极干预金融市场以使美元走弱或走强。在所有这些危机中，美国经济的强势和美元作为储备货币的地位，使世界经济迅速恢复了对国际金融体系的信心。

但是，对于最近美元价值的迅猛下挫，人们已经提出了严重的担忧。美元作为储备货币，保持着其作为世界最重要货币的地位。但在2008年，美元兑欧元、英镑和其他一些货币的汇率，跌至创纪录的低点。美元价值下跌的一个潜在原因是，每年持续增长的美国经常账户赤字。正如本章前面所解释的，经常账户的赤字必须通过金融账户的盈余来弥补。由于外国机构乐意将其经常账户的美元盈余重新投向美国，美元得以在全球市场维持其储备货币的地位。但是，最近投资账户的盈余并非增加购买美国证券的结果。事实上，由于美国的低利率和其他国家更好的投资机会，对美国证券的购买正在减少。投资账户余额的增加很大程度上源于受全球市场上美元的低价值所刺激的外商对美国直接投资的增加。

倘若外国投资者和外国银行家的观点和情绪发生快速变化，或者舍弃OPEC国家的石油美元，那么很可能会导致大量投资资本从美国的迅速撤离。这一后果不仅对美国，而且对欧洲、日本和其他贸易伙伴国，都将是非常严重的。当美元在世界市场遭受贬值时，其他出现升值的主要货币便有望成为挑战美元的国际储备货币。欧洲货币联盟的欧元货币的长期影响并不清楚。作为一种强势的区域性货币，欧元具有推动国际货币体系发生诸多变化的潜力。若绝大多数欧盟成员加入欧洲货币联盟，则欧盟将成为国际货币事务中一种更强大的力量。但是，最近欧盟成员经历的金融风暴，对欧盟能否控制其个别成员挥霍无度的作风提出了质疑，更别提由欧元充当一种主要的全球储备货币了。真正的问题在于，欧盟能否阻止欧元的解体，至少对其某些成员而言。在作者写作本书时，全球金融危机对欧盟的影响如此之深，以致作出一些变革不可避免。

随着事态不断向全球蔓延，比以往更清楚的一点是，美国已不能再像它在20世纪所做的那样，单方面地掌控自己的命运。参与一个成熟的国际全球化经济需要各国持续作出调整。

第十七章回顾

□总　结

● 自1970年以来，美国从世界各国购买的商品持续超过了其向主要贸易伙伴国出口的商品。在1970年之前的近一个世纪里，美国在其商品贸易账户中保持着有利的顺差地位。

● 国际收支平衡表是一个各国之间在1年期内金融业务的统计账户。国际收支平衡表的主要构成包括：经常账户（商品和服务的买卖）、金融账户（排除国家之间投资收入外的资本投资流）、结算账户（剩下的未偿还的债权通过该账户获得资金），以及统计误差（对不精确或不完整数据的调整）。

● 在国际收支平衡表中，贷方（以加号计）表示另一国必须对记账国的债权进行偿还的国际业务。借方（以减号计）表示记账国必须对另一国的债权要求进行偿还的业务。

● 固定汇率或管制汇率使一国能避免在自由浮动汇率下有时会因汇率修正而产生的对国内就业、收入和物价的严重影响。金本位制通过规定货币的黄金价值引进了固定汇率体系。在金本位制下，一国所持有的黄金数量决定了该国的货币供给和其国内经济活动水平。

●《布雷顿森林协定》确立了一套修正版的固定汇率体系。该体系结合了金本位制和浮动汇率的各种特征。美元成为国际储备货币，一国的黄金供给和其货币供给之间不再有关联。

● 弹性（浮动）汇率可以纠正国际收支失衡，因为此时汇率将随市场供给状况的变化而变化。弹性汇率可以通过改变国际商品和服务的相对成本来消除国际收支赤字。

● 国际货币基金组织（IMF）于 1944 年作为新罕布什尔州布雷顿森林国际会议的成果创立。其主要目的是为国际收支赤字国家提供暂时贷款。近年来，IMF 已经变成涉及发展中国家长期借贷的机构。

● 世界银行是联合国下属的一个国际组织。其主要任务是通过提供低成本贷款、拨款和技术援助等帮助消除穷国的贫困问题。美国贡献了将近 17%的世界银行实缴资本。

● 紧随第二次世界大战的是一段以美元短缺为特征的时期。20 世纪 50 年代末，供给和需求发生了变化，世界市场出现了美元过剩。如今，美元仍然是国际储备货币，随着经济和金融条件的变化而升值或贬值。随着欧盟的继续扩张，欧元有望挑战美元在国际金融领域的霸主地位。但是，一些经济体在巨额债务下的濒临崩溃，对欧洲和欧洲货币联盟以及欧盟成员身份的长期未来提出了严重质疑。

□ 关键术语和概念

贸易差额	国际收支平衡表	贷方	借方
经常账户	金融账户	结算账户	统计误差
汇率	金本位制	固定汇率	国际货币基金组织（IMF）
特别提款权（SDR）	法定贬值	法定升值	浮动汇率
不自由浮动	贬值	升值	世界银行

□ 讨论题

1. 一国如何在存在国际收支赤字的同时享有一个有利的贸易差额？

2. 美国居民在海外的直接私人投资如何影响美国的国际收支平衡表？

3. 若外国的利率相对于美国的利率出现显著上升，这可能会对美国的国际收支平衡表产生哪些影响？

4. 若美国商人想从瑞典购买 12 台维京缝纫机，在支付这笔机器的款项时将涉及哪些流程？

5. 浮动汇率和固定汇率之间存在哪些差异？

6. 在汇率钉住金本位时，黄金从债务国流向债权国最终将如何倾向于使国际收支差额发生逆转？

7. 为了改善其国际收支差额，美国是否应该使美元进一步贬值？美元贬值将带来哪些影响？

8. 若某投机者购买了价值 100 万美元的瑞士法郎，且随后美国政府使美元贬值 20%，则在美元贬值后，该投机者通过将法郎兑换回美元将获得多少收益或遭受多少损失？

9. 考虑到国际货币基金组织（IMF）的最近经历，该组织目前的主要功能是什么？

10. 哪些因素造成了美国庞大的商品贸易赤字？

术语表

A

Ability -to-Pay Theory 支付能力理论
Absolute Advantage 绝对优势
Absolute Measure of Poverty 贫困的绝对测量
Ad Valorem Tariff 从价税
Administered Price 管制价格
Aggregate Demand（*AD*）Curve 总需求（*AD*）曲线
Aggregate Expenditure（*AE*） 总支出（*AE*）
Aggregate Supply（*AS*）Curve 总供给（*AS*）曲线
Agricultural Theories 农业理论
Allocative Efficiency 配置效率
Appreciation 升值
Assumption 假设
Automatic Stabilizers 自动稳定器
Average Fixed Cost（*AFC*） 平均固定成本（*AFC*）
Average Product（*AP*） 平均产量（*AP*）
Average Revenue（*AR*） 平均收益（*AR*）
Average Total Cost（*ATC*） 平均总成本（*ATC*）
Average Variable Cost（*AVC*） 平均可变成本（*AVC*）

B

Balance of Payments 国际收支平衡表
Balance of Trade 贸易差额
Benefit-Received Theory 收益理论
Bilateral Monopoly 双边垄断
Branch Banking 分支银行制
Break-Even Point 盈亏平衡点
Business Cycle 商业周期

C

Capital 资本
Capital Consumption Allowance 资本消耗补偿
Capital Goods 资本品
Cartel 卡特尔
Chain Weighted CPI 链式加权 CPI
Change in Demand 需求的变化
Change in Supply 供给的变化
Change in the Quantity Demanded 需求量的变化
Change in the Quantity Supplied 供给量的变化
Checkable Deposits 支票存款
Circular Flow of Income 收入的循环流
Civilian labor force 平民劳动力
Clayton Act 《克莱顿法案》

Command Economy 指令经济
Comparative Advantage 比较优势
Competition 竞争
Concentration Ratio 行业集中度
Consumer Goods 消费品
Consumer Price Index（CPI） 消费者价格指数（CPI）
Consumer Surplus 消费者剩余
Consumption 消费
Consumption Function 消费函数
Consumption Tax 消费税
Contraction 收缩
Contractionary Policies 紧缩性政策
Cooperative 合作社
Core Inflation 核心通胀
Corporation 企业
Cost-of-Service Theory 服务成本理论
Cost-Push Inflation 成本推动型通胀
Credit 贷方
Crowding Out 挤出
Currency 通货
Current Account 经常账户
Cyclical Fluctuations 周期性波动
Cyclical Unemployment 周期性失业

D

Debit 借方
Debt Ceiling 债务上限
Deflation 通缩
Demand 需求
Demand Curve 需求曲线
Demand Schedule 需求表
Demand-Oriented Pricing 需求导向型定价
Demand-Pull Inflation 需求拉动型通胀
Depreciation 贬值
Derived Demand 引致需求
Devaluation 法定贬值
Direct Tax 直接税收
Dirty Float 不自由浮动
Discount Rate 贴现率
Discouraged Workers 消极失业者
Diseconomies of Scale 规模不经济
Disinflation 反通胀
Disposable Personal Income（DPI） 个人可支配收入（DPI）
Distribution 分配
Dodd-Frank Wall Street Reform Act 《多德-弗兰克华尔街改革法案》
Double Coincidence of Wants 双重需求偶合
Dumping 倾销
Duopoly 双寡头

E

Economic Efficiency 经济效率
Economic Goods 经济物品
Economic Growth 经济增长
Economic Liberalism 经济自由主义
Economic Policy 经济政策
Economic Profit 经济利润
Economic Theory 经济理论
Economics 经济学
Economic of Scale 规模经济
Effect of a Tax 税收的后果
Elastic Demand 弹性需求
Elasticity of Supply 供给弹性
Electronic Banking 电子银行服务
Embargo 禁运
Enterprise 企业家才能
Entrepreneur 企业家
Equal Distribution of Income 平等的收入分配
Equality-of-Sacrifice Doctrine 等量牺牲原则
Equation of Exchange 交易方程式
Equilibrium 均衡
Equilibrium Price 均衡价格
Equitable Distribution of Income 合理的收入分配
Escape Clause 例外条款
Eurodollar 欧洲美元
European Monetary Union（EMU） 欧洲货币联盟（EMU）
European Union（EU） 欧盟
Excess Reserves 超额储备
Exchange 交换
Exchange Controls 外汇管制
Exchange Rate 汇率
Exclusive Dealing 独家销售

Expansion 扩张
Expansionary Policies 扩张性政策
Explicit Costs 显性成本
Export Subsidy 出口补贴
External Forces 外部力量

F

Fallacy of Composition 合成谬误
Family 家庭
Federal Funds Market 联邦基金市场
Federal Reserve Act 《联邦储备法案》
Federal Reserve System 联邦储备体系
Federal Trade Commission Act 《联邦贸易委员会法》
Fiat Money 法定货币
Financial Account 金融账户
Financial Capital 金融资本
Financial Services Modernization Act of 1999 《1999 年金融服务现代化法案》
First Degree Price Discrimination 一级价格歧视
Fiscal Drag 财政拖累
Fiscal Stimulus 财政刺激
Fixed Costs 固定成本
Fixed Exchange Rates 固定汇率
Flat Tax 统一税
Floating Exchange Rates 浮动汇率
Free Good 免费物品
Frictional Unemployment 摩擦性失业
Full-Employment Balanced Budget 充分就业预算平衡

G

Game Theory 博弈论
GDP Implicit Price Deflator GDP 平减指数
General Agreement on Tariffs and Trade（GATT） 《关税及贸易总协定》(GATT)
Gini Coefficient 基尼系数
Glass-Steagall Act 《格拉斯-斯蒂尔法案》
Gold Standard 金本位制
Gross Domestic Product（GDP） 国内生产总值（GDP）
Gross National Product（GNP） 国民生产总值（GNP）

H

Herfindahl Index 赫芬达尔指数
Household 居民
Human Capital 人力资本
Hyperinflation 恶性通胀

I

Impact of a Tax 税收的影响
Implicit Costs 隐性成本
Import Quota 进口配额
Incidence of a Tax 税收归宿
Incidence of Poverty 贫困发生率
Indirect Tax 间接税收
Individual Demand 个人需求
Individual Supply 个人供给
Inelastic Demand 非弹性需求
Inflation 通胀
Injections 注入
Innovation Theory 创新理论
Interlocking Directorates 连锁董事
Internal Forces 内部力量
International Monetary Fund（IMF） 国际货币基金组织（IMF）
Interstate Banking 州际银行业务
Invisible Hand of Competition 看不见的竞争之手

L

Labor 劳动
Labor Force Participation Rate 劳动力参与率
Labor Market Discrimination 劳动力市场歧视
Lagging Indicators 滞后指标
Laissez-Faire 自由放任
Land 土地
Law of Demand 需求法则
Law of Increasing Cost 成本递增法则
Law of Supply 供给法则
Leading Indicators 领先指标
Leakages 漏出
Liquidity 流动性
Liquidity Trap 流动性陷阱
Long Run 长期

Lorenz Curve 洛伦兹曲线

M

M1 M1
M2 M2
Maastricht Agreement 《马斯特里赫特协定》
Macroeconomics 宏观经济学
Maquiladoras 美墨联营工厂
Marginal Analysis 边际分析
Marginal Cost（*MC*） 边际成本（*MC*）
Marginal Product（*MP*） 边际产量（*MP*）
Marginal Propensity to Consume（*MPC*） 边际消费倾向（*MPC*）
Marginal Propensity to Save（*MPS*） 边际储蓄倾向（*MPS*）
Marginal Revenue（*MR*） 边际收益（*MR*）
Marginal Revenue Product 边际收益产品
Market Demand 市场需求
Market Economy 市场经济
Market Supply 市场供给
Member Banks 成员银行
Mergers 兼并
Microeconomics 微观经济学
Mixed Economy 混合经济
Monetary Control Act of 1980 《1980 年货币管制法案》
Monetary Theories 货币成因理论
Money 货币
Money Market Funds 货币市场基金
Money Multiplier 货币乘数
Money Stock 货币存量
Monopolistic Competition 垄断竞争
Monopoly 垄断
Monopsonistic Competition 买方垄断竞争
Monopsony 买方垄断
Moral Hazard 道德风险
Moral Suasion 道义劝告
Most-Favored-Nation Clause 最惠国待遇条款
Multiplier 乘数

N

National Income 国民收入
Nation Sales Tax 国家销售税
Natural Monopoly 自然垄断
Net National Product（NNP） 国民净产值（NNP）
Nonpersonal Time Accounts 有偿定期账户
Nontariff Barriers 非关税壁垒
Normal Profit 正常利润
Normative Economics 规范经济学

O

Occupational Segregation 职业隔离
Offshore Outsourcing 离岸外包
Oligopoly 寡头
Oligopsony 寡头买方垄断
Open-Market Operations 公开市场业务
Opportunity Cost 机会成本
Opportunity Cost of Productive Resources 生产性资源的机会成本
Optimal Scale of Operation 最优经营规模

P

Paradox of Thrift 节俭悖论
Partnership 合伙制
Peak 波峰
Perfect Competition 完全竞争
Personal Income 个人收入
Phillips Curve 菲利普斯曲线
Positive Economics 实证经济学
Poverty Threshold Line 贫困线
Predatory Pricing 掠夺性定价
Price Ceiling 价格上限
Price Discrimination 价格歧视
Price Elasticity of Demand 需求的价格弹性
Price Floor 价格下限
Price Index 价格指数
Prime Rate 犯罪率
Principle of Diminishing Marginal Returns 边际收益递减规律
Prisoner's Dilemma 囚徒困境
Privatization 私有化
Producer Price Index（PPI） 生产者价格指数（PPI）
Producer Surplus 生产者剩余
Product Differentiation 产品差异化

Production 生产
Production Function 生产函数
Production Possibilities Curve 生产可能性曲线
Productive Resources 生产资源
Profit 利润
Progressive Tax Rate 累进税率
Proportional Tax Rate 比例税率
Psychological Theory 心理成因理论
Public Good 公共产品
Purchasing Power Parity 购买力平价

Q

Quantitative Easing 定量宽松
Quantity Demanded 需求量
Quantity Theory of Money 货币数量论

R

Random Fluctuations 随机波动
Rational Behavior 理性行为
Rational Expectations Theory 理性预期理论
Real GDP 实际 GDP
Real Income 理性收入
Real Output 实际产出
Real Per Capita Disposable Income 实际人均可支配收入
Regressive Tax Rate 递减税率
Relative Measure of Poverty 贫困的相对测量
Representative Money 代用货币
Required Reserves 准备金要求
Reservation Price 保留价格
Reservation Wage 保留工资
Revaluation 法定升值
Riegle-Neal Act 《里格尔-尼尔法案》
Roughly Coincident Indicators 大致同步指标

S

Saving Function 储蓄函数
Saving Deposits 储蓄存款
Say's Law 萨伊法则
Science 学科
Seasonal Variations 季节性波动
Second Degree Price Discrimination 二级价格歧视
Settlement Account 结算账户
Sherman Antitrust Act 《谢尔曼反托拉斯法》
Short Run 短期
Sole Proprietorship 独资企业
Special Drawing Rights（SDR） 特别提款权（SDR）
Specialization 专业化
Specific Tariff 从量税
Stagflation 滞胀
Statistical Discrepancy 统计误差
Structural Unemployment 结构性失业
Substitution Effect 替代效应
Supply 供给
Supply Curve 供给曲线
Supply Schedule 供给表
Supply-Side Approach 供给方分析

T

Tariff 关税
Tariff Quota 关税配额
Tax Base 税基
Tax Rate 税率
Tax Shifting 税收转嫁
Technical Barriers 技术壁垒
Term Auction Facility（TAF） 定期拍卖工具（TAF）
Third Degree Price Discrimination 三级价格歧视
Time Deposits 定期存款
Total Cost（*TC*） 总成本（*TC*）
Total Income 总收入
Total Labor Force 总劳动力
Total Product 总产量
Total Revenue（*TR*） 总收益（*TR*）
Traditional Economy 传统经济
Transaction Accounts 交易账户
Transactions Approach 交易法
Transfer Payment 转移支付
Trend 趋势
Trough 波谷
Tying Contracts 搭售合同

U

Underconsumption Theories 消费不足理论

Underground Economy 地下经济
Underinvestment Theory 投资不足理论
Unemployed Labor Force 失业劳动力
Unit Elastic Demand 单位弹性需求
Utility 效用

V

Value Added 增加值
Value-Added Tax 增值税
Variable Costs 可变成本

W

Wealth 财产
World Bank 世界银行
World Trade Organization（WTO） 世界贸易组织（WTO）

经济科学译丛						
序号	书名	作者	Author	单价	出版年份	ISBN
1	经济学基础(第十六版)	弗兰克・V. 马斯切纳	Frank V. Mastrianna	42.00	2017	978-7-300-22607-1
2	高级微观经济学:选择与竞争性市场	戴维・M. 克雷普斯	David M. Kreps	79.80	2017	978-7-300-23674-2
3	博弈论与机制设计	Y. 内拉哈里	Y. Narahari	69.80	2017	978-7-300-24209-5
4	宏观经济学精要:理解新闻中的经济学(第三版)	彼得・肯尼迪	Peter Kennedy	45.00	2017	978-7-300-21617-1
5	宏观经济学(第十二版)	鲁迪格・多恩布什等	Rudiger Dornbusch	69.00	2017	978-7-300-23772-5
6	国际金融与开放宏观经济学:理论、历史与政策	亨德里克・范登伯格	Hendrik Van den Berg	68.00	2016	978-7-300-23380-2
7	经济学(微观部分)	达龙・阿西莫格鲁等	Daron Acemoglu	59.00	2016	978-7-300-21786-4
8	经济学(宏观部分)	达龙・阿西莫格鲁等	Daron Acemoglu	45.00	2016	978-7-300-21886-1
9	发展经济学	热若尔・罗兰	Gérard Roland	79.00	2016	978-7-300-23379-6
10	中级微观经济学——直觉思维与数理方法(上下册)	托马斯・J・内契巴	Thomas J. Nechyba	128.00	2016	978-7-300-22363-6
11	环境与自然资源经济学(第十版)	汤姆・蒂坦伯格等	Tom Tietenberg	72.00	2016	978-7-300-22900-3
12	劳动经济学基础(第二版)	托马斯・海克拉克等	Thomas Hyclak	65.00	2016	978-7-300-23146-4
13	货币金融学(第十一版)	弗雷德里克・S・米什金	Frederic S. Mishkin	85.00	2016	978-7-300-23001-6
14	动态优化——经济学和管理学中的变分法和最优控制(第二版)	莫顿・I・凯曼等	Morton I. Kamien	48.00	2016	978-7-300-23167-9
15	用 Excel 学习中级微观经济学	温贝托・巴雷托	Humberto Barreto	65.00	2016	978-7-300-21628-7
16	宏观经济学(第九版)	N・格里高利・曼昆	N. Gregory Mankiw	72.00	2016	978-7-300-23038-2
17	国际经济学:理论与政策(第十版)	保罗・R・克鲁格曼等	Paul R. Krugman	89.00	2016	978-7-300-22710-8
18	国际金融(第十版)	保罗・R・克鲁格曼等	Paul R. Krugman	55.00	2016	978-7-300-22089-5
19	国际贸易(第十版)	保罗・R・克鲁格曼等	Paul R. Krugman	42.00	2016	978-7-300-22088-8
20	经济学精要(第3版)	斯坦利・L・布鲁伊等	Stanley L. Brue	58.00	2016	978-7-300-22301-8
21	经济分析史(第七版)	英格里德・H・里马	Ingrid H. Rima	72.00	2016	978-7-300-22294-3
22	投资学精要(第九版)	兹维・博迪等	Zvi Bodie	108.00	2016	978-7-300-22236-3
23	环境经济学(第二版)	查尔斯・D・科尔斯塔德	Charles D. Kolstad	68.00	2016	978-7-300-22255-4
24	MWG《微观经济理论》习题解答	原千晶等	Chiaki Hara	75.00	2016	978-7-300-22306-3
25	现代战略分析(第七版)	罗伯特・M・格兰特	Robert M. Grant	68.00	2016	978-7-300-17123-4
26	横截面与面板数据的计量经济分析(第二版)	杰弗里・M・伍德里奇	Jeffrey M. Wooldridge	128.00	2016	978-7-300-21938-7
27	宏观经济学(第十二版)	罗伯特・J・戈登	Robert J. Gordon	75.00	2016	978-7-300-21978-3
28	动态最优化基础	蒋中一	Alpha C. Chiang	42.00	2015	978-7-300-22068-0
29	城市经济学	布伦丹・奥弗莱厄蒂	Brendan O'Flaherty	69.80	2015	978-7-300-22067-3
30	管理经济学:理论、应用与案例(第八版)	布鲁斯・艾伦等	Bruce Allen	79.80	2015	978-7-300-21991-2
31	经济政策:理论与实践	阿格尼丝・贝纳西-奎里等	Agnès Bénassy-Quéré	79.80	2015	978-7-300-21921-9
32	微观经济分析(第三版)	哈尔・R・范里安	Hal R. Varian	68.00	2015	978-7-300-21536-5
33	财政学(第十版)	哈维・S・罗森等	Harvey S. Rosen	68.00	2015	978-7-300-21754-3
34	经济数学(第三版)	迈克尔・霍伊等	Michael Hoy	88.00	2015	978-7-300-21674-4
35	发展经济学(第九版)	A. P. 瑟尔沃	A. P. Thirlwall	69.80	2015	978-7-300-21193-0
36	宏观经济学(第五版)	斯蒂芬・D・威廉森	Stephen D. Williamson	69.00	2015	978-7-300-21169-5
37	资源经济学(第三版)	约翰・C・伯格斯特罗姆等	John C. Bergstrom	58.00	2015	978-7-300-20742-1
38	应用中级宏观经济学	凯文・D・胡佛	Kevin D. Hoover	78.00	2015	978-7-300-21000-1
39	计量经济学导论:现代观点(第五版)	杰弗里・M・伍德里奇	Jeffrey M. Wooldridge	99.00	2015	978-7-300-20815-2
40	现代时间序列分析导论(第二版)	约根・沃特斯等	Jürgen Wolters	39.80	2015	978-7-300-20625-7
41	空间计量经济学——从横截面数据到空间面板	J・保罗・埃尔霍斯特	J. Paul Elhorst	32.00	2015	978-7-300-21024-7
42	国际经济学原理	肯尼思・A・赖纳特	Kenneth A. Reinert	58.00	2015	978-7-300-20830-5
43	经济写作(第二版)	迪尔德丽・N・麦克洛斯基	Deirdre N. McCloskey	39.80	2015	978-7-300-20914-2
44	计量经济学方法与应用(第五版)	巴蒂・H・巴尔塔基	Badi H. Baltagi	58.00	2015	978-7-300-20584-7
45	战略经济学(第五版)	戴维・贝赞可等	David Besanko	78.00	2015	978-7-300-20679-0
46	博弈论导论	史蒂文・泰迪里斯	Steven Tadelis	58.00	2015	978-7-300-19993-1
47	社会问题经济学(第二十版)	安塞尔・M・夏普等	Ansel M. Sharp	49.00	2015	978-7-300-20279-2
48	博弈论:矛盾冲突分析	罗杰・B・迈尔森	Roger B. Myerson	58.00	2015	978-7-300-20212-9
49	时间序列分析	詹姆斯・D・汉密尔顿	James D. Hamilton	118.00	2015	978-7-300-20213-6
50	经济问题与政策(第五版)	杰奎琳・默里・布鲁克斯	Jacqueline Murray Brux	58.00	2014	978-7-300-17799-1
51	微观经济理论	安德鲁・马斯-克莱尔等	Andreu Mas-Collel	148.00	2014	978-7-300-19986-3

经济科学译丛						
序号	书名	作者	Author	单价	出版年份	ISBN
52	产业组织:理论与实践(第四版)	唐·E·瓦尔德曼等	Don E. Waldman	75.00	2014	978-7-300-19722-7
53	公司金融理论	让·梯若尔	Jean Tirole	128.00	2014	978-7-300-20178-8
54	经济学精要(第三版)	R·格伦·哈伯德等	R. Glenn Hubbard	85.00	2014	978-7-300-19362-5
55	公共部门经济学	理查德·W·特里西	Richard W. Tresch	49.00	2014	978-7-300-18442-5
56	计量经济学原理(第六版)	彼得·肯尼迪	Peter Kennedy	69.80	2014	978-7-300-19342-7
57	统计学:在经济中的应用	玛格丽特·刘易斯	Margaret Lewis	45.00	2014	978-7-300-19082-2
58	产业组织:现代理论与实践(第四版)	林恩·佩波尔等	Lynne Pepall	88.00	2014	978-7-300-19166-9
59	计量经济学导论(第三版)	詹姆斯·H·斯托克等	James H. Stock	69.00	2014	978-7-300-18467-8
60	发展经济学导论(第四版)	秋山裕	秋山裕	39.80	2014	978-7-300-19127-0
61	中级微观经济学(第六版)	杰弗里·M·佩罗夫	Jeffrey M. Perloff	89.00	2014	978-7-300-18441-8
62	平狄克《微观经济学》(第八版)学习指导	乔纳森·汉密尔顿等	Jonathan Hamilton	32.00	2014	978-7-300-18970-3
63	微观经济学(第八版)	罗伯特·S·平狄克等	Robert S. Pindyck	79.00	2013	978-7-300-17133-3
64	微观银行经济学(第二版)	哈维尔·弗雷克斯等	Xavier Freixas	48.00	2014	978-7-300-18940-6
65	施米托夫论出口贸易——国际贸易法律与实务(第11版)	克利夫·M·施米托夫等	Clive M. Schmitthoff	168.00	2014	978-7-300-18425-8
66	微观经济学思维	玛莎·L·奥尔尼	Martha L. Olney	29.80	2013	978-7-300-17280-4
67	宏观经济学思维	玛莎·L·奥尔尼	Martha L. Olney	39.80	2013	978-7-300-17279-8
68	计量经济学原理与实践	达摩达尔·N·古扎拉蒂	Damodar N. Gujarati	49.80	2013	978-7-300-18169-1
69	现代战略分析案例集	罗伯特·M·格兰特	Robert M. Grant	48.00	2013	978-7-300-16038-2
70	高级国际贸易:理论与实证	罗伯特·C·芬斯特拉	Robert C. Feenstra	59.00	2013	978-7-300-17157-9
71	经济学简史——处理沉闷科学的巧妙方法(第二版)	E·雷·坎特伯里	E. Ray Canterbery	58.00	2013	978-7-300-17571-3
72	管理经济学(第四版)	方博亮等	Ivan Png	80.00	2013	978-7-300-17000-8
73	微观经济学原理(第五版)	巴德、帕金	Bade,Parkin	65.00	2013	978-7-300-16930-9
74	宏观经济学原理(第五版)	巴德、帕金	Bade,Parkin	63.00	2013	978-7-300-16929-3
75	环境经济学	彼得·伯克等	Peter Berck	55.00	2013	978-7-300-16538-7
76	高级微观经济理论	杰弗里·杰里	Geoffrey A. Jehle	69.00	2012	978-7-300-16613-1
77	多恩布什《宏观经济学(第十版)》学习指导	鲁迪格·多恩布什等	Rudiger Dornbusch	29.00	2012	978-7-300-16030-6
78	高级宏观经济学导论:增长与经济周期(第二版)	彼得·伯奇·索伦森等	Peter Birch Sørensen	95.00	2012	978-7-300-15871-6
79	宏观经济学:政策与实践	弗雷德里克·S·米什金	Frederic S. Mishkin	69.00	2012	978-7-300-16443-4
80	宏观经济学(第二版)	保罗·克鲁格曼	Paul Krugman	45.00	2012	978-7-300-15029-1
81	微观经济学(第二版)	保罗·克鲁格曼	Paul Krugman	69.80	2012	978-7-300-14835-9
82	克鲁格曼《微观经济学(第二版)》学习手册	伊丽莎白·索耶·凯利	Elizabeth Sawyer Kelly	58.00	2013	978-7-300-17002-2
83	克鲁格曼《宏观经济学(第二版)》学习手册	伊丽莎白·索耶·凯利	Elizabeth Sawyer Kelly	36.00	2013	978-7-300-17024-4
84	微观经济学(第十一版)	埃德温·曼斯费尔德	Edwin Mansfield	88.00	2012	978-7-300-15050-5
85	国际宏观经济学	罗伯特·C·芬斯特拉等	Feenstra,Taylor	64.00	2011	978-7-300-14795-6
86	卫生经济学(第六版)	舍曼·富兰德等	Sherman Folland	79.00	2011	978-7-300-14645-4
87	宏观经济学(第七版)	安德鲁·B·亚伯等	Andrew B. Abel	78.00	2011	978-7-300-14223-4
88	现代劳动经济学:理论与公共政策(第十版)	罗纳德·G·伊兰伯格等	Ronald G. Ehrenberg	69.00	2011	978-7-300-14482-5
89	宏观经济学(第七版)	N·格里高利·曼昆	N. Gregory Mankiw	65.00	2011	978-7-300-14018-6
90	宏观经济学:理论与政策(第九版)	理查德·T·弗罗恩	Richard T. Froyen	55.00	2011	978-7-300-14108-4
91	经济学原理(第四版)	威廉·博伊斯等	William Boyes	59.00	2011	978-7-300-13518-2
92	计量经济学基础(第五版)(上下册)	达摩达尔·N·古扎拉蒂	Damodar N. Gujarati	99.00	2011	978-7-300-13693-6
93	《计量经济学基础》(第五版)学生习题解答手册	达摩达尔·N·古扎拉蒂等	Damodar N. Gujarati	23.00	2012	978-7-300-15080-8
94	计量经济分析(第六版)(上下册)	威廉·H·格林	William H. Greene	128.00	2011	978-7-300-12779-8
95	国际贸易	罗伯特·C· 芬斯特拉等	Robert C. Feenstra	49.00	2011	978-7-300-13704-9
96	经济增长(第二版)	戴维·N·韦尔	David N. Weil	63.00	2011	978-7-300-12778-1
97	投资科学	戴维·G·卢恩伯格	David G. Luenberger	58.00	2011	978-7-300-14747-5
98	宏观经济学(第十版)	鲁迪格·多恩布什等	Rudiger Dornbusch	60.00	2010	978-7-300-11528-3
99	金融学(第二版)	兹维·博迪等	Zvi Bodie	59.00	2010	978-7-300-11134-6
100	博弈论	朱·弗登博格等	Drew Fudenberg	68.00	2010	978-7-300-11785-0

金融学译丛						
序号	书名	作者	Author	单价	出版年份	ISBN
1	兼并、收购和公司重组(第六版)	帕特里克·A. 高根	Patrick A. Gaughan	79.00	2017	978-7-300-24231-6
2	债券市场:分析与策略(第九版)	弗兰克·J·法博齐	Frank J. Fabozzi	98.00	2016	978-7-300-23495-3
3	财务报表分析(第四版)	马丁·弗里德森	Martin Fridson	46.00	2016	978-7-300-23037-5
4	国际金融学	约瑟夫·P·丹尼尔斯等	Joseph P. Daniels	65.00	2016	978-7-300-23037-1
5	国际金融	阿德里安·巴克利	Adrian Buckley	88.00	2016	978-7-300-22668-2
6	个人理财(第六版)	阿瑟·J·基翁	Arthur J. Keown	85.00	2016	978-7-300-22711-5
7	投资学基础(第三版)	戈登·J·亚历山大等	Gordon J. Alexander	79.00	2015	978-7-300-20274-7
8	金融风险管理(第二版)	彼德·F·克里斯托弗森	Peter F. Christoffersen	46.00	2015	978-7-300-21210-4
9	风险管理与保险管理(第十二版)	乔治·E·瑞达等	George E. Rejda	95.00	2015	978-7-300-21486-3
10	个人理财(第五版)	杰夫·马杜拉	Jeff Madura	69.00	2015	978-7-300-20583-0
11	企业价值评估	罗伯特·A·G·蒙克斯等	Robert A. G. Monks	58.00	2015	978-7-300-20582-3
12	基于 Excel 的金融学原理(第二版)	西蒙·本尼卡	Simon Benninga	79.00	2014	978-7-300-18899-7
13	金融工程学原理(第二版)	萨利赫·N·内夫特奇	Salih N. Neftci	88.00	2014	978-7-300-19348-9
14	投资学导论(第十版)	赫伯特·B·梅奥	Herbert B. Mayo	69.00	2014	978-7-300-18971-0
15	国际金融市场导论(第六版)	斯蒂芬·瓦尔德斯等	Stephen Valdez	59.80	2014	978-7-300-18896-6
16	金融数学:金融工程引论(第二版)	马雷克·凯宾斯基等	Marek Capinski	42.00	2014	978-7-300-17650-5
17	财务管理(第二版)	雷蒙德·布鲁克斯	Raymond Brooks	69.00	2014	978-7-300-19085-3
18	期货与期权市场导论(第七版)	约翰·C·赫尔	John C. Hull	69.00	2014	978-7-300-18994-2
19	固定收益证券手册(第七版)	弗兰克·J·法博齐	Frank J. Fabozzi	188.00	2014	978-7-300-17001-5
20	国际金融:理论与实务	皮特·塞尔居	Piet Sercu	88.00	2014	978-7-300-18413-5
21	金融市场与金融机构(第7版)	弗雷德里克·S·米什金 斯坦利·G·埃金斯	Frederic S. Mishkin Stanley G. Eakins	79.00	2013	978-7-300-18129-5
22	货币、银行和金融体系	R·格伦·哈伯德等	R. Glenn Hubbard	75.00	2013	978-7-300-17856-1
23	并购创造价值(第二版)	萨德·苏达斯纳	Sudi Sudarsanam	89.00	2013	978-7-300-17473-0
24	个人理财——理财技能培养方法(第三版)	杰克·R·卡普尔等	Jack R. Kapoor	66.00	2013	978-7-300-16687-2
25	国际财务管理	吉尔特·贝克特	Geert Bekaert	95.00	2012	978-7-300-16031-3
26	金融理论与公司政策(第四版)	托马斯·科普兰等	Thomas Copeland	69.00	2012	978-7-300-15822-8
27	应用公司财务(第三版)	阿斯沃思·达摩达兰	Aswath Damodaran	88.00	2012	978-7-300-16034-4
28	资本市场:机构与工具(第四版)	弗兰克·J·法博齐	Frank J. Fabozzi	85.00	2011	978-7-300-13828-2
29	衍生品市场(第二版)	罗伯特·L·麦克唐纳	Robert L. McDonald	98.00	2011	978-7-300-13130-6
30	跨国金融原理(第三版)	迈克尔·H·莫菲特等	Michael H. Moffett	78.00	2011	978-7-300-12781-1
31	兼并、收购和公司重组(第四版)	帕特里克·A·高根	Patrick A. Gaughan	69.00	2010	978-7-300-12465-0
32	统计与金融	戴维·鲁珀特	David Ruppert	48.00	2010	978-7-300-11547-4
33	国际投资(第六版)	布鲁诺·索尔尼克等	Bruno Solnik	62.00	2010	978-7-300-11289-3

Basic Economics，16e
Frank V. Mastrianna

Cengage Learning Asia Pte. Ltd.
151 Lorong Chuan，#02-08 New Tech Park，Singapore 556741

北京市版权局著作权合同登记号 图字：01-2016-1845

图书在版编目（CIP）数据

经济学基础：第16版/（美）马斯切纳著；陈宇峰等译. —北京：中国人民大学出版社，2017.5
（经济科学译丛）
书名原文：Basic Economics（16th edition）
ISBN 978-7-300-22607-1

Ⅰ.①经… Ⅱ.①马…②陈… Ⅲ.①经济学-教材 Ⅳ.①F0

中国版本图书馆CIP数据核字（2016）第041421号

“十三五”国家重点出版物出版规划项目
经济科学译丛
经济学基础（第十六版）
弗兰克·V. 马斯切纳 著
陈宇峰 姜井勇 译
Jingjixue Jichu

出版发行 中国人民大学出版社			
社　　址 北京中关村大街31号		**邮政编码** 100080	
电　　话 010－62511242（总编室）		010－62511770（质管部）	
010－82501766（邮购部）		010－62514148（门市部）	
010－62515195（发行公司）		010－62515275（盗版举报）	
网　　址 http://www.crup.com.cn			
http://www.ttrnet.com（人大教研网）			
经　　销 新华书店			
印　　刷 涿州市星河印刷有限公司			
规　　格 185mm×260mm 16开本		**版　　次** 2017年5月第1版	
印　　张 18.25 插页2		**印　　次** 2017年5月第1次印刷	
字　　数 416 000		**定　　价** 42.00元	

CENGAGE Learning

教师服务登记表

<table>
<tr><td colspan="4">Lecturer's Details(教师信息)</td></tr>
<tr><td>Name:
(姓名)</td><td></td><td>Title:
(职务)</td><td></td></tr>
<tr><td>Department:
(系科)</td><td></td><td>Sc School/University:
(学院/大学)</td><td></td></tr>
<tr><td>Official E-mail:
(学校邮箱)</td><td></td><td rowspan="3">Lecturer's Address/Post Code:
(教师通讯地址/邮编)</td><td rowspan="3"></td></tr>
<tr><td>Tel:
(电话)</td><td></td></tr>
<tr><td>Mobile:
(手机)</td><td></td></tr>
<tr><td colspan="4">研究领域</td></tr>
<tr><td colspan="2">主讲课程:
□专 □本 □研 □MBA
人数: 学期:□春 □秋
现用教材名:
作者及出版社:</td><td colspan="2">主讲课程:
□专 □本 □研 □MBA
人数: 学期:□春 □秋
现用教材名:
作者及出版社:</td></tr>
<tr><td colspan="2">已出版著作:</td><td colspan="2">已出版译作:</td></tr>
<tr><td colspan="4">意见和建议:</td></tr>
</table>

Please fax or post the complete form to(请将此表格传真至):

CENGAGE LEARNING BEIJING
ATTN : Higher Education Division
TEL: (86) 10-82862096/ 95 / 97
FAX : (86) 10 82862089
ADD: 北京市海淀区科学院南路 2 号
融科资讯中心 C 座南楼 12 层 1201 室 100190

Note: Thomson Learning has changed its name to CENGAGE Learning

VERIFICATION FORM / CENGAGE LEARNING